初代教会と現代

湊 晶子
Minato Akiko

YOBEL,Inc.

初代教会と現代

湊 晶子
Minato Akiko

YOBEL,Inc.

装丁・ロゴスデザイン：長尾優

まえがき

現在八五歳を過ぎて未だ現役で忙しい日々の中にありますが、「二八歳で仕事に就いて以来書き続けて来た論文の中から今日の諸問題に関連するものを選び纏めて置きたい」という気持ちが沸き起こり、若かりし頃の教え子安田正人社長（ヨベル）と永田竹司国際基督教大学名誉教授（元国際基督教大学教授・牧師）の献身的な協力を頂いて、テーマ別に分類して出版できる運びとなりましたことを心から感謝しています。

私は東京女子大学の文学部社会科学科西洋史専攻に在籍中から、初代学長新渡戸稲造先生（書物を通して）と第三代学長石原謙先生（授業・著作を通して）の影響を受け、卒業後一九五六年フルブライト奨学生としてホイートン大学大学院で初期キリスト教史を専攻して学位を取り、後ハーバード大学神学部で客員研究員として数多くの資料を収集させて頂きました。

戦前・戦中・戦後を生き、かつての敵国アメリカに戦後間もなく留学し、海の向こう側から見えてきたこと、男女雇用機会均等法も育児休業法もない時代に三人の子育てと仕事を両立して闘った人生から見えてきたことを、これまでに収集した貴重な資料を織り交ぜながら論文を書いて来ました。その中から今回「初代教会と現代」をテーマに、第一部「ローマ帝国とキリスト教」、第二部「キリスト教人格論と日本の教育」、第三部「女性と社会」に纏めました。

一九五一年東京女子大学に入学した当時はまだ戦後の迷彩色の後もあちこちに残っていました。例えば今は真っ白なチャペルの塔には黒い部分が残っていたのです。両親の恩師でもあり私の保証人でもありました第三代石原謙学長は一九四〇年から一九四八年、まさに戦前、戦中、戦後の激動の中を献身的に学長を務め、東京女子大学のキリスト教を護り抜いて下さった方です。石原謙先生の薫陶の中から「ローマ帝国下における初代教会と迫害」についての研究テーマが与えられ、第一部の「ローマ帝国とキリスト教」の根幹となりました。

石原謙先生から入学祝いにいただいた新渡戸稲造著『内観外貌』は、第二部の「キリスト教人格論」を学ぶ導線を与えてくれました。戦争中許可された書物以外の本を読むことも、英語を学ぶこともすべて禁止され、ひたすら軍事工場化された女学校の校舎で戦闘機のビス打ちをしていた私たち。自由に本が読める。図書館に行けばどのような立場の書物も読める。何という解放感。夢中で『内観外貌』を読みました。

「学問の第一の目的は人の心をリベラライズするということ、エマンシペイトすることである」という言葉に感動し、自由に学びに没頭できる喜びを味わいました。そうして図書館にこもり、新渡戸初代学長の書物を次々に読みました。『西洋の事情と思想』の中に、

「日本では人格という言葉は極めて新しい。私共が書生の時分には、人格という言葉はなかった。パーソンという字は詳細に調べると、メンという意味とは違って『人たる』という字である。格といっても資格というような意味は毛頭ない」

との記述に驚きました。「人間と人格」はどこが違うのか。学びを進める中、「海の向こう側から日本を見たい」という思いが強くなって行きました。遂に一九五六年の留学に繋がりました。第二部「キリスト教人格論と日本の教育」に、感想を含めて論じさせて頂きました。

私が小学校に入学した昭和の初めごろの修身の時間には、女性は男性の三歩下がって歩くように教えられていたのです。旧憲法の時代ですから女性に選挙権は与えられていませんでした。戦後新憲法も発布され婦人参政権も与えられましたが、女性の社会進出はまだまだ進んでおりませんでした。そのような中、一九五六年円がまだ自由化されておらず一ドル三六〇円の時代に船で渡米。驚くことばかり。そんな経験を経て五年七か月の留学生活を終えて、十か月の長男を連れて帰国。日本とのギャップを分析しながら生まれた論文が第三部の「女性と社会」です。帰国後子どもが二人加えられ、三人の子どもを育てながら今日まで仕事を続けて来ましたが、女性が仕事に就くことが一般的でなく、男女雇用機会均等法も育児休業法も全くない時代、これから続く女性たちのために必死で第一部から第三部までのテーマを追い続けて参りました。ご専門の方々からご覧になると、何と貧弱な研究……と一蹴されましょうが、それでも私に取りましては「子どもをおんぶしながら研究した作品」「子どもの勉強を見ながら書き続けた作品」であり、これから続く女性研究者の励ましになればと願いつつ一冊に纏めて置くことに致しました。

このほか、これまでにクリスチャン新聞の「論説」、キリスト新聞の「論壇」、「信徒の友」、「いのちのことば」、「大学時報」等々多くの雑誌に執筆させて頂きましたが、今回は論文として発表したものに絞って纏めました。長男、次男が小学生、長女が幼稚園に入りました時が、私の執筆のスタート時点でした。それまではひたすら小刻みな時間を利用して資料集めをしていました。各論文の最後に執筆年代を掲載させて頂いたのには私なりの思いがあります。今子育てで苦労しておられる方々へのエールになると思ったからです。ちなみに三人の子育てを終えて、私が最も集中して仕事ができましたのは六〇歳を過ぎてからです。それでもこの年まで四分の一世紀もあるのです。

第一部「ローマ帝国とキリスト教」のほとんどは一九七〇年代に執筆したもので、私が執筆している間、夫がよく子どもの面倒を見てくれたことを思い出します。一九七七年、長男高校一年、次男中学二年、長女小学四年の時、夫は脳出血により一言の会話もなく他界致しました。悲しみの中にありました時、第一部のⅤ「ローマにおける自由人と奴隷の実態」、Ⅵ「ピレモンへの手紙と解放奴隷オネシモ」の二本もの論文を書いていたことに今回整理して気づきました。悲しみを乗り越える秘訣は「主と共に休まず止まらず前進あるのみ」だと思いを新たにしています。

最後になりましたが、膨大な原稿を三つのテーマ、第一部「ローマ帝国とキリスト教」、第二部「キリスト教人格論と日本の教育」、第三部「女性と社会」に分類し、読みやすく纏めて下さった永田竹司国際基督教大学名誉教授、安田正人ヨベル社長に心から御礼申し上げます。

また、本出版に際して広島女学院大学が、「二〇一八年度広島女学院大学学術研究助成（学術図書助成）」から経費の一部を交付してくださいましたことに心より感謝いたします。

このささやかな論文集が、人生の闘いの中にある時に、何らかの励ましと指針になれば幸いです。

湊　晶子

二〇一八年八月三日　八十六歳を迎えて

凡例

一、各論考の内容および表記は、原則として初出時の原文を尊重する。ただし、改訂・修正・補記は最小限にとどめた。また人名等もこれに準じた。

一、既出の原文を基本的に尊重しつつ、論文集としての統一をはかるために改訂を加えた場合がある。

1　明らかな誤記・誤植を訂正した。

2　漢字・仮名遣い・数字の表記などを近年の慣用や著者の意向に沿って統一した。

3　聖書からの引用の章・節の表記は左記のように統一した。

本文中の場合――マタイによる福音書三章六節

（　）内で節のみの場合―六節

（　）内の場合―マタイ三・6

一、聖書からの引用は、口語訳、新改訳、新共同訳など、執筆時に準拠されたものを尊重した。したがって、引用されている聖書翻訳の本文は全論文にわたって併存している。

また、聖書に登場する人名・地名などの固有名詞の表記法も、そのつどの出典の表記に従った。

一、参照文献や参考文献の追加は、主として注においてブランケット［　］の中に記載した。

一、本文中に編集上補足が必要な場合に限り〔　〕の中で記載した。

初代教会と現代

目次

第三部　女性と社会　321

III　女性教職の歴史神学的考察　383

V　フェミニズムと神学の接点 ── 米国流解放論と日本流自立論にみる ── *433*

第一部　ローマ帝国とキリスト教

Ⅰ　古代ローマ本来の宗教意識と初代教会が受けた迫害との相関

序

「初代教会が形成され発展した時代には、ローマ帝国内にすでに皇帝崇拝が確立され、それを拒否した場合に迫害を受けた」と一般に理解されているようである。しかし当時の歴史を詳しく調べてみると、ローマの政治の内容からも、またローマ人が昔からもっていた宗教意識の内容からもそのような理解には問題があるように思える。

イエス・キリストが来臨されたのは、共和制ローマから帝政ローマに移行した時であった。歴史家はこの帝政を二つに分けて考察し、初代皇帝アウグストゥス（Imperator Caesar Divi Filius Augustus）からディオクレティアヌス帝（Gaius Aurelius Valerius Diocletianus）までの政治形態を元首政（プリンキパートゥス・Principatus）と呼び、ディオクレティアヌス帝以後の統治形態をドミナートゥス（Dominatus）専制君主政と言っている。

イエスとその弟子たちが活躍した時代は、プリンキパートゥスの時代に属する。問題はこのドミナートゥス体制におけるキリスト者迫害の実体を、一世紀のローマとキリスト者との関係に適応させて考えるところにあると思う。

そこでまずプリンキパートゥスがはたして純粋な君主政であったかどうかを考察し、つぎに、一世紀における皇帝崇拝の拒否が迫害の第一原因であったかどうかを追求してみたい。そしてもし迫害の主たる原因がローマ帝国側の政治形態によるものだけでないとするならば、一体ローマ人たちは本来どのような宗教意識をもっていたかが問われなければならない。さらに、ペルシアのミトラ教、エジプトのイシス崇拝などが、キリスト教と同様にローマにとっては外来宗教であったにもかかわらず、それらは迫害を受けず、なぜキリスト教だけが厳しい迫害の対象となったかが問題となる。このように、ローマ帝国のプリンキパートゥスの性格と皇帝崇拝と宗教意識の内容を分析しながら、初代キリスト者が帝国内で次第に、いみ嫌われるようになった原因を追求することがこの小論の目的である。

一　一世紀におけるプリンキパートゥスの性格

第一回三頭政治は有力者ユリウス・カエサル(Gaius Iulius Caesar)の死で消滅し、第二回三頭政治(Triumviratus)がおこされたが、レピドゥス(Marcus Aemilius Lepidus)は早く消され、オクタウィアヌス(Gaius Julius Caesar

Octavianus）とアントニウス（Marcus Antonius）の対立となった。紀元前三一年アクティウムの戦い（Actiaca pugna）で、東方ヘレニズム世界を代表するアントニウスとエジプト女王クレオパトラの連合軍をオクタウィアヌスは破り、約一世紀にわたる内乱は終結した。この内乱の終結は、同時に共和制ローマの終結でもある。紀元前二七年一月十六日オクタウィアヌスは、元老院で、アウグストゥス・プリンケプスの称号を与えられた（ルカによる福音書二章一節で述べられている皇帝アウグストゥスとなったのである）。ここに実質的には君主政であり形式的には共和制であるプリンキパートゥスと呼ばれる政治形態が始まったわけである。しかし、この統治組織の実体は謎とも言われるほど不明確であり、古代ローマにおいてさえ異った説明が与えられている。同時代のウェッレイウス・パテルクルス（Marcus Velleius Paterculus イエスの十字架刑のころ統治したティベリウス帝時代の歴史家）は、「アウグストゥスによって内乱は終わり、平和はもどり、法の力は回復し裁判には権威が戻り、元老院には威厳が立ち帰った」と述べ、この紀元前二七年における元首政の成立は、共和制の再建であると賞讃している。

これに対して迫害が厳しかった三世紀はじめに出たディオ・カッシウス（Dio Cassius）は紀元前二七年の出来事を「こうして国民と元老院とのすべての権力はアウグストゥスの手に移って、アウグストゥスによって純粋な君主政が確立された」と見なしている。(1) またローマの史家タキトゥス（Cornelius Tacitus）によると、「アウグストゥスは三頭政治の権力を手放してのちは、コンスル（consul）となり護民官の権力で満足し、まず兵士たちに賞与をあたえて次第に頭角をあらわし、なんびとの反対も受けずに元老院と政務官と法の機能を自らの手に移した」(2)として、紀元前二七年の制度を共和制の再建あるいは君主政の確立と見なすのではなく、「新しい制度」であると述べている。このように元首政の成立について、共和制の再建と見なすか、君主政の確立と見なすか、あるいは新しい制度と考えるか、すでに古代から解釈が分かれていた。今日の研究者の間でもこ点に関しては意見は様々である。紙面の関係でこれらの主張を紹介し分析することはできないが、その代表的なものを連ねると、シェルツとクロマイアーは元首政を共和制の完成としてとらえているのに反して、モムゼン、ブルンス・レーネル、ジーバー、ヨエルス、マイアーらは、元首政を元首と元老院による新しい制度としてとらえている。(3)

さてこの元首政をどう解するかは、一世紀のキリスト教がローマ帝国からどのような取り扱いを受けたかを解明するための大切な鍵になると考えられる。これは紀元前二七年に行われた元老院会議においてオクタウィアヌスが与えられたインペラートル・カエサル・アウグストゥス(4)(Imperator Caesar Augustus)という称号の分析からも、また彼自身紀元前二八年元老院議員第一人者プリンケプス（Princeps）に選ばれたことからも、またアウグストゥス自身の業績録に収められている記事からも、紀元前二七年彼が帝政ローマの初代皇帝に就任した時、決して君主政的原理をローマにもち込んだのではないと結論してよいと思う。

まずインペラートル・カエサル・アウグストゥスという称号の示す内容から考えると、このカエサルという語は「皇帝」とはすこし異なる内容の語である。「皇帝」という語はローマのものでなく、紀元前二二一年中国古代の秦の統一のとき、はじめて用いられたと考えられている。現在「皇帝」を意味する英語のEmperor、ドイツ語のKaiserは、Imperator Caesarを語源としている関係上、逆にこの言葉にも「皇帝」という訳を与えてしまっている。しかしインペラートル・カエサル・アウグストゥスの内容をしらべると、この訳語が適切でなかったことがわかる。まずカエサルという語は、ユリウス・カエサルの養子オクタウィアヌスに与えられた呼び名で、ユリウス氏に属する「カエサル家のもの」という意味の言葉であり、「君主権をそなえた皇帝」という意味ではない。つぎにインペラートルの称号は「命令する人」を意味し、国法上の用語としては命令権を与えられた最高指揮官に固定し、さらに転じて勝利をえて帰国した将軍に、軍隊または元老院、または国民が献ずる名誉称号に拡大されたもの[5]であって、やはり君主権を表わすものではない。以前はこの名誉称号が必ず称号の末尾におかれていたものであったが、これをアウグストゥスに対し、称号の冒頭の位置においたぐらいが新しい点であろう。最後のアウグストゥスという語は、個人名ではなく、このときはじめてつくられた語である。この語の語源については解釈が分かれているが、この語が超人間的な神的な性質を表わすために作られた点では一致している。[6]これら三つの言葉は、初代ローマ皇帝の正式名称として用いられ、以後二世紀・三世紀のどの皇帝の称号にも中心となって用いられたが、これらの三語はあくまでも称号であって、アウグストゥスの時代には、これらは「皇帝」というような特定の職務を表わす語ではなかったことに注目すべきである。したがって、アウグストゥス皇帝という言葉の中に、ドミナートゥス時代の専制君主的要素を含めて考えることは誤りであると思う。

つぎに紀元前二八年元老院議員第一人者プリンケプスに選ばれたことが、「皇帝」という地位に任命されたことになるかどうかが問われなければならない。このプリンケプスから元首政プリンキパートゥスという語が出ていることからみても、この内容を調べる必要がある。その当時の資料を分析してみると「余がプリンケプスであったとき……」というアウグストゥスの言葉や、またアウグストゥスが自分以外の有力者をもプリンケプスと呼んでいたことなどから、アウグストゥスの時代におけるプリンケプスの用法が共和制末期に用いられたプリンケプスと同じであり、新しい特別な意味を加えたものでないことは明らかである。

またアウグストゥスの業績録の中に、彼自身が君主としての権威をもつことを避けようとしている記事が見られる。すなわち「此時以後予は予の権威によりて全国民に優越したりといえども、予は決してすべての官職において他の人々以上の職権を掌握したものに非ず[7]」と述べている。

このように考えてくると、一般に皇帝と訳されるインペラートル・カエサル・アウグストゥスという称号にしても、またアウグストゥスの政治的姿勢を象徴的に示すプリンケプスの名にしても、それらは「皇帝」という職務や権力とかかわりなく採用されたものと思われる。アウグストゥスによって君主政が確立されたというディオ・カッシウスの立場は、皇帝の地位が完全に確立された三世紀初めに生きた彼が、一世紀を振り返ってそのように述べたものであろうと理解することができる。したがってアウグストゥスの樹立した統治組織は実体としては共和制をも守っていたと理解してよいと思う。帝政ローマは紀元一八〇年頃（五善帝の統治の終わるころ）から衰退期に向かう。衰退の一途から脱する手段として、東方的専制君主政の統治形態が採用され、迫害が激化したと言える。しかしこれは時代的要求から採用された統治方法であって、イエスと弟子たちが伝道した当時の統治方法がこれであったと考えることは誤りであると思う。プリンキパートゥスは、君主政とはいえ、強力な元老院をもつ共和制的基盤の上に立つ統治方法であると理解すべきである。

ローマ人は保守的であって、古来のものをまずそのまま受けついで保有し、現実の必要が出てくれば改変を考える傾向をもっていたようである。そして保守的であると同時に、きわめて実際的でもあるローマ人は祖先の慣習に執着して現実の圧力に反抗したりすることはなく、伝統を尊重しつつ実際の変化に適応して進む傾向をもっていた。このような保守的かつ実際的なローマ人の特質から考えても、共和制が一挙に廃止され、それと全く異質な専制君主制がとってかわるという革命的変化が起こったのではないであろう。周辺の各地を征服して領土が拡大し、新しい統一国家を統治する方法が要求されて来た時、プリンキパートゥスの中の元首の地位が次第に発展強化され、ついにドミナートゥス体制へと展開したと考えるのが妥当であろう。

二　ローマ皇帝崇拝と初代教会に対する迫害

イエスが来臨された時の皇帝アウグストゥスは、以上見てきたように、決して「東方的専制君主」でもなく「現人神」として君臨した皇帝でもなかったと言える。彼は記録によると、ヘレニズム的君主礼拝の導入にはむしろ慎重であったとされる。(8)にもかかわらず、次々に発掘される碑文に「神」という言葉がすでに何人かの皇帝に用いられているという事実は、プリンキパートゥスの初期からすでに皇帝崇拝がローマに確立されていたかのような印象を与える。確かに次のような記録があることは事実である。

① 前四八年の公式碑文にユリアヌス帝のことを「現われたもうた神」とある。
② 前二四年の碑文にアウグストゥスの称号として「神の神」とある。
③ ネロへの奉献碑文に「良き神」とある。
④ ペルガモンからの碑文に「神アウグストゥスへの讃歌」とある。
⑤ 五十年と五四年のネロへの奉献碑文に「最も偉大な神の御子」とある。(9)

しかし、以上のような公式碑文に見られる「神」という言葉は、皇帝の死後に神格化されて用いられたものであることに注目しなければならない。また皇帝崇拝の意識が、ローマと東方属州とでは異っていたことに注意することが必要である。すなわちアウグストゥス帝からドミティアヌス帝までは、ローマにおいて皇帝が現人神として取り扱われることはなかった。しかし、東方属州においては、早くから初代皇帝アウグストゥスに対する崇拝の意識が定着していたことは否定できない。たとえば東方属州民は早くからローマ女神とアウグストゥス自身に対する神殿をペルガモンとニコメディアに奉献している。[10] またアジア州議会がアウグストゥスの誕生日（九月二三日）を新年の開始と決議したプリエネ碑文には

「天の摂理がアウグストゥスをもたらし、彼をわれわれと、われわれ子孫のために、救い主としてつかわし、戦争をやめさせ万物に秩序を与えた。なぜなら彼は彼以前の善行者に優るのみならず、彼世の何人も彼より卓越する見込みをもらえないからである。この神の誕生日は、彼がもたらした福音の世界に始まる日である」

と刻銘されている。[11] またヘロデ王は、前二七年にオクタウィアヌスがアウグストゥス（セバストス）の尊称を受けたときに、サマリアの町をセバステと解明し、その町の多くの豪華な建物の間にアウグストゥスの神殿を建てたとされている。また二二年にヘロデは、地中海岸に新しい港町を建てる事業を始め、この町を皇帝アウグストゥスに敬意を表わしてカイサリアと名づけた。さらにヘロデは皇帝の東方旅行とパルティア人に対する外交上の勝利を記念して二〇年の晩秋にゲネサレ湖の北にアウグストゥス礼拝堂を建てたと記録に残されている。[12]

以上のいくつかの例からも見られるように、東方属州諸州においては、比較的早くから、ヘレニズム的君

主礼拝が見られたが、これは彼らの忠実な祭儀の施行によって、ローマに対して忠誠を表明しようとした努力の表われにほかならない。しかしこのようなヘレニズム的君主礼拝がローマ的思想圏において、無条件に受け入れられたとは思われない。それは古く共和制時代から行われた勝利の祝祭行列にあたって、勝利の女神ヴィクトリアとともにカエサルの像が出現した際に、全く拍手喝采が群衆のあいだに起こらなかったという事実からも明らかである。東方属州におけるような皇帝の神格化に、ローマ市民が潜在的に抵抗していた傾向が見られる[13]。これは、前述した碑文の「神」という言葉が、すべて皇帝の死後に神格化されてつけられたことからもわかる。カリグラ帝 (Gaius Julius Caesar Augustus Germanicus) は、彼の治世中に彼自身を神と呼ぶように強制したが、死後まもなくこの称号は取り除かれた。暴君ネロですら、彼自身を現人神として、ディオクレティアヌス帝 (Gaius Aurelius Valerius Diocletianus) のような皇帝崇拝を強要したという記録は残っていない。秀村氏は「ネロのキリスト教迫害の性格については論議が多いが、一般的な法律規定に基づいたものではあるまい」と結論づけている。しかしたとえ法律的規定に基づくものでなかったとしても、ローマにおけるキリスト教徒に対する迫害はネロ皇帝の時代から始まり、大火のあった六四年ころには[14]、キリスト教はユダヤ教の一派とは見なされず、おびただしい人々が処刑されていった。ローマの史家タキトゥス (Cornelius Tacitus) は、この事実を「かくれた罪と人類憎悪の罪によって罰せられた」と記している[15]。その迫害の主たる理由は、ネロ皇帝の崇拝を拒否したためにキリスト教が非合法的宗教と認められたからでなく、むしろ、タキトゥスのいう「かくれた罪」と「人間憎悪」からである。メリルは当時の状態を分析して次のように述べている。

「この新しい派が起こった時からほんの一世紀以内の短期間に、ローマ国家がキリスト教に対する態度に関して一般的な公式の原則を採用したとは考えられない。もしそうだったとすれば、それは実に不可解なことであったであろう。この時代の迫害は散発的であって、一般に取り入れられた律法や慣例や原則があったなどとは予想されない。[16]」

残忍なネロ帝がこの世を去ってのち、ローマはウェスパシアヌス（Titus Flavius **Vespasianus**）と彼の息子ティトゥス（**Titus** Flaviuscaesar Vespasianus）とによって治められた。この短い治世の間にキリスト教徒が迫害されたかどうかははっきりしない。この時代のキリスト教著作家たちがこのことに触れていないことは、この皇帝時代に深刻な迫害がなかったことを証明しているものと思われる。しかし八一年から九六年までを治めたドミティアヌス帝の時代になって事情は一変した。すなわち、彼はキリスト教運動の背後に皇帝の栄光をおびやかす不可解な人物がいると疑いはじめ、自分を「主なる神」と公式に称して皇帝礼讃を確立することによって、キリスト教に公に挑戦を開始した。彼以前の皇帝が神と呼ばれたのは、すべて皇帝の死後であったが、ドミティアヌス皇帝（Titus Flavius Domitianus）は自分を古代ローマの主神ユーピテルの御子であり、嗣子であると考えさせ、天上の王の化身であると考えさせようとした。彼の王座を神の座と呼び、それをユーピテルの座と同様に飾り立てた。また自分の肖像を国家の礼拝式に用いさせた。ローマ皇帝の神格化は八三年ドミティアヌス皇帝の皇子の死を記念して出された金貨においてその絶頂に達した。それには、「神聖なるカエサル・ドミティアヌスの子」と刻まれている。[17] 二年後の八五年には皇帝礼讃はさらにその度を増し、一つの硬貨には「永遠なる尊貴な皇帝」と刻まれている。またローマ帝国の命令がローマ各州に布告される時は、必ず公式の前文から始められ、「神聖なるアウグストゥス王の決定されたところは……」、あるいは「アウグストゥスの天与の法律が命令するところは……」、あるいは、「神聖きわまる皇帝が命令される……」など書かれていた。[18]

ついにエフェソスの神殿はドミティアヌスの父ウェスパシアヌスの神殿となり、その名と称号が刻まれ皇帝礼拝がなされるに至った。このようにして、ドミティアヌス皇帝はローマ世界に皇帝崇拝を確立し、帝国一帯の人々に一人残らずローマ皇帝礼拝式に参列すべき義務を課した。初代の歴史家スエトニウス（Gaius Suetonius Tranquillus）、ディオ・カッシウス、エウセビオス（Eusebios）はそれぞれ皇帝崇拝の拒否から起こる迫害の模様を次のように記している。スエトニウスによると「キリスト者はイエスを主と呼ぶが、それと同時にドミティアヌス皇帝がそう呼ばれるのを好んだように、皇帝をも主と呼ぶことはできない。[19]」ディオ・カッシウスの記すところによると、「ドミティアヌスは、フラヴィウス・クレメンスを多くの人々と一緒に殺害した。（中略）不信心の罪がきせられ罪を宣告され、あるいは死刑に処せられ、あるいは財産を取り上げられた。[20]」また、エウセビオスの資料によっても、ドミティアヌス帝治下のキリスト者たちが迫害されたのは明らかである。「その当時われわれの信仰の教えが相当に拡がっていたため、われわれの宗教に関係のない著作者たちも、その時行われた迫害や殉教について記すことを躊躇しなかった。[21]」生き残った最後の使徒ヨハネは、この迫害のとき捕われ、エーゲ海にある囚人の島パトモスに流刑に処せられ、新約聖書の最後の書ヨハネ黙示録を著わしたのである。

以上のことから、皇帝崇拝の拒否がキリスト教徒迫害の主な原因とされたのは、このドミティアヌス帝のもとであったと言えるが、厳密にキリスト者であることによって法律的に非合法と定められたのは、次のトラヤヌス帝（Marcus Ulpius Nerva Trajanus Augustus）のころからであったらしい。すなわち、ドミティアヌス帝の積極的な姿勢に対して、共和制的心情をなお失わなかった政治家や哲学者たちが、強力な抵抗を示しそのために多くの人々が追放・投獄・処刑されたと記されていることから、ドミティアヌス帝による宗教政策が、プリンキパートゥスの一致した政策ではなかったと考えられる。これは皇帝崇拝が確立されたとはいえ、ドミナートゥス時代とは異って、まだまだ一世紀の後半においては、共和制的要素が残っていたことを示すものではなかろうか。

このようにローマ帝国が公式的政策をもっていなかったことは、ルカによる記録の中に帝国がキリスト者に好意的な態度と、敵対的な態度をとっていることが記されていることからも明らかである。使徒行伝一八章二節以下のユダヤ人のローマからの追放の記録、十六章一九節以下のパウロとシラスがピリピでローマの長官の前に引き出されむち打たれた記事、十七章一節以下のベロアでヤソンがローマの長官の前に引き出された記事などは、いずれもローマからある程度敵対視されはじめた例であろう。これに反して、十八章十二節以下でアカヤ州の地方総督ガリアに、またアジア州の議員（プリンキパートゥスにおける元老院議員の一人）に好意的に取り扱われた事実も記録されている。[22]

さて、このように考えて来ると一世紀すなわち初代教会の発展期に受けた迫害の主な原因を皇帝崇拝の拒否に求めることに問題が生ずる。それでは、ローマ史家タキトゥスが示す「一般市民はキリスト教徒を彼らの大罪の故に、にくみ嫌っていた[23]」という記録をどのように解釈すべきであろうか。一体何がローマ人をキリスト教に反対させたのであろうか。E・ケアンズは、その原因を皇帝礼拝の拒否、キリスト者の秘密会合、神殿・劇場・娯楽場など異教的集会場所との断絶、偶像製作禁止による手工業者との対立などに求めている。[24]しかし今まで考察して来たようにプリンキパートゥスの内容からも、また皇帝崇拝の確立とその法律的執行の面からも、ケアンズの述べるごとく初代教会時代の迫害の根本的原因を、ローマの政治的圧力とか社会的圧力に求めることだけでは不十分であると考える。私はその主な原因をローマが建国以来もちつづけて来た宗教意識と、ローマにとってはあくまでも外来宗教であるキリスト教との対立に求めたいと考える。

三　古代ローマ本来の宗教意識とキリスト教

英語、ドイツ語、フランス語などで「宗教」を意味するReligionは、ラテン語から出ている。しかしラテン民族であるローマ人は決して特に宗教的な国民であったとは言えない。しかし法律、土木、建築など実際的な文化や技術を確立することにはすぐれていた。東方の宗教が盛んにローマに輸入されはじめたのは、共和制末期から帝政初期のことであるがそれまでにローマはどのような宗教をもっていたのだろうか。またそれはどのような特質をもっていたか。古来の民族的宗教の上にキリスト教のような外来宗教が紹介された場合、民族固有の宗教をもつローマ人がどのように反応したかなどを考察することは、なぜプリンキパートゥスの時代にすでにキリスト教がいみ嫌われはじめたかを解く鍵となると思う。

ローマ人の宗教の特質として本論に関係ある四点をあげてみたい。

その特質の第一は、彼らが人間生活や自然生活を掌握する多くの神々の存在を信じながら、ギリシア人のように、それらの神々を人間的姿態をもった像として表わさなかったということである。ローマは建国以来一七〇年間神話を知らなかった。実際ギリシアの擬人神観がローマの美術や文学に浸透してきたときにも、宗教の領域にはあまり影響を与えなかった。ファスティと呼ばれるローマの古い宗教暦から、ローマの宗教は農業生活と深い関係があり、その崇拝の対象はヌミナと総称される精霊であったことがわかる。[25] そして、ローマ古来の神々は、はっきりした個性をもたない非人格的な諸力であり、神々はそれぞれのヌーメンすなわち意志と力によって自らを顕わしたと考えられていた。ある学者がローマには神々とその崇拝はあったが、神話はなかった[26]といっていることからも理解できることである。思弁的なギリシア人にくらべて、実践的行動的なローマ人にとっては、神そのものの性格を深く考えるよりも、神々が国家に対してどのように「はたらく」かが関心事であった。ローマ史一千年をむかえた一八〇年ごろは、ローマが危機に瀕した時であった。またプリンキパートゥスから軍人専制に移行する頃であった。このローマ衰退の原因を、ローマに古くから伝わる神々の怒りとしてとらえた。キリスト教絶滅に精力的に手をのばしはじめたところに、ローマ人の「神々のはたらき」の考え方を見るのである。

ローマ人の宗教の特質の第二は、ギリシア人のそれのように芸術的な宗教ではなく、むしろ日常生活に関係の深い現実的な宗教であり、国家の発達とともに、国家的宗教として発達したということであろう。早くからローマ人に深く信仰された神々は、家の神、戸の守り神であるヤヌス (Janus) と、炉の火の神ウェスタ (Vesta) と、ユーピテル（ジュピター Jupiter)、マールス (Mars) などであった。中でもユーピテル、マールス、ヤヌスの三神は他の神々以上に高い地位にあったようである。[27] ユーピテルは善い父、天の父、祝福と創造との源、善い信仰と正直との支持者として最も偉大な神となり、ローマではキャピトルの丘にユーピテルの神殿が建ち、ローマの守護神となった。この神殿へ長老スキピオ・アフリカヌス (Publius Cornelius Scipio

Africanus Major）が毎朝入り、静かに祈ることによって、彼の日々の仕事の準備をし、またこのユーピテルによってすべての勝利と助けとが約束されたと言われている。[28] またマールスは特に戦争の神、民族の守護者として、ユーピテルについで崇拝されていた。ヤヌスはすべての生命を開き、すべての活動を始めたとして、男性的で兵士気質の強いローマ人は、この神を戦争と結びつけて尊んだ。これらのローマ民族宗教は、アウグストゥスの帝政ローマ建設とともに、公的宗教として次第に制度化されていった。

そしてローマ人はこれらの神々を「国家神」とすると同時に、家族や氏族によって祀られた「固有の神々」や、時代と社会の要請に応じて「外国からもたらされた神々」を偏見なく受容し、さらにこれらの神々を国家神に列せしめることを躊躇しなかった。このようにローマ宗教の第二の特質は、神々を政治的にも宗教的にもローマのパトリキ（保護者）としてとらえ、国家の問題として理解するところにあると思う。R・ペタッツォーニは、ローマ宗教の特質を論じた論文の中で、「ローマ宗教は個人的救いを第一義的な問題としているのではなく、あくまでも一国家の幸福と安寧を目的とした国家宗教である」[29]と結論している。またグーターマンも「ローマ宗教は個人の信仰に関する事柄であるよりは、国家的祭儀である」[30]と述べている。したがって、そこローマにおいて前述のローマの神々が尊崇される限り、ローマは強力であり永遠であると考えられた。そこで一人のクリスチャンが国家神を拒否することは、その人個人の問題にとどまることなく、その結果として神々の怒りが国家にはたらくものと考え、ローマ帝国全体の問題となるため、一般市民もキリスト信者を白眼視したのである。このように考えてくると、皇帝崇拝のまだ確立されていないネロ帝のもとで、六四年の大火の原因をキリスト者に転化しようとした時に、何の抵抗もなく一般市民がそれを受け入れた状況を理解することができるのである。

第三の特質は、ローマ人にとって神々が国家に対していかに働くかが問題となるのであるから、神の怒りを国家としてまぬがれるような祭儀を行うことが彼らの関心事となっていたということである。秀村欣二氏はローマ人の宗教の特質に関して、「ローマ人のいう宗教とは、人間を神々と結合する紐帯を保持する義務、またはそのために人間が反覆する祭儀の施行を意味した。……さらにローマ人の顕著な徳目とされた敬神も個人の心情に関することではなく、神々の加護を信頼して神々にふさわしい祭儀、すなわち犠牲をささげることにほかならない[31]。」と述べている。実践的で実際的なローマ人が宗教の教義よりも、その祭儀を重んじた点は理解できる。ローマ人の考えによると、真に信仰深い人は、彼の宗教上の義務を正しく行う人、律法によって敬虔な人であった。具体的にはキリスト者たちは、ローマの国家神への「灌奠《かんてん》・焚香《ふんこう》・献花[32]」などによって帝国に対する忠誠を試されたのである。ここにキリスト教との緊張関係の前提が成立することになるのである。

第四の特質は、ローマ帝国の版図がひろがり世界的傾向が進むとともに、フリュギア（プリュギア）のキュベレー（Cybele）、シリアのアシュタルテ、エジプトのイシス、ギリシアのデーメーテール等のような女神や、ミトラの男神[33]が次々と伝えられた時も、これらの外来の神々をローマ宗教の中に包摂・吸収していったということである。そしてこれらの東方からもたらされた密儀宗教の影響を受けて、彼らも個人の幸福を求め、神秘的密儀的儀式にあずかり、瞬間的に陶酔状態にひたることに満足を覚えるようになった。しかしここで注目しなければならないことは、外来宗教の包摂・吸収といった場合、ローマ宗教の改革を意味するものではなく、ローマ宗教の伝統と父祖の慣習を尊重して古代末期までそれを一貫してもちつづけた点である。

さて、以上のような特質をもった宗教意識のローマ市民社会の中に、キリスト教が紹介されたわけであるが、なぜキリスト教だけが多くの殉教者を出すほど迫害を受け、他の外来宗教はローマ宗教の一般的傾向に沿って包摂されていったのであろうか。この点に関しては、プリンキパートゥスの政治形態、あるいはローマ皇帝支配の意識構造だけでは、まだ理解が不十分だと思う。先にあげた四つのローマ古来の宗教の特質を考慮しつつこの点を分析してみたいと思う。

ユダヤ教とキリスト教だけを除けば、一般に他の外来宗教は、ローマ本来の宗教と相剋を起こさず、ローマ社会に偏見なく受容される傾向をもっていた。それらについての二、三の例をあげてみると、イタリアとギリシア以外からもたらされた最初の外来宗教であったフリュギアの大母神キュベレーは、パラティーノの丘に聖所をもつまでに発達していった。またエジプト伝来の女神イシスの祭儀も弾圧と緩和を繰り返しながら、帝政末期には婦人たちの強い支持を得てローマ社会に浸透していった。なかでも特に男神ミトラは滅びゆくローマを救う神として盛んに崇拝され、キリスト教に最も厳しい迫害を加えたディオクレティアヌス皇帝の時には、ローマの国教とされるほどであった。ミトラ教がそれほどまで発展し得た理由としては、先に述べた四つのローマ人の宗教意識に順応したこと、皇帝の神権を認めたこと、ミトラ教の中に独裁的政治を樹立するのに都合のよい教義が含まれていたことなどがあげられる。[34]このように外国の各民族が守って来た宗教がローマ宗教の依存する公共の規律や慣習、また古くから守られて来た律法、祭儀と調和する場合は、容認されたのである。しかし外来宗教への参加に関して、ローマ市民は特別な制約を受けていたようである。特に元老院によって認可されない限り、ローマ市民が外来宗教に参加することは許されず、人が二つの国家の市民であり得ないように、二つの宗教を受容することは原則としてできなくなっていた。

しかし、ローマの対外的発展にともない、被征服民の宗教を次々とローマの領内に包含せざるを得なくなると、ローマ宗教と外来宗教との調和が新しい課題となった。共和制から帝政期を通じて元老院議員と属州総督を問わずローマ為政者の間で、どのような理由で外来宗教を邪教と見なすかについて議論が繰り返された。前一八六年に外来宗教の一つであるバックスの祭儀に関して、過激な「陰謀」が計画されたことがあるが、この時の元老院の決議は、キリスト教への迫害の原因を考えるうえに参考となる。このバックス祭儀は大規模な夜間の熱狂的祭儀で、暗殺や毒殺事件にまで発展したので、元老院はこの事件を規定外事件として調査し、多数を処刑した。しかしキリスト者にとって興味深いことは、この時祭儀自体は禁止されず、祭壇も破壊されなかったという事実である。そしてその時出された元老院決議には次のように述べられている。「この祭儀が古来のものであることを認め、これを廃止すれば神神の怒りを招くかも知れないことを考慮し、同時にその祭儀が社会秩序に有害破壊的なことを認め強い規制を加える。[35]」このように、ローマ人は一般的に外来宗教の祭儀が古来のものであれば、反ローマ運動を助長しない限り、それを認めようとしたことに注目すべきである。

それでは、同じ外来宗教でありながら、なぜキリスト教だけがローマから嫌われ迫害の歴史をたどることになったのであろうか。その根本的な原因は、キリスト者が皇帝礼拝を含めた異教的祭儀全般を否定したことにあると思われる。先に第三の特質として述べたように、ローマ人にとって「宗教」とは「信仰」や「倫理」であるよりは、「祭儀の執行」ということを意味した。そして彼らが祭儀を拒否することは、ローマ人のいう「神々との平和」が乱され、神がローマ帝国に対してはたらいて、ローマ社会は神々のくだす災厄に悩まされることになると彼らは考えたのである。一神教を固持して皇帝礼拝を含む異教の祭儀全般を拒否したキリスト者たちは、当時無神論者と呼ばれていた。それは現在私たちが用いるような意味ではなく、ローマ宗教における神々を礼拝しないという意味である。このように考えてくると、ネロ皇帝の時期に、国家から公式に迫害がふりかかってきたわけではないにもかかわらず、すでにキリスト者が一般市民から嫌われはじめていた事情を理解し得るのである。先のバックス礼拝の規制の場合にすら、元老院議決が行われているが、ネロの迫害に関しては「ネロ規定」のような通常の裁判形式をふまず逮捕、処罰されたらしいし、また元老院議決も残されていないとされている。以上のことを総合してみるに、ネロによるキリスト者迫害が一般的な法律規定に基づいてなされたものでないにもかかわらず、一般市民に問題なく受け入れられていたという事実から祭儀宗教を重んずるというローマ古来の宗教意識を読み取ることができる。

さて、ここでもう一つ明らかにしておかねばならない点は、同じように一神教を堅持していたユダヤ教が、なぜローマ社会において「容認された無神論」(licensed athiest) として特別な扱いを受けていたのかということである。事実「ローマ法は、ユダヤ教を国教ではないが合法的宗教として認め寛大に扱った。そこでユダヤ人であるということのために、だれも罰せられることはなかった。」とハッティングスは指摘している。[36] そこでユダヤ人であるということのために、だれも罰せられることはなかった。」とハッティングスは指摘している。

当時の歴史家ヨセフスによると彼らが受けていた特権というのは、「彼らの神を礼拝するための集会の自由、神殿への献金を集める権利、兵役の免除など」[37]であった。そこでキリスト教もその初期にユダヤ教の一分派と見られていた間は、ローマ帝国もキリスト教に対して無関心であった。[38] しかしドミティアヌス帝の時からは、「容認された無神論者」であったユダヤ人も公に迫害の対象となった。ディオ・カッシウスの記すところによると、「同年（九五年）ドミティアヌスはフラヴィウス・クレメンスを多くの人々と一緒に殺した。彼はドミティアヌスの従兄であり、彼の妻フラヴィア・ドミティラもドミティアヌスの遠い親戚であったのだが、不信心の罪が両者にきせられ、またユダヤ教の習慣を受け入れている多くの人々も罪に宣告され、あるいは死刑に処せられ、あるいは財産を取り上げられた[39]。」たしかにドミティアヌスによる皇帝崇拝の確立以後は、ユダヤ教とキリスト教は混同されることもなく、またそのどちらを信じても迫害の対象になった。しかしここで問題とされなければならないのは、それ以前の時点で、同じ一神教を堅持しながら、なぜキリスト教だけが迫害の対象とされ、ユダヤ教は容認されたかという点である。

これは先にあげたバックス礼拝に関する元老院の議決によってもわかるように、祭儀が古来のものであれば、ローマ人は一般にそれを認めようとした。ユダヤ教は古い歴史の上に立った古来の宗教であると認められたのに反して、キリスト教は父祖の宗教を棄てた一つの新宗教であるとされた。古来の宗教を神々との平和を保つために大切にしたことは、アウグストゥス帝による宗教政策にも、またキリスト教に最もはげしい迫害を加えたディオクレティアヌス帝の宗教政策にも共通してみられることである。アウグストゥスは、「古来の確立された外来の祭儀に多大の敬意をもって処遇したが、それ以外のものは軽蔑した」と伝えられる。皇帝崇拝を最も強要し、精力的な迫害を加えたとされるディオクレティアヌスの宗教政策の基本は、やはり古いローマの伝統的な神々の尊重におかれていた。このことは二九三年三月に出された勅令の中の言葉、すなわち、「古代によってひとたび固定され確立されたものを、取り消そうとすることは最大の罪である[40]」にみられるところである。このようにローマは本来自国に伝統的に伝わる宗教を大切にすると同様に、外来の宗教でも、もしそれが古来の宗教であれば包摂する傾向をもっていたのである。ここにキリスト教は、古来の宗教であるユダヤ教から離脱した新宗教であり、しかも皇帝崇拝を含めたローマの祭儀宗教にも反するものだと見なされ、そのような無神論的行為によって、神々の怒りがキリスト者だけでなくローマ社会全体に及び、すべての災厄と不幸の原因となると考えられた。このことが、初代教会に対する迫害の主な原因であったと考えられる。

むすび

初代教会が形成され発展した時代のローマの政治形態は、東方的専制的帝政ではなかった。さらに皇帝崇拝も一世紀末期にならなければ公式には確立されなかった。したがって、初代教会が迫害されたのは、皇帝を礼拝しなかったからというよりは、むしろ祭儀を重んずるローマ本来の宗教意識に反して、祭儀に参加しなかったからであり、「無神論者」と見なされて迫害を受けたというのが実体ではなかろうか。

日本の伝道に関する分析の中で天皇制の存在を、福音の伝播に対する障害として大きくとらえる傾向があるように思う。新憲法に天皇の神性の放棄が明記されているとはいえ、いつまた昔ながらのナショナリズムがいろいろな形で台頭して来るかわからない。日本における宗教も、ローマ古来の宗教のように祭儀宗教の形をとって現われる場合が多い。ここ数年間問題になっている靖国法案も、日本の国民の祭儀宗教とキリスト者の信仰の自由という問題としてとらえるべきであろう。日本古来の仏教と神道の種々の祭儀を、「個人の救い」や「信仰」のためではなく、単なる祭儀として重んずる大多数の日本人社会の中の少数のクリスチャンとして、ローマ本来の宗教意識との相剋の中に屈しなかったキリスト者の姿をもう一度見なおす必要があろう。

外来宗教でありながら、ディオクレティアヌス帝の時国教として取り扱われるほど興隆したミトラ教は、次帝コンスタンティヌス帝（Gaius Flavius Valerius Constantinus）のキリスト教公認、テオドシウス帝（Flavius Theodosius）による国教化によって、四世紀末には滅亡したと言われる。[41] キリスト教は、きびしい迫害を受けつつも、キリストによる救い以外は何ものも認めず、ついに世界宗教となり得たのである。「殉教者の血が教会の種子である」というテルトゥリアヌス（Quintus Septimius Florens Tertullianus）の言葉のごとく、初代のキリスト者は血を流しつつ、一切の妥協をさけてその存在のために戦いつづけたのである。この初代のクリスチャンの真剣な姿勢は異教社会への伝道の重荷をもつ私たちに、新しい迫力をもって語りかけてくれるのではなかろうか。

注

1 船田享二『羅馬元首政の起源と本質』（岩波書店、一九三六年）二頁。
2 Tacitus, *Annals*, 1, 2, trans. John Jackson（London: Willam Heinemman Ltb, 1937）参照。
3 船田享二『前掲書』四～十一頁。
4 Imperator Caesar Augustus
5 弓削 達『ローマ帝国の国家と社会』（岩波書店、一九六四年）九八頁。
6 『前掲書』一〇〇頁。
7 船田享二『前掲書』一二頁（業績録三四章）。
8 秀村欣二「ローマ皇帝支配の意識構造」岩波講座『世界歴史3』（岩波書店、一九七〇年）五二頁。
9 Adolf Deissmann, *Light from the Ancient East: The New Testament Illustrated by Recent Discovered Tex of the Greco-Roman World*, Trans. L. R. Strachan（New York and London: Hodder and Stoughton, 1910), p. 350.
10 秀村欣二『前掲書』」五二頁。
11 『前掲書』五三頁。
12 E・シュタウファー『エルサレムとローマ　イエスキリストの時代史』荒井献訳（日本基督教団出版部、一九六五年）四八～五二頁。
13 秀村欣二『前掲書』五一頁。
14 ネロとそのキリスト者迫害については、秀村欣二『ネロ――暴君誕生の条件』（中公新書、一九六七年）参照。
15 Elmer Truesdell Merril, *Essays in Early Christian History* (London: Macmillan and Co., 1924), p. 110.
16 『前掲書』五七頁。

17 Ethelbert Stauffer, *Christ and Caesar*, Trans. K. and R. Gregor Smith (London: S. C. M. Press. Ltd., 1955), p. 55.

18 『前掲書』二〇九頁。

19 Suetonius, *Domitian*, xii, p. 367.

20 Cassius, Dio, *History of Rome*, lxvii, P. 349.

21 Eusebius, *The Ecclesiastical History and the Martyrs of Palestine*, trans. Hugh Jackson Lawlar and Jhon Ernst Leonard Oulton (2 vlols: London: Society for Promoting Christian Knowledge, 1928), III, 18.

22 湊 晶子『キリスト者と国家』（聖書図書刊行会、一九六二年）四二〜四七頁。

23 『前掲書』四九頁。

24 E・ケアンズ『基督教全史――初代から現代まで』（聖書図書刊行会、一九五七年）一二四〜一二七頁。

25 岸本英夫『世界の宗教』（東京大明堂・一九六五年）三三頁。

26 C・P・ティーレ、『宗教史概論』比屋根安定訳（誠信書房、一九六〇年）一七四〜一七八頁。

27 『前掲書』一七三頁。

28 『前掲書』一八二頁。

29 Raffaele Pettazzoni, State Religion and Individual Religion in the Religious History of Italy, *Essays on the History of Religious* (Leiden: E. J. Brill, 1967), p. 208.「国民的宗教と個人宗教」に関しては、さらに、P・マックス・ミュラー『宗教学概論』比屋根安定訳（誠信書房、一九六〇年）一〇〇頁参照。

30 S. L. Guterman, *Religious Toleration and Persecution in Ancient Rome* (London, 1951), p. 26.

31 秀村欣二『前掲書』四六頁。ローマ人の宗教に関しては、Albert Grenier, *The Roman Spirit in Religion, Thought, and art* (New York: 1926), pp. 365 〜 404.

32 秀村欣二『前掲書』五五頁。

33 湊 晶子「帝政ローマ下における外来宗教としてのミトラ教とキリスト教」東京キリスト教短期大学『論集第五号』

（一九七三年）参照。
34　Frants Cumont, *The Mysteries of Mithra* (Chicago: The Open Count Publishing company, 1910), p. 89.
35　秀村欣二『前掲書』四九頁。
36　James Hastings (ed.), *Dictionary of the Apostolic Church* (New York: Charles Scribner's Sons, 1918), p. 406.
37　Josephus, *Antiquities*, XIV, 10.
38　石原　謙『キリスト教の源流』（岩波書店、一九七二年）一二六頁。
39　湊　晶子『キリスト者と国家』六〇頁。
40　半田元夫『キリスト教の成立』（近藤出版、一九七〇年）二三〇頁。
41　湊　晶子『前掲書』三〇頁。

（一九七五年十月　『福音主義神学　第６号』一八〜三九頁）

II　帝政ローマ下における外来宗教としてのミトラ教とキリスト教

序

初代教会はストア派、懐疑主義などの哲学思想、またグノーシス主義、モンタノス派などの異端、あるいは東洋から伝えられた密儀宗教と何らかの接触をもちつつ発展していった。当時の哲学また異端に関しては、日本でもかなり研究が深められているが、密儀宗教に関しては聖書の中に直接語られていないため、ほとんど知られていない。東方からフリュギアのキュベレー、エジプトのイシス、ペルシアのミトラなどが紹介されたが、中でもミトラ教はローマで急速に発展し、キリスト教の迫害の最も厳しかったディオクレティアヌス時代には国教化するほどまでに成長した密儀宗教である。

さて、このミトラ教はキリスト教と同時代に発展したこと、またその神学の中にも創造、復活、仲保者、聖餐など一見キリスト教と似かよったものをもっていることなどから、キリスト教と関係が深かったかのように理解されがちである。日本ではこの両者の関係はあまり取り上げられなかったが、一九七〇年ベストセラーになった『日本人とユダヤ人』の中で、イザヤ・ベンダサン（Isaiah Ben-Dasan 山本七平の筆名）は、「イエスもパウロも偉大な思想家であることは間違いない。しかしこれら新約思想は絶対にキリスト教思想と同一のものではない。キリスト教は、新約思想とミトラ教の混合ともいえる面もある（日曜日はミトラ教の伝統であって、聖書には関係ない、誤解なきよう）からキリスト教が、これと全く同じ考え方をしているとはいえない(1)」と述べている。またケアンズはミトラとキリスト教の関係を否定しながらも、両者の関係を肯定する学者たちの意見を次のように紹介している。

「近頃のある学者たちは、秘儀宗教がキリスト教の主要源泉の一つであることを証明しようと努めた。これらの学者に従えば、パウロはイエスの単純な倫理的宗教を発展させて一つの秘儀宗教にしたのだという(2)。」

実際ミトラ教のキリスト教への影響が全然なかったとは言えない面もある。たとえば、ミトラ崇拝の最大の祭日十二月二十五日の「不敗太陽の生誕日」は、クリスマスの制定に影響を与えたと解せられる(3)。はたして、ミトラ教とキリスト教は初代の発展史で関係し合ったかどうか。

ローマ帝国内での両宗教の発展史を考えるにあたって、両者ともローマにとっては外来宗教であったことから、ローマ本来の宗教の特質及びローマの外来宗教に対する態度がまず取り扱われねばならない。つぎに両宗教の類似点と問題点およびローマ帝国内での発展の特質が取り上げられ、最後になぜキリスト教がミトラ教を克服して国教にまで発展し得たかが問われなければならない。ミトラ教に関してはほとんど外国の資料に頼らなければならないが、与えられたわずかな資料をもとにして以上の問題を分析するのがこの小論の目的である。

一　ローマ人の宗教の特質とローマ人の外来宗教に対する態度

英語、ドイツ語、フランス語などで「宗教」を意味するReligionはラテン語から出ている。しかしローマ人は決してとくに宗教的な国民であったとは言えない。むしろ法律、建築など実際的な文化を作り上げたと同時に、古来の民族的宗教と並んで、征服された地方の信仰をつぎつぎに受け入れ、とくにキリスト教が世界宗教として展開する舞台を与えたという点で宗教上独特の役割をもっていたといえる。東方の宗教が盛んにローマに輸入されはじめたのは、共和制末期から帝政初期のことであるが、それまでにローマ人はどのような宗教をもっていただろうか。またそれはどのような特質をもっていたか。古来の民族的宗教の上にミトラ教やキリスト教のような外来宗教が紹介された場合、民族固有の宗教をもつローマ人がどのように反応したかを考察してみたい。

ローマ人の宗教の特質としてまずあげられるのは、彼らが人間生活や自然生活を掌握する多くの神々の存在を信じながら、ギリシア人のように、それらの神々を人間的姿態として表わさなかったということである。(4)ローマは建国以来一七〇年間神像を知らなかった。実際ギリシアの擬人神観がローマの美術や文学に浸透してきたときにも、宗教の領域に及ぶことは少なかった。ローマ古来の神々は、はっきりした個性をもたない非人格的な諸力であり、神々はそれぞれのヌーメン(numen)すなわち意志と力とによって、自らを顕わしたと考えられていた。ある学者がローマには神々とその崇拝はあったが、神話はなかった[5]といっていることからも理解できることである。思弁的なギリシア人に比べて実践的行動的なローマ人にとっては、神そのものの性格を深く考えるよりも神々のはたらきの方が関心事であった。これはローマ古来の宗教と外来宗教の関係を考える時重要な要素となる。

第二にローマ人の宗教の特質としてあげられるのは、ギリシア人のそれのように芸術的ではなく、むしろ日常生活に関係の深い現実的宗教となり、国家の発達とともに国家的宗教として発達したということであろう。早くからローマ人に深く信仰された神々は、家の神、戸の守り神であるヤーヌス(Janus)と炉の火の神ウェスタ(Vesta)とユーピテル(ジュピターJupiter)のように、日常生活に密接に関係のある神々であった。中でもユーピテルは善い父、天の父、祝福と創造との源、善い信仰と正直との支持者として最も偉大な神となり、ローマではキャピトルの丘にユーピテルの神殿が立ちローマ共和国の守護神となった。その後帝政ローマの建設とともに、アウグストゥスはローマ民族宗教を公的宗教として制度をととのえようとしたくらいである。また皇帝自身を神として神殿に祭るようにもなった。R・ペタッツォーニはローマ宗教の特質を論じた論文の中で、「ローマ宗教は個人的救を第一義的な問題としているのではなく、あくまでも一国家の幸福と安寧を目的とした国家宗教である[6]」と結論している。したがってローマの神々が尊崇される限り、ローマは強力であり永遠であると考えられた。

第三にローマ人にとって神が国家に対していかに働くかが問題となるのであるから、神の怒りを国家としてまぬがれるよう祭儀を行うことが彼らの関心事となっていたことが指摘される。秀村欣二氏はローマ人の宗教の特質に関して、「ローマ人のいう宗教 religio とは、人間を神々と結合する religare 紐帯を保持する義務、またはそのために人間が反覆する relegere 祭儀の施行を意味した。……さらにローマ人の顕著な徳目とされた敬神 Pietas も個人の心情に関することではなく、神々の加護を信頼して神々にふさわしい祭儀、すなわち犠牲をささげることにほかならない(7)」と述べている。従って帝政ローマを通じてこの国家的性格をもったローマ宗教は、儀礼や祭式に重きがおかれていたのである。

第四にローマ帝国の版図が次々とひろげられ世界化的傾向が進むとともに、フリュギアのキュベレー、シリアのアシュタルテ、エジプトのイシス、ギリシアのデーメーテール等のような女神や、ミトラの男神が次々と伝えられた時も、原理的にはこれらの外来の神々をローマ宗教の中に包摂、吸収していったことはローマ宗教の特徴であろう。そして東方からもたらされた上記のような密儀宗教の影響から、彼らも個人の幸福を求め、神秘的密儀的儀式にあずかることにより、瞬間的に陶酔状態にひたることに満足を覚えるようになった。

さて、以上の様な特質をもったローマ宗教に、外来宗教が次々に紹介された場合どのような問題が起きてきたか。同じ外来宗教でもなぜキリスト教は多くの殉教者を出すほど迫害を受け、他の外来宗教はローマ宗教の一般的傾向に沿って包摂されていったのであろうか。これらの外来宗教に対するローマ人の態度と政策はどのようなものであったのだろうか。

結論的に言うとユダヤ教とキリスト教だけを除けば、一般に他の外来宗教はローマ社会に受容される傾向をもっていた。たとえばイタリアとギリシア以外からもたらされた最初の外来宗教であったフリュギアの大母神キュベレーはパラティヌスの丘に聖所をもつまでに発展していった。またエジプト伝来の女神イシスの祭儀も弾圧と緩和を繰返しながら、帝政末期には婦人たちの強い支持を得てローマ社会に浸透していった。またミトラ教は滅びゆくローマを救う神としてディオクレティアヌスによって国教とされるほど発展した。これは原則として、各民族が守って来た宗教がローマ人の宗教や公安良俗に反しない限り公認されたからである。しかしローマ市民の場合は国家宗教への忠誠と責任から外来宗教への参与は、それが特に元老院によって認可されない限り許されず、人は二つの国家の市民であり得ないように、二つの宗教を受容することは原則としてはできないことになっていた。けれどもローマの対外的発展にともない被征服民の宗教を次々とローマの領内に包含せざるを得なくなると、ローマ宗教と外来宗教との調和が問題となってきた。どのような理由で外来宗教が邪教 religio prava となるかという課題は、共和政から帝政期を通じて元老院議員と属州総督を問わずローマ為政者の前に提出され続けたといわれる。(8) 紀元前一八六年外来宗教の一つであるバックス (Bacchus) の祭儀に関して、過激な「陰謀」が計画されたことがあるが、このような場合においてすらローマはキリスト教に対するような迫害を加えるのでなく、元老院は次のような議決をしている。(9)

「この祭儀が古来のものであることを認め、これを廃止すれば神々の怒りを招くかも知れないことを考慮し、同時にその祭儀が社会秩序に有害破壊的なことを認め、強い規制を加えるようにした。(10)」

このように一般に外来宗教の祭儀が古来のものであれば、ローマ人はそれを認めようとしたことは事実である。

これに反してキリスト教では次第にローマとの相剋の歴史[11]がはじまるのであるが、ここで問題になるのは他の外来宗教にくらべて何故キリスト教だけがローマ人から嫌われ迫害の歴史をたどることになったかということである。

その根本的な原因はキリスト者が皇帝礼拝を含めた異教祭儀全般を否定したことにあると思われる。先に述べたように、ローマ人にとって宗教とは信仰や倫理であるよりは、祭儀の執行ということが重要であった。異教祭儀全般を拒否することは、ローマ人のいう「神々との平和」が乱され、ローマ社会は神々のくだす災厄に悩まされることになる。当時キリスト者は無神論者と呼ばれていたが、現在私たちが用いるような意味でなく、ローマ宗教における神々を礼拝しないという意味である。キリスト教と同じように外来宗教であり、同じように一神教を堅持していたユダヤ教は、ローマから特別な扱いを受け「容認された無神論者」licenced Atheist として認められていた。先にあげたバックス礼拝に関する元老院の議決によってもわかるように、祭儀が古来のものであればローマ人は一般にそれを認めようとした。ユダヤ教は古い歴史の上に立った古来の宗教であると認められたのに反して、キリスト教は父祖の宗教を棄てた一つの新宗教であるとされた。このようなキリスト者の無神教行為によって、異教徒は神々の怒りがキリスト者だけでなく異教社会全体に及び、すべての災厄と不幸の原因がキリスト者にあるとした。このようにローマ帝国において、すべての民族は彼らの祖先伝来の祭儀が遵奉されている限り外来宗教として承認されたのである[12]。

二　ローマ帝国内におけるミトラ教の発展

キリスト教とミトラ教が急速に発展したのは、二世紀、三世紀の帝国が危機にさらされていた時代である。政治的・社会的につぎつぎ起こる災禍の原因や、悪の世界の起源に関する問題、その支配下からいかにのがれ、いかに生き、何を期待すべきかという問題が民衆の主要な関心事となったが、それらの諸問題に明確な回答を与える宗教はキリスト教とミトラ教であると考えられていた⒀。これら両宗教の発展過程は非常に異なるが、今回はミトラ教について考えているため、ここではミトラ教の発展過程のみを取り扱うことにする。

ミトラは光明の神でインド・イラン系民族が古くから信奉したものである。後にことにペルシア教と密接に関連し、善神アフラ・マズダー (Ahura Mazdā) と悪神アンラ・マンユ (Angra Mainyu) との間に立って、ミトラが悪を退治すると信ぜられた。その後ミトラ教は西アジア諸国に入り、バビロニアで太陽神シャマシュ (Shamash) と結合し占星術をも採り入れ、後にローマに伝播するにいたった⒁。ミトラ教がローマ帝国に知られたのは西暦前一世紀のころ、同帝国を脅かしたキリキアの海賊がポンペイ (Pompeii) の捕虜となりポンペイ市に住まわせられたのに起因した⒂。しかしそれが実際に帝国内で頭角を現わしはじめるのは一世紀の終わりごろとされている。その後軍隊の移動をはじめ、商人の旅行、奴隷の連行によって広範囲に伝播した。このことはブリタニア、イスパニア、ライン、ドナウ河畔、ポントゥス、サハラ砂漠の外縁地方からも遺跡が見出されることから明らかである。ローマ市内にもいくつかのミトラ神殿が発見されている。著者が苦心して訪ねたローマのサン・クレメンテ教会の地下三階のミトラ神殿は、アントニヌス・ピウス時代（Titus Fulvius Aelius Hadrianus Antoninus Augustus Pius）のものとされ興味深い資料を数多く提供してくれた。

アウグストゥスとティベリウス帝は（この二人の皇帝の在世中イエスは生れ、その生涯を全うし、十字架にかけられた）、古ローマ宗教の復興刷新を計り、オリエント伝来の密儀には好意を示さず、紀元一九年にはイシス礼拝に激しい迫害を加えた。しかし三八年にはカリグラ帝は、その神殿をアルスの野に建てさせこれを保護した。クラウディウス帝（この皇帝のもとにパウロは三回の伝道旅行を行う）はアッティス（Attis）神礼拝を許容し、ネロ帝も五賢帝時代も密儀宗教に寛大であった。そしてついにディオクレティアヌスはミトラ神を国家神と認めた[16]。三世紀のローマ衰亡期になると、帝国がダニウブ川地方（ドナウ川 Danubius）を失い、その地方のミトラ神殿が破壊されてようやく衰退しはじめた。そして四世紀の末にはほとんど滅亡し、信者はキリスト教かマニ教に改宗したと伝えられている[17]。キリスト教と最後の勝利を争ったこのミトラ教について、「もしキリスト教がなんらかの致命的疾患により成長を阻まれたならば、世界はミトラ化したであろう」というルナンの著名な言葉を引用して、ムーアはこれが一つの仮説にすぎないとしてもミトラ崇拝の重要性を示唆したものと強調している[18]。

このミトラ教が栄光ある発展の一途をたどりつつある時は、キリスト教の苦難の時代である。「殉教者の血が教会の種子である」というテルトゥリアヌスの言葉のごとく、キリスト者は血を流しつつ存在のために戦いつづけた時代であった。それではなぜミトラ教がそれほどまで発展し得たのだろうか。

まず第一に先に述べたローマ人の宗教を認めたことと、皇帝の神権を認めたことがミトラ教を急速に発展せしめた最大の理由であると思われる。これはキリスト教において、イエス・キリスト以外の何者をも神と認めなかった排他的性格が迫害の根本原因となったことと対比して考えるべきである。

第二に帝国側から考えた場合、次のようなことが考えられるとキュモンは述べている。

「外国で生れた宗教に対して、ローマが二百年間何故それほどの興味を示したのだろうか。それは帝国側の理由によることが多い。帝国はミトラ教の中に独裁政治を樹立するのに都合のよい教養が含まれていることを見出したからである。[19]」

実際、紀元一八〇年頃を境にローマは衰退の一途をたどりつつあった。ローマ帝政が誇ったプリンキパートゥスの政治は、この頃から軍人専制に移行しつつあったのである。この軍人専制を支えていたのは軍隊であった。そしてミトラ教はこの軍隊の中に浸透していった。スマートは軍隊内に広く信奉された理由について、「ミトラ神は決して征服されざる太陽神であるため、兵隊たちに勇気と自信をもたせた。また自制心を養う高い倫理性が軍隊内の規律を守るのに役立った[20]」と述べている。

第三にミトラ教は男性のみに開放された宗教であった点は、男性的、堅牢であったローマ人の性格に合致している。思弁的、合理的なギリシア人の性格に適しなかったこと、ヘロドトス (Herodotus) がミトラ神を女神と誤認したこと[21]、ギリシア古来の宗教があったことなどからミトラ教はギリシアには土着化しなかった。そこでミトラ教はローマ及びライン・ダニウブ地方などローマの軍隊の駐屯地であり、またその地方に強い古来の宗教をもたなかった地方に急速に進展した。[22]

第四にミトラ教は東方から輸入された奴隷によってローマにつぎつぎ伝えられていったが、のち彼らを使った政府の役人のような上層階級に勢力をもつようになった。同時代のキリスト教が下層階級に多くの信者を有したのと対比して、上層階級に勢力をもったことは表面的であるにせよ急速な発展をなした一つの原因でもあろう。

以上あげたいくつかの理由から、ミトラ教は他の多くの密儀宗教にみられないほど、帝政ローマに広く浸透していったのである。

三　ミトラ教の教えとキリスト教の教えの類似点とその解釈

同じように東洋から外来宗教としてローマに伝来し、キリスト教と同時代に発展したいくつかの宗教のうち、ミトラ教とキリスト教ほど多くの類似点をもっている宗教はまずあるまい。まず両宗教のもつ類似点をその教義の内容と、儀式の方法と、入信後の信者の状態の三点から考察したのち、両者の根本的に相容れない点について考えてみたい。なおこの章は著者が一九六八年ローマで訪ねたミトラの神殿[23]、及びそこから得られた資料を中心にまとめたものである。

まずミトラ教の教義の中でキリスト教と関連のあるものを取り上げる。神話によると、ミトラは神聖な木の下で岩から生まれ、その誕生を羊飼いたちが贈り物を手に手に祝いに来たと伝えられる。そしてミトラは太陽神から最初の力を与えられ、アフラ・マズダー（善神 Ahura Mazdā）に創造された牡牛を征服することによって大地に生命を与えたと信ぜられている。これを無効にしようとするアンラ・マンユ（悪神 Angra Mainyu）はさそりを送るが失敗し、ミトラは牡牛との戦いに完全に勝利を得る。犬はミトラの友、蛇はおそらく豊かな大地の象徴であるらしく、現在残るミトラの神殿には常に雄々しいミトラと共に犬と蛇が描かれている。ミトラはゾロアスター教のアフラ・マズダー崇拝が盛んになるにしたがって、アフラ・マズダーとこれに対抗する悪神アンラ・マンユの間に介在し、悪を退治して世を統治する神として描かれるに至った。[24] ミトラが光と暗の仲保者として古代人の間で広く取り扱われていたことは、一か月の中間の日、十六日を特にミトラに捧げる日と定めていたことでもわかる。[25] しかもこの仲保者としての意味には空間的な意味だけではなく、到達し得ないまた測り知り得ない永遠なる神と、地上で苦しんでいる人間の間に立って救いをもたらす者という精神的な意味もある。ミトラ教の研究者として権威のあるキュモンはミトラがアレクサンドリアのロゴス思想に匹敵すると述べている。[26] ダチェスネはミトラ教のロゴス思想のキリスト教への影響を認めているが、[27] それを裏付ける資料は何もない。仲保者 Mediator の語が、キリスト教とミトラ教の両宗教で用いられた意味内容は異っているとしても、これが両宗教の中核をなす思想である点興味深い。

以上のような仲保者の教義に加えて、ミトラ教において救いを保証する点キリスト教と類似性を問題とされるところである。

さて、ミトラ教における救いとは、アポロの命令に服従することにより、生命を勝ち取ったミトラの服従と勝利を模倣することによって、信ずる者は栄光ある勝利へと導かれるというのである。このことは不思議なほどキリスト教に似ているように思われるが、この類似性は表面的なものであることを強調しておかねばならない。何故ならば岩から生れたミトラは、肉体をもってこの世に来られたキリストと非常に異った人物であるからである。[28] キリスト教においては仲保者イエス・キリストのただ一度の血による犠牲のみで贖われるが、ミトラ教においては礼拝堂でそのつどフリュギアの着物をつけた祭司が雄牛を床になげつけ、右手で幅広くみじかい刃で心部をつきさし、[29] この時ほとばしり出る血をあびることによって新しい生命が与えられると考えられていた。[30] さらに詳しく調べてみると信徒が真の救いへ到達するためには、七つの段階を過ぎなければならないと考えられた。最初の段階は新改宗者（The Neophyte）、それから隠れたる者（Hidden One）、そして戦士（A Soldier）となりついに勇猛なる人（A Lion）となる。はじめの三段階の間は入門者であり、第四段階に達するまではすべての密儀に参加することは許されない。次の高い段階はペルシア人（Persian）と、太陽の従者（Sun-Courier）と教父（The Father）である。[31] この一つ一つにおいて教徒は下僕のごとく労働し、隠遁して瞑想し、悪と戦いつつ修業を積み、ついに教父になり完全なる救いを経験すると信じた。このようにミトラ教における犠牲はくり返されねばならず、ただ一度十字架の上で犠牲をささげられたイエス・キリストを信ずる信仰と根本的に性格を異にしている。またプロテスタントの信仰の本質は〝信仰のみ〟という原則の上に立つものであるが、このミトラ教が信仰と行いを強調している点その本質を大いに異にしている点である。しかしローマ本来の宗教が先に述べたごとく国家宗教であったのに対して、この両者が個人の魂の救いにかかわりをもつ点両者に共通している点である。

そのほかミトラ教がたとえ表面的であるにせよキリスト教と類似している点をあげると、上下や貧富の区別なく共に聖餐にあづかり、同じ復活を待ったこと、[32] また救われた者は天国に昇り、悪しき者は地獄におちることを説き、霊魂の不滅と肉体の復活をも説いたこと、[33] また世の終わりには大混乱がおこり、善悪の闘争はやみ、死者は最後の審判のためによみがえらされると説いたことなどである。[34] そのほかトレヴァーがミトラ神は奇蹟を行う神であること[35]を指摘している点も興味深い。

つぎに儀式と礼典の面でも両者の間にいくつかの類似点を発見する。

まずミトラ教は信仰を告白するために洗礼を受けることを原則とした。そしてその洗礼は単に体をきよめるばかりでなく、魂のけがれをもきよめると信じていた点[36]キリスト教の洗礼の意味するところと大いに異なるが、形の上だけでも同じように洗礼式を守っている点興味深い。洗礼式と同じように聖餐式も形式上では、パンとブドウ酒を共に食するがやはりそれが意味するところは異っている。スマートは、「ミトラ教において、パンを裂き、ブドウ酒を共に飲むのは、ミトラが雄牛を征服したことにより自然界に穀物とブドウを豊富に実らせる結果となったことを象徴しているからであり、これにあずかることによって列席者全員に悪に立ちむかう力を与えると信ぜられていた[37]」ことを指摘している。

信者たちは礼拝堂[38]に毎日曜日集まる習慣をもっていた。そして十二月二十五日を〈不敗太陽神の生誕日〉とし、冬至をすぎた太陽の復活を表わし、一年で最大の祭日として聖堂で祝った。キリスト教では、四世紀以来この日がクリスマスの祝祭日とされるようになったが、この制定に影響を与えたと解されている。[39] この聖堂に集って来る信者たちは、お互いを兄弟と呼び合っていたことも興味深い[40]。

さて、このような特質をもつミトラ教の教義と祭儀に加えて、実際ミトラの信仰に入った信者たちは、より謙遜になり、より義しくなり、より良くなると考えられていた点も[41]、キリスト教論理と相容れるところでもある。

以上のようにキリスト教とミトラ教は少くとも外面的にはその教義祭儀などにかなりの類似性をもってい

ることは確かである。この両者は序論で指摘したイザヤ・ベンダサンのように、また次にあげる和辻哲郎の言葉のように密接な関係を有していたのだろうか。「これらの儀式（聖餐式や洗礼の如き重大な儀式）は当時の密儀宗教に一般に行われていたものであって、原始教会はただそれをそのまま取り込んだに過ぎなかった[42]」。ミトラ教に関しても原始キリスト教におけるのと同様、資料が不足しているため両者の関係を究めることは困難であると前置きして、キュモンは両宗教の類似性について「両者が似ているということから一方が他をまねたという結論をひき出すことはできない。両宗教とも東方に起源をもつことから思想や儀式の中にある程度共通したものがあるかも知れないが、大体の場合両者の直接的関係は疑わしい[43]」と述べている。またトレヴァーも「両宗教はシンクレティズムの傾向の強かった時代に発展したので、お互いに何らかの影響があったかも知れないが、それを決して強調してはならない[44]」と警告を与えている。

四　ミトラ教の勝利からキリスト教の勝利へ

ミトラ教は外来宗教であるにもかかわらず、ディオクレティアヌス帝の時国教として取扱われるほどに成長した。しかし次帝コンスタンティヌス帝の時代には逆にキリスト教が国教に認められるにいたった。もちろんキリスト教の国教化に関しては政治的理由を抜きにしては考えられないが、それでもなぜ多くの類似点をもつ両宗教の一方が異教を征服し、他方はローマ帝国の衰退とともに滅亡（ミトラ教は紀元四世紀末にはほとんど滅亡したと言われている）してしまったのか。異教世界に住む私たちにとって、異教を乗り越えさせたものが何であったかを両者の対比から考察することは意味深いと信ずる。

ミトラ教が最も盛んにローマ帝国内に取り入れられたのは、キリスト教大迫害で有名なディオクレティアヌス帝の精力的な帝国再建政策のもとでであった。彼の宗教政策の基本は古いローマの伝統的な神々の尊重におかれていた。このことは二九三年三月に出された勅令の中の言葉すなわち、「古代によってひとたび固定され確立されたものを、取り消そうとすることは最大の罪である」[45]に見られる。このローマ帝国の宗教政策に対する両宗教の態度が全く相反していることに注目しなければならない。ミトラ教自身は一神教的性格をもっているにもかかわらず、決して多神教の存在を否定しなかったところから、ローマ本来の宗教政策と相剋をおこすことはなかった。具体的にはミトラ教は外来宗教でありながら、ローマ本来の宗教に犠牲を捧げることを否定しなかったし、また皇帝の神権を認めたのである。従ってディオクレティアヌスは迫害するどころか、軍隊に最大の力をもっていたミトラ教の中に、彼の政治政策である東方的専制政治を裏付ける教義さえも発見してこれを歓迎したのである。ミトラ教は国家権力と政策の中にその勝利を得たと言える。

これに反してキリスト教においては、キリスト教以外の宗教は何ものをも認めない強固な排他主義をとったこと、キリストによる救いの方法以外は絶対に認めなかったことが迫害の根本原因となったが、逆にこの信仰がミトラの勝利からキリスト教の勝利へ移行させた根本原因でもあった。ディオクレティアヌスはついに三〇三年三月に勅令を出し、「キリスト信者に異教の神々に犠牲を捧げるべきことを命じ、拒めば死刑」[46]と定めた。エウセビオスはどの獄舎もキリスト教の指導者たちと会衆とで満員になり、犯罪者を収容する場所がなくなったほどであったと指摘している。[47]このようにいかなる異教的要素とも妥協を許さない当時のキリスト者の信仰を理解する時、私たちは、「キリスト教は新約思想とミトラ教との混合とも言える面もある」というイザヤ・ベンダサンの言葉を否定せざるを得ない。日曜日が礼拝日となった点、また十二月二十五日のクリスマスがミトラの祝祭日から取られたであろう点などのように、ごく表面的な関係はあったかも知れないが、其の他の類似点が両者の相互関係から生れたとは、当時のキリスト教の状態を理解していたならば決して考えられないことであろう。国家宗教と外来宗教に関する論文の中でイタリアの学者ペタッツォーニは、ローマ帝国と日本の場合を比較して次のように述べているのは興味深い。「日本の国家宗教である神道は、現在まで決してその生命を絶っていない。外来宗教である仏教もキリスト教のように排他的でなく、古来の宗教の存続を認めている。しかしローマではキリスト教以後は、ローマ宗教もミトラ教のような外来宗教もその存在を認められないばかりか、神の権威すら否定され死んだ宗教と化している。[48]」実際ミトラ教は四世紀末には滅亡したと言われている。キリスト教の普遍性というのは妥協から生れる普遍性ではなく、イエス・キリストを主であると告白する信仰のみに立っての普遍性であって、ここに歴史を通じて多くのクリスチャンたちが福音的な真のキリスト教を守り続けた力があると信ずる。[49]

キリスト教を勝利に導いた要素として、つぎに考えなければならないのは、ミトラが岩から生れた神話的人物であるのに対して、キリストは実に救いを完成するためにこの世に送られた歴史的人物であるということである。ミトラ崇拝はゾロアスター教がまだ発達しなかった時代からペルシア高原で礼拝され、しかも独立した宗教であったようであるが、ゾロアスター教のアフラ・マズダー崇拝が発達するにしたがって、アフラ・マズダーと悪神アンラ・マンユとの間に介在し、悪を退治して世を統治する神として描かれるに至ったようである。[50] したがってミトラは宗教の発展史の中で人間の知識によって作り出され、変化して来た神話的神ということになる。これに対してキリストは、「アルファであり、オメガである」[51] 永遠にかわることのない生ける神であることを強調したい。実にキリスト教史を貫くものは歴史的実在のイエス・キリストである。キリストの歴史性[52]を抜きにしては基督教史はあり得ないが、多くの人々はそれを否定しようとする。[53] もしキリストの歴史性を否定してしまったら、キリストはミトラの如き神話的仲保者となり、信仰の力は出て来ない。実に迫害史を貫く信仰は、歴史的現実のイエス・キリストの確実な認識の上に立ち、またイエスを神の子と信ずる告白の上に立つものである。日本のキリスト教が伸び悩む一つの原因は、イエス・キリストの認識が異教世界の諸要素の中でいろいろな衣を着せられ、不明瞭にされているところにあると思う。

最後にミトラ教と非常に異なるキリスト教の強力な要素は、信仰の基礎となる聖書をもっていることである。ミトラ教はあくまでも東方的密儀宗教であって、公的な霊感を受けた書物をもっていない。[54] ディオクレティアヌス帝（Gaius Aurelius Valerius Diocletianus, 244~311）は三〇三年第一勅令を出し、全帝国の教会堂の破壊と聖書の焼却、高級公職にあるキリスト教徒の解職などを命じた。[55] いかなる皇帝も聖書を焼きつくすことはできなかった。現在私たちが手にしている聖書は、多くのキリスト者の手によって守り伝えられた書物であることをもう一度しっかり考え直さなければならない。聖書が神の言葉であることを否定して、どうして力ある信仰が生まれるだろうか。「ローマは全世界を力をもって征服したが、彼ら自身の宗教は失われてしまった[56]」と言われるところである。

ミトラ教や他のローマ宗教が持っていなかった歴史的信仰の基礎、排他的とまで言える唯一神教の本質、そして聖書の上に立った信仰は、ミトラ教やローマ宗教を越えてキリスト教を勝利に導いたいくつかの重要な要素であると信ずる。[57]

むすび

我国ではミトラ教に関してあまり知られていないが、最近ローマ帝国とキリスト教に関する書物が、つぎつぎ出版され人々の興味がこれらの問題に向けられているため、ミトラ教がキリスト教と最も類似点の多い宗教として脚光をあびるかも知れない。事実今年度（一九七三年）のオリエント学会でも、ミトラ教について語られたようである。ハリディが「キリスト教が根本的（fundamental）であるのに反して、ミトラ教は表面的（superficial）すぎるため、両者の類似性にあまりとらわれることは間違いである[58]」と明言しているごとく、私たちは類似性があるからといって、キリスト教とミトラ教が重要な信仰内容や儀式などでも関係し合っていたというような意見に惑わされてはならない。もし影響があったとしても、ごく外形的なことにすぎず、根本原理では異った基礎の上に立っている。同じように異教的世界にある日本にとって、キリスト教を勝利へ導く道はけわしい。伝道の重荷をもつ者にとって、ローマに於ける両宗教の問題は見逃すことのできない重要な教訓を与えてくれる。

注

1　イザヤ・ベンダサン『日本人とユダヤ人』（山本書店、一九七一年）一一八頁。
2　E・ケアンズ『基督教全史』聖書図書刊行会訳（聖書図書刊行会、一九五七年）六四頁。
3　Frantz Cumont, *The Vysteries of Mithra* (Chicago: The Open Court Publising Company, 1910), p. 191.
4　秀村欣二「地中海世界Ⅲ、南アジア世界の形成」『岩波講座　世界歴史Ⅲ』（岩波書店、一九七〇年）四五頁。
5　C・P・ティーレ『宗教史概論』比屋根安定訳（誠信書房、一九六〇年）一七四〜一七八頁。
6　Raffaele Pettazzoni, "State Religion and Individual Religion in the Rligious History of Italy," *Essays on the History of Religions*, (Leiden: E. J. Brill, 1967), p. 208.「国民的宗教と個人的宗教」に関しては、さらに、F・マックス・ミュラー『宗教学概論』比屋根安定訳（誠信書房、一九六〇年）一〇〇頁参照。
7　秀村欣二、前掲書、p.46. ローマ人の宗教に関しては、Albert Grenier, *The Roman Spirit in Religion, Thought, and Art* (New York: Alfred A. Knopb, 1926), pp. 365-404.
8　『前掲書』四八頁。
9　バックス礼拝の規制の場合にすら元老院議決が行われているが、ネロのキリスト教迫害は「ネロ規定」のような通常の裁判形式をふまず逮捕、処罰されたらしいし、また元老院決議も知られていない。
10　秀村欣二『前掲書』四九頁。
11　湊 晶子『キリスト者と国家』（聖書図書刊行会、一九六二年）三八〜四七頁。
12　秀村欣二『前掲書』五〇頁。
ガリア・ブリタニアで行われたドルイド教のように人身供犠の祭儀をもち、しかも反ローマ運動を助長すると考えられた場合には、徹底的に弾圧された。

13　ソビエト科学アカデミー「三世紀ローマ帝国のイデオロギーと文化」『世界史―古代6』香山陽坪他訳（東京図書株式会社、一九六一年）一〇一七〜一〇二一頁。

14　Monsignor L. Duchesne, *Early History of the Christian Church* (London: Jhon Murray, 1925), p. 392.

15　George F. Moore, *HIstory of Religions* (New York: Charles Scribner's Sons, 1925), p. 593.

16　これらの各皇帝の時代におけるキリスト者とローマ帝国の対決に関しては、湊 晶子『前掲書』三八〜六三頁参照。

17　比屋根安定『世界宗教史』（三共出版社、一九二六年）四九八頁。

18　George F. Moore, *op. cit.*, p. 593.

19　Franz Cumont, *op. cit.*, p. 89.

20　Ninian Smart, *The Religious Experience of Mankind* (New York: Charles Scribner's Sons, 1969), p. 263.

21　『世界歴史事典　第18巻』（平凡社、一九五三年）一一八頁。

22　Monsignor L. Duchesne, op. cit., p. 397.「なぜ東方宗教がローマ帝国内で発展したか」については、Frants Cumont, *The Oriental Religions in Roman Paganism* (Chicago: The open Court Publishing Company,1911). pp. 20-45 を参照されたい。

23　このミトラの神殿は St. Clement 寺の地下三階にある。現在地上に建っている教会は十二世紀のもので、地下二階のは八世紀の建築とされている。地盤沈下のため地下三階に位しているミトラの神殿は一世紀後半から二世紀前半のものとされている。

24　比屋根安定『前掲書』六六四頁。

25　Frantz Cumont, *op. cit.*, p. 127.

26　*Ibid.*, p. 193.

27　Mon signor L. Duchesne, op. cit., p. 396.

28　Leonard Boyle, *St. Clement's* Rome (Rome: V. Urbis, 1963), p. 67.

29　George F. Moore, *op. cit.*, p. 594.

30 弓削 達「ローマ帝国とキリスト教」『世界の歴史第5巻』（河出書房、一九七一年）五九四頁〔文庫版、一九八六年〕。

31 George . Moore, *op. cit*, p. 595.

32 比屋根安定『前掲書』四九六頁。

33 Monsignor L. Duchesne, *op. cit.*, p. 396.

34 Frantz Cumont, *op. cit.*, p. 191.

35 Albert A. Trever, *History of Arcient Civilization* (New York: Harcourt Brace and Company, 1939), p. 596.

36 Frantz Cumont, *op. cit.*, p. 141, p. 190.

37 Ninian Smart, *op. cit.*, p. 263.

38 現在手にし得る資料と、ローマで訪れたミトラの礼拝堂の内部の模様を綜合して考えると、ミトラの聖所は柱の並んだ前庭と地下洞窟の室とから成っていたようである。市街に面した前廓を過ぎ石の階段を踏んで洞窟に入ると、そこは長方形であり、入口から見通した神殿の正面はミトラを浮彫りした壁で囲まれ、その壁に沿って石のベンチ、広間中央に二つの祭壇がある。そこにはフリギアの服装で牡牛を屠るミトラの浮彫りが描き出されている。普通の聖堂は五十―百人を収容できる広さである。

39 Frantz Cumont, *op. cit.*, p. 191.

40 *Ibid.*, p. 190.

41 Raffaele Pettazzoni, *op. cit.*, p. 207.

42 和辻哲郎『原始基督教の文化史的意義』（岩波書店、一九四八年）一九八頁。

43 Frantz Cumont, *op. cit.*, p. 194.

44 Albert A. Trever, *op. cit.*, p. 597.

45 半田元夫『キリスト教の成立　世界史研究双書Ⅰ』（近藤出版社、一九七〇年）二三〇頁。

46 Eusebius Pamphilus, *The Ecclesiastical History*, Trans. from the Greek by C. F. Cruse (London: George Bell and Sons, 1897), p.303.

47 *Ibid.*, p. 304.
48 Raffaele Pettazzoni, *op. cit.*, p. 213.
49 初代教会のキリスト教がローマ帝国とどのような関係を保ちつつ発展したか、また迫害の中のキリスト者の態度はいかにあるべきかなどの問題を聖書から分析した小著、湊晶子、前掲書を参照されたい。
50 比屋根安定『前掲書』六六四頁。
51 ヨハネの黙示録第一章八節。
52 E・ケアンズ『前掲書』六五～六七頁。
53 ヨハネによる福音書一章十四節参照。
Shirley J. Case, *The History of Jesus* (Chicago: The University of Chicago Press, 1928), pp. 39-61.
54 Monsignor L. Duchesne, op. cit., p. 397.
55 半田元夫『前掲書』二三六頁。
56 T. R. Glover, *Progress in Religion to Christian Era* (New York: George H. Doran Company, 1922), p. 291.
57 「ディオクレティアヌスの迫害と教会の勝利」に関しては、石原 謙『キリスト教の源流』（岩波書店、一九七二年）一三七～一四七頁参照。
58 Albert A. Trever, *op. cit.*, p. 597. 引用の出典は W. R. Halliday, *The Pagan Background of Early Christianity* (Liverpool, 1925)

（一九七三年二月　東京キリスト教短期大学『論集　第五号』二一～三三頁）

III　国家権力に対するキリスト者の取るべき態度に関する聖書の教えと実践

「太平洋戦争が終って新憲法が発布され、天皇はその神性の放棄を宣言したとはいえ、今なお、昔ながらのナショナリズムがいろいろの形で残されており、それが今後どのように発展するかは予測し難い。さらにその中にあって、宣教二世紀を迎え多くの教会が真の福音主義に立ち帰り、新しく目ざめた歩みを始めたという時に、筆者は過去のキリスト者の態度が聖書的であったかどうかという問題に大きな関心を持つのである。日本ばかりでなく、世界のどこの国でも、いつまたキリスト者が全体主義的帝国主義の圧力のもとに苦難の時を持たないとも限らない。(1)」これは筆者が十年前『キリスト者と国家』を出版するにあたって記した序の一節である。

それから十年を経た現在、日本の社会にこのような危険性は現実に存在している。一時騒がれた靖国法案が昨年の国会で廃案になったこと、また今回の国会に提出されなかったことによって、私たちはその問題が無事解決されたと早合点してはならない。日本人の意識にさらに適応した法案に変身して近い将来に提出されようとしている。それは「慰霊表敬法案」と呼ばれるようである。もしこの法案が国会で採決されると、天皇をはじめ首相や、自衛隊にいたるまで、公式に靖国神社を参拝することができるようになる。すなわちローマにおける祭儀宗教とキリスト教の相剋をそのまま日本に再現する危険を含んでいる。宗教の自由を奪う危険性を含んだ法案が再び提出されようとする中で、私たちクリスチャンは国家に対してどのような態度をとるべきかをイエス・キリスト、パウロ、ペテロ、ヨハネの教えから、もう一度学ぶ必要があると痛感する。

一　国家に関するイエス・キリストの教えとその実践

A　二つの権威（イエス・キリストの権威とローマ帝国の権威）に関するキリストの教え

ここでまず問題となるのはローマ帝国から来る権威に対して、イエス・キリストがどのような態度を取られたか、また二つの権威に関するキリストの根本的な教えは何であるかということである。

キリストの国家に対する態度について述べるには、まず当時の熱狂的ユダヤ人の国家主義者、すなわちユダヤ教熱心党（the Zealots）に対するキリストの態度からはじめなければならないと思う。彼らはローマからの解放手段として暴力をもいとわない強烈な国粋主義者たちであった。当時まだキリスト教は人々からは、霊的なユダヤ教の一派と見なされていたため、キリストの周辺には多くの熱心党員がいたようである。そこでイエスははじめからこの熱心党とある距離を保つようにされた。それは父から与えられた福音の業が間違った道に導かれるのを防ごうとされたからである。このためキリストは自らを表わす言葉使いにも細心の注意を払われ、決して政治的意味の含まれる「メシア」という言葉は用いられず、常に「人の子」という言葉を使われた(2)。クルマンはその理由について「どのような場合にも彼が熱心党員であるという支持をだれからも受けないためである(3)」と述べている。このようにイエスは政治的要素の含まれる集団に対しては、厳格に中立的立場を取られた。

　しかしここで注意しておかねばならないことは、イエス・キリストが中立的立場を守られたということが、そのまま国家的権威に対する責任においても中立あるいは無関心であってよいということにならない点である。そこでこの点に関してカイザルへの貢献金に関する議論を考えてみたいと思う。この出来事は律法学者、パリサイ人たちが「わたしたちがカイザルに税金を納める（δοῦναι）のは、律法に適っているでしょうか、適っていないでしょうか(4)」とたずねたことから起ったのであるが、彼らはキリストはこの問題に答えることができないであろうと考えていた。もしカイザルに貢献金を払うべきであると答えれば国粋主義的なユダヤの律法にしたがって彼を非難しようと待ちかまえ、もしそれに反してカイザルに払うべきでないと答えれば、ローマ法から彼を責めたてようと用意していた。イエスは彼らにデナリを見せた上で「カイザルのものはカイザルに返しなさい。神のものは神に返しなさい（ἀπόδοτε）」と答えた。

　ユダヤ人たちはδοῦναιという不定法を用いて質問しているのに対して、キリストはἀπόδοτεという第二アオリスト命令形で解答していることから、キリストの意味するところをさらに明確に把握することができる。まず第一に、キリストは ἀπόδοτε という不限定時称を用いることによって、ローマに対して貢を常に納めるのは彼らの義務であるという普遍的真理を強調していると見てよい。すなわち、一般にアオリストには単に事が起こったこと、一応事が片付いたことを述べて瞬間的動作を示す場合と、また普遍的真理および総体的真理を示す場合とがある。[5] キリストの用いられたアオリストは後者の用法であると考えられる。第二にキリストはユダヤ人が質問に用いた文章形式 ἔξεστιν ἡμᾶς・・δοῦναι と同様 ἔξεστιν ἡμᾶς・・ἀποδοῦναι（カエサルに貢を納めることは良い）という表現をされず、命令法できびしく答えられたところにキリストの真意を読み取ることができる。すなわち「カイザルのものはカイザルに返しなさい。神のものは神に返しなさい」というのがイエスの明確な命令であった。第三に、ユダヤ人が用いた δίδωμι という動詞に対して、イエスは ἀποδίδωμι という動詞に置きかえて答えている点から、貢は彼らにとって義務であることを暗示していると思う。セイアーとバウアーは δίδωμι を「だれかに何かを与える、譲渡する」[6]と定義し、リデルは、さらに「自由にプレゼントとして与える」という意味をつけ加え、「ἀποδίδωμι に対する言葉である」[7]と述べている。モウルトンは「～することは可能である、まあ大体よい」[8]と訳している。これらの意味を参考に解釈すると、「カイザルに貢を納めるのは可能だろうか」となり、キリストの「カイザルに返しなさい」と言われた厳しい命令形の言葉よりも、曖昧な意味になってくる。

　以上の三点からキリストはユダヤ人の間で使われた言葉や文章構成をかえて、はっきりとカイザルへの貢は彼らの義務であってそれはまた神への彼らの義務の一部であることを強調されたのである。キリストは決して排他的なもの、あるいは二者のうちいずれか一方しか認めないということを示しているのではない。カイザルの政府も神の代行者として認めているのである。

B　キリストの権威に関する教えの実践

ピラトの官邸において当時最も有力であった二つの律法、すなわちモーセ律法とローマ法を代表する者たちがキリストをいかに処分するかという問題でぶつかった。イエス処刑の責任に関して、ユダヤ責任論、ローマ責任論、ユダヤ、ローマ共同責任論という立場から多くの学術的研究がなされている。[9] 聖書の記録に忠実に従うならば、ユダヤ人たちはイエスが自らを神の子であると称することは神を冒瀆するものであるとしてイエスを告訴した。ピラトはユダヤ人自身の律法でさばくよう勧告したが、それでもピラトには政治的な告訴は調べる義務があるので、「お前がユダヤ人の王であるか」ときいてみた。もしキリストが王ならば、ローマ帝国に反するものであるとピラトは考えたからである。この問いに対するキリストの答え「わたしの国はこの世のものではない[10]」からは、ピラトは罪を認めることはできなかった。しかしユダヤ人たちが、彼を許したならばカイザルの味方でないと叫び続けたので、ピラトはイエスに罪を見いだせないままにユダヤ地方の治安維持の責任から、イエスに極刑を宣告してしまった。

この裁判の責任問題はさておき、キリストが終始政治状態をあるがままの状態で認め、けっして国家権力に対する忠誠を拒否されなかった点に注目すべきである。キリストの国家権力との対決の記録からも、キリスト者は国の法律にも、納貢義務にも、それが聖書の教えと相反しない限り従わなければならないのである。なぜならば神は天上においても、地上においても万物のかしらであり、イエス・キリストは子なる神なるゆえに、その絶対権威を保持しておられるからである。

二　国家権力に対するキリスト者のとるべき態度に関するパウロの教えと実践

パウロはキリストと同じく、ローマ帝国内に生活し、ローマ政府の統治の下にあったとはいえ、ローマ市民権保有者であることによって、ローマ総督の決定に対して挑戦することも、ローマに上告することも許されていた。このようにローマ帝国に対して立場を異にしていたとはいえ、彼らの教えが互いに一致していることは、パウロ書簡を研究することによって明らかになると思う。国家権力に対するキリスト者の取るべき態度に関して、ローマ人への手紙十三章とテモテへの第一の手紙から考察してみたい。

A　ローマ人への手紙十三章一～七節――国家への服従とその限界

ローマ人への手紙十三章は国家に対するキリスト信者の関係についての普遍的教えであると一般に言われる。彼の教えを明確に理解するためには、いくつかの問題が解決されなければならない。

まず第一に彼の教えは普遍的なものであったか、それともパウロ時代にのみ適用されるべきものであったか。

第二にパウロが「すべての人は、上に立つ権威に従うべきである」といった時、彼は邪悪な政府への服従をも意味しているか。

第三にキリスト者が服従すべきか否かを定める基準はどこにあるか。

第一の問題に関してある学者は、パウロがローマの権威者から寛大に取り扱われていたため、とくにローマに対してこのような勧告をしたのであると述べる。[11] またある学者はネロ皇帝の最初の良き五年間の治世がまだ終らないうちに書かれたものであろうと言う。しかしながら注意深く読んでみると、パウロがその時代のローマ政府にのみ適用する一時的な規則を意味しているのではなく、超時間的原理を意味していることがわかる。すなわち、パウロは「権威という言葉を最初の二回は定冠詞なしで使っている。このことはパウロの意味する権威が特定の権力あるいは政体でなく、一般的普遍的政体を述べていると考えてよいと思われる。またそののち、国家と教会の関係が悪化してからでさえ、彼の教えが首尾一貫して何ら変化を示さなかった点からも明らかである。あとで考察するテモテの手紙およびペテロの手紙が書かれた時は、ローマ帝国から今までと違った圧力を受けるようになっていたにもかかわらず、パウロの教えがそのまま強調されて述べられているのは、ローマ人への手紙の教えが普遍的原理であった証拠である。[12] パウロは「地上の政府は神によって立てられているのであるから、すべての人はそれに従いなさい（ὑποτασσέσθω）」と勧めている。命令形現在でその真理を勧めていることから、その命令が個人的かつ自発的なものであることが想像される。[13] パウロはその理由として、それが神によって ὑπὸ θεοῦ 立てられていることを強調する。ある写本に ἀπὸ θεοῦ と記されているが、ὑπὸ θεοῦ を用いることによって、「神による制度」という普遍性をより的確に示すことができると言われている。[14]

さて、この教えが普遍的原理であるとするならば、次に第二の問題として、不完全な異教徒の国家が善事と悪事を決定する絶対権威と能力を有するかどうか。そしてキリスト者は邪悪な国家に対しても従うべきかどうかなどが明確にされなければならない。

この問題を取り扱うためには、パウロが「国家」「法」および「権威」に対してどのような考えをもっていたかを考えてみなければなるまい。

まず「国家」に関してパウロは、ローマ人への手紙では明白に異教の国家が善事と悪事の区別をなし、悪事のみを罰する権力を正しくもっていると述べているのに反して、コリント人への第一の手紙六章一節では、彼らの争いを世的な国家の前に訴え出ないで、彼ら自らの間で解決するように戒めている。しかしこの二つのことは矛盾するのではなく、パウロの国家観の二面を語っているものと思う。このことに関してクルマンは、「ローマ人への手紙十三章以下をコリント人への第一の手紙六章以下と切り離して読むのは間違いであるし、またコリント人への第一の手紙六章一節以下をローマ人への手紙十三章から切り離して読むことも誤りである。よくローマ人への手紙十三章からのみ結論されているように、国家はそれ自体神聖なのではない[15]」と述べている。このことは、コリント人への第一の手紙二章八節で、パウロが「この世の支配者たちはだれ一人、この知恵を理解しませんでした。もし……」と述べ、この世の国家が不完全な事を認めていることからも明らかである。ここで支配者という言葉に使われている原語 ἄρχων は、一般的には「世的な政治指導者」を意味したが、ユダヤ人読者には「世に起るすべての出来事の背後に立ち、人間を効果的道具として用いる見えざる悪の力[16]」と理解されていた。パウロが世の支配者をある時は見えざる悪の力の効果的道具と見なしている点は見のがすことはできない。これもパウロの国家観の一面であろうと思う。

さて、ローマ人への手紙十三章一節以下コリント人への第一の手紙六章一節以下、二章八節などを総合してみる時、パウロが世的国家が完全でかつ絶対なることを意味したのではないことは明らかである。それは、神聖なる実在ではなく、むしろ神によって用いられるこの世の一時的制度にすぎない。これはオリエント国家における国家観、ルイ王朝の王権神授説などと根本的に異ったものである。

　このことはパウロの法律に対する考え方を学ぶことによっても明らかである。国家も律法も共に神から制定され、その両者とも根本的には悪事を抑制すべきものであるが、それにもまして、愛の道がよりすぐれたものとされている。ゲイルは両者の限界をつぎのように結論する。

　「パウロが神によって制定されたと書いた時、それを絶対無比なものとして理解すべき事を意味するものではない。法の決議や判決が決定的かつ絶対なるものであることを意味しているのではない。(17)」

　さらにこのことは、パウロの用いた権威ἐξουσίαという意味を調べてみても明らかである。ἐξουσίαの一般的な意味は「権威・権利・支配者の力(18)」であるが、当時この言葉が使われた場合、「選びの力、行動の自由(19)」という意味も含まれていたようである。ピラトがキリストを十字架につけたのもこの選びの力によったものであろう。地上の国家が神によって立てられたものであるという事と、それがどのような道徳的性格をもつものであるかということは別問題であると思う。国家の道徳的性格はそれを運営する人々の自由意志によって行使される権威によって決定される。そこで国家は神によって立てられてはいるが、必ずしもそれが神聖かつ絶対なる権威を発揮しているとは限らない。

　パウロの「国家」「法律」「権威」に関する解釈から、地上における政体はある定った目的を遂行するために神自身によって計画され、制定されたものの、それが必ずしも神聖かつ絶対なる権威を発揮しているとは限らない故、キリスト者がいかなる政体にも盲目的に服従することを要求しているのではないと結論してよいと思う。

さて、もしパウロが制限的服従を教えているとするならば、キリスト者が服従し得る限界を定める標準は何であろうか。すなわち抵抗権行使の基準をどこにおくべきかという第三の問題が生ずる。この点に関してパウロが、キリスト者の良心をあげているのは興味深い。この問題に関してリデルは「地上の力が聖書、およびわたしたちの良心にささやく神の言葉と矛盾する時は、それは神のみこころに反するものであって、真の権威を破壊するものである」[20]と述べる。キリスト者の良心が正確であるためには、イエス・キリストおよび使徒たちの教えに常に固く立っていなければならない。したがって聖書がキリスト者の個人的関係に許していない事柄は、国家との関係においても許さるべきではないと判断してよいと考える。一つの例をあげるならば、キリスト者は一人の神以外にいかなる神をも礼拝すべきでないと教えられている以上、たとえ国家の至上命令であっても、どのような場合にも皇帝礼拝におちいってはならないのである。靖国法案の通過は、直接天皇崇拝につらなるものではないにせよ、神道国家意識の確立に一歩をゆずる結果となり、聖書の教える根本原理に反するのである。

以上のように、パウロは国家は神によって立てられた制度であるが故に、聖書に反しない限り従う義務があることを教えているのである。

B　テモテへの第一の手紙二章一～七節――国家に対する祈りの教え

この書簡が書かれた時は、ローマ人への手紙が著わされた時と事情を異にし、パウロ自身いつローマの手に渡されるかも知れない状態にあった。にもかかわらず、彼はその権威に対して絶えず祈ることによって服従することを勧めている。パウロは祈りと感謝はすべての人のために、とくに支配者と上に立っているすべての人々のためになされなければならないと説く。それは安らかで静かな一生を真に信心深くまた謹厳に過ごすためであって、このような祈りは、人々を救いに導き神を喜ばせるものであると。パウロがすべての人々と言った場合、ユダヤ人、異邦人のすべては勿論のこと、とくに当時の皇帝、総督たち（使徒十九・38）、アジア州の議員（使徒一九・31）、や町の書記役（同25節）などの国家の役人たちも念頭に置いていたのだろう。それは、王という言葉が原文では複数型で用いられていること[21]からも想像されるところである。

これらすべての人々に対する祈りの必要性について、パウロは四つの類似語 δεήσεις, προσευχάς, ἐντεύξεις, εὐχαριστίας を用いて異った方向から強調している。最初の言葉 δέησις（願い）は「強く感じているある特定の必要を満たすための嘆願[22]」という意味である。次に用いられている言葉 προσευχή（祈り）はもっと一般的な意味での祈りである。第三に使われている ἔντευξις という言葉は新約聖書中にここと、テモテへの第一の手紙四章五節とにしか現われていない。バウアーの説明するところよると「この言葉によって表わされた願いは、主として王に対するものであった。この言葉から今使われている意味に発展した[23]」と説明されている。そして彼は「祈り、主としてとりなしの祈り」と定義している。願いと、祈りと、とりなしばかりでなく第四に感謝 εὐχαριστία も王や支配者を含むすべての人々のためにささげられなければならないと言う。一国の政治があるべき状態にない時、人々は王や権威をもっている指導者たちのために祈ることを怠りがちであるが、これは神の側からは明らかに間違った行動である。

ローマ帝国が、パウロを処刑する日が近かったにもかかわらず、キリスト者のローマ帝国に対する態度に関してのパウロの教えは何らの変化を示していないし、またローマに対して辛辣な態度をとらなかったことも注目すべきである。パウロはローマ人への手紙で教えたと同じ原理をここでもまた教えている。しかしこの書簡におけるパウロの強調点は、「キリスト者はいかなる権威者のためにも祈るべき責任をもっている」ということであろう。それは、救いが地位、身分、人種、国民性を越えて、すべての人にそなえられていること、すべて人のためにただ一人の贖い主のあることによるという。

C　パウロの教えの実践

パウロは、ローマの役人フェリクス（ペリクス：新改訳）、フェストゥス（フェスト：新改訳）、そして当時の皇帝ネロの前に立ち、裁判を受けなければならなかった。フェリクスは西暦五二年に任命されて以来六年間この地方の総督であった。この時期は内乱の続発した時であり、総督として彼はこの州の平和の状態を皇帝ネロに報告する義務があった。もしパウロを放免したら、ユダヤ人たちは疑いもなく彼を暗殺したであろうし、そうすればさらに大きな動乱をまき起こすことになったであろう。しかし有罪と決めるためには、ローマ法にしたがって十分な証拠からそれを証明しなければならなかった[24]。ピラトのごとくフェリクスも自己の利益をはかることのみを考えていたから、「疑わしい」として裁判を延期した。結果的には、この裁判は失敗に終わり、パウロは彼自身のためにも、またキリスト教のためにも勝利を獲得したと言ってよい。それから二年後、フェストゥスがフェリクスと交代して任についた時、彼は、パウロにエルサレムに上って裁判を受けるかどうかたずねた。彼は、「私はカイザルの法廷に立っているのですから、ここで裁判を受けるのが当然です。あなたもよくご存じのとおり、私はユダヤ人にどんな悪いこともしませんでした。もし私が悪いことをして、死罪に当たることをしたのでしたら、私は死をのがれようとはしません。しかし、この人たちが私を訴えていることに一つも根拠がないとすれば、だれも私を彼らに引き渡すことはできません。私はカイザルに上訴します」[25]と述べて、裁判をフェストゥス自身のものからローマへ移行させた。その間、フェストゥスはパウロをアグリッパ王の前にひき出して取り調べを行ったが、有罪と認める具体的な手がかりをつかむことはできなかった。パウロは王やそこにいて彼の言葉を聞いた人々のために神に祈りながら、カイサリア（カイザリア：新改訳）を出発してローマ帝国最高裁判所による裁判を受けることになった。テモテの記述から、パウロは時を異にして二回違った法廷で裁判を受けたことが想像される。[26]最初の裁判でネロは彼の釈放を決定した。当時のローマ帝国内におけるキリスト教信者たちの立場を考慮する時、[27]ネロ帝の前で裁判が釈放の決定をもって閉じられたことは、キリスト教史で重要な出来事であると思う。ラムゼイは、パウロの釈放はローマ帝国がキリスト教に宗教的自由を与えたものであると解釈して次のように述べている。

「ローマ帝国最高裁判所はキリスト教布教を認める公式決定を下した。したがってこの裁判は宗教的自由を与えたものであって、その重要性はきわめて大きい。すぐその後その決定はくつがえされてしまったが、その事実が歴史上に存在することはキリスト者にとってとくに重要視さるべきものである。[28]」

しかし第二の裁判の結果は全く異り、今や彼はローマからの迫害を受け罪人として取り扱われるようになっていた。パウロにとってそのような立場からのがれる道はなかったし、パウロ自身それを認めていた。このような中でパウロはテモテに世を去る時が来たと書き記している。このようにパウロは、フェリクスの前の裁判からネロによる最後の裁判に至るまでの数年間、国家との相剋の中に置かれた。この中にあって、すでに学んだパウロのキリスト教倫理は、パウロ自身の実際の生活の中で、どのように生かされ適用されていたのだろうか。

まず第一に言えることは、上なる権威に対して、聖書の教えおよび良心に反しない限り服従したことである。彼はローマ市民であったためユダヤ人の議会よりも、帝国政府に対して、より忠実であった。それは、上に立つ権威は神によって制定されたと信じていたからである。たとえカエサルに上訴しても許されることはないと知りながらも、ローマ市民としての権利を心得ていたため、フェストゥスの提案を破棄して、カエサルに上訴したのである。しかし、パウロが帝国に盲目的に服従していたのではないことは、パウロの国家儀式、祭儀への参加拒否から、理解できる。

第二にあげられることは、いかなる場合にも政府に対して革命的態度を示さなかった点である。キリストは教えの中で剣の使用を禁じ、また革命的行為を禁じられた。そしてこの教えはピラトの前での裁判の際キリストによって実践された。パウロもまた権威に逆らう者は神の定めにそむく者であるとして、暴力的行為を禁じている。

第三にそれよりもむしろキリスト者として重要な原則、すなわち王たちと上に立っているすべての人々のために絶えず祈りをささげるよう勧めている。パウロの裁判中、アグリッパ王の前で、彼は「……私のようになってくださることを神に祈ります……」と述べていることは、明らかに彼自身の教えを実証していると言える。

以上述べてきた教えが単に一世紀に生きたキリスト者たちにのみ与えられたものでなく、二〇世紀に住むわたしたちにも与えられていることを常におぼえねばならない。

三　国家権力に対するキリスト者のとるべき態度に関するペテロの教え

——ペテロの第一の手紙 二章十三〜十七節

イエス・キリストの伝道時代、およびパウロの伝道旅行の時代においては、迫害者は主としてユダヤ人と言ってよい。ネロの治世になってはじめて迫害はローマ帝国から来るようになった。このネロ帝は十七歳の若さで帝位についたが、ネロの母アグリッピナ (Julia Agrippina) や、家庭教師セネカ (Lucius Annaeus Seneca) の指導などにより、初期には比較的よく治められた。しかし五九年母が殺害されるや、彼自身の政治に移行し、個人的理由によるキリスト教徒迫害が開始された。おそらくペテロはパウロの殉教後、ただちに『ペテロの手紙 第一』を書き、パウロの設立した小アジアの諸教会に送り、苦難に耐えるよう励ましたものと思われる[29]。その中でペテロは人々にキリストも苦難によってその業をなされたことを思い起こさせ、救いの業にも苦難を伴うが、そこには必ず未来に対する希望のあることを強調しつつ、敵対的世界の中でキリスト者がいかに生くべきかを教えている。

ペテロの主な教えは「あなたがたは、すべて人の立てた制度に、主のゆえに従いなさい。……、王からつかわされた長官であろうと、これに従いなさい」（二・十三～十四）ということである。先にパウロはローマ人への手紙で、すべての権威は「神によって制定された」と述べたが、ここでペテロは「すべて人の立てた制度に*πάσῃ ἀνθρωπίνῃ κτίσει*従いなさい」と言う。二人の教えは相反するかどうか。ペテロの用いた*κτίσει*という言葉は、世俗的な意味で使われることが多く、世俗的な建造物、制度などと訳されてよい内容をそなえている。[30] したがって、パウロが国家を動かす権威の根源は神であることを強調しているのに対して、ペテロは、地上に現われたいろいろの国家形態は、偉大なる神の御計画を実行するものにすぎず、人間の自由意志の上に立てられた世俗的要素を含んだ制度である点を強調する。神によって立てられた権威もこの世では人間の自由意志によってあやつられるゆえ、必ずしも絶対かつ完全でないのであるから、この両者の主張には矛盾はないと言える。[31]

ペテロは「人の立てた制度に、主のゆえに従いなさい」と命令する。メリル・C・テニイ教授は、この箇所をその文章形式から分析して、ペテロが命令形を連鎖的に用いて、苦境に面しつつある読者にさらに強く彼の教えを刻みつけようとしていることを指摘する。[32] 二章十三節から十七節の短い範囲だけでも七回続けて命令法が用いられている。（1）従いなさい。（2）自由人にふさわしく行動しなさい。（3）神の僕にふさわしく行動しなさい。（4）すべての人をうやまい（なさい。）（5）兄弟たちを愛し（なさい。）（6）神をおそれ（なさい。）（7）王を尊びなさい。この中で中心的命令は服従（*ὑποτάγητε*）である。ペテロは現在形命令法を用いず、アオリスト命令法を用いている。現在形によって服従の継続的行為を表わすよりも、むしろアオリストによって服従することが決定的・普遍的真理であることを強調したからであると思われる[33]。しかしペテロは、人の立てた制度に盲目的に、無条件に服従することを勧めているのではない。ペテロは人の立てた制度への服従の限界を明確に示している。すなわち、

使徒行伝四章十九節（口語訳）

　ペテロとヨハネとは、これに対して言った、「神に聞き従うよりも、あなたがたに聞き従う方が、神の前に正しいかどうか、判断してもらいたい。

使徒の働き五章二九節（新改訳）

　ペテロをはじめ使徒たちは答えて言った。「人に従うより、神に従うべきです。」

ペテロの手紙 第一、五章九節（新改訳）

　「堅く信仰に立って、この悪魔（ネロ治世のローマ国家）に立ち向かいなさい。ἀντίστητε」

　以上のようなペテロの言及を考慮すると、ペテロは、キリストの奴隷として制限された自由に基づく制限的服従を強調していると理解してよい。「自由人にふさわしく行動しなさい」といった時、キリストにある真の自由がキリスト者の服従の尺度とされなければならないことを意味していると思う。したがって、私は、マック・ナブが述べるごとく、「国家の命令が明らかに不法であり、聖書に反する時、キリスト者はその命令に反抗することによって国家にさらに大きな忠誠をつくすことができる[34]」と思うのである。

四　国家権力に対するキリスト者のとるべき態度に関するヨハネの教え
——ヨハネの黙示録十三章、十四章

ローマ帝国ではドミティアヌス帝の時に皇帝礼拝が公式に確立され、神殿、祭壇、像がいたるところに立てられ、さらに皇帝礼拝式をつかさどる聖職制も確立された。帝国一帯に住む人々はすべて、皇帝を神として礼拝して国家に忠誠を示すべく要求された。もしそうすることに反抗すれば、ただちに迫害され、また殺された。多くのキリスト者たちは苦難に耐えきれず何とかして妥協の道を見つけようとし、国家礼拝式にも参加し、同時に教会にも彼らの席を保とうとした。しかしこのような曖昧な態度が教会内で許されないと分かると、迫害や死に直面するのを恐れて信仰を失い異教に走った。ヨハネ黙示録が著わされたのはこのような情勢のもとであった。

ヨハネは十三章、十四章で上からの制度を悪魔的なものとして描いている観がある。ヨハネは、二つの異った獣を用いてキリスト者の迫害者を描いている。

その一つの獣は海から上って来たものであって頭に神を汚す名がついており、龍によって力と位と権威が与えられていた。たぶんローマ皇帝およびローマ古来の宗教[35]を諷刺的に表現したものと思われる。人々は神を拝まず、この龍や獣を拝んだ。三節に用いられている「全地の人々は驚きおそれて、その獣に従い」とい

う表現から、当時皇帝礼拝式が一般に帝国全域で受け入れられていたことが想像されると同時に、逆にキリスト者への迫害のきびしさもうかがえる。

もう一つの獣は地から上って来たものであって、「偽預言者」であったばかりでなく反キリストの代表者でもあった。彼もまた皇帝礼拝の儀式で祭司として行動し、地に住むすべての人々に先の獣を拝ませようとした。ヨハネはその獣がすべての人々の右手あるいは額に刻印を押させた事を記している。ここに用いられている刻印《カラグマ》Χάραγμαという言葉は、ローマ帝国の公式文書に押される押印の専門的用語であったことからも、迫害が公式に行われるようになっていたことが想像される。

ある註釈者たちは、パウロとヨハネの国家観の矛盾を指摘しようと努力する。すなわち、

この見方（ヨハネの帝国観）はパウロのものと内容を非常に異にしている。ローマ人への手紙十三章一節から七節で、パウロは帝国も支配者たちも神聖ではないが先天的によきものであると言っている。そして黙示録で扱われているようなサタンの支配にあるのではない。同様にペテロの第一の手紙も黙示録と同じように迫害時代に書かれたにもかかわらず、キリストの名のゆえに皇帝にもまた彼の支配者にも従わなければならないと命令している。しかしながらヨハネに至っては、帝国にも皇帝にもよしとされる点は何ものもない。支配者たちは神によって任命されたものではなく、サタンの代行者にすぎない(36)。

この点に関しては、ローマ人への手紙十三章では、神に用いられた制度としての国家が取り扱われているのに対して、ヨハネの黙示録では正規の軌道からはずれた悪魔の支配のもとに神に属するものまで要求する頽廃した国家が画かれていることに心を留めなければならない。この世におけるいかなる形態の国家も神の

支配のもとに置かれていることは言うまでもないが、支配者の自由意志によって善事を行ない、悪事を禁ずるよき国家にもなりうれば、またヨハネ黙示録に記されているような悪魔的国家にもなり得るのである。したがって、パウロがローマ人への手紙十三章で述べている国家がここでは皇帝崇拝等の行き過ぎに対して、鋭く批判されているのであって両者の間に矛盾はない[37]（クルマン）と言える。

このように神に属するものまで要求するような悪魔的帝国に発展したローマ帝国に対して、キリスト者はどのような態度を示すべきかをヨハネは明らかにしている。

まず第一に、「だれが、この獣に匹敵し得ようか。だれが、これと戦うことができようか」（四節）と龍や獣を拝んで言った言葉に対して、彼は神を恐れ、神に栄光を帰すべきことをきびしくさとしている。すなわち、大いなるバビロンは倒れ、神のさばきの時が来たことを知らせ、獣とその像を拝む者、またその名の刻印を受けているものはだれでも神の激しい怒りを受け、火と硫黄とで苦しめられることを警告している。そして上からの圧迫に屈して皇帝礼拝に妥協することを断じて禁じ、天地創造の全能なる唯一の神のみを拝するように勧告している。

第二に、彼は皇帝礼拝者に対して世の終末に関する警告を与え、忠実なキリストの僕たちには「ここに、聖徒たちの忍耐と信仰とがある」（十節）と終末の希望を強調して激励を与えている。この希望は実に暗黒の世界の中で、彼らの信仰を支え続けるのに十分であった。

このようなヨハネの教えは、イエス・キリスト、パウロ、ペテロと強調する点は異っていても、結局彼らの問題点とその教えは新約聖書を通じて一致していると言えよう。すべてのキリスト者は新約聖書の倫理に反しない限りにおいて、できる限りの方法で、いかなる時代にも国家に忠誠をつくすべきであるが、もし国家が反聖書的である時、すなわち、黙示録の示すような状態にある時、ローマ人への手紙十三章の言葉の一方的解釈から盲目的に国家に妥協するようなことが決してあってはならないというのがヨハネの立場であると思う。

要約と結論

イエス・キリスト、パウロ、ペテロ、ヨハネは、それぞれ異った政治的情勢のもとで、国家に対するキリスト者の態度について教えているけれども、彼らの根本的原則は新約聖書を通じて変らず一致していると結論することができると思う。それらの諸原則は、今まで述べて来た研究から、次の五点に要約される。

(1) 新約聖書中に用いられている権威の概念は、ユダヤ人によって理解されていたものとその性格を異にしていた。イエス・キリストは彼の「権威」を彼が全能の神ひとり子であるということの上に置かれた。この権威は、絶対かつ決定的で、すべての支配、権威、権力の上にある。そしてその下に人間の歴史は支配されている。パウロおよびペテロが教えているように、一般に支配者は善事を奨励し、悪事を防ぐために神から任命されたものである。パウロ、ペテロ、ヨハネは国家権威の別の要素についても言及している。すなわち ἐξουθία は時々、地上の出来事の背後にある見えざる悪魔の力によって動かされた権威を意味する。もしある支配者が彼自身のἐξουθία「選びの力」によってその種の権威に支配されているならば、その国家政体はもはや善事をすすめ悪事を抑制する力を持ち得ない。ヨハネ黙示録十三章はこの種の国家形態について述べている。まず第一原則としてあげられることは、各々のクリスチャンが、常にどのような種類の政府のもとに生活しているかを的確に判断すべきである。

（2）キリスト者は一般的に言って国家に服従すべきであり、国家から要求されるものを与えなければならない。「カイザルのものをカイザルに、神のものを神に返」すことは、ローマ市民としての義務であるばかりでなく、神に対する義務でもある。わたしたちが上に立つ権威に服従するのは、地上の国家政体が神聖で絶対的権威を有するからではなく、それが神によって任命され、神によって用いられた手段であるためであることを忘れてはならない。

（3）パウロおよびペテロがすべてのキリスト者は国家に従うべきであると言った時、彼らは国家に対する無条件服従を意味しているのではない。国家が神に属すべきものまでも要求して来た場合、キリスト者は勇敢に立ち上り、決してその要求に妥協するようなことがあってはならない。しかし、税を納めることなど他の点ではなお国家に忠実であるべきである。昨年（一九七五年）の国会で廃案になった靖国法案は、単に財政的に国家護持を目指するものであったが、今度提出されようとしている法案には、天皇の公式参拝という内容が含まれており、神道国家意識の復活を促す危険性を含んでいる。私たちの国が再び誤った方向に進むことがないように、この点に関して私たちはキリスト者として国家的圧力に対抗しなければならない。

（4）パウロはいかなる苦境に置かれようとも国家に対立的態度を示すのではなく、むしろキリスト教的愛に根ざして、上に立つ権威者のために常に祈りをささげている点は注目しなければならない。

（5）一世紀末期に生きたキリスト教徒たちは、来るべき神の王国に対する信仰と確信をもちつづけることによって、日々の患難を耐え忍んだ。この再臨に対する熱心な期待と信仰が、彼らのすべての行動の原動力として働いていた。ヨハネは繰り返し「ここに、聖徒たちの忍耐と信仰とがある」と書き送り、彼らを励まし続けている。しかし時がたつにつれて、この真剣な望みと期待は次第に弱化し、ついには世と妥協してしまうことが多かった。

新約聖書から直接学んだ教えを、常に記憶しつつ、初代教会のキリスト者の例に従い、私たちは、いかなる逆境にあっても聖霊の助けにより雄々しく戦い、決して妥協せず最後までキリストに忠実であるべく努力すべきであろう。

注

1 湊 晶子『キリスト者と国家』（聖書図書刊行会、一九六二年）四頁。
2 マルコによる福音書八章二九節。
3 Oscar Cullman, *The State in the New Testament* (New York: Charles Scribner's Sons, 1955), p.29.
4 ルカによる福音書二十章二十～二六節。
5 H. E. Dana and J. R. Mantey, *A Manual Grammar of the Greek New Testament* (New York: The Mac Millan Co.,1927), p.195.
6 J. H. Thayer, *A Greek English Lexicon of the New Testament* (New York: American Book Company, 1886), p.145.
7 H. G. Liddell and R. Scott, *A Greek-English Lexicon* (New York: Harper and Brothers, 1846), p.1407.
8 J. H. Moulton, A Grammer of New Testament (Edinburgh: T. and T. Clark 1908), p.309.
9 半田元夫『原始キリスト教史論考』（清水弘文堂、一九六七年）二〇一～二五〇頁。
10 ヨハネによる福音書十八章三六節。
11 一世紀におけるキリスト者とローマ帝国との関係については、湊 晶子『前掲書』二三～六六頁参照。
12 W. Sanday and A. Headlam, *A Critical and Exegetical Commentary on the Epistle to the Romans* (New York: Charles Scribner's Sons, 1911), p.367.
13 W. Bauer, *A Greek - English Lexicon of the New Testament and other Early Christian Literature*, Trans W. F. Anold and Gingrich (4 th ed: chicago: The University of chicago Press, 1952), p.278.
14 J. P. Lange and F. R. Fay, *A Commentary on the Holy Scripture on Romans*, trns. J. F. Hurst (New York: Charles Scribner's Sons, 1892), p.398.
15 Oscar Cullman, *op. cit.*, p.62.

16 W. Bauer, *op. cit.*, p.113.
17 Hebert M. Gale, Paul's View of the State: A Discussion of the Problem in Romans 13: 1-7, *Interpretation, Vol.* VI (October, 1952), p.413.
18 W. Bauer, *op. cit.*, p.225.
19 J.H. Thayer, *op. cit.*, p.225.
20 J.P. Lange and F. R. Fay, *op. cit.*, p.398.
21 W. M. Ramsay, *The Church in the Roman Empire Before A. D. 170*, p. 250.
22 W. Hendriksen, *New Testament Commentary: Exposition of the Pastoral Epistles* (Grand Rapids: Baker Book House, 1957), p.91.
23 W. Bauer, *op. cit.*, p. 171.
24 Irving G. Roddy, *Paul before Caesar from the Legal Viewpoint* (Philadelphia: The Judson Press, 1936), pp.89-91.
25 使徒行伝二五章十〜十一節。
26 テモテへの第二の手紙四章十六〜十七節。
27 湊 晶子『前掲書』四九〜五四頁。
28 W. M. Ramsay, *op. cit.*, p.130.
29 P. Schaff, *History of the Christian Church, Vol. I* (3 vols.: Grand Rapids: Wm. B. Eerdmans Pub. Comp., 1950), p. 378.
30 Charles Bigg, *A Critical and Exegetical Commentary on the Epistle of St. Peter and st. Jude* (New York: Charles Scribner's Sons, 1901), p.139.
31 R. C. H. Lenski, *The Interpretion of the Epistles of St. Peter, St. John and St. Jude* (Columbus: Lutheran Book Concern, 1938), p.111f.
32 Merrill C. Tenney, *The New Testament* (Grand Rapids: Michigan, 1957), p.366.
33 *The New Bible Commentary*, ed. F. Davidson (Michigan: Wm. B. Eerdmans Pub. Comp., 1958), p.1135.
34 *Ibid.*, p.1136.
35 湊 晶子「古代ローマ本来の宗教意識と初代教会が受けた迫害との相関」『福音主義神学 Ⅳ』（日本福音主義神学会、

一九七五年）一八〜三九頁。

36　George Arthur Buttrick, *The Interpreter's Bible* Vol. XII (New York: Abingdon - Cokesbury Press.), p.461.

37　Oscar Cullman, *op. cit.*, p.71.

（一九七六年二月　東京キリスト教短期大学『論集　第八号』一八〜三〇頁）

Ⅳ　ローマ帝国における「皇帝礼拝」と「皇帝崇拝」

――皇帝の神格化をめぐって――

一般に紀元前二七年一月十六日オクタウィアヌスが、元老院会議において、インペラートル・カエサル・アウグストゥス（Imperator Caesar Augustus）の称号を与えられ、初代皇帝に任命された時点で、皇帝礼拝が政治的法規定として確立されていて、その拒否が即キリスト者の迫害につながったと理解されがちである。しかし、ローマにおける皇帝礼拝確立の過程および内容はそれほど簡単ではない。

にもかかわらず、今日までの迫害史の多くは、殆ど「ローマ帝国とキリスト教」か「ローマ帝国とキリスト者」のように、帝政ローマの皇帝礼拝に対するキリスト者の闘いという視点から論じられてきた。果たして迫害の直接的な原因が、皇帝の神格化と礼拝の強要にあったかどうか。皇帝の神格化のほかに、東方属州においても、ローマ思想圏においても、皇帝の崇拝意識が背後に強力にあったことを見逃すことは出来ない。とくに日本では昨年（一九九〇年）の大嘗祭に際して天皇制に関する議論が行われたが、ローマ帝国が抱えていた「皇帝礼拝」と「皇帝崇拝」に通ずる問題があると思う。

一般に、皇帝礼拝（Emperor Worship）と皇帝崇拝（Emperor Cult）とは同義語的に用いられて来た。筆者は、この両者は分けて考えるべきではないかと思うのである。実は、帝政ローマの中で、現人神として自らを拝ませた皇帝すなわち皇帝礼拝を強要した皇帝は、ごく僅かであったのである。にもかかわらず、そのような皇帝のもとでも、すでに迫害が記録されている。皇帝礼拝が公式的に確立されていなかったにもかかわらず、皇帝崇拝が急速に浸透していった実態は、憲法において象徴天皇を明記しながら、心のどこかに天皇崇拝を是認している日本の現状に多くの教訓を示していると思うのである。

今回ハーバード大学に客員研究員として招かれ、ヘルムート・ケスター（Helmut Köster, 1926~2016）氏のもとで、四世紀以降のローマ帝国における皇帝崇拝の実態について研究する機会が与えられた。「ミラノ勅令以降の皇帝崇拝の実態」について、次の機会に纏めるにあたって、今回は、一世紀から三世紀までのローマ帝国における皇帝の神格化をめぐって、「皇帝礼拝と崇拝」の概念的差異とその今日的意味について論じ、その序論としたい。

一　初代ローマ皇帝アウグストゥスの「皇帝」理念

元来ローマ人は保守的であって、古来のものをまずそのまま受け継いで保有し、現実の必要が出てくれば改革を考える傾向をもっていた。保守的であると同時に、きわめて実際的でもあるローマ人は祖先の慣習に執着して現実の圧力に反抗したりすることなく、伝統を尊重しつつ実際の変化に適応して進む傾向をもっていた。このような保守的かつ実際的なローマ人の特質から考えても、共和制ローマから帝政ローマに移行し、初代皇帝アウグストゥス帝が就任した時、一挙に伝統的な共和制が廃止され、それとまったく異質な専制君主制が革命的にとって変わったとは考え難い。

初代皇帝アウグストゥス帝が、国家によって正式に神格化された皇帝として就任したのでもないし、ローマ皇帝礼拝という制度がその時点で確立されたのでもないことは今日資料的に確認されて来ている。彼が紀元前二七年に初代皇帝に就任した時、彼自身は決して君主的理念をローマに持ち込んだのではないことは、（1）元老院会議においてオクタウィアヌスが与えられたインペラートル・カエサル・アウグストゥスという称号の分析からも、（2）紀元前二八年元老院議員第一人者プリンケプス（Princeps）に選ばれたことからも、（3）アウグストゥス自身の業績録に収められてる記事からも結論づけて良い。

（1）インペラートル（Imperator）の称号は「命令する人」を意味し、国法上の用語としては命令権を与えられた最高指揮官に固定し、さらに転じて勝利を得て帰国した将軍に、軍隊または元老院、または国民が献ずる名誉称号に拡大されたものであって、君主権を表すものではない。カエサル（Caesar）という語は、ユリウス・カエサルの養子オクタウィアヌスに与えられた呼び名で、ユリウス氏に属する「カエサル家のもの」という意味の言葉であり、「君主権をそなえた皇帝」という意味ではない。[1] 最後のアウグストゥス（Augstus）という語は、個人名ではなく、この時始めて造られた語である。J・R・フィアースは、「神のはたらきによって神秘性を備えて命令された」とする。[2] この語は超人間的性格を表すのにつくられた言葉であって、彼を神として表すための言葉ではなかった[3]（ケスター）。

（2）元老院議員第一人者プリンケプスに選ばれた事実は、君主権を備えた皇帝が選出されたことを意味しない。当時の資料から「余がプリンケプスであったとき……」というアウグストゥスの言葉や、またアウグストゥスが自分以外の有力者をもプリンケプスと呼んでいたことなど[4]から、アウグストゥス時代のプリンケプスの用法が共和制末期と同じであり、特別に新しい意味を添付したものではない。

（3）アウグストゥスの業績録の中に、彼自身が君主としての権威をもつことをむしろ避けようとしている記事を見出す。「マルクス・マルケルスとルキウス・アルンティウスが執政官の年（前二二年）、国民からも元老院からも、私がローマにいなかった時もいた時も、独裁官を提供されたが、私は受け取らなかった。（中略）前一九年、前一八年、前一一年、元老院とローマ国民は一致して、私を単独の、最高の権限を持つ、法律と道徳の監督に選んだ。しかし、祖先の慣例に反して提供された政務官は、一切受理しなかった」と[5]。また、「共和制時代における元老院制を包括した帝政を樹立した」とも彼は記録した[6]（バレット）。

従って、アウグストゥス帝（キリスト降誕時の皇帝ＢＣ一四―ＡＤ一四）といった場合、この「皇帝」という語に専制君主的、現人神的要素を含めて考えることは誤りであると思う。一般に、専制君主制的理念を盛り込んで用いている「皇帝」という語が、もともとローマのものではないにもかかわらず、「皇帝」を意味する英語の Emperor、ドイツ語の Kaiser が、Imperator Caesar を語源としている関係上、逆にこの言葉にも専制君主制を意味する「皇帝」という訳を与えてしまっているところに、誤解を生ずる原因がある。

アウグストゥスが初代ローマ皇帝に就任した時、アウグストゥス的皇帝制を樹立したと結論してよいと思う。このアウグストゥス的皇帝制は、プリンキパートゥスと言われ、共和制時代の元老院を取り込んだ君

主制と説明しうる。すなわち、一個人に権力が集中しないローマ的統治概念を、初代皇帝は継承したのである。(7)

二　小アジア・東方属州における皇帝崇拝

古く旧約時代の世界においては、神のほかにだれをも礼拝してはならない（出エジプト記二〇・二、申命記五・7）と明記されているように、皇帝または国王を神として崇め礼拝する宗教行為は決して見ることが出来なかったし、これは新約時代においても同様であった（マルコ一二・一九）。そこで、ローマ皇帝礼拝の起源はイスラエル以外の異邦の世界に求められなければならない。

弓削達氏は皇帝礼拝の起源について、ビッカーマン（E. Bickerman）、ヴロゾク（A. Wlosok）のような皇帝礼拝に関する代表的な学者の意見を総合して、「『ローマ皇帝礼拝』という制度は存在したことはない、存在したものは実にさまざまな皇帝に対する栄誉の表明の仕方であり、その仕方としての祭祀の諸形式だ、ということが最近では言われるようになり、ローマ皇帝礼拝とは『近代が作り出したものだ』、とも言われて、おおむねそれは正しいと考えられるに至っている。つまり皇帝礼拝といっても地方が異なり、時代が異なるに応じて実に多様な形態をとったのであって、単一の普遍的制度がいつから始まったというものではない」と論述された。(8)

一世紀のローマ帝国下に生き、宣教活動に従事したイエス・キリスト、パウロ、ペテロ、ヨハネの時代背景を、「皇帝礼拝の強要に対抗したキリスト者」として描きがちであるが、厳密な史料分析からは間違いである。なぜなら、紀元二五〇年までで、生前に自らを神格化して、皇帝礼拝させた皇帝は数名しかないからである。

一世紀以来次々に拡大されるローマの版図の中に、次第に皇帝礼拝、皇帝崇拝が発展していった背景として、次のような三つの段階が想定されると思う。すなわち、東方的君主礼拝と、ヘレニズム的英雄崇拝とローマ本来の宗教意識などが、段階的に結合して、ローマ皇帝礼拝、皇帝崇拝理念を作り上げたと言えよう。そうして、東方属州においては、ヘレニズム的君主崇拝との関連が、ローマ思想圏においては、ローマ本来の宗教意識との関連が見られる。

A　ヘレニズム的君主崇拝の影響

古くからエジプト、バビロニアをはじめオリエント世界のいたる所で見られた君主礼拝の風習、すなわち国王の前で臣下は神に対する拝跪の礼をしなければならなかったが、そのような風習がヘレニズム世界に伝えられ、ヘレニズム世界に存続していた英雄崇拝（Hero Cult）と結合したと思われる。

ギリシアには古くから哲学者や政治家を死後に限って英雄化し崇拝する風習があったが、後に国家的功労者を生前に神格化する風習に拡大解釈され、アレキサンドロス大王とその後継者の間で、国王を神の後裔として考え、崇めるようにもなっていた。このような風潮があったからこそプレトマイオスⅡ世は、エジプト人の間でも、ギリシア人の間でも神として君臨することが可能であったとH・ケスター氏は指摘される。[9]シリアのセレウコス王朝の王の中では、アンティオコスⅡ世（Antiochus II）はテオス（Theos 神）と呼ばれ、Ⅳ世はエピファネス（Epiphanes　神の顕現）ととなえられた。このように、アウグストゥス帝出現以前に、地中海世界には君主または英雄を崇拝する習慣があったのである。

B　小アジアおよび東方属州の皇帝崇拝の特徴

パウロの第一回および第三回伝道旅行の中心となり、今のトルコに当たる小アジアは、ローマの時代にはギリシア人都市の世界で、その思想および宗教的伝統はギリシア的であった。したがって、ヘレニズム英雄崇拝や生きた人間の神化はアレキサンドロスに遡って一般的であった。

前述したごとく初代皇帝アウグストゥスは、ヘレニズム的君主礼拝の導入には慎重であったにもかかわらず、ここへレニズム的君主礼拝の強い東方属州においては、早くから初代皇帝アウグストゥスに対する崇拝の意識が定着していたことは見逃すことはできない。東方属州民は早くからローマ女神とアウグストゥス自身に対する神殿をペルガモンとニコメディア（現イズミット）に奉献している。[10]

またアジア州議会はアウグストゥスの誕生日（九月二十三日）を新年の開始と決議して、プリエネ碑文に、「天の摂理がアウグストゥスをもたらし、彼をわれわれと、われわれ子孫のために、救い主としてつかわし、戦争をやめさせ万物に秩序を与えた。なぜなら彼はかれ以前の善行者に優るのみならず、彼世の何人も彼よ り卓越する見込みをもちえないからである。この神の誕生日は、彼がもたらした福音の世界に始まる日である」と刻銘した。[11] 後に暦年の調整にあたって、アウグストゥスは八月を自分の添名に因み「アウグストゥスの月」と命名し、「私の生まれた九月よりも、むしろ八月をとったのは、最初の執政官に就いたのがたまたまこの月で、そして特別輝かしい勝利を収めたのもこの月であるから」と弁明したとスエトニウスは記録している。[12]

また、ヘロデ王は、前二七年にオクタウィアヌスがアウグストゥス（セバストス）の尊称をうけたときに、サマリアの町をセバステと改名し、その町の多くの豪華な建物の間にアウグストゥスの神殿を建てたとされている。二二年にヘロデは、地中海に新しい港町を建てる事業を始め、この町を皇帝アウグストゥスに敬意を表してカイサリア（カイザリア）と名付けた。さらにヘロデは皇帝の東方旅行とパルチア人に対する外交上の勝利を記念して二〇年の晩秋にゲネサレ湖の北にアウグストゥス礼拝堂を建てたと記録に残されている。[13]

以上いくつかの例から見られるように、東方属州諸州においては、比較的早くからヘレニズム的君主礼拝が見られた。J・R・フィアースは、東方属州の地方自治体の中に見られた崇拝意識を「Municipal Cult」として説明した。[14] ここで注意したいことは、ローマ帝国政府とは係わりなく、皇帝崇拝的理念がヘレニズム的君主崇拝の影響のもとで一般化していたこと、しかもそれが国家権力による強要からではなく民衆の間の崇拝意識によったこと、また、忠実な祭儀の施行によって崇拝行為が表されていたことなどである。

三　ローマ的思想圏における皇帝礼拝と皇帝崇拝

先にアウグストゥス帝の皇帝理念のところで指摘したように、原則として彼は自分は神ではなく人間であると宣言したし、この理念は彼以後の皇帝理念のなかにも継承されていった。

A　アウグストゥス帝以降の皇帝礼拝理念

ティベリウス帝（イエスの十字架刑の時の皇帝、紀元一四〜三七）のラコニア都市ギュイオンに宛てた紀元一五年の手紙、[15]クラウディウス帝（パウロの伝道旅行の時の皇帝、紀元四一〜五四）のアレクサンドリア人への四一年の手紙[16]は、いずれも皇帝自ら神格化への懸念を退けたものである。すなわち、これらの手紙は、あて先である都市が申し出た神化、神的栄誉に答え、それぞれの好意に対してそれを高く評価しつつも、申し出た栄誉決議を一つ一つ検討し、そのあるものの或いは全部が自分ふさわしくない、として強く辞退する内容をもっている。[17]

ローマ的思想圏において皇帝が現人神として神格化された例は少なく、殆ど死後においてであったことは特筆すべきである。次々に発掘される碑文に、[18]「神」という言葉が明記されていることに注目したい。

・前二四年の碑文　アウグストゥスの称号「神の神」
・ペルガモンからの碑文　「神アウグストゥスへの讃歌」
・五〇年と五四年のネロへの奉献碑文　「良き神」「最も偉大な神の御子」

ローマ皇帝の神格化については、紀元二五〇年までは、生前神格化を主張した皇帝が、必ずしも死後神格化されたわけではないし、また生前も死後も神格化されなかった皇帝もあるといったように、事情は複雑である。ローマ皇帝神格化に関する「死者裁判」について、弓削達氏はつぎのように貴重な資料を紹介された。「アウグストゥス以後、歴代の皇帝は、その死後、原則としてコンセクラーティオーの元老院議決を受けて『ディーウス』となり国家神に受け容れられた。しかし、議決にさいして、生前の政治、功績が判断され、とくに元老院との関係が友好的であったか否かが判断の材料となった。議決の提案は多くの場合、帝位を継いだ次の皇帝であった。元老院の目から見て善帝でなかったと判断されると、コンセクラーティオーの議決は行われず、反対に、『記憶の抹消（ダムナーティオー　メモリアエ〔damnatio memoriae〕）』が決議され、生前の行為が否定され、彼の名前そのものが公式記録（碑文のたぐいに至るまで）から抹消され、削りつぶされた。したがってこの議決のあれかこれかは、元老院による死せる皇帝の裁判とも言えた。[19]」

ローマ的思想圏では確かにヘレニズム的君主礼拝は無条件に受け入れられなかったのである。アウグストゥスの功績を讃えてローマに神殿が建造され、Divus（神）として祀られたのも彼の死後であった。古く共和制時代から行われた勝利の祝祭行列にあたって、勝利の女神ヴィクトリアとともにカエサルの像が出現した際に、全く拍手喝采が群衆の間に起こらなかったという事実からも明らかである。東方属州におけるような皇帝の神格化に、ローマ市民が潜在的に抵抗していた傾向が見られる。

一世紀のローマにおいてガイウス帝（カリグラ、Gaius Julius Caesar Augustus Germanicus, 37~41）、ドミティアヌス帝（Titus Flavius Domitianus, 81~96）を除いては、皇帝が現人神として取り扱われたことはなかった。治世中に自らを神と呼ばせたガイウス帝（カリグラ）は、死後にこの称号を元老院の議決によって剥奪されている。暴君ネロですら、彼自身を現人神として礼拝を強要したという記録は残っていない。ヘレニズムの影響を強く受けた上流階級の哲学者セネカは、現人神ネロ皇帝存立に努力したが成らず、後継者ウェスパシアヌス帝によって、伝統的なアウグストゥス的神格化（死後における）に引き戻された。しかも、ダムナーティオーメモリアエが議決され、死後の神格化も否定されている。従って、前述のダイスマンの資料にある、「良き神」というネロに対する奉献碑文から、「神」という文字は抹殺されたのであろう。

このようなアウグストゥス的皇帝理念は、マルクス・アウレリウス帝（Marcus Aurelius Antoninus, 161~180）まで、一つの例外を除いて保たれたと考えて良い。その例外はドミティアヌス帝（ヨハネ黙示録の時代）である。彼は、自らを古代ローマの主神ユーピテルの御子であると考えさせ、皇帝礼拝を確立し、帝国一帯の人々に一人残らずローマ皇帝礼拝式に参列すべき義務を課した。八三年ドミティアヌス帝の王子の死の記念して出された金貨においてその絶頂に達した。「この世を去った王子は天に座っており、『神聖なるカエサル・ドミティアヌスの子』と刻んである」と。また、ローマ帝国の命令がローマ各州に布告される時は必ず公式の前文から始められたが、八五年の記録には、「神聖きわまる皇帝が命令される」という一文が伏せられている。[20]しかし、この時、彼は元老院からも、多くのキリスト者からも反撃された。

新約聖書時代の皇帝で、コンセクラーティオーの議決によって、死後神格化してもらえなかった皇帝は、ティベリウス、ガイウス（カリグラ）、ネロ、とドミティアヌスであった。

一世紀のローマ帝国下に生き、伝道活動をしたイエス・キリスト、パウロ、ペテロ、ヨハネの時代の皇帝神格化の状況を調べてみると、キリスト者迫害の原因を皇帝礼拝の拒否だけに求めることには無理がある。ローマ本来の宗教意識との関連を分析する必要を覚えるが、迫害の原因論については、今回のテーマから外れるので、「古代ローマ本来の宗教意識と初代教会が受けた迫害との相関」など、いくつかの論文で補って頂きたい。[21]

B　アウグストゥス的皇帝理念の消滅

アウグストゥス的皇帝制、すなわちプリンキパートゥスの理念は、マルクス・アウレリウス帝後、丁度ローマ史一千年を迎えたローマが衰退の一途を辿り始めたころから、変質せざるを得なくなった。元老院を取り込んで運営されていたプリンキパートゥスの制度は、次第に元老院的要素を排除して、専制帝政に移行することとなったのである。一個人に権力が集中しないことを望んだローマ的分子は、ここに至って消滅し、政府が法的に皇帝礼拝を強要する時代が到来したのである。

二五〇年以降、事情は一変し、専制帝政が滅びゆくローマ帝国の統一と再建の手段として考えられ、帝国の住人一人残らず皇帝礼拝への参加が義務づけられるようになった。デキウス帝（紀元二四九―二五一）は、二五〇年に勅令を出して、少なくとも年に一回、ローマの祭壇で神々と、皇帝の神性とに、犠牲を捧げることを要求した。犠牲を捧げた者には「リベラス」（libellus 証明書）が交付された。[22] 現人神として君臨する皇帝への礼拝が強要されたのである。ディオクレティアヌス帝の下で、この専制帝政は強化され、多くの殉教者を出した。この政策は、四世紀に入って、コンスタンティヌス帝のミラノ勅令（紀元三一三 The Edict of Milan）によって信教の自由がもたらされるまで続いた。そうして四世紀のテオドシウス帝の時代には、キリスト教はローマ帝国の国教とされるにいたったのである。

ここで興味深いことは、キリスト教の公認時代に皇帝崇拝（Emperor Cult）が、なおも形をかえて存続し続けたことである。歴史上はじめて信教の自由を定めたといわれるミラノ勅令とはどのような内容のものだったのか。キリスト教公認時代においても、「新しい皇帝崇拝」[23]として存続しつづけた崇拝概念とは、どのような性格だったのか。これらの研究は、とくに日本の現況においては必須であると思う。政教分離の必要性との関連をも含めて、この点についての資料をまとめる作業は、筆者の次の課題である。

C　ローマ思想圏における皇帝崇拝とローマ本来の崇拝意識

ヘレニズム的色彩の強い東方属州とは異なり、ローマ思想圏では、人間の神化思想は、生前の神化、死後の神化を問わず、元来は無縁であったのである。ローマ人は人間生活や自然生活を掌握する多くの神々の存在を信じながら、それらの神々をギリシア人のように、人間的姿態をもった像として表さなかった。ローマが建国以来一七〇年間も神話を知らなかったことからも伺い知ることができる。

ローマ古来の神々は、はっきりした個性をもたない非人格的な諸力であり、神々はそれぞれのヌーメン（numen）すなわち思想と力によって自らを顕したと考えられ、その神々が国家に対してどのように「はたらく」かが重大事項であった。とくにここで注目したいのは、「神々のはたらき」が地上の王、支配者を通して（傍線筆者）[24]もたらされるという意識構造である。ローマ史一千年を迎えた一八〇年ごろ、すなわちアウグストゥス的皇帝理念が専制君主的理念に移行していく時期は、ローマが危険に瀕した時であった。このローマの衰退の原因を、ローマに古くから伝わる神々の怒り、「神のはたらき」として捉え、キリスト教絶滅に勢力的に手を延ばしたとされる。

実戦的、行動的、組織的なローマ人にとって、第一の関心事は、個人的レベルの信仰ではなく、むしろ一国家の幸福と安寧をいかに国家として保持するかであった。ローマにとっては、個人宗教であるよりは、国家宗教であったといえよう。R・ペタッツォーニの、「ローマ宗教は個人的救いを第一義的な問題としているのではなく、あくまでも一国家の幸福と安寧を目的とした国家宗教である」[25]という、また、グーターマンの「ローマ宗教は、個人の信仰に関する事柄であるよりは、国家的祭儀である」[26]との見解に同意する。

ローマ人にとっては神々が国家に対していかに働くかが問題となるのであるから、神の怒りを国家として免れるような祭儀を行うことがかれらの関心事となった。結局のところ、ローマ人のいう宗教とは、神々の加護を信頼して神々にふさわしい祭儀、すなわち犠牲をささげることにほかならなかった。[27]このような実態を総合してみる時、ローマにおける迫害の原因は、「政治的であるよりは、宗教的であった」[28]とするM・ソルデイの見解に同意する。

また、ローマ帝国の版図がひろがり世界的傾向が進むとともに、その地方地方の神々をローマ宗教の中に包摂、吸収していったのも特質である。しかし、ここで注目しなければならないことは、外来宗教の包摂、吸収といった場合、ローマ宗教の改革を意味するものではなく、ローマ宗教の伝統と父祖の慣習を尊重して古代末期までそれを一貫し続けた点である。

アウグストゥス的皇帝理念を貫いて、ヘレニズム的君主礼拝に対して、比較的に冷静であったローマも、帝国統一という歴史的必然の中で、国家の幸福と安寧を保持するために、東方的専制君主制を樹立し、ディオクレテイアヌス勅令を発布して、皇帝礼拝を公式に強要するドミナートゥス体制を敷くに至った。

四　「皇帝礼拝」と「皇帝崇拝」の用語の整理

キリスト教がヘレニズム、ローマの両領域に伝播されるに従って、キリスト者は皇帝礼拝、皇帝崇拝の諸問題と直面せざるを得なかった。キリスト者がユダヤ教から受け継いだ最も重要な律法は、偶像礼拝の禁止であり、皇帝の像を拝むことはこの律法を犯すことになる。そして皇帝礼拝は人間を神として拝むことであるから、許されるべきではない。ドミティアヌス帝や二五〇年以降の専制帝政的皇帝の治下では、皇帝礼拝への不参加が教会の死活問題となり、多くの殉教者を出したことは一般に知られるところであり、理解できる。

しかし問題なのは、例えドミティアヌス帝のような強力な皇帝礼拝強要者があったとしても、ケスター氏が結論しているように「最初の二世紀間に皇帝礼拝が帝国の古い宗教に代わる新しい宗教として発達したとは考えられない(29)」状況の中で、何故なおも強力に、東方属州においては現人神的崇拝が、ローマ思想圏では国家宗教、祭儀宗教としての皇帝崇拝意識が発達し続けたかということである。

A　皇帝礼拝と皇帝崇拝の違い

皇帝礼拝は、皇帝自らを神格化し、国家として公式に国民全体に犠牲を捧げさせ、皇帝礼拝式に参加すべく、ローマ帝国が強要した状況において用い、皇帝崇拝は、アウグストゥス的皇帝理念が存続しているにもかかわらず、ヘレニズム的君主礼拝と結びついて現人神的崇拝を発展させた東方属州の民衆信仰、ローマ本来の宗教意識と結合して祭儀宗教化していった民衆の信仰形態に用いることができると思う。このように整理して見ると、ローマ帝国の中で、皇帝礼拝（Emperor Worship）の表現を用いられる皇帝は、前述のごとくわずかしか存在しない。

このように整理することによって、ローマ史家タキトゥスの「かくれた罪と人間憎悪の罪によって罰せられた」というネロ皇帝時代の迫害の原因などを明確に理解することができるのではなかろうか。

Emperor Worship（皇帝礼拝）とEmperor Cult（皇帝崇拝）は、日本のような宗教事情の下では、英語圏以上に整理して用いた方が良いのではないかと長年考えて来た。ケスター氏がディスカッションにおいても、最近の著作においても両者を分けて考える試みをしておられ、多くの示唆を与えられた。

B　皇帝礼拝と皇帝崇拝の違いとその今日的意味

（1）キリスト者が紀元三一三年のミラノ勅令によって、国家から正当な宗教と承認されたことは、信教の自由を勝ち取った勝利のように評価されがちであるが、果たして今日までの歴史において勝利であったかどうか。

三八〇年のキリスト教の国教化以来、「教会と国家」の連携が西欧の歴史の重要な軸となった。中世における教皇権絶頂時代には、教皇が司法権、行政権、監督権を掌握するなど、国家と教会は緊密な関係に置かれた。そうしてジュネーブ神聖政治、クロムウェル神聖政治、ニューイングランド神聖政治を経て、ついに政教分離の大原則が、アメリカ史の中で、ロジャー・ウィリアムズ（Roger Williams, 1603~1683）によってニューイングランド神聖政治からの分離という形において実現した。[30]教会と国家の分離の原則が、打ち立てられたことは、歴史的に意義深い。

ミラノ勅令による信仰の自由の内容、その下にあったキリスト者の国家に対する意識、Emperor Cult 皇帝崇拝の依然としての発展を分析する時、客観的に国の習慣と理解し得る点を除いて、特定の宗教が国家の問題に深く介入することは多くの問題を残す。政教分離の重要性を痛感する。

（2）たとえ皇帝自身が現人神的神格化に否定的意識を示しても、東方属州においても、ローマにおいても、一般民衆の皇帝崇拝意識が宗教意識として根強く、国家からドミナートゥス的皇帝礼拝が強要された時、抵抗なく受容できる素地を作ってしまっていたことに注目したい。

昭和天皇が重体に陥ったときの自粛騒動に見られるように、何も権力におどらされて民衆が従ったのではなく、まさにみずから進んでいった〝自粛〟だったところに、ローマの皇帝崇拝に通ずるものを見出すのである。

（3）ローマ史一千年をむかえた一八〇年ごろは、ローマが危機に直面した時でもあり、プリンキパートゥスからドミナートゥスに移行する頃でもあった。危機的現実の中で、ローマに古くから伝わる神々の怒りとして捉え、「神々のはたらき」がローマに下り、その原因がキリスト教にあるとして、撲滅に精力的に手をのばした。

ローマ本来の宗教意識はローマ帝国の共同体理念と不可分な伝統的宗教であり、キリスト教はこれを脅かすものと理解されていた。すなわち、Superstitio「迷信」であったのである。このような共同体理念の中で、ローマ宗教は「個人の信仰に関する事柄であるよりは、国家的祭儀」として発展し、神々の怒りが国家に働かないように、「灌奠・焼香・献花」などによる祭儀をとりおこなうこと[31]によって、国家に対する忠誠をあらわした。ローマにおいて特徴的なのは、神々の中に皇帝神が同列に位置づけられたのではないことである。ローマの神々は神格化されていたが、皇帝は死後において神格化されたに過ぎない。皇帝を通して神々は「はたらく」と考えられたが、皇帝が神となったことは殆ど見られない。日本の旧憲法では、天皇はまさに神聖にして侵すことの出来ない神であった。皇祖皇宗の、そして現人神としての天皇の存在を歴史の中に経験した日本において、ローマ帝国における「皇帝」の神格化との根本的違いを深く念頭に置く必要があろう。

西欧においても、ローマ皇帝とキリスト教の問題は古くて新しいテーマとして、数多くの研究がなされている。しかしEmperor WorshipとEmperor Cultは必ずしも厳密な意味で分類されて用いられていない。また、その必要性も切実ではない。しかし、日本のもつ特殊性を考える時、ローマ皇帝礼拝と崇拝は整理して用いる必要性があると考えるのである。

注

1　弓削 達『ローマ帝国の国家と社会』（岩波書店、一九六四年）九八頁。
2　J. R. Fears, *Princeps a Diis Electus: The Divine Election of the Emperor as a Political Concept at Rome* (Rome: Amer ican Academy, 1977) p.209.
3　Helmut Koester, *History, Culture, and Religion of the Hellenistic Age* (Berlin: Walter De Gruyter, 1980) p.369.
4　弓削 達『ローマ帝国の国家と社会』（岩波書店、一九六四年）一〇〇頁。
5　船田享二「アウグストゥス業績録」『羅馬元首政の起源と本質』（岩波書店、一九三六年）一二頁。
スエトニウス「神君アウグストゥスの業績録」『ローマ皇帝伝　上』国原吉之助訳（岩波書店、一九八六年）二一一頁。

アウグストゥスがローマの統治権の下に世界を服従させた業績と、彼が国家とローマ国民のために負担した経費は、ローマにある二本の青銅柱に刻銘されて居る。
6　C. K. Barret, *The New Testament Background: Selected Documents* (New York: Harper & Row, 1989) p. 4.
7　湊 晶子「古代ローマ本来の宗教意識と初代教会が受けた迫害との相関」『福音主義神学 六』（一九七五年）一九〜二三頁。
本書二三頁以下に収録。
8　弓削 達『ローマ皇帝礼拝とキリスト教徒迫害』（日本基督教団出版局、一九八四年）二六八〜二六九頁。
Elias Bickermann, *Consecratio. Le Culte des Souverains* 1-15. Antonie Wlosok, Rom und Christen. Stuttgart, 1970.
9　Helmut Koester, *History, Culture and Religion of the Hellenistic Age* (Berlin: Walter De Gruyter, 1980) 31-36.
10　秀村欣二「ローマ皇帝支配の意識構造」岩波講座　『世界歴史　三』（岩波書店、一九七〇年）五二頁。
11　『前掲書』五三頁。
12　スエトニウス『ローマ皇帝伝　上』（岩波書店・一九八六年）一一七頁。

13　E・シュタウファー『エルサレムとローマ　イエス・キリストの時代史』荒井献訳（日本基督教団出版部、一九六五年）四八〜五二頁。

14　J. R. Fears, *Princeps a Diis Electus: The Divine Election of the Emperor as a Political Concept at Rome* (Rome: Amer- ican Academy, 1977) p.215.

15　Victor Ehrenberg and A. H. M. Jones, *Documents Illustrating the Reigns of Augustus and Tiberius* (Oxford,1955) no.p.102.

16　E. Mary Smallwood, *Documents Illustrating of Gaius Claudius and Nero* (Cambridge, 1967) no. p.370.

17　弓削 達『ローマ皇帝礼拝とキリスト教徒迫害』（日本基督教団出版局、一九八四年）二八一頁。

18　Adolf Deissmann, *Light from the Ancient East: The New Testament Illustrated by Recent Discovered Text of the Greco-Roman World*, Trans. L. R. Strachan (New York: Hodder and Stoughton, 1910) p.350.

19　弓削 達『ローマ皇帝礼拝とキリスト教徒迫害』（日本基督教団出版局、一九八四年）三〇五頁。

20　Adolf Deissmann, *Light from the Ancient East* (New York: Hodder and Stoughton, 1910) p.152.

21　湊 晶子「古代ローマ本来の宗教意識と初代教会が受けた迫害との相関」『福音主義神学Ⅵ』（一九七五年）一八〜三九頁。「国家権力に対するキリスト者の取るべき態度に関する聖書の教えと実践」東京基督教短期大学『論集 八』（一九七六年）一八〜三〇頁。『キリスト者と国家』（聖書図書刊行会、一九六二年）一〜一四一頁。

22　H・ベッテンソン編『キリスト教文書資料集』（聖書図書刊行会、一九六二年）三七頁。Greek Papyri p.48.

23　Alistair Kee, "*The New Imperial Cult*" *Constantine Versus Christ* (London: SCM Press. 1982) p.153-165.

24　J. R. Fears, *Princeps a Diis Electus: The Divine Election of the Emperor as a Political Concept at Rome* (Rome: American Academy, 1977) p.193.

25　Raffaele Pettazzoni, "State Religion in the Religious History of Italy" *Essays on the History of Religion* (Leiden: E. J. Brill, 1967) p. 208.

26 S. L. Guterman, Religious Toleration and Persecution in Ancient Rome（London: Aiglon, 1951）p.26.
27 Albert Grenier, The Roman Spirit in Religion, Thought, and Art（New York: 1926）p. 365-404.
28 Marata Sordi, The Christians and the Roman Empire（Norman and London: University of Oklahoma Press., 1986）p. 179.
29 H. Koester, *History, Culture, and Religion of the Hellenistic Age*（Berlin: Walter De Gruyter, 1982）p.366-371.
30 Edmund S. Morgan, *Roger Williams: The Church and the State*（New York: Harcount, Brace Inc., 1967）
このテーマに関しては大変参考となる資料。
31 S. L. Guterman, *Religious Toleration and Persecution in Ancient Rome*（London: Aiglon 1951）p.26.

（一九九一年三月　東京基督教大学紀要『キリストと世界　創刊号』六一～七五頁）

V　ローマにおける自由人と奴隷の実態
――コリント人への手紙第一、七章二十一節とピレモンへの手紙の歴史的背景として――

序

新約聖書の中には「奴隷と自由人」の対比を用いつつ、キリストにある一致に言及した個所が幾つかある。ガラテヤの信徒への手紙三章二十八節「そこではもはや、ユダヤ人もギリシア人もなく、奴隷も自由な身分の者もなく、男も女もありません。あなたがたは皆、キリスト・イエスにおいて一つだからです」はその一つである。コリント人への手紙第一、十二章十三節（なぜなら、私たちはみな、ユダヤ人もギリシヤ人も、奴隷も自由人も、一つのからだとなるように、一つの御霊によってバプテスマを受け、そしてすべての者が一つの御霊を飲む者とされたからです。）、エペソ人への手紙六章八節（良いことを行えば、奴隷であっても自由人であっても、それぞれその報いを主から受けることをあなたがたは知っています。）、コロサイ人への手紙三章十一節（そこには、ギリシヤ人とユダヤ人、割礼の有無、未開人、スクテヤ人、奴隷と自由人というような区別はありません。キリストがすべてであり、すべてのうちにおられるのです。）も同様に奴隷と自由人の身分を越えてキリストにある一致を求めた聖句である。

イエス・キリストにある霊の一致については、多くの聖書学者および神学者により、専門的立場から研究がなされている。しかし、新約聖書時代の「奴隷と自由人」の身分、社会的実態、また両者の関係について言及している註解書はほとんどない。しかし両者の実態が正確に把握されなければ、「奴隷の状態で召されたのなら、それを気にしてはいけません。しかし、もし自由の身になれるなら、むしろ自由になりなさい」（Ⅰコリント七・21）と勧めるパウロの真意は理解しにくくなる。また逃亡奴隷オネシモが囚人パウロからの一通の私信を手に、地中海を旅行して主人ピレモンのもとに帰り着けた事情も、奴隷制度の一般的理解からは不明瞭となる。この小論において、奴隷および自由人の法制史的、社会的面に光を当てつつ、パウロの取り扱う奴隷と自由人の関係を明確にしたいと思う。

当時すべてのローマ領に存在する住民は、ローマ人（市民権所有者）か、あるいは非ローマ人（ローマの主権に服しながら市民権を持たない者）かである。後者のようにローマの支配のもとにありながら、市民権を所有していない者を総称して外人（peregrinus）と呼んだ。[1]帝政ローマ初期、すなわちパウロの活躍した頃のローマでは、純粋に市民権を保有していた者は、全住民の十パーセント弱に過ぎなかった。[2]したがって帝国の人口の大部分は自由人と奴隷によって占められていたといえる。ということは初代教会の構成メンバーの大半も、自由人と奴隷であったということである。そこでこの小論において、次の三点に焦点を絞って「奴隷と自由人」に関する諸問題を取り扱ってみたいと思う。

まず初期帝政ローマにおける自由人の実態を探り、第二に同時代における奴隷の実態を把握し、さらに奴隷から自由人への転化の可能性とその手段について言及し、第三に両者の歴史的事情に基づいて、コリント人への手紙 第一、七章二十一節に示されたパウロの真意と、オネシモの自由人への転化の可能性について検討してみたい。

一　帝政初期における自由人の実態

A　ローマ市民権所有者と自由人

ローマ市民権所有者と自由人を同義語的に用いることは、法的に誤りであって、両者の間には、法的、社会的差異がはっきり定められていた。

ローマ政府が市民権を附与しはじめたのは、紀元前四世紀ごろと推定される。それは前三三八年のラテン同盟市戦争の終結とともに、ローマがイタリアの大舞台へ躍り出た時以来であろう。この時、都市のあるものに自治市としての市民権、あるものにはラテン植民市としての市民権を与えた。すなわち市民権所有都市でも格差をつけたのである。アリキヤ、ラヴィニウムなどのようなラテン語を話す自治市は、他の都市の上位に置き、ローマでの投票権をも与えた。またプラエネステ、ティブルのようにラテン語を話さないラテン植民市には、市民権は与えたが投票権は認めなかった。しかし前九〇年頃には、この区別を廃止し同質の市民権が与えられるようになった。[3] 後に市民権は功績のあった自由人に、また多額のお金で買い取った自由人に附与されるようその枠が広げられ、[4] ついに、紀元二一二年カラカラ帝により、アントニヌス勅法が発布され、帝国の全自由人に市民権が与えられるに至った。[5]

　市民権所有者は、ローマ市民および外人に等しく適用される万民法の保護のもとに置かれたと同時に、ローマ市民だけに適用される市民法の保護のもとにも置かれていたのである。[6] 初期帝政のころ市民権所有者が、帝国の全人口の十パーセント弱であったということは、パウロの市民権所有の重要性を物語る。この市民権所有者パウロが、一世紀のクリスチャンに対して「市民権所有者も奴隷もなく、キリストにあって一つである」と述べずに、「自由人もなく……」と勧めているのは大変興味深い。

　帝国内の住民は、ローマ市民権所有者、自由人、奴隷のいずれかであるが、これらの関係を資料を総合して図式化すると次のようになると思う。

ローマ帝国の全住民

- 一、ローマ市民
  - 生来市民権保有者
  - 自由人の中から市民権を獲得した者
- 二、外人（市民権を持たない者すべて）
  - 自由人
    - 生来自由人
    - 被解放自由人
    - 市民とならない被解放自由人
  - 奴隷

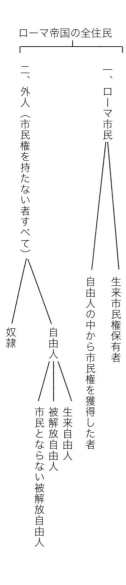

この表からもわかるように、当時自由人には市民権獲得の道が認められていたが、奴隷はまず自由人（被解放奴隷）とならなければその道は開かれなかった。[7] 使徒の働き二十二章二十七節から二十九節の記録は、実に明確に市民権所有者と自由民の関係を表していると思う。多分パウロの先祖は前述のラテン植民市としての市民権を以ていたのだろう。市民権は世襲制であるためパウロは生来市民権所有者であった。二十八節に登場する千人隊長は「私はたくさんの金を出して、この市民権を買った」ことを誇らしげに語る。多分生来自由人であったか、被解放奴隷であったのだろう。パウロが生来市民権所有者であることを知った千人隊長の驚きが如実にうかがえる。

市民権の法的、聖書的重要性については、この小論の主題ではないので、ここでは外人と呼ばれた自由人が政治的・社会的身分において、市民権所有者とどのような差別を受けたか、また奴隷の身分と比較してどのような特権が与えられていたかについて論述したい。

B　自由人の身分とその特質

ローマ国内に居住し、ローマの主権に服する自由人であっても、ローマ市民以外の者は、法律上の人格をもたず、したがって自由人が法律上人格を確保するためには、まず「市民たる身分」を獲得しなければならなかった。[8] したがって、自由人とは制限的自由の保持者といってよい。

それでは自由人が課せられていた制限とは、どのような内容のものであっただろうか。

まず第一に、紀元四年に出されたアエリウス・センティウス法（lex aeliu sentia）が示すごとく、自由人の自由とは、解放以前の主人と保護従属関係にあるという限界に立ったものである。

第二に、政治的に民会において投票する権も、政務官に選出される権も、ローマの神々に仕える祭司としての権も認められない自由である。

第三に自由人の自由とは、ローマ市民権所有者と一目瞭然区別出来る外面的制約のあるものであった。自由人の大半は奴隷から転化した者であったが、名前を見れば奴隷出身者であることが判明するように仕組まれていたのである。まず主人の氏（praenomen）を、次に主人の姓（nomen）を、そして最後に奴隷自身の名前（cognomen）を名乗らねばならなかった。[9] しかし被解放奴隷の子供は、生来自由人となり、古きよきローマ名だけが与えられたのは興味深い。

第四に自由人には、ローマ市民特有のトーガ（一枚の布の衣裳）を着用することが許されていた。しかしこれは自由人用帽子（pilleus）をかぶるという制限のもとに許されたものである。しかも夕食会では、市民権所有者より食事の品質がおちたと言われる。

このように、自由人の政治的権利の不完全性は認めなければならないが、その反面、彼らは社会的に重要な階級を構成しつつあったことも見逃してはならない。これは、奴隷が経験し得ない多くの特権を与えられていたからでもある。土地税・人頭税からの免除、ギルド組織への参加の自由、他階級との結婚の自由（奴隷の主人は、解放後の女奴隷としばしば結婚した）などは自由人に与えられた主な特権であった。

彼らは許された特権を活用して、急速に社会に進出していった。自由人の中には、彼らの保護者（パトロン）より高い教育を受けた知的な者も少なくなかったので、商業界・産業界で成功する者、秘書として活躍する者も少なくなかった。中には皇帝の個人的秘書となるほど出世した者も出た。元来公務には、市民権所有者が従事するのが常であった。この通例に反してアウグストゥス皇帝（イエスの誕生時の皇帝）のもとで、自由人リシヌスがゴール州の総督に任命されたのである。[10]官僚体制を敷き、よくローマの統制を果たしたクラウディウス（クラウデオ帝：新改訳）皇帝（パウロの宣教活動時の皇帝、使徒一八・2、二三・26等）は、多くの自由人を政治的分野に起用したことで有名である。ナルキッスス（Narcissus）は皇帝の秘書として仕え、[11]パッラス（Pallas）は皇帝補査官として、その兄フェリックス（Felix）は、属州および軍隊の指揮官として用いられた。[12]初期帝政期におけるこのような自由人の活躍について、ヨロヴィッツ（Jolowicz）は「ローマにおけるプロレタリアート階級の原動力となった[13]」として、その存在を高く評価している。

このような自由人の状況を認識する時、パウロが、奴隷から自由人へ解放される手段があるならば自由人に転化して、より効果的に福音の伝播に貢献するよう勧めないはずはなかったと思うのである。

二　帝政初期における奴隷の実態

A　共和制時代の奴隷と帝政時代の奴隷

ガイウスは「法学提要」の第三項の「人の身分について」において、「人の法に関する第一の分類は、凡ゆる人が自由人たるか或いは奴隷たるかなりとす[14]」と述べ、奴隷身分を主人の存在のために自由であり得ない人の身分と定義している。すなわち古代世界において、奴隷は主人の所有権に服する故に「物」として扱われたのである。事実、奴隷はアリストテレスにより「有生の道具」とされ、ウァルロにより「言葉ある道具」と定義されたのである。[15]このように、奴隷は一種の動産と見なされていた。

それでも共和制初期の頃は、奴隷の待遇もよく、家族の一員として受け入れられていた。[16]プルタルコスのコリオラーヌス伝は、「その頃は一般に奴隷に対する取り扱いが寛大であって、主人たちも自分で働くし、食事も共にするし、今よりは温和な親しい態度を取っていた[17]」と述べている。しかしローマの四方征服につれて征服地からの奴隷の数は急増し、主従間の人種、教養の相違がはなはだしくなり、集団的強制労働に服せられる場合が増し、その地位は急速に悪化した。紀元前二世紀の後半期からローマの奴隷制はその頂点に達し、人口の約三分の一が奴隷で占められたほどである。[18]彼らのほとんどは家内奴隷か大農場に配置されていた。大農場における奴隷たちは、なかば監禁状態で、地下置場に寝とまりし悪条件のもとに苦しみ続けたと述べられている。カトー（大カトーBC234~BC149）は、まさに奴隷を家畜か家具のように扱い、老衰して労働に堪え得ない奴隷や、病気にかかっている奴隷は、価にかかわりなく売却すべきことを勧告している。また自家の奴隷が、食後の休息時間に悪事をはたらいた場合、革紐をもって鞭打つことが常習であった。[19]刑罰の一種としてではなく、日常の用心のために、奴隷に鎖をつけ、農園の監督者の看守のもとに労働させ、夜間臭気鼻をつく檻に投ずる時も、そのままにしたと記録されている。[20]当時彼等がイタリアから逃亡することはほとんど出来ず、もしその目的を達したとしても、盗賊や追はぎの犠牲となり、もし不成功に終わった場合は、決闘場や十字架上の露と消えるか、あるいは一層残虐の私刑を受けなければならなかった。[21]このような中にあっても、ストア派の人道主義者セネカが、彼の奴隷チロを比較的人道的に取り扱っている記録[22]は貴重である。しかしそれはごく稀なことであって、共和制時代の奴隷は一般に残虐苛酷な取り扱いに甘んじなければならなかった。

しかしこの状態は長続きせず、やがて主人の虐殺事件や、主人の一家に対する復讐事件が相次いで起こるようになった。共和制末期のことである。ローマの諺に「生れつきなさけに富んだ主人でも、その奴隷の数ほどの敵がある」と言われた程である。紀元前一三三年エウヌスの企てた奴隷謀叛、一〇三から三年にわたったトゥリゥフォン、アテニオンの率いた奴隷の大戦争、七三年のスパルタクスの反乱は、代表的なものである[23]。法的根拠に訴えることにおいて得意なローマ人は、冷酷な法規による鎮圧をつぎつぎに考案した。「主人が自分で所有している奴隷の一人の手によって殺害された場合は、その一家に属するすべての奴隷を死刑に処する[24]」ことを前提とした誠に非常識なものも含まれていた。実際に四百名にのぼる奴隷が殺害された記録もある[25]。

しかし帝政ローマに入って、ローマの侵略的膨張が中止されると、奴隷の供給は次第に減少していった。したがって帝政初期には、主としてそれまでに集積した人間の資源に依頼する必要があった関係から、奴隷所有者が奴隷を取り引きする様子が著しく穏健になって来たことが特徴としてあげられる。これは、「奴隷虐待に関する種々の処罰法」が帝政期に入ってから、つぎつぎに設けられたことからも窺い知ることが出来る。

そのいくつかを取り上げると、紀元一九年（イエスの時代）のペトロニア法により、判決によらないで自分の奴隷を獣と闘わせることを禁止した。クラウディウス帝（四一―五四年、パウロの伝道旅行時代）の勅法は病弱の奴隷を棄てることを禁じた。ネロ帝（五四―六八年、第三章の主題・Ⅰコリント一七・21、ピレモンへの手紙の執筆）の勅法は奴隷が主人の虐待を訴えたとき、それを調査すべきことを命じた。ドミティアヌス帝（八一―九六年、ヨハネの殉教）の元老院議決は、主人が奴隷を去勢することを禁じ、違反者にはその財産の半分を没収するものとした。ハドリアヌス帝の勅法は女奴隷を売春斡旋業者へ売り、或いは男の奴隷を格闘士養成所へ売ることを主人に禁じた。同帝はまた、奴隷に罪ある場合でもこれを警察へ引き渡さないで主人が殺害することを禁じた。二世紀前半のピウス帝（Titus Fulvius Aelius Hadrianus Antoninus Augustus Pius, 86–161）が奴隷を殺した主人を殺人罪に問うことを定めた。ピウスはさらに奴隷がその主人から苛酷な取り扱いを受けた場合は、神殿、または皇帝の立像のある境内に避難し、進んで保安官の尋問を受けることのできる法律を作った[26]。

新約聖書の背景となっている帝政初期における奴隷の取扱いに関する法律を、いくつか挙げるだけでも、共和制時代のそれと著しく様相が異なっていることに気付くのである。帝政期には単に取り扱いが穏便になったばかりでなく、奴隷から解放されて被解放奴隷自由人となる道も広く備えられてきたのである。そして、解放奴隷（自由人）として、銀行業に、手工業に、属州地方における公務に、秘書に、巾広く活躍していたことは前述の自由人の特質において指摘した通りである。帝政期には、奴隷は最も近代人に近い階級[27]に変質しつつあったのではなかろうか。したがって、新約聖書時代の奴隷の状態を、共和制時代の奴隷制の尺度で理解してしまわないように注意しなければならないと思うのである。

B　奴隷から被解放奴隷（自由人）への転化

実際的で、計算高いローマ人は奴隷制に依存しながら、しかもその反面共和制末から初期帝政にかけて、奴隷依存から離れようとする傾向を示しはじめた。奴隷を買って使うことは得なのか、損なのか。カトーによれば、農場の奴隷は兵士並みの小麦、ぶどう酒、オリーヴ油、オリーヴか酢に漬けた魚、塩を食糧として与えられる。靴、衣服、毛布なども支給される。コルメルラのいうように作業道具も必要である。管理人をおくことも条件となる。ローマ人の計算から、奴隷として使うよりも被解放自由人として使う方が合理的であると見て取った。主人は奴隷を商人に、あるいは手工業の職人に仕立てたりもした。鎖につながれた「もの言う動物」としてよりも、自由人ではあるが保護者権によって拘束された被解放者の身分として使う方が、明らかに主人の利益になるというのである。[28] いかにもローマ人らしい発想である。

また単なる虚栄心から解放が行われた例も多い。葬儀における最後の行列が長いことが主人の偉大さを示すバロメーターとされたようである。[29] 無制限に奴隷を解放することを防止するために、フフィア＝カニニア法（Lex Fufia Caninia）が制定され、遺言による奴隷解放の数に制限を加えた。

「奴隷一〇一名から五〇〇名までを所有するものは、一〇〇名（五分の一）まで解放することができる。しかしこれ以上の奴隷を所有していても、一〇〇名を越えて解放することはできない。三一名から一〇〇名までの奴隷所有者は四分の一、一一名から三〇名までは三分の一、二名から一〇名までは二分の一をそれぞれ解放することが出来る。[30]」

奴隷解放制限令から、当時の解放の規模が非常に大きいものであったことを窺い知るのである。

このように初期帝政期は、経済的事情から、人間的立場から、ストア的人道主義の立場から、キリスト教の教えから、奴隷解放の風潮が高められた時代であると言える。この傾向に対してキリスト教の影響のみを高く評価することは、公平な歴史解釈上避けたいと思う。この問題に関しては、「奴隷の解放を促進させた要因とキリスト教」として、すでに東京キリスト教短大『論集』第十一号で取り扱った（本書所収の「Ⅵ　ピレモンへの手紙と解放奴隷オネシモ」参照）ので、ここでは具体的にどのような方法と手順を踏んで、奴隷の身分から解放されたかを、できるだけ多くの資料を総合して検討したい。

解放には国家行為による解放と、奴隷所有者による解放がある。共和制時代にタルクィニウス（王政ローマ第七代ルキウス・タルクィニウス・スペルブス）の陰謀を密告した奴隷がいて、国がこれに自由と市民権を与えて報いたという。また主人を殺した犯人を密告した奴隷に自由を附与した例もある。聖書の背景として知りたいのは、国家による解放ではなく、奴隷所有者による解放の方式である。現在調査できるだけでも、数種類の方法があげられる。

（1）戸口調査による解放（Manumissio Censu）

五年毎に開かれる戸口調査に際して、主人の同意命令でローマ市民として記入する方法である。この方法は主として共和国時代の憲法や儀式に関係したもので、極めて古い形式であったといわれている。帝政時代にはそうした検閲官がなかった関係上、実際は一つの死文に過ぎなかった。検閲官が奴隷所有者の同意を得て、公民名簿にローマ風の奴隷の姓名を記入し、この手続きを経れば奴隷は自由を獲得し、ローマの公民となれたというのである。[31]

（2）棍棒による解放（Manumissio Vindicta）

奴隷のための自由の主張者（Adsertor libertatis）が保安官の前で、奴隷を自由民であると主張した擬制的訴訟であったが、後にはAdsertor libertatisの任務が、普通保安官に附属した捕手の手に移り、この捕手が奴隷に梶棒（権棒）を触着させる儀式と変化した。この儀式において重要な点は、自由民として与えられた自由は絶対的であることを公式に宣言したことである。そしてその自由は、公式的にも、暗黙的にも停止されたり、条件付きのものとされたりする種類のものではない[32]。

（3）遺言による解放（Manumissio testamento）

テスタメントはこれらの諸形式中最も重要視されたもので、古いことでも十二銅板法をはるかに凌ぐものと見なされている。テスタメントは確実な遺言の作用によって有効となるもので、遺言そのものの効果の影響で、その効無効が決定されたのである。解放者の生存中に証人を集めて相続人を指定して、死後の財産処分を定める遺言行為（のちに遺言状）をなすが、その場合「私の奴隷誰それを自由にせよ」と命じておく。実際に条件が充たされた場合、彼の解放は何の変哲もなく実現されたのである。このように遺言によって解放された奴隷は（Orcinus libertus）といわれ、その後見者の権利は、自然に主人の子供に伝わったことはいうまでもない[33]。

（4）友人（＝証人）間の解放（Manumissio inter Amicos）

今まで述べて来た解放の方式のほかに、非公式のものがあった。友人または証人のような人の任意宣言によっても解放されたのである。すなわち証人の面前で解放の意思表示をした場合、あるいは書面をもって解放の意志を通知した場合は、法務官の保護のもとにおかれた。法律上有効とはならなかったまでも、事実上これによって自由を得ることが可能であった。この種の解放について、二二一年パピルスは次のように記している。「マルクス・アウレリウスは……自分の家で生まれたほぼ三十六歳の女奴隷ヘレネを友人の前で解放した。そして同人が自由であることを命じた。[34]」

（5）信託遺贈による解放

初期帝政では、遺言によって「直接」解放する方法と並んで、遺贈をうけた者に対して自己の（或いは他人の）奴隷を解放するよう委任する信託遺贈による「間接解放」の方法も考案された。[35]

（6）教会における解放（Manumissio in Ecclesia）

三一三年ミラノ勅令によって帝国内に、キリスト教の信教の自由を認めたコンスタンティヌス大帝は、三一六年コンスタンティヌス憲法を制定して、教会において主人が、僧侶と会衆の面前で、解放の意志を表示する方法を生み出した。[36]

以上考察した六つのどの方法によっても、奴隷の身分から解放され、被解放奴隷すなわち自由人となり得たのである。帝政初期の奴隷解放に関する碑銘が今日に至るまで残されているのは興味深い。その碑銘によると「一人の奴隷がひざまずき解放の儀式を待ち、すでに解放されたもう一人が前の主人、あるいはローマの役人と握手している。そして自由の象徴であるピレウス Pileus を着用している」[37]。このようにして生み出された自由人の公務上の地位は、市民権所有者に比べて劣っていたが、それでも彼らの社会への進出は帝政初期においてめざましい。一般に奴隷と言えば、苛酷な扱いのもとにある悲惨な姿を思い浮かべるが、帝政時代における奴隷の水準は、意外に高かったことを心に留めるべきであろう。

三　被解放奴隷の特権とパウロ書簡

初期帝政時代における帝国内人口の大半が、奴隷と自由人であったことから、初代異邦人教会の構成メンバーも、主として奴隷と自由人であったことは容易に想像できる。一般社会で被解放奴隷となる道を提供していれば、教会内でもその風潮に当然影響された。パウロは被解放奴隷の特権をどのように教会内で受けとめ、宣教活動に利用しただろうか。パウロ書簡中、奴隷に関する個所で特に歴史的背景から理解しなければならない点を二つ挙げ検討したい。

その一つはコリント人への手紙 第一、七章二一節「召されたときに奴隷であった人も、そのことを気にしてはいけません。自由の身になることができるとしても、むしろそのままでいなさい」とのパウロの言葉は、どのように解釈されるべきかという問題である。

第二は、なぜ囚人からの一通の私信を手にした逃亡奴隷オネシモが、地中海を旅してクリスチャン奴隷所有者フィレモンのもとまで帰ることが出来たかという問題である。オネシモは、キリストにあって罪の奴隷から解き放たれたが、現実社会においても、解放奴隷として自由人になり得ただろうか。

A　コリント人への手紙 第一、七章二十一節の解釈をめぐって

コリント人への手紙 第一、七章十七節から二四節は、この世に対するキリスト者の生き方に関する一般原則を述べた箇所である。宗教的区別の典型である「割礼・無割礼」、と社会的身分階級の区別の象徴である「奴隷・自由人」の実例から、「おのおの召されたときのままの状態で、神の御前にいなさい」（二四節）という一般原則を言及している。「割礼・無割礼」についての宗教的、社会的論述は多い。しかし「奴隷と自由人」については、霊的解釈はあっても、当時の社会的身分である奴隷と自由人の間をどう生きるかについて詳しい説明を加えている註解書は殆どない。

十八節でパウロが「召されたとき割礼を受けていなかったのなら、割礼を受けてはいけません」と語った時、パウロは割礼、無割礼の相違が信仰の決定的な要素ではなく、「愛によって働く信仰だけが大事である」（ガラテヤ書五・6）という信仰の根本原則を強調したのである。二一節でパウロが「奴隷の状態で召されたのなら、それを気にしてはいけません。しかし、もし自由の身になれるなら、むしろ自由になりなさい」と述べた時、信仰の原則にかかわる問題としてではなく、社会的身分階級の問題として語ったのではなかろうか。もし「おのおの自分が召されたときの状態にとどまっていなさい」（二十節）という勧めを前者と後者に対して、同じレベルで適応させようとすると問題が残ると思うのである。この個所について解説している数少ない註解書も、二つの見解を示しつつその結論を避けている。

「むしろ、自由になりなさい」のギリシア語 *μᾶλλον χρῆσαι* は、本来「むしろ、利用しなさい[38]」という意

味である。何を利用するのかその目的語が明記されていないため、文脈からそれを見出さなければならない。J・S・クレメンス、[39]また新聖書注解[40]は、「奴隷の状態を利用する」立場をとり「たとえ自由の身になれたとしても、奴隷の状態にとどまって（その状態を善用しなさい）」と訳す可能性があると言及している。これに対してカルヴァンの註解書、[41]A・ロバートソン＝A・プラマー、[42]C・F・キング[43]は「自由になれる機会を利用する」立場をとり、「もしあなたが簡単に自由にされることが出来るなら、クリスチャン生活の完全を目ざして、それを利用しなさい」と訳している。

この小論の主題である初期帝政時代の「自由人と奴隷」の実態の分析から明らかなように、当時の奴隷には被解放奴隷となる道がいくつも与えられていたし、被解放奴隷は自由人として奴隷に優る特権を与えられていた歴史的事情に照らし合わせてみる時、A・ロバートソンなどの取る「自由になる機会があったらそれを利用しなさい」という見解が正しいと思うのである。そしてまた文脈からも割礼・無割礼のような信仰の原則についてパウロが述べる時、「受けてはいけません」という強い禁止で迫っているのに対して、奴隷と自由人の関係においては、「気にしてはいけません」とむしろやさしく思いやりに満ちた雰囲気を感じさせる表現で勧めていることに気づくのである。

当時、自由人か奴隷で占められていた初代教会において、パウロは社会的に伝道しやすい自由人の立場を勧めないはずがないと思う。まして被解放奴隷の子供は、生来自由人となるのであるから、ますますパウロの意図するところが理解出来るような気がする。市民権所有者パウロは厳しい伝道旅行中、どれほどローマ市民であることの特権を味わいつづけたであろうか。このパウロが「物いう道具」としての奴隷から、もし自由の身になれるなら、むしろ自由になりなさいと好機をとらえるよう勧めたのは当然であったのではなかろうか。

B　ピレモンへの手紙と被解放奴隷の可能性

ピレモンへの手紙は囚人パウロが逃亡奴隷オネシモに、一通の短い私信を持たせて、クリスチャン奴隷所有者ピレモンのもとに送り返す愛の物語であると言ってよい。前述のコリントの信徒への手紙一の執筆年代を五十五年ごろとすると、それから五～六年後に著されたピレモンへの手紙は、まさに七章二十一節の現実社会におけるあかしであると思う。ピレモンと奴隷オネシモの関係などについては、『論集』第十一号において、「ピレモンへの手紙と解放奴隷オネシモ」と題して取り扱ったので、ここでは、パウロの愛の導きにより無益なものから有益なものに変えられたオネシモ（ギリシア語の*Ονήσιμος*は有益なものという意味）に獄中にあるパウロが最後に配慮し得たことは、どのようなことであったか、またその社会的影響はどのようであったかについて検討したい。

このオネシモにも、前に述べた解放方式によって、被解放奴隷となる機会は与えられていた。古代ローマの奴隷売買の習慣の中で、特に神経を使ったのは出身地に関してであったという。[44] どのような理由からか明確ではないが、フリュギアの奴隷は軽蔑されていた。[45] オネシモという名はフリュギアの名前であった。パウロは社会的に受け入れられないような奴隷に、解放奴隷としての自由を与え、社会に認められた状態で福音の兵士となってほしかったのではないかと思う。

ピレモンへの手紙の中にも、それを裏付けることが出来そうな個所を見出すことができる。

まず、十二節でパウロが用いている動詞 *ἀναπίτω* の意味を調べてみると、パウロの意図がはっきりして来る。この動詞は一般には「送りかえす」あるいは「ふたたび送る」と訳されるが、他には法律用語で「事件を差しもどす」という意味がある。後者の意味に解すると、「私はこの事件の判断をピレモン一人だけでなく、彼の家の教会にもまかせる」となり、法的解釈を要請していることにもなる。すなわち、ピレモン及びその家の教会に対して、解放奴隷となり得る法的方策を検討してほしい旨要請しているように思われる。

第二に十八節で、もしオネシモに負債があったら、パウロ自身が返済することを書き送っている。これは「解放の要件」の中に「負債者」の解放を禁止した項目が記載されていることから、パウロは自らがそれを負担しても、オネシモを解放奴隷として自由な身にさせたかったのではないかと思う。

第三に、十九節に「この手紙は私パウロの自筆です」とわざわざことわって記している点からも明らかであろう。自筆であることは、公文書としての効力があることである。自筆文書であることは負債を支払うことの公の証書となるばかりでなく、前述の解放方式第四に取り上げた友人（＝証人）間の解放の条件を充すのにも必要であったのではなかろうか。「書面をもって解放の意志を通知した場合」であるから、パウロは「自筆」と但し書きをする必要があったのではなかろうか。

事実、オネシモが解放奴隷とされたであろう足取りを示す文書を手にすることが出来るのである。ピレモンへの手紙が記されてから五十年程経った二世紀ごろ、アンテオケ教会の司教イグナティウスがローマに殉教の死をとげるべく連行される途中、スミルナからエペソ教会に書簡を送り「すぐれた監督オネシモ」のことを高く評価して次のように述べている。

「……私はエペソの目に見える司教、慈悲深いオネシモにお目にかかりましたが、それはすなわち神の御名において教会全体にお目にかかったことになるのです。皆さんがイエス・キリストによって、オネシモを愛し、すべて彼に倣うようにお祈り致します。皆さんにふさわしい司教を賜った御方は祝すべきかな。[46]」

この点に関して、W・バークレーが「逃亡奴隷であったオネシモが後年エペソの高名な監督オネシモになったにちがいないだろう[47]」と結論づけていることは大変興味深い。

オネシモは、エペソ教会の監督としてパウロ書簡の収集整理に当たったのではないか。大切な教理もなく、重大な異端への反駁も含まれていないパウロの唯一の私信ピレモンへの手紙が、なぜパウロ書簡集に加えられたかを考える時、オネシモの存在を考えざるを得ない。彼が書簡集にこの短い一私信を加えたいと主張したのだろう。大監督は自分の恥をさらしても、彼に注がれた神の恵みをすべての人に明らかにし、神の栄光を現そうとしたと思われる。このように考えて来ると逃亡奴隷オネシモは、パウロのもとからピレモンのもとに返された後、解放奴隷として自由を与えられ、「有益」な兵士として神の御栄光のために生涯を捧げたのであろう。

むすび

一般に奴隷と言えば、アメリカの黒人奴隷の悲惨な状態や、共和制時代の苛酷な状態をもって、どの時代にも適応させようとする傾向がある。今まで述べて来たごとく、初期帝政においては、社会的にも、政治的にも奴隷には自由人として活躍する道が開かれていたのである。このような中にあって新約聖書は、奴隷制を攻撃もしなければ弁護もせず[48]、奴隷、主人という外的差別を越えて、キリスト・イエスにあって一つとなることを勧めている。

しかし、パウロは現実社会から遊離した伝道者ではなかった。原則がおかされない限り、伝道に役立つならば出来る限り社会的条件を整えようと常に配慮しているのである。パウロは、伝道の効果的結果を生み出す一つの手段として、生来市民権を利用した。その教訓に従って、当時の社会により効果的に受け入れられるように、奴隷から被解放奴隷への道を勧めていると思うのである。

初期帝政時代に勝ち取った被解放奴隷すなわち自由人の自由には、先に述べたごとく制限があった。たとえローマ市民権を勝ち取ったとしても、なおそれはローマ帝国においてのみ通用する自由である。「罪の奴隷から解放されて、義の奴隷（義の被解放奴隷）とされたキリスト者[49]」は、全き自由人であると同時に、神の国の市民権取得者である。「私たちを解放してくださったキリストの自由は、制限的自由ではない。[50]」社会機構の中では、想像も実現も不可能な、キリストにある無限なる自由である。これこそパウロの真の意味の奴隷解放である。私たちは今、霊的にキリストにおいて解放された自由をもち、また社会機構の中においても、自由な身分であることを感謝しつつ、固く信仰に立って福音の伝達に真剣に取り組まなければならないと思うのである。

注

1 船田享二『ローマ法入門』（有斐閣、一九五三年。二〇〇七年に新版が出されている）八一頁。
2 Edward T. Salmon, *A History of the Roman World from 30 B.C. to A.D. 138* (London: Methueu and Co. LTD, 1959), p. 69.
3 高橋 秀「補助軍兵士に交付されたディプローマの考察――元首政期におけるローマ市民権の普及と兵役」『古典古代の社会と思想』秀村欣次他編（岩波書店、一九六九年）三〇七頁。
4 吉野 悟『ローマ法とその社会』（近藤出版社、一九七六年）一三～一五頁。
5 湊 晶子『キリスト者と国家』（聖書図書刊行会、一九六二年）三〇頁。
6 吉野 悟『前掲書』三九頁。
7 『前掲書』二一頁。
8 E. T. Salmon, *op. cit.*, p. 64.
9 船田享二『前掲書』七四頁。
10 E. T. Salmon, *op. cit.*, p. 65.
11 E. T. Salmon, *op. cit.*, p. 68.
12 W. J. Woodhous, Slavery *Encyclopedia of Religion and Ethics* Vol. XI ed. by James Hastings (New York: Charles Sribner's Sons, 1961), p. 629.
13 H. S. Hadley, *Rome and the World Today* (New York and London: G. P. Putnam's Sons, 1922), p. 165.
14 H. F. Jolowicz, *Historical Introduction to the Study of Roman Law* (Cambridge: The University press, 1967), p. 81.
15 ガイウス『法学提要』船田享二訳（日本評論社、一九四三年）六一頁。
村川堅太郎「奴隷制度の古典的形態」『思想』（岩波書店、一九四七年七月）四二二頁。

16 J. Declareuil, *Rome the Law-Giver* (London: Kegan Paul, Trench, Trubner and Co. LTD., 1927), p. 126.
17 吉野　悟『前掲書』四四～四五頁。
18 J. D. Douglas (ed.) *The New Bible Dictionary* (London: INter-Versity Press, 1962), p. 1198.
19 柳沢泰爾「ローマの社会とその奴隷制度」『法律及政治』六巻一号、四号、六号　三頁。
20 Theodor Mommsen, *The History of Rome* Vol. III (Illinois: The Free Press, 1901), p. 118.
21 *Ibid.*, p. 70.
22 柳沢泰爾『前掲書』二七頁。
23 弓削　達『ローマ帝国とキリスト教』（河出書房、一九六八年、文庫、一九八九年）一一八頁。
24 Tacitus, *The Annals.* trans. by John Jackson (5 vols: Boston: Harvard University Press, 1970), XIV, 42.
25 柳沢泰爾『前掲書』二四頁。
26 『前掲書』三五頁。
27 村川堅太郎『前掲書』二五頁。
28 吉野　悟『前掲書』四八～四九頁。
29 H. F. Jolowicz, *op. cit.*, p. 80.
30 吉野　悟『前掲書』四六頁。
31 『前掲書』三二頁。
32 原田慶吉『ローマ法』上巻（有斐閣、一九五〇年）五二頁。
33 柳沢泰爾『前掲書』二三頁。
34 吉野　悟『前掲書』三二頁。
35 『前掲書』。
36 佐伯好郎『ローマ帝国キリスト教保護規定の研究——ローマ法とキリスト教』（春秋社、一九五七年）二七九頁。

37 M. Rostovtzeff, *The Social and Economic History of the Roman Empire* (Oxford: Clarendon press, 1926), p.71.
38 W. F. Arndt and F. W. Gingrich, *A Greek-English Lexicon* (Chicago: The Univ. press, 1957), p.892.
39 S. J. Clemens, "*Slave, Slavery,*" *Dictionary of the Apostolic Church* ed. by J. Hastings (Edinburgh: T. and T. Clark, 1918), . 511.
40 増田誉雄他編『新聖書注解』新約2「コリント人への手紙 第一」(いのちのことば社、一九七七年)三一六頁。
41 Calvin's Commentaries, *The First Epistle of Paul The Apostle to the Corinthians*, Trans. by J. W. Fraser (Michigan: Wm. B. Eerdmans Pub. Comp., 1960), pp. 153-154.
42 A. Robertson and A. Plummer, *A Critical and Exegetical Commentary on first Epistle of St. Paul to the Corinthians* (Edinburgh: T. and T. Clark, 1958), p. 147.
43 J. P. Lange, *Commentary on the Holy Scripture*: Corinthians by C. F. King (Michigan: Zondervan Pub. House, no date), p. 153.
44 M・I・フィンレイ編『西洋古代の奴隷制——学説と論争』古代奴隷制研究会訳(東京大学出版会、一九七四年)一三五頁。
45 W. J. Woodhouse, *op. cit.*, p. 602.
46 G・ネラン『アンテオケのイグナチオ書簡』川添利秋訳(みすず書房、一九七五年)四一頁。
47 W・バークレー「テモテ・テトス・ピレモン」『聖書註解シリーズ 12』(ヨルダン社、一九七一年)三三二頁。
48 斎藤栄三郎『キリスト教の社会思想』(同文館、一九六九年)一五六頁。
49 ローマ人への手紙六章十八節。
50 ガラテヤ人への手紙五章一節。

(一九七九年十一月　『福音主義神学10号　十周年記念論文集』一〇八〜一二八頁)

VI　ピレモンへの手紙と解放奴隷オネシモ

序

歴史的に奴隷制と言えば、ローマにおける奴隷制以外にも、旧約聖書時代の奴隷制、またアメリカの黒人奴隷の歴史を想い出す。一口に奴隷制と言っても、民族や時代が異なれば、展開した様相も一定ではない。ローマにおける奴隷制を考えてみても、共和制ローマと帝政ローマとでは、奴隷制の内容や展開の仕方に大きな違いがある。

一般にローマの奴隷といえば、アリストテレスによって「有生の道具」とされ、ローマの博学者ウァルロー（Varro）によって「言葉ある道具[1]」と定義されたごとく、人格を認められないまま悲惨な生活を強いられ、彼らが自由を得る道は一切認められていなかったように理解しがちである。ピレモンへの手紙の執筆年代を六十一〜六十二年と考えるならば、帝政ローマ初期の奴隷制度の内容を理解しなければ、奴隷所有者ピレモンと逃亡奴隷オネシモとの関係には理解し難い点が残る。

この小論において、第一にピレモンへの手紙におけるクリスチャンの奴隷所有者ピレモンとその奴隷オネシモとの関係を分析し、第二にローマ帝国における奴隷制の実態とオネシモ逃亡の可能性について考察し、第三に奴隷が解放奴隷として自由の身とされるべき条件とオネシモの解放奴隷としての可能性について検討し、最後に、帝政ローマに入って奴隷解放を促進させた要因とキリスト教の関連について分析したい。

一　クリスチャンの奴隷所有者ピレモンと逃亡奴隷オネシモ

ピレモンはコロサイの市民であり、多分パウロがエペソに二年間滞在した間に彼の教えを聞くためにエペソを訪れ、パウロの導きによってキリスト者とされたのであろう。[2] ピレモンは、キリスト者の集会に用いられるだけの大きな家屋をもち、また奴隷を所有しうるほど裕福であったようだ。教会におけるピレモンの長老説、監督説、執事説なども伝えられているが、これは資料の点から確実ではない。しかし、ピレモンはパウロに信頼され、教会内でも中心人物であったことは確かである。[3]

二節に述べられているアピアは多分ピレモンの妻であったのではなかろうか。アルキポは多分息子であると推察できよう。コロサイ人への手紙の終わりの勧めの中で、パウロはアルキポに「主に結ばれた者としてゆだねられた務めに意を用い、それをよく果たすように」（コロサイ四・17）との伝言をしている。ピレモンへの手紙において、パウロがこのアルキポを「戦友」と呼んでいるところから、アルキポが教職に任じられていて、イエス・キリストのよき兵卒として奉仕していたのではないかと思われる。パウロが信頼する同労者ピレモンにあてたこの書簡は、ピレモン家の人たちにあてられたと同時に、また彼の家に礼拝のために集まるコロサイのキリスト者たちにもあてられたものである。この教会に、この家庭に、いまパウロの愛に満ちたピレモン宛の手紙を手にし、テキコに連れられたピレモン家の奴隷オネシモが帰ろうとしている（コロサイ四・7〜9）。

ピレモン家の奴隷オネシモは、逃亡奴隷であるうえに盗人であった（ピレモン一八、一九節）。多分以前に主人がエペソを訪問した時、オネシモは主人に同伴し、そこでパウロに逢ったことがあるのだろう。[4] オネシモは何とかして大都市の街の雑踏に紛れこんで身を隠そうとローマに行ったのではなかろうか。そこでパウロと接触することができた。そしてオネシモはクリスチャン――パウロが捕われの身で産んだ子供（十節）――になった。ちょうどその頃、多分コロサイの牧師であったエパフラスがコロサイの異端をどう扱うべきかの助言を求めて、ローマにいたパウロのもとに来ていたらしい。[5] そしてエパフラスがオネシモをコロサイで見た奴隷であることに気づき、それであわれな物語の全貌が露見してしまったのか、あるいは、エパフラスの到来でオネシモの良心がめざめて、すべて自分の恥ずべき過去を残らず打ち明けたのかも知れない。[6] その事情には不明瞭な点が残るが、オネシモがパウロのあかしによってキリスト者となったことは事実である。オネシモはパウロが霊の息子であると見做し得るまでに、信仰的に成長していた。神の子とせられたオネシモと逃亡奴隷であるオネシモとはきわめて対照的である。オネシモ *Ὀνήσιμος* はギリシア語でその文字通りの意味は「有益」である。かつてオネシモは無益な者であった。だが今は有益な者である。オネシモはパウロと生活している間にパウロにとって欠くことのできない存在になった。パウロは彼を自分のそばに置いておきたかったが、主人ピレモンの承諾なしには何もなさなかったパウロは、オネシモを一旦送りかえすよう手配したのである。

そしてパウロは本来のパウロ書簡の体裁をとらずに、友人同士の信書の体裁をとり、「キリスト・イエスの囚人」と役職名を省いて書きはじめている。すなわち彼は書き出しから権威に訴えることを捨てて同情と愛情にだけ訴えている。一般に理解されているように、ローマの奴隷制が残虐冷酷なものであり、奴隷がアリストテレス的理解に立って、人格のない道具でしかないとすると、パウロの書簡がどんなに愛に満ちたものであっても、地中海をローマからエペソまで旅行するためのパスポートとはなり得なかったろう。しかもパウロはローマ帝国から見れば単なる囚人である。帝政初期において、オネシモの逃亡を可能ならしめた歴史的事情は何であったか。

二　帝政ローマ下における奴隷制の実態とオネシモ逃亡の可能性

奴隷は古代においては、その数も少なく、主従の間に人種の区別も教養の差もあまりなく、主として家内労働に従って、家族の一員として取り扱われ、地位もよかった。(7) しかし、ローマの征服の範囲が急激に増加するとともに、奴隷も急増し、主従間の人種、教養の相違がはなはだしくなり、集団的強制労働に服せられる場合が増し、その社会的地位は悪化した。すなわち共和制時代の奴隷の待遇は、まさに残虐冷酷なものであった。しかも奴隷自身には何等の力もなかった。

モムゼンはローマの奴隷の悲惨な状態を要約して、

「我らの目前に横たわるプロレタリアの最も悲惨な地獄図であることは、実際にそれを目撃したものの否定することの出来ない事実であった。こうしたローマの奴隷の惨苦に比較すれば、黒人のそれなどは、比較に価しない[8]」

と述べている。またW・バークレーによる次のような記録も残っている。

「主人は自分の奴隷的な権力をふるった。彼は、彼らの横っ面をなぐり、罰として重労働を課し、たとえば鎖につないで田舎の領土で働かせたり、牢屋工場のようなところで働かせることができた。もし盗人や脱走者であれば、こぶしでなぐりつけてこらしめたり、前額に焼印を押し、回心の見込みがなければ、最後に十字架につけることさえできた[9]。」

このように悲惨な状態にある奴隷の中でも、最低の状態に置かれていた奴隷は、剣闘者として個人や闘技場の持ち主、または管理者に所有された奴隷であった。柳沢氏の指摘するところによると、この剣闘者として登録されている奴隷には、強盗、盗人、放火などの犯罪者が含まれている[10]。

以上の状況からして、当時イタリアから奴隷が逃亡することは、ほとんど望みがなかったし、もしその目的を達したとしても、生きのびる可能性は少なかった[11]。またもし不成功に終わった場合は、決闘場や十字架上の露と消えるか、さもなければ一層残虐な私刑を受けなければならなかった[12]。

このような奴隷の取り扱いの結果、共和制末期にはついに奴隷による一揆や反乱を起こすに至った。そして紀元前二世紀後半になると、ローマ人の非人道的な奴隷の悪用に対して、手痛い報いを次々と蒙むるようになって来た。主人に対する虐殺事件や、主人の一家に対する復讐事件が相次いだ。ローマの諺に「生れつきなさけに豊んだ主人でも、その奴隷の数ほどの敵がある」といわれたほどである。このような奴隷対主人の関係は、やがて冷酷な法規をつぎつぎに生み出す結果となった。ついに主人が自己の所有せる奴隷によって殺害された場合には、その一家に属するすべての奴隷を死刑に処するような結果を生み出した。(13)共和制末期から帝政初期にかけて、ローマには六千万の奴隷が存在したと言われる。(14)ローマの有力者の邸宅には数百の家内奴隷が居たと言われ、また大農場では数千を越える奴隷が使われていたと言われるから、その規模は今日の想像をはるかに越えたものであった。時代が進むにつれ、数的勢力を力によって抑えることは困難になってくる。

帝政ローマ下のネロ治政のもとで、紀元六十年にローマの市長ペダニウス・セクンドゥスが殺害された時も、共和制時代におけると同様の処置を取り、被害者の邸内に居住する男女四百人の奴隷すべてに死刑を申し渡したことがある。(15)この事件の記録から注目しなければならないことは、ネロが受刑者を刑場に送る時に、多数の軍隊によってその沿道を固めなければならなかったという事実である。世論が強力にこの判決に反発していたことを知るのである。

すなわち、共和制ローマから帝政ローマに移行することによって、奴隷の取り扱いに大きな変化が現れはじめたことを指摘したい。帝政ローマがその侵略的膨張を中止し、奴隷の供給が減少したため、今までに集めた人間の資源に依存する必要から、奴隷を取り引きする様子が著しく穏健になって来た。また帝政初期には、奴隷虐待に関する種々の処罰法を設けて彼らの待遇を緩和すべき風潮が多少なりとも生まれて来た。

例えば、クラウディウスの勅法[16]やペトロニア法[17]（Lex Petronia）などによって、主人は法廷において許可を受けた以外は、奴隷を闘技場に送り、獣類と闘争させることを禁じた。また第一四代皇帝ハドリアヌスは保安官の判決によらなければ、主人が奴隷を殺害することを不法とした。第一五代皇帝アントニヌス・ピウスは、奴隷がその主人から苛酷の取り扱いを受けた場合は、神殿、もしくは皇帝の立像のあるところに逃げこみ、進んで保安官の尋問を受けることの出来る法律をつくったが、もし虐待に関する奴隷の供述が確立されれば、その奴隷は他の主人に相当の値で売られた。[18]また第十一代皇帝ドミテイアヌス帝のもとでは、奴隷の去勢を営業とすることを禁じ、違反者は財産の二分の一を没収された。このほかにも多くの法律を制定して奴隷の立場を保護している。これらの奴隷たちの待遇は改善されても、法的にはあくまでも牛や牛車と同様に、動産として目録に記されていた[19]ことは興味深い。

もし帝政下における奴隷制の実態が、共和制のそれと同様であったならば、オネシモの逃亡は不可能であったろうし、また、ローマ帝国内では何の権力もない一囚人パウロの私書をもって、地中海をティキコと共に旅して主人ピレモンのもとに帰ることも不可能であったろう。

三　奴隷オネシモと解放奴隷の関連

帝政初期のイタリアは、共和制末期にひきつづいて大規模な奴隷所有を保ちつつも、一般的にしだいに人道的な取り扱いを受けるようになって来たことはすでに見て来た通りである。しかし現実にはローマの有力者の邸には数百の家内奴隷がおり、大農場では数千を数え、商工業でも多数の奴隷が使われていたのも事実であるが、これらの奴隷は何らかの形でコルメルラの説[20]のごとく、人員整理が必要とされてきた。したがって帝政期間に、奴隷使用はしだいに下降線をたどり、しだいに奴隷の解放もさかんに行われるようになった。例えば、奴隷所有者は死に際して、最後の恩恵として奴隷を解放することが多かった。高橋秀氏は、元首政期におけるローマ市民権の普及率について次のような変化を記している。ライン・ドナウ方面の碑文にあらわれた兵士のうち、市民権をもつ者ともたない者との数はつぎのようであった[21]。

時期	市民	外人	市民の割合
六八年以前	7	92	7
七〇～一一七年	36	59	38
一一七～一七〇年	27	26	51
一七〇年以後	81	3	96

高橋氏は一～二世紀にかけて補助軍兵士の中に、市民権を有する者が増加して来ていることを指摘する。これは解放奴隷が自由人として補助軍兵士の中に加えられたからではなかろうか。

それでは奴隷はいかにしてその身分を終了し解放されたのだろうか。これは主として解放（Manumissio）によるものが多い。そして解放によって、奴隷は原則として市民権を取得する。奴隷が解放されるには、現在調査出来るだけでも数種の方式が考えられる。

①　棍棒による解放（Manumissio Vindicta）

これは、奴隷のための自由の主張者が奴隷に棍棒で触れて、自由人となることを主張し、主人の反対がなければ、法務官はその主張を確認する。後これはユスチヌス帝法では、主人が裁判所に奴隷を伴って解放の意志表示をする手続きを取れば完了するように簡潔化された[22]。

②　戸口調査による解放（Manumissio Sensus）

戸口調査の際に、奴隷が主人の同意を得て市民名簿に、ローマ市民として登録されることによるものであって、これも戸口総監の承認を必要とした。

③　遺言による解放（Manumissio Testaments）

この場合も古くは遺言の方式が厳格であったので、単なる私的手続きによる解放ではなかった。しかし遺言の方式が緩和されると共に、単に私人の意志によって自由に多数の奴隷を一時に解放することが出来るようになった。遺言による解放にはある程度の条件が附加されている。たとえば、遺言によって解放し得る限度は、最高百人を超過しないことを規定した。これは、スルラが一万人の奴隷を遺言で解放して、政治的目的のために利用し社会的に大きな影響を与えたため、法律によって解放する限度を定めたのである。また、ＡＤ四年の一法律は特別な理由がない限り二十歳未満の主人が三十歳未満の奴隷を解放することを禁止している[23]。

④　教会における解放（Manumissio in Ecclesia）

キリスト教を公認したコンスタンティヌス帝は、教会において主人が僧侶と会衆の面前で解放の意志を表示する方法を打ち立てた。「キリスト教会に於いて解放せられたる奴隷に関する規定」によると次のように記されている。

「朕惟うに奴隷の所有者が、その奴隷に対して聖なる公教会（カトリック）に於て自由を附与し得ることは、即に裁決せられたところなり。ただ必要なることは、公衆の面前において司教の立会を以ってその解放の行わるることとこれなり。而してこの解放行為を記念するために文書を作成し、之にその奴隷の所有者は、その解放の証明を記して署名すべきものとす。これその解放行為が不合理に行はれるものにあらざること、及びその奴隷所有権の放棄は全く所有者の任意処分に出でたることを明らかにせんがためなり。但し司教の承認を明かにすることを要す[24]。」

——紀元三一三年六月八日　サビーヌス及びルフィーヌス執政——

⑤　友人（＝証人）間の解放（Manumissio inter Amicos）

証人の面前で解放の意志表示をした場合、あるいは書面をもって解放の意志を通知した場合は、奴隷は法務官の保護のもとにおかれた。したがって主人の奴隷身分回復の訴えは禁止され、事実上の自由を享有した。そしてこの事実上の自由を法律上の自由に高め、完全なローマ市民権は附与しないが、ラテン人の地位を与えた[25]。

以上五つの方法のいずれかによって奴隷から解放されたものは、生来自由人とは違い、自由は取得しても市民権を取得しない場合があり、また市民権を取得しても、公務上の地位は劣って政務官や兵士となれず、民会における投票権の行使についても制限をうけ、私法上も元老院議員階級の者との婚姻を認められず、ことに、その旧主人またその死後にはその子を保護者（Patronus）と仰ぎ、各種の義務を負うという制限が加えられていた。しかし解放奴隷の子は完全にローマ市民になり得、[26]これによりローマ市民の数は先にあげたように増大したと考えられる。

以上のような制限をもちつつも、解放奴隷たちは、所領管理人や行政機関の下級職員などのほかあらゆる職業に進出した。かれらは旧主人に対してある程度の奉仕と服従の義務を負ったが、或る者は商業、工業、金融などに活動して市民をしのぐ財産をきずいた。成功した者はイタリアの土地所有者になり、貴族的生活を模倣し、その子孫からは騎士に昇進する者もあった。帝政時代には、ローマの商業は主として奴隷の手によって行われたと言っても決して誇張ではない。奴隷はその主人に代わっていろいろの職業に従事し、銀行のごときは多くの奴隷が経営し、合資会社の如きも奴隷がその社員として活動したものである。[27]やがて「解放奴隷の富」は成金を表現する語として用いられるようになった。ネロ帝と同時代のペトロニウスの小説『サテュリコン』には、おどろくべく景気のよい解放奴隷の姿が描かれている。[28]

このように解放奴隷の実態を把握してみると、パウロが一通の手紙をオネシモに持たせて、主人のもとに送り返えそうとした事情が理解出来るような気がする。逃亡奴隷であり盗人でもあるオネシモが解放されて自由人となるための条件を充たすために、パウロは何をなすべきであったか。ピレモンへの手紙の内容から、パウロは実に的確にこれに対する処置を取っているように思う。パウロはオネシモに解放奴隷として自由な身分を与え、社会に認められた状態で、「有益」な者として福音の兵士となってほしかったのではないかと思う。パウロがかつて、ギリシア人であったテトスに割礼をほどこしてまでも、社会的に受け入れられる体制を整えて、伝道に同行させたことを考え合わせるならば、オネシモに対する奴隷解放の可能性を利用しないはずはなかったろう。前述の戸口調査による解放の方式が、オネシモの場合最も可能性のある方法であると思われる。しかしこれは戸口調査の際に、主人の同意と、戸口総監の承認を得て本人立ち合いのもとに市民名簿に、ローマ市民として登録される方式であるから、どうしてもオネシモは主人ピレモンの家に帰らねばならない。十二節でパウロが用いている動詞ἀναπίπτωからもパウロの意図が理解出来る。この動詞は規則動詞で一般には「送りかえす」あるいは「ふたたび送る」と訳されるが、他に法律用語で「事件を差しもどす」という意味がある。後者の意味に解すると、十二節の内容は、「私はこの事件の判断をピレモン一人だけでなく、彼の家の教会にもまかせる」となり、法的解決を要請していることになる。すなわち、解放奴隷となるべき道を開いたのではなかろうか。

またパウロは書簡の中で、もしオネシモに負債があったら、パウロ自身が返債することを書き送っている。これは「解放の要件」の中に「負債者」の解放を禁止した項目が記載されていることから、パウロは自らがそれを負担しても、オネシモを解放奴隷として自由な身にさせたかったのではないかと思う。

ピレモンへの手紙十九節に「この手紙は私パウロの自筆です」とわざわざことわって記されている点に注目すべきである。自筆であることは公文書としての効力があることである。自筆文書であることは、負債を支払うことの公の証書となるばかりでなく、前述の解放方式第五に取り上げた友人（＝証人）間の解放の条件を充たすのにも必要であったのではなかろうか。「書面をもって解放の意志を通知した場合」であるから、パウロは「自筆」と但し書きをする必要があったのではなかろうか。

このピレモンへの手紙が記されて五十年を経た紀元二世紀の文書の中に「すぐれた監督オネシモ」についての記事を発見するのであるが、これは解放奴隷となったオネシモのたどった足取りではないかと思うのである。紀元二世紀と言えば、キリスト教会への迫害が次第にきびしさをまして来る時代である。この時、アンテオケ教会の司教イグナティオスは、ローマに連行され殉教の死をとげたのであるが、ローマへの旅の途中に小アジアのいくつかの教会に書き送った手紙が現在も残っている。彼がスミルナにとどまった時、エペソ教会に書簡を書き送り、その中で、「すぐれた監督オネシモ」のことを高く評価して次の様に述べている。

「……私はエペソの目に見える司教、慈悲深いオネシモにお目にかかりましたが、それはすなわち神の御名において教会全体にお目にかかったことになるのです。皆さんがイエス・キリストによって、オネシモを愛し、すべて彼に倣うようにお祈り致します。皆さんにふさわしい司教を賜った御方は祝すべきかな。(29)」

この点に関して、W・バークレーが

「逃亡奴隷であったオネシモが後年エペソの高名な監督オネシモになったにちがいないだろう。(30)」

と結論づけていることは大変興味深い。

また大切な教理もなく、重大な異端への反駁も含まれていないパウロの唯一の私信ピレモンへの手紙が、なぜパウロ書簡集に加えられたのかを考える時、エペソ教会の監督になったであろうオネシモの存在を考えざるを得ない。パウロ書簡の最初の収集がエペソで行われたのは、ほぼ確実である。それらの手紙が収集、編集されたのはおそらく世紀の変わり目であり、ちょうどその頃オネシモがエペソの監督であったろう。そして彼が書簡集にこの短い一私信を加えたいと主張したのだろう。[31] 大監督は自分の恥をさらしてまでも、彼に注がれた神の恵みをすべての人に明らかにし、神の栄光を現わそうとしたと思われる。

このように考えて来ると、奴隷オネシモは、パウロのもとからピレモンのもとに返された後、解放奴隷として自由を与えられ、「有益」な兵士として神の御栄光のために生涯を捧げたのであろう。エペソ教会の監督として立ったかどうかについては、バークレーが指摘しているように可能性はあるが、オネシモという名前が碑文の中によく使われていることなどを考慮すると、早急に結論を出すことは出来ない。

四　奴隷の解放を促進させた要因とキリスト教

奴隷解放に対するキリスト教の力を認めようとする学者すなわち教会擁護論者は、ピレモンへの手紙において、パウロがピレモンに奴隷の解放をうながしたと力説する。[32] 一方これはあまりに想像に走ったものであるとして、この説を退け「パウロのピレモンへの手紙は奴隷制度廃止を欲求した書簡であると結論づけるには根拠が薄弱である」[33] とする学者もある。この両者の意見からみても、パウロの奴隷制度に対する態度が少なくともピレモンへの手紙からだけでは明白ではないことがわかる。

パウロはなぜこの機会をとらえて、もっと鮮明に古代世界が基を置いている奴隷制度の非を攻撃しなかったのかと批判する人があるかも知れない。パウロの異邦人伝道が開始されて三十年足らずの間にキリスト教は、ローマ帝国内の一般の人々から忌み嫌われはじめていたのであるから、[34]もし実際に奴隷を扇動して、主人から逃亡させたり、暴動をひき起こさせたりしたならば、キリスト者に対する迫害を深刻化するのみであったろう。キリスト教自体が革命的、反国家的宗教として烙印を押されたであろう。

したがって初代教会は奴隷制度を攻撃もしなかったし、また奴隷解放も積極的に叫ばなかったといっても過言ではない。これに反してキリスト教は新しい人間関係を導入し、それによって社会の根底にある意識構造の変革をもたらしたのである。すなわち、奴隷に仕事を怠けたり、手を抜いたりする権利を与えず、逆に彼にキリストに仕えるつもりで主人に仕えるよう教えたのである。また主人に対しては、奴隷の不手際や技術的な不行きとどきや、劣悪な仕事に寛大であることのみを徹底させたのではなく、それ以上に「奴隷を物として取り扱うのをやめ、人間として、キリストの兄弟として取り扱うことを要求したのである。[35]」

結局、斉藤栄三郎氏が指摘するごとく、「聖書は奴隷制度を攻撃もしなければ弁護もしていない。アジアの諸教会あてのパウロの手紙によれば、キリスト信者の中には奴隷もいれば、奴隷の主人もいた。奴隷は主人に服従し、主人は奴隷を残酷に扱わないよう命じられた。しかし、キリスト信者の交わりは非常に強かったので、奴隷制度はその影響で次第に弱まりついに消滅した[36]」と考えられる。また、S・アンガスはギリシア・ローマの世界において奴隷を所有することは、今日女中やホーム・ヘルパーを使うと同じような意識であり、決して罪悪とは考えていなかったことを指摘する。[37]

ローマ帝国内に奴隷が存在することには、異論はなかったようだが、その取り扱いについては時代と共に様々な改革がなされて来た。この場合、ある註解者が述べるように、奴隷に対する人道主義的配慮がひとりキリスト教の貢献であるかのように誇張して評価しないように注意しなければならない。なぜなら、奴隷の人道主義的取り扱いを促した要素は、キリスト教の教えだけではないからである。そこで、当時奴隷解放に影響を与えたであろういくつかの思想を検討したいと思う。

まず、ローマ帝国の思想界に最も大きな影響を与えていたセネカは、パウロ以前に奴隷に関して次のような見解を明らかにしている。

「ローマの武士や釈放者奴隷とは何か。それはただそのような家庭に生まれたとか、そのような制度のもとに生まれたものに対する名称に過ぎないのではないか[38]」

「奴隷！　いや、彼等は人間である。奴隷！　否、彼等は我等の仲間である。奴隷！　否、彼等は我等の低き友だちである。我等の同僚である奴隷、汝は、汝を奴隷と呼ぶ者も、汝と同じ幹から生まれ、対等の兄弟であり、生死を共にする者であることを記憶すべきである。美徳はすべてのものに開放せられ、すべてのものを容れ、すべてのものを招き、自由民と釈放者と奴隷と君主との間に、何等の差別をも設くることがない[39]。」

福音伝道者にも似た口調で、セネカは彼の時代に向かって教訓を与えた。そしてアントニウスはこれらの教訓に基づいて、人道的法律を制定し[40]、それらの法律は人道や慈善の原則として後世に大きな影響を与えたと言われる。

第二に奴隷に対する道徳的義務を早くから問題としていた人に小プリニウス（プリニウス）がある。彼は自分の奴隷について、「自分と同じ血や肉をわけている以上、その感情においても同様のものでなければならない[41]」とし、彼の時代の立法上の問題を超越して、奴隷に対する道徳的義務の励行を痛感していた。プリニウスが友人サビアヌスに仕える奴隷のために送った愛に満ちた書簡は、パウロの逃亡奴隷オネシモのために、ピレモンに送った書簡としばしば比較されるほど有名である。(42) パウロ以外にも当時の奴隷について重要な発言がなされていたことは見逃せない。

第三にストア思想の奴隷制の影響について触れなければならない。ストアの自然法的人間観により、アリストテレス的奴隷観（奴隷は有生の道具である）が修正せられ、その苛酷な取り扱いが法制的にも、またローマの奴隷所有者の間でも緩和されたのは事実である。そしてストア思想を継承したローマ市民の間で、奴隷使用の廃止を主張した者が多く出たことは事実である。

ストア哲学の人生観によれば、精神的法律をもって精神的都市を打ち建てることが理想であり、その都市は人間の手によって創てられるものではなく、奴隷と自由民とを問わず、精神的内省を通じて得た市民権の獲得者によって創られるものであるとされた。ストア学派は次の二方面において、古典派やアリストテレス一派と異なり、新しい道を開いた。すなわち、まずギリシア人のいわゆる都市 *πόλις* をあらゆる人類の集合する場所（*κοινή πατρίς ἀνθρώπων ἁπάντων*）即ち世界的都市であるとしたこと、次に、この神のいつくしみ給う都市に於いては、あらゆる人々に対等の地位を与えるべきであるという理念を確立したことである。奴隷をもってその基礎を固めていた古代都市の観念は完全に放棄され、新しい方向へと進んだと言える。(43)

使徒の働き十七章十八節に記されているパウロのアテネ訪問記事の中に「エピクロス派とストア派の哲学者たちも幾人かいて、パウロと論じ合っていた」と記されている通り、ストア思想は深くローマ人の中に信奉されていた。意志の力を尊重するストア思想は、ローマ人に適した哲学であったことは否定出来ない。村川堅太郎氏は「奴隷制度の古典的形態」という論文の中で、ストア思想とキリスト教と奴隷制度との関係に触れて、「基督教が奴隷制衰頽の原動力をなしたとの見解は、今日ではすでに否定し去られたと見做してよいと思われる」[44]と述べられ、キリスト教以外の要因を大きくとらえている。

第四に、キリスト教の迫害時代に、ローマの国教にまで成長するかに見えた外来宗教ミトラ教の教えの影響にも触れなければならない。「帝政ローマ下における外来宗教としてのミトラ教とキリスト教」の論文[45]に指摘したが、ミトラ教は多くの点でキリスト教と類似性を保ちつつ発展した。信者たちは礼拝堂に毎日曜日集まる習慣をもっていた。そして聖堂に集まって来る信者たちは、お互いを兄弟と呼び合って、一般市民も奴隷も兵士も一つ心となって祈る時をもっていたのである。類似性はあくまでも外面的なものであって、神学的一致は何一つ見出せないが、奴隷の解放という点においては、ミトラ的兄弟愛の考え方も見逃せない要素であると思う。

最後に、「底知れたヒューマニズムよりも、はっきりした損得計算の方が、多分にローマの奴隷制への安全弁になっていた」[46]という吉野氏の言葉が示すごとく、奴隷として使うよりも、被解放自由人として使う方が合理的であったから、解放が盛んになったのであろう。紀元前一～二世紀には奴隷制大農場経営が展開したが、帝政期にはいるころから、大土地所有内部において、奴隷の使用は減退し、小作制が普及するようになった。コルメルラ（Columella, 4B.C.-A.D. c.70『農業論』De Re Rustica）の農業書は古代農業論中の最も組織立ったものであるが、この中で彼は遠隔地の穀畠の場合は、奴隷制より、小作制の方が確実な収益をあげることが出来ると説いている。[47]また大プリニウスは、『博物誌』において、奴隷制大農業の粗放な経営の不利を警告している。[48]このようにして、大量の奴隷をかかえこんでおこなう経営の不利と、小作制の有利さが認識されるようになり、主人は「ものをいう動物」として奴隷を使うよりも、解放奴隷として、自由人ではあるが保護者権によって拘束された被解放者として使う方が有利であると考えたのであった。

以上見て来たように、セネカの言及、小プリニウスの奴隷観、ストア思想の影響、ミトラ的兄弟愛の考え方、経済的地盤の変質などの諸要因を総合してみて、キリスト教以外にも、当時奴隷の人道的扱いに何らかの影響を与えていた要素の多かったことを知るのである。したがってキリスト教の貢献だけを過大評価することは誤りであると思う。

しかし、キリスト教の貢献は、人間関係に全く新しい関係を導入した点において特に重要である。キリストにあることにより、一切の外的差別が廃止されたという関係である。

「私たちはみな、ユダヤ人もギリシヤ人も、奴隷も自由人も、一つのからだとなるように、一つの御霊によってバプテスマを受け、そしてすべての者が一つの御霊を飲む者とされたからです。」（Ｉコリント一二・13）

「ユダヤ人もギリシヤ人もなく、奴隷も自由人もなく、男子も女子もありません。なぜなら、あなたがたはみな、キリスト・イエスにあって、一つだからです。」（ガラテヤ三・28）

「ギリシヤ人とユダヤ人、割礼の有無、未開人、スクテヤ人、奴隷と自由人というような区別はありません。キリストがすべてであり、すべてのうちにおられるのです。」（コロサイ三・11）

キリスト教が奴隷制に与えた影響は、組織的解放でも、思想的背景においてでもなく、信仰においてである。奴隷もなく、自由人もないのは「一つの御霊によってバプテスマを受けたから」であり「キリスト・イエスにあって一つだから」であり「キリストがすべてであり、すべてのうちにおられるから」である。この信仰の深みに根ざした新しい関係は、セネカや小プリニウスの言及、ストア思想、ミトラ教の教えが歴史における一時的見解であったのに対して永遠に変わることのない、またどの時代にも適応する真理である。

むすび

古代ローマの奴隷所有者は、奴隷市に出かけて新しい奴隷を買う際、奴隷の出身地をまず調べたという。[49] どのような理由からか明確ではないが、フリュギアの奴隷は軽蔑されたという。[50] オネシモという名はフリュギアの名前であった。奴隷仲間の中でも軽蔑された、まさに無益な者であった。パウロの愛に満ちた伝道と祈りを通して、無益なオネシモは有益なオネシモと変えられたのである。わずかに残る歴史的記録が正しいとすれば、このオネシモはエペソ教会の監督までつとめた。

教会でピレモンへの手紙が説教の題材に取り扱われる例は、ほとんどない。キリスト教における重要な教義も教えも含まれていないからだろうか。エペソ周辺で今から一九〇〇年程前、喜びと恵みのうちにあるオネシモが、彼を導き出してくれた大切な師パウロの書簡の整理をしている姿が浮かぶ。ピレモンへの手紙は、オネシモにとっては、「恥の書」であると同時に「あかしの書」でもある。他のパウロ書簡からすると異色な私信であるピレモンへの手紙をパウロ自身が書いた時、これがキリスト教会の正典の中に加えられるとは考えもしなかったであろう。

当時の奴隷制の実態を学ぶ時、細部にわたって配慮しつつ、一人の僕を導いている師パウロの姿が理解される。また主人ピレモンの奴隷から、主人キリストの奴隷にかえられたオネシモの姿を通して、励ましと多くの勧めが与えられる。ほとんど取り扱われないピレモンへの手紙に、もう一度新しい光をあててみたい。

注

1 村川堅太郎「奴隷制度の古典的形態」『思想』（岩波書店、一九四七年七月）四三二頁。
2 使徒言行録一九章九～十節。
3 Marvin R. Vincent, A Critical and Exegetical Commentary on the Epistles to the Philemon (Edinburch: T&T Clark, 1955), p. 157.
4 *Ibid.*, p. 158.
5 H・ロルストン「テサロニケ・テモテ・テトス・ピレモン」『聖書講解全書23』（日本基督教団出版局、一九七三年）二三七頁。
6 W・バークレー「テモテ・テトス・ピレモン」『聖書註解シリーズ12』（ヨルダン社、一九七一年）三二四頁。
W. J. Conybeare, The Life and Epistles of the Apostle Paul (Michigan: Wm. B. Eerdmans Publishing Company, 1954), p.691.
7 C. W. Launspach, State and Family in Early Rome (London: George Bell and Sons, 1908), p. 63.
8 Theodore Mommsen, The History of Rome (Illinois: The Free Press, 1901), p. 305.
9 W・バークレー『前掲書』三二四頁。
10 柳沢泰爾「ローマの社会とその奴隷制度」『法律及政治』六巻一号、四巻六号　p. 22.
11 Tacitus, The Annals, trans. by John Jackson (5vols; Boston: Harvard University Press, 1970), III, 36.
12 W・バークレー『前掲書』三二五頁。
13 Tacitus, *op. cit.*, XIV 42.
14 H. C. Thiessen, Introduction to the New Testament (Michigan: Wm. B. Eerdmans Publishing Company, 1960), p. 234.
15 Tacitus, *op. cit.*, XIV 42.
16 柳沢泰爾『前掲書』三〇頁。
17 『前掲書』三四頁。

18 のちには、キリスト教会がこれに代わって奴隷の避難所となったことは注目すべきである。
19 M. R. Vincent, *op. cit.*, p. 163.　船田享二『ローマ法入門』（有斐閣、一九五三年）一一六頁。
20 村川堅太郎『前掲書』四二七頁。
21 高橋 秀「補助軍兵士に交付されたデイプローマの考察――元首政期におけるローマ市民権の普及と兵役」『古典古代の社会と思想』秀村欣次、三浦一郎、太田透通編（岩波書店、一九六九年）三〇七頁。
22 原田慶吉『ローマ法　上巻』（有斐閣・一九五〇年）五二頁。
23 船田享二『前掲書』七八頁。
24 佐伯好郎「ローマ帝国キリスト教保護規定の研究」『ローマ法とキリスト教』（春秋社、一九五七年）二七九頁。
25 原田慶吉『前掲書』五二頁。
26 高橋 秀「帝政期」『世界史大系　ギリシアとローマ』（誠文堂新光社、一九五九年）三一七頁。
27 柳沢泰爾『前掲書』二五頁。
28 高橋 秀『前掲書』三一七頁。
29 G・ネラン『アンテオケのイグナチオ書簡』川添利秋訳（みすず書房、一九七五年）四一頁。
30 W・バークレー『前掲書』三三二頁。
31 『前掲書』三三二頁。
32 J. B. Lightfoot, Saint Paul's Epistles to the Colossians and to Philemon (Michigan: Zondervan Publishing House), p. 321.
33 A. C. McGifferf, History of Christianity in the Apostotic Age, p. 376.
34 湊 晶子『キリスト者と国家』（聖書図書刊行会、一九六二年）四九頁。
35 迫害の原因については、湊 晶子「古代ローマ本来の宗教意識と初代教会が受けた迫害との相関」『福音主義神学VI』（日本福音主義神学会、一九七五年）一八〜三九頁参照。
35 W・バークレー『前掲書』三二八頁。
36 斉藤栄三郎『キリスト教の社会思想』（同文館、一九六九年）一五六頁。

37 Samuel Angus, The Envilomnet of Early Christianity (New Hyde Park: N. Y. University Books, 1966), p. 38.

38 柳沢泰爾『前掲書』三九頁。

39 『前掲書』四〇頁。

40 『前掲書』。

41 『前掲書』。

42 『前掲書』。

43 『前掲書』。

44 村川堅太郎『前掲書』四三〇頁。

45 湊 晶子「帝政ローマ下における外来宗教としてのミトラ教とキリスト教」『論集V』（東京キリスト教短期大学、一九七三年）二九頁。
Frantz Cumont, The Mysteries of Mithra (Chicago: The Open Court Publishing Company, 1910), p. 190.

46 吉野 悟『ローマ法とその社会』（近藤出版、一九七六年）四九頁。

47 村川堅太郎『前掲書』四二七～四二九頁。

48 高橋 秀『前掲書』三〇九～三一〇頁。

49 M・I・フィンレイ編『西洋古代の奴隷制—学説と論争—』古代奴隷制研究会訳（東京大学出版会、一九七四年）二三五頁。

50 W. J. Woodhouse, *Slavery* Encyclopedia of Religion and Ethics Vol. XI ed. by James Hastings (New York: Charles Scribner's Sons, 1961), p. 602.

（一九七九年四月　東京キリスト教短期大学『論集　第十一号』三七～四八頁）

Ⅶ　国際的伝道者パウロの現代的意義

現代社会において、国際化、国際時代という表現があまりにも強調されるために、国際的であること自体に特別な意味があり、我々が非常に困難な時代に生きているかのような錯覚を起こさせている。キリスト者も現代が特別な時代であるので、何か特別な伝道方策を生み出す必要があると思い込みがちなのである。

このような時に、初代教会の時代が現代を凌ぐほど国際的社会であり、また、宣教者パウロは、まさに国際的伝道者であったことに注目し、その視点からもう一度「使徒言行録」を研究すべきではないかと考えさせられている。一世紀の国際社会に活動した国際人パウロの伝道方策は、現代に住む我々に、実に具体的なチャレンジを提供してくれることに着目したい。

論集十九号において、「国際化時代における神学教育の課題」として、国際の意味について、また現代の神学教育に求められている課題について論じ、今日我々は何をなすべきかを検討した。そこで、今回は聖書から国際人を取り上げ、現代的課題の中で国際的伝道者として立つためには、具体的にどうあるべきかを考えてみたい。パウロの第一回から第三回までの伝道旅行の分析を試みる時間的余裕がないので、その序論的考察として、第一に、パウロの宣教地の国際性について、第二に、宣教者パウロの国際性について、そして最後に、パウロの宣教活動にみる国際性と現代への指針について考察する。

一　パウロの宣教地にみる国際性

A　地中海世界の国際性の様相

国際交流の可能な平和な時代。パウロが伝道活動をした時代は、帝政ローマの皇帝クラウデュウスの時代であり、政治的にはプリンキパートゥスという共和制的要素を含んだ君主政のもとに政治的統一が進められた時代であった(1)。また、人々は、「わたしたちは、どの道を行くにも恐れなく旅行することができたし、欲するままに海を渡ることもできた(2)」とその平和をパクス・ロマーナ (Pax Romana) と讃えた時代でもあった。

ローマ法の下に国際的普遍性を意識した時代。この帝政ローマは、法的にはローマ法をその基礎とし、ローマ人たちはどの民族も及ばないほど、人類はある普遍的法則のもとに、一つであるという意識を発達させていた。ローマの版図がもっとも拡大された五賢帝時代には、現代の二十八か国も包括するほどに発展し、その結果として必然的に多くの異なった民族を包括することになった。しかし、多民族が集合されて形成された地中海世界であったにもかかわらず、ローマ法の普遍性は一つになる傾向を生み出し、国際化時代を現出せしめる大きな基盤となった。当時帝国全土の人口の十分の一に過ぎなかった市民権所有者[3]には、市民法が適用され、帝国のほとんどの全住民には万民法が適用された。従って、この地中海世界で、市民権所有者は市民法と万民法とで守られたので、最も有利な安定した活動家となり得たのである。しかも、伝道者パウロは生まれながら市民権所有者（使徒一六・37など）であったので、最も大きな特権が与えられていたことになる。

道路網の完備が国際的交流を助けた時代。この平和な時代にまず手がけられた事業は、道路の建設と下水道の完備であった。わが国の歴史が弥生文化の時代をたどっていた同時代に帝政ローマのもとでコンクリートの幹線道路が建設されていたとは驚くべきことであった。こうした幹線道路は丘を越え、谷をつらぬき帝国の末端にまで達していた。「すべての道がローマに通ずる」。現代は空路をもって国際性の範囲が急速に拡大されたが、当時の地中海世界では陸路と海路をもって自由に行き来できるまでに交通網は発達していた。この点においては実に国際的世界が現出されていたということができる。

言語的手段による異文化間コミュニケーションの可能な時代。古代および中世のどの時代にも、キリスト教の発生当時およびそれ以後の三世紀間におけるほど、キリスト教を地中海沿岸諸国全体に普及させるのに好都合だった時期はなかった。国際的言語と言い得るコイネー・ギリシア語が共通の標準語として適用していたのである。旧約聖書もこの言語に翻訳されていたし、新約聖書もこの言語で書かれたことは、国際的宣教者パウロにとって実に好都合であった。現代における英語の効果的利用に匹敵し得よう。

国際的文化ヘレニズムの時代。初代キリスト教の発展の文化的背景となったのは、ヘレニズム文化である。ヘレニズム文化は、オリエント風文化とギリシア風文化の融合で、アレクサンドリア、アンティオキアを中心として発達を見た。国際都市の一つアンティオキアはパウロの三回にわたる伝道旅行の拠点となった所である。このヘレニズム文化には、個人主義的傾向、実証主義的傾向、宗教融合的傾向などの特質を見いだし得るが、中でも世界市民主義的傾向は国際的世界観を生み出すのに貢献したと言えよう。古典ギリシア時代のポリス主義を止揚したコスモポリタニズム（世界市民主義）は、この文化の大きな特質であった。都市国家と非都市国家、あるいはギリシア人と非ギリシア人（バルバロイ）との差別が除去され、世界を一つの全体と見、人間はすべてこれに属する世界市民と考えるような傾向を生み出した。

B　地中海世界の国際性の特質

地中海世界の統一と総合性および国際性の特質は、地理的統一であって、民族的統一ではなかったことに注目したい。シューベルトはこの点について次のように述べている。

「それは、依然として民族混沌であったし、また終わりまで民族混沌であった。（中略）古代教会の歴史を学ぶためには、われわれは次のことを、しかと見失わぬようにしなければならない。すなわち、ローマ的・西方的精神とギリシア的・東方的精神の間に区別があり、またその区別はいつまでも存続していたが、この二つの大きな区別の内部にも、同時に様々の典型が、あらゆる平衡運動と交錯にもかかわらず、存していたのである。すなわち、西にも東にも、主として三つの典型があった。西では、イタリア的典型、ケルト的典型、北アフリカ的典型がそれであり、東では、ギリシア的典型とシリア的典型とエジプト的典型が、それである(4)」と。

パウロは、民族的背景を考慮しつつ常に各民族のアイデンティティーを確保した上で、福音の普遍性を強調した人である。コリント人への手紙 第一、九章十九節以下において、「ユダヤ人にはユダヤ人のようになりました。それはユダヤ人を獲得するためです。……すべての人に、すべてのものとなりました」と各民族の存在価値を認めつつ、共通の価値観に立って、一つとなることを強調していることにパウロの姿勢を見ることができる。その上でパウロは、「ユダヤ人もギリシヤ人もなく、奴隷も自由人もなく、男子も女子もありません。なぜなら、あなたがたはみな、キリスト・イエスにあって、一つだからです」（ガラテヤ三・28）と普遍性の原点をキリストに求めたのである。地中海世界はまさに現代の縮図のような国際的舞台であった。またここを伝道の舞台に選んだパウロ自身も、まれに見る国際人であったと言えよう。

二　聖書的国際人パウロ

A　各民族のアイデンティティー確立の擁護者であると同時に、共通の価値観の提供者パウロ

パウロは「キリキア州の町タルソの市民であるユダヤ人」（使徒二一・39参照）であった。このことは、パウロの人生が三つの要因によって方向付けられていたことを意味している。すなわち、ユダヤ人であることによって、ヘブライズムと必然的に結ばれ、ローマ帝国の市民権所有者であることによって、最大の世俗勢力とかかわり、アレクサンドリアやアンティオキアと並び称せられるヘレニズム都市タルソス（タルソ）に

生まれたことよって、ギリシア人の高度に発達した文化に接したのである。パウロは実に宗教的にはヘブライズム、政治的にはローマ帝国、文化的にはヘレニズムという三つの要因によって特色づけられた世界で活躍した国際人である。

パウロの人物像を正しく捉えるためには、彼が先ずユダヤ人であったことに注目しなければならない。ユダヤ人の家庭に生まれ育った彼は、当時の慣習に従って、幼少期からシナゴーグ付属の学校で律法の厳しい教育を受けたはずである。パウロはラビになるためのさらに進んだ学びを受けるように選ばれただけでなく、一世紀の最も偉大なラビの一人、ガマリエルのもとで学ぶためにエルサレムに上り（使徒二二・3「ガマリエルのもとで私たちの先祖の律法について厳格な教育を受け」）、律法の専門的研究に従事した。そして、ユダヤ教の中でも厳格派としてしられるファリサイ派に属し、同先輩の誰にもまして先祖からの伝統に忠実であろうとした（ガラテヤ一・14「私は、自分と同族で同年輩の多くの者たちに比べ、はるかにユダヤ教に進んでおり、先祖からの伝承に人一倍熱心でした」）。

その彼が、「ダマスコ途上での回心」という事件によって、キリスト教徒に変身したのである。キリスト教の最も偉大な宣教者として活躍したパウロを支えたのは、この回心の現実である。それ以後のパウロの生涯は決して順調とは言えない。訪れた殆どの町で、ユダヤ人の反感と迫害の的となり、異邦人の無視と誤解を蒙り、時には石打ち、鞭打ち、投獄にあい、難船事故に巻き込まれたこともあった。にもかかわらず彼を支え続けたものは、ダマスコ途上におけるあのキリストとの出会いの体験に基づく信仰と、異邦人への宣教という信念と使命感にほかならない(5)。

彼はキリスト教の最大の宣教者、思想家、また著作家となったが、彼を最も偉大ならしめているのは、キリスト教をユダヤ民族という一民族の枠を乗り越え、パレスチナという一地方の壁を破り、万人のための世界宗教へと進む方向付けをし、またその道を切り開いたところにある。まさに、パウロは「ユダヤ人にはユダヤ人のごとく、ギリシヤ人にはギリシヤ人のごとく」、各民族のアイデンティティーを最大限に認めつつ、福音という共通の価値観（ガラテヤ三・28「ユダヤ人もギリシヤ人もなく、奴隷も自由人もなく、男子も女子もありません。なぜなら、あなたがたはみな、キリスト・イエスにあって、一つだからです」、ローマ一〇・12「もし彼らの違反が世界の富となり、彼らの失敗が異邦人の富となるのなら、彼らの完成は、それ以上の、どんなにかすばらしいものを、もたらすことでしょう」）を提供した国際人であったということができよう。

B　世界宗教への道案内者パウロ――なぜアレクサンドリアを避けたか

パウロの時代、アレクサンドリアはヘレニズム文化の中心であったし、ディアスポラ・ユダヤ教の中心でもあった。そこで旧約聖書のギリシア語訳がつくられたこともよく知られている。なぜ、パウロはエジプトに行かなかったか。

この問題は将来もっと掘り下げて考えてみる必要があると思うが、小川英雄氏の次のような見解は興味深い。

「パウロの宗教は、非常に神話を拒否する、アレゴリカルな譬喩を拒否するという特色をもっている。アレクサンドリアのキリスト教神学は大体フィロンの伝統をひき、アレゴリカルで、プラトニズムの影響が最初から強く入って、キリスト教のオーソドックスから見ると異端的な面がある。フィロンは当時のユダヤ教徒の知識人として最大の人物であり、パウロより学問があったし、名声もあって、ローマ皇帝への使節にまでなった人であった。パウロがそれを知らないはずはなかった。それなのに、パウロは勿論のこと、使徒時代のキリスト教徒で主だった人がエジプトに行ったという記録がはっきりしない。全ローマ世界への布教をめざした、大旅行家のパウロがエジプトだけは敬遠したのはなぜか。神話を拒否し、しかも一方ではヘレニズム的であるパウロの性格は非アレクサンドリア的であったと言える。さらに、将来の研究を必要とする。(6)」

パウロの伝道旅行時代に、すでにエジプトにキリスト教が伝えられていたことは事実である。使徒行伝八章二十六節以下に、エチオピアの女王のカンダケに仕える高官が、エルサレムからの帰途、キリスト教徒となったことを語る記事があることから理解できよう。当時のエチオピアは、今日のエチオピアとは異なり、アスワンからカルトウムに至る、現在のエジプトの南方地域を指していたので、エジプトに福音が早くから伝えられたことは容易に想像される。

また、使徒行伝十八章二十四節以下を見ると、アレクサンドリア生まれのユダヤ人で、旧約聖書に精通した雄弁家アポロが、エペソにやって来た記事がある。このアポロは、洗礼については洗礼者ヨハネのそれしか知らなかったので、プリスキラとアクラ夫妻から再教育を受けなければならなかったことも記されている。

いずれにしても、パウロはアレクサンドリアを訪れることなく、アンティオキアを拠点として、専ら小アジア、ギリシア、ローマへと伝道旅行を進めたことは確かである。これこそパウロの異邦人伝道の象徴ではなかろうか。このような視点に立つ時、使徒行伝十六節十節に「パウロがこの幻を見たとき、わたしたちはすぐにマケドニアへ向けて出発することにした。マケドニア人に福音を告げ知らせるために、神がわたししたちを召されているのだと、確信するに至ったからである」と述べられているが、これはビティニア州(ビテニヤ)の方に進むことが許されなかったパウロに示された新しい道であり、小アジアからヨーロッパへのキリスト教の進展を意味し、まさに世界史的意味をもつ転機と言える。その意味において、世界史的拠点アンティオキアから、アレクサンドリアへ向かって宣教活動を繰り広げなかったパウロへの、神の深い御計画を知るのである。

三　パウロの宣教活動にみる国際性と現代

地中海というまれに見る古代国際社会で活躍した国際的宣教者パウロの生き様は、現代国際社会に生きる我々キリスト者に多くの示唆をあたえてくれるに違いない。次号ではパウロの伝道旅行を辿りつつ、宣教の戦術について分析する予定であるので、今回は国際的伝道者として必要とされる資質に絞って考察する。

A　よく教育され、幅広い見識を備えること

パウロは伝道者の熱心さ、牧師の同情心、学者の見識、政治家の外交手腕を合わせ持っていた。彼がユダヤ人として教育を受け、タルソスというヘレニズム都市において高度のギリシア的教育を受け、ローマ市民

権所有者としてラテン的教育も施されたことは、多くの面で彼をまれに見る国際人として育てる背景となった。

リチャード・ロングネカーはパウロの信仰と教育のバランスについて、次のように指摘している。

「彼は会堂のユダヤ人に（たとえば使徒一三・16〜43）、ユダヤ教の教えにいくらか触れたことのある異邦人に（たとえば使徒一一・26）、ユダヤ教の予備教育を全く受けていない異邦人に（たとえば一三・7、12、一七・18〜34）、それぞれの認識に応じて、十分な意味を持つ働きかけをすることができた。彼は相手との共通点から出発して、キリスト教の正しい意義を理解させ、適正にそれを表現できるところまで導くことによって、回心者を矯正し教導する用意ができていた。[7]（たとえばⅠコリント七・8〜10、12〜14）」（傍点筆者）

この二十年余の日本の福音派の成長には目覚ましいものがある。しかし、その層の厚さに於いては必ずしも十分とは言えない。高度でしかも幅広い教育を受けたキリスト者が、もっと多くおこされるべきであると信ずる。高度な教育を受けた者の多い一般社会で、「相手との共通点」から出発しようとなると、それなりの見識を要求されるだろう。一般社会においても認められるだけの背景を持ちつつ、しかもキリストにありて謙遜な福音の使徒が、たくさん生み出されるべきであると思う。霊的であると同時に知的見識のある働き人が養成されなければならない。

小川英雄氏はパウロの伝道の方法論として、次のような二点を挙げているが、これもパウロの高い教育の準備が背後にあったからと理解できる。

「彼の布教の目的地は、第一にシナゴーグのユダヤ人、第二にローマの役人や地方の有力者で関係が出来た人たち、という風に一定のパターンがあり、不特定多数を一網打尽にしてやろう、などという気を起こしていない。もしそういう気を起こして布教したら失敗する。つまり、布教にも方法論というか、戦術というか、それが大切である(8)」と。

B　言語教育を十分に受けること

パウロの高い教育背景は、福音の伝達に重要な役割を果たした。ギリシア人にはギリシア語をもって、ユダヤ人にはヘブル語をもって対処することが可能であった。当時のコイネー・ギリシア語に匹敵する国際用語は、今日では英語である。母国語以外に少なくとも英語だけは駆使できるように訓練されるべきであろう。神学教育を目指す神学校は、まずこの重荷を神学教育とともに負うべきではなかろうか。「国際化時代の神学教育の課題」の中で、筆者は次のように述べてその必要を強調した。

「共通の価値観を生み出し、育て、発展させるためには、意思を伝達するための言葉を必要とする。それも単なるバイリンガルではなく、マルチ・リンガルを目指すべきである。日本語のほかに、英語かヨーロッパ系の言語一つと、中国語かアジア系の言語一つを修得することは、ますます国際化の進む時代にあって必須となろう(9)。」

C　すべての人に、すべてのものとなること——異文化間コミュニケーションの秘訣として

パウロはコリント人への手紙 第一、九章十九から二十三節において「私はだれに対しても自由ですが、より多くの人を獲得するために、すべての人の奴隷となりました。ユダヤ人にはユダヤ人のようになりました。……律法を持たない人々に対しては、律法を持たない者のようになりました。……弱い人々には、弱い者になりました」と、福音のために謙遜の限りを尽くしている姿を見る。

帝政ローマにおける人々の誇りは、ローマ市民権を獲得することにあった。千人隊長や百人隊長が多額の金で買い取ったと言う記録からも想像できる。勿論パウロは市民権所有者であり、自由人ではなかった。にもかかわらず、ガラテヤ人への手紙三章二十八節において、「ユダヤ人もギリシヤ人もなく、奴隷も自由人もなく、男子も女子もありません。なぜなら、あなたがたはみな、キリスト・イエスにあって、一つだからです」と福音という共通の価値観に立って人類が一つとなることを強調したのである。誇り高い人であれば当時の意識から、当然「奴隷も市民権所有者もなく」と表現したであろう。奴隷から所定の手続きを経て解放奴隷となり、自由人となった人が圧倒的に多かった当時であるから、自由人と表現したパウロの心遣いが忍ばれる。奴隷・自由人・市民権所有者については、「ローマにおける自由人と奴隷の実態」に詳しく取り扱っているので参照して頂きたい。

D　もと来た道を引き返す勇気をもつこと——アフターケアへの積極的努力

パウロは第一回伝道旅行において、小アジアのペルゲ（ペルガ）に上陸し、ピシディヤ（ピシデヤ）のアンティオキアからイコニオン（今日のコンヤ）、リストラ（ルステラ）、デルベへと足を延ばして宣教し、デルベからもと来た道を引き返して、もう一度それぞれの町を歴訪してから、アタリア（アンタリヤ）の港から乗船して、シリアのアンティオキアに向けて出帆した。この第一回伝道旅行の中に、パウロのユダヤ人と異邦人に対する宣教方法のパターンが示されている。

ユダヤ人に対する伝道方法においては、会堂にまず出かけて行ってユダヤ人と接触するよう努めた。これは、異郷の地で、しかも全く耳新しい宗教の教えを説く足がかりを得るために、ごく自然なことだったのである。そうして、旧約聖書の主要な出来事を思い起こさせながら、そのすべてがイエスに集約されている事実を指摘し、このイエスによってこそ人間は罪を赦され、救いをあたえられることを宣べ伝えた。パウロの説教が成功し、ある程度の共鳴者を獲得し始めると、嫉妬に燃えたユダヤ人から追放される羽目になった。

使徒の働き十三章四十六節において、「私たちはこれからは異邦人の方へ向かいます」と述べ、異邦人伝道のパターンが紹介されている。すなわち、被造物に過ぎない人間や偶像を偽りの神とすることから離れて、「生ける神」に立ち返れと勧めて、真の神について、その存在、働き、人間との関係などについて説明することであった。この点ユダヤ人に対して、旧約聖書に基づきながら、選民イスラエルを通じての「神の救いの計画」や「救いの歴史」などをもって論ずるのと大いに異なっている。このことは、宣教地における福音の土着化を考えるのに、大きな示唆を与えてくれる。

このようなパウロの宣教の方法論もさることながら、弟子の育成に関する積極的なアプローチに学ぶところも大である。パウロはバルナバとともにリストラを去ってデルベに赴き、多くの人を弟子としてから、もと来た道をたどりながら、帰途についた。「引き返して」というのは、迫害され、追い出された町々を再び訪れながらという意味である。危険と分かっていても、避けて通らない積極性と情熱に学びたい。自分たちの説教を聞いて、まだ誕生したばかりの教会のためにアフターケアを怠らない姿勢は宣教方法を考える上で大切である。

E　広い視野にたった伝道者パウロ
――ヨーロッパとアジアのかけ橋小アジア（トルコ）と太平洋とアジアのかけ橋日本

神が、パウロをアレクサンドリアに導かれないで、アンティオキアから小アジアに導かれたのは、歴史における摂理であると思う。トルコは歴史的にヨーロッパとアジアのかけ橋として重要な役割を果たしてきた。今日に至るまで、キリスト教は殆ど西欧諸国を中心として展開されてきたことは否めない。西欧ルネサンスも宗教改革も体験的に知らないアジアの教会は、西欧キリスト教史が体験していない大切な問題を抱えているはずである。かつて新渡戸稲造が「太平洋のかけ橋」を著し、西欧との関係において日本を位置づけたが[10]、国際化社会の中で、太平洋とアジアのかけ橋として、日本を位置づけ直す必要があると思う。アジアでの日本の役割がますます重要となる中で、国際的宣教者パウロから学ぶところは実に大きいと思うのである。

注

1　湊 晶子「古代ローマ本来の宗教意識と初代教会が受けた迫害との相関」『福音主義神学　六』（日本福音主義神学会、一九七五年十月）一九〜二三頁。第一章一世紀におけるプリンキパートゥスの性格参照。
2　C. H. Moor, Religious Thought of the Greeks (Cambridge : Harvard Univ. Press, 1916), P. 299.
3　湊 晶子「ローマにおける自由人と奴隷の実態」『福音主義神学 十』（日本福音主義神学会、一九七九年十一月）一一〇〜一一二頁。ローマ市民権所有者の実態参照。
4　ハンス・フォン・シューベルト『教会史綱要』井上良雄訳（新教出版社、一九七一年）一三頁。
5　リチャード・N・ロングネカー『パウロの生涯と神学』島田福安訳（聖書図書刊行会、一九八三年）二三〜四一頁。
6　曽野綾子編『聖パウロの世界をゆく』（講談社、一九八二年）三〇二頁。『聖パウロの世界をゆく』もんじゅ選書3、（講談社、一九八五年）
7　リチャード・N・ロングネカー『前掲書』一八二頁。
8　曽野綾子篇『前掲書』一九三頁。、
9　湊 晶子「国際化時代における神学教育の課題」『論集　第十九号』（東京基督教短期大学、一九八七年）七〜八頁。
10　隅谷三喜男「太平洋の橋・新渡戸稲造」『東京女子大学学報　第三十七巻』（一九八六年十月）。
11　その他このテーマに特に参考となる書として。
Deissmann, Adolf. Paul : A Study in Social and Religious History. London : Holder and Stoughton, 1926.
Dodd, C. Harold. The Meaning of Paul for Today. New York : George H. Doran Comp., 1953.
Ramsay, W. M. St. Paul the Traveller and the Roman Citizen. New York : G. P. Putnam's Sons, 1898.
Toksoz, Cemil. The Historic Treasure of Turkey. Iatanbul : Mobil Oil Turk A. S., 1977.

川島清吉『トルコ・ギリシアの古代文明』（吉川弘文館、一九八三年）。
牛山　剛『トルコ・ギリシア・パウロの旅』（ミルトス、一九八九年）。

（一九九〇年七月　東京キリスト教短期大学『論集　第二十一号』一～八頁）

第二部　キリト教人格論と日本の教育

Ⅰ　「新渡戸稲造の人格論・Personality」の今日的意義

序

二〇〇六年十一月十六日教育基本法の改正案が国会で可決された。東京女子大学は「私たちは、教育基本法改正案に反対します」という声明文を作成し、百名近い教職員の署名を添えて反対意見を表明した。「本学の新渡戸稲造初代学長の言葉に、『入学する者をことごとくキリスト信者にするとか、教会に入ることを強制するとかの考えはないけれども、心持ちだけはキリストの心持ちにしたい』（一九一八年）というものがあります。ここに表現されている「精神の自由」と「等しく尊重される個の価値」こそが、現行教育基本法が掲げてきた理念でもあります。こうした理念を根本的に否定する教育基本法改定案に対して、強い不安と憤りを感じざるを得ません。私たちは、現行教育基本法を堅持しその理念を実現させることこそが、教育本来のあるべき姿であると確信します。ここに、私たち東京女子大学教職員有志は、教育基本法改定案に反対を表明します」（二〇〇六年十一月八日）と。

改正された教育基本法の前文からは、「われらは、さきに日本国憲法を確認し」と「この理想の実現は、根本において教育の力に待つべきものである」の部分が削除された。これは日本国憲法の理想の実現と教育基本法との関係を明示化した部分が削除されたのであって、新渡戸稲造の弟子の多くで構成されていた教育刷新委員会メンバーが現存していたら異議申し立てしたに違いない。確かに、敗戦後教育勅語に代わる日本の民主主義的な教育方針を推進する教育基本法作成に努力した人たちには、日高第四郎、前田多門、森戸辰男、南原繁、高木八尺、河井道等、新渡戸の弟子が多かった。武田清子が一九六七年に『土着と背教――伝統的エトスとプロテスタント』を出版し、「戦後の民主主義教育に方向を示した教育基本法の思想的、精神的な背景は、最近の文部大臣たちが主張するように占領政策によって外から押しつけられたものではなくて、むしろ、内在的に、日本の近代思想史、狭く限定すれば、教育思想の中に見出すことの出来ると思えるのであり、その重要な背景の一つとして新渡戸稲造が浮き彫りにされて来るのである(1)」と記していることを想起すべきである。

改正教育基本法では、教育の目的を、これまでの「人格の完成をめざし、平和的な国家及び社会の形成者として、真理と正義を愛し、個人の価値をたつとび、勤労と責任を重んじ、自主的精神に充ちた心身ともに健康な国民の育成を期して行わなければならない」から、「教育は、人格の完成を目指し、平和で民主的な国家及び社会の形成者として必要な資質を備えた心身ともに健康な国民の育成を期して行なわなければならない」（傍線筆者）に変更した。

旧教育基本法では、「人格の完成をめざす」内容が「国家有用の人物練成」教育を否定したものであったが、改正基本法では国家形成者として「必要な資質」と結合させている点に問題を感ずる。また「個人の価値」「自主的精神に充ちた」を削除したことも問題である。

一九三三年教育者・平和主義者新渡戸稲造がカナダのビクトリアで生涯を閉じて三年後、新渡戸の弟子たちによって追憶集が出版され、森戸辰男はじめ多くの弟子たちが、「先生の進歩的人格教育に関する見地と特にその実践的成果は極めて高く評価されるべきである[2]」と述べていることに注目したい。

新渡戸は、人格を personality パーソナリティと表現した。まず教養ある一個の人格者として存在する to be の重要性を説き、その個の集合体が sociality ソシアリティであり公共であることも強調した。改正教育基本法の序文に「公共の精神を尊び」が追加された今、日本における「公」「公共」の意味を新渡戸の精神に照らして検証しておく必要がある。

一　西欧と日本における「人格」ということば

教育基本法の制定において新渡戸の弟子たちが最も大切にしたのは「人格の完成をめざす」ことであり、改正後の基本法においても「その表現」は踏襲されている。今大切なことは新渡戸の「人格論」の真髄を明確に把握しておくことである。

新渡戸は『西洋の事情と思想』の中で「人格の意義」について次の様に述べた。

「西洋人は、パーソナリテーを重んずる。パーソン即ち人格である。日本では人格といふ言葉は極めて新しい。私等が書生の時分には、人格といふ言葉はなかつた。パーソンといふ字はただ『人』と訳してゐた。しかし仔細に調べると、メンといふ意味とは違って『人たる』といふ字である。格といつても資格といふやうな意味は毛頭持たない。人工的な、或いは社会が拵へ上げる資格などとは、まつたく違ふ意味である。孟子が度々いつた『人は人たり我は我たり』の意味を持つその人格である。ところが日本では、この人格といふ意味がよくわからない。私の知つてゐる人で、新しい頭を持つた学士が、田舎へ引込んで村の改良を企らうとした。然るに、その周囲の人々は、『お前さんも大学を出て学士になつたのだから、東京でお役人にでもなつたらどうだ。そして十分に人格をつけて来い』といふ、笑話にもならない実話がある。恐らくその人が役人にでもなつたら、それこそその人は持前の人格を落すことになるであらう。さういふ例を見ても、人格といふ言葉は、言葉それ自体すら十分わかつてゐないのである。[3]」

人格という言葉は英語ではpersonで、ドイツ語ではPersonで、ラテン語のpersonaに由来する。キリスト教文化の中に歴史を刻んで来た西洋においては、スリー・パーソンズ・イン・ワン、父なる神、子なるキリスト、聖霊とそれぞれ三つのpersona《ペルソナ》を持つという概念が歴史の中に地下水の様に流れている。新渡戸は、「とにかく西洋では、宗教の関係上、パーソンということを頻りに説いたものであるから、一般人にもその意味がぼんやりとわかっていた。(中略)詰り、東洋と西洋の考え方の違ひは、パーソンというものに根柢して、そこから起る差が非常に多いのである。パーソンというものを深く認めればこそ、他人の権利も認めるのである[4]」と述べ「人たる」ことを重んじ、「人格」と「キリスト教」の接点を提示した。

新渡戸が『西洋の事情と思想』の中で取り上げたパーソンは、当時一般に理解されていた「個の概念の始まりを近代に置く見解」ではなく、「西暦紀元の初めから六世紀ぐらいまでの神学的見解」に置くものであった。それはキリスト教的人格論であり、聖書の時代から三二五年のニカイア公会議、三八一年のコンスタンティノポリス公会議、四五一年のカルケドン公会議を経て形成された三位一体論に根拠を置く人格論であった。即ち人格は三位一体の神との関係性の中に形成されるという視点である。[5] さらなる歴史的分析については、坂口ふみの『「個」の誕生』を参照されたい。[6] この西洋におけるキリスト教的パーソナリティの概念に新渡戸が初めて接した時、彼は当時において可能な限り初期のキリスト教に関する書物を収集し研究した。東京女子大学図書館が所有する新渡戸文庫の中に初代教会の教父学に関する文献が多いことからも推察される。

しかし新渡戸は「パーソン・人たる・人格」についての結論を、「神学論争」の中から引き出すのではなく、創造主との直線的な愛に満ちた関係の中に人格形成の源泉を見出したのである。一八七七年に内村鑑三、宮部金吾らとともにキリスト者となりつつも、なぜ新渡戸だけがクェーカー教徒として日本における「パーソン・人たる・人格」教育をリードしたかを理解する鍵となろう。

二 新渡戸の「人格論」とキリスト教の接点

新渡戸が洗礼をうけてキリスト者になったのは、日本にプロテスタントが紹介された一八五九年からわずか十八年後の一八七七年であったことに注目したい。稲造は一八六二（文久二）年、日本がいまだ西洋と普通の関係がなかった頃、盛岡南部藩士の家に生まれた。即ち日本の代表的階級である侍の家で、漢書、仏教、中国思想、日本文化など伝統的教育を受けた。幼少で父と死別、一八七一年、九歳で叔父太田時敏の養子となり上京、東京英語学校で西洋文化に初めて接した。その後一八七七年札幌農学校の二期生として入学、内村鑑三、宮部金吾らとともに洗礼を受けてキリスト者となった。一八七七年にジョンズ・ホプキンス大学に留学中、ボルティモア友会員に認められ、クェーカー教徒となった。一八九一年には、クェーカー教徒でありフィラデルフィアの名門エルキントン家のメリー・パターソン・エルキントン（後の萬里子夫人）と結婚した。教養高い女子教育者、平和主義者メリーとの結婚は、近代日本形成期における新渡戸の女子教育への献身的な働きに大きな影響を与えた。

長男・遠益《とおます》を生後数日で亡くし、悲しみの中にあってもアメリカから送られて来た資金のすべてを用いて、貧しい子どもたちのために遠友夜学校を設立し、自ら無給で校長を務め、稲造亡き後メリーも二代目校長を務めた。

京都帝国大学教授、第一高等学校長、東京帝国大学教授、台湾総督府勤務、『実業の日本』編集顧問など教育者、国際人、産業の指導者として数え切れない功績があるにもかかわらず、「日本では偉い人物というものを地位の高い人とか家柄のよい人とか、大学者だけの中に探す傾向がある。実にすばらしい人たちが見落とされることがよくある」との言葉に人格者としての姿を見る。

これらの幅広い人生経験を経て、一九一八年五十六歳で東京女子大学の初代大学長に就任し、女子人格教育の推進のために心を尽くした。一九二〇年国際連盟成立とともに事務局次長に就任し、思想、文化、価値観の異なるあらゆる場面において対話の道をつくり、軍部の台頭で急速に軍国主義化し、平和主義からも民主主義からも離れて行った日本のために尽力した。日本からも、アメリカからも孤立して行く中で、一九三三年カナダのバンフで開催された太平洋会議に日本代表委員として出席した後、ビクトリアで七十二年の生涯を閉じた。一八七七年の受洗から実に五十六年の長きに亘りキリスト者として人格教育に当たった。

三 新渡戸のキリスト教的人格論 ―― 垂直的関係 Vertical Relation ――

新渡戸が第一高等学校校長時代薫陶を受け、東大ではさらに新渡戸から植民政策を学び、後に新渡戸の後をついで東大教授となり、熱心なキリスト教徒として活躍した矢内原忠雄は彼の著作の中で度々、人が人として有する品格即ち人格の自覚と教養、これが新渡戸の教育思想の根本であり、この思想の根源に新渡戸の基督教信仰が潜んでいることについて言及した。河合栄治郎（東京帝国大学教授）は、「新渡戸先生の想い出」の中に、「先生によって始めて to do と to be との対立とその取捨を説かれて、個人人格の権威に目覚めたと言ってよいのであった。此の後に多くの内外の先達によって与えられたものが、私の先生から受けたものを生育し高揚してくれたにしても、先生は方向に迷へる私に一定の方向付けをされ、未来がその上に築かるべき礎石を据ゑられた。私が今に至るも先生に感謝して止まないのは、此の一点である」(7)と記した。

新渡戸稲造のキリスト教信仰に関する神学的論争をここで試みることは避けたい。参考までに、角谷晋次

（盛岡大学文学部教授、宗教主任）による「新渡戸稲造のキリスト教信仰[8]」、佐藤全弘「新渡戸博士は真のクリスチャンか」『新渡戸稲造――生涯と思想――』[9]、宮本信之助「若き新渡戸稲造の信仰」『新渡戸稲造研究[10]』を参照されたい。

確かに新渡戸の教育思想と人格主義の根底には、確固とした宗教的信仰があった。彼が随所でこの点に関して繰り返し述べたのは垂直的ヴァーティカルな関係の必要性であった。人間は単に横の関係ホリゾンタルだけで生きるものではなく、縦の関係においても生きなければならないことを指摘した。

「人間は大きな心で人と和して行かねばならない。絶対を楯に取り、理屈を一理も曲げずに、他人をことごとく小人視して、我独り澄めりという心がけでは、世の中は少しもよくならない。どれほど高い理想を抱こうとも、実行に当っては譲れるだけ譲り、折れるだけ折れて行くのが大切である」「人はどこか動かすべからざる所、譲れぬところ、断乎犯すべからざる信念がなければならない。人を相手とせず、天を相手とする覚悟をもたなければならない。博士はこれを縦の関係 Vertical Relation と呼んだ。[11]」この縦の関係を結びえた人が他者との関係からでなく、自己を確立し、ぶれないで自己の方針を決め、己が革新に生きることができるというのである。ここにキリスト者としての新渡戸の強さと慰めを見るのである。

筆者は、新渡戸のキリスト教に立脚した人格形成について、次の様に要約したい。

「人はどこか動じないところ、譲れぬという断固とした信念がなければならない。人格神との縦関係から生ずる対話性の中に人格は形成される」と。

先に『西洋の事情と思想』の「人格の意義」の中で新渡戸が、「西洋人は、パーソナリティを重んずる。パーソン即ち人格である。日本では人格といふ言葉は極めて新しい。私等が書生の時分には、人格といふ言葉はなかった。パーソンといふ字はただ「人」と訳してゐた」点について指摘したが、今に至っても日本において「人格」の意味が曖昧である。

明治以降急速に創立されたキリスト教主義教育機関の建学の精神には、ほとんどの学校で「人格教育」を掲げる。教育基本法にも「人格」が語られる。一般にどの様に理解されているか。今こそ新渡戸の人格論を再検証する時ではなかろうか。

人格を形成することこそ、人格教育と教養教育の第一の目的であることを早くから新渡戸は指摘した。一九三三年刊の『内観外望』に収録された「大学教育の使命」と「大学教育と職業問題」によくまとまった論述があるが、人格教育に関してはこれよりさらに早い時点（一九〇七年）に出版された『随想録』の中で、「教育の目的」と題して取り扱っている。

『内観外望』の「大学教育の使命」の項において教育の第一目的を「人の心をエマンシペイトし、リベラライズすること(12)」と定義した。また、大学の存在理由について、「自分より偉い人格にグレート・パーソナリティに接するといふことである(13)」と述べた。

すでに新渡戸は当時の日本の教育について、一九〇六年に「我が教育の欠陥」と題して「今日の教育たるや、吾人をして器械たらしめ、吾人よりして厳正なる品性、正義を愛するの念を奪いぬ(14)」と主張し、あくまでも教育の目的を人格形成に置いた。

一九〇四年二月の「性と行「人格形成《ピーイング》か行為業績《ドゥイング》か」」において、「人の行為は主として其品性を表彰するものなるが故に之を尊しとす。善人の戯は愚人のいと賢き業よりも予を教ふること多し。“to be”と云ふは、

"to do"と云ふよりも遥かに重んずべきものぞ。汝、善なるべし、しからば汝の為すところ皆善なるべし[15]」と述べ、人間はただ一人、神と相対して立ち、その神により慰められ、強くされ、魂の平安を得て存在することが出来ると考えた。

新渡戸にとって、「宗教とは神の力が人の心に働きて、其の人に特有の働きをなさしむるものである。」「宗教とは人が神の力を受けて、之れを消化し己の性質に同化して、己れのものとして、之を他に顕はすことを言うのである[16]」と説明され、内村鑑三の様な厳しい人格神との神学的対話よりも、神の力が人の心に温かく働いて人を生かす力としてとらえられていた。これは新渡戸のクェーカー教徒としての信仰の故であろう。

松川成夫は「新渡戸の教育の根底にある宗教的信仰」に於いて、クェーカー信仰者としての新渡戸の信仰について次の様に説明した。

「クェーカーでは信仰は神の霊的交通であることを重んじる。（中略）クェーカー信仰は一面では神秘的、多面では実践的であった。神秘的方面はこれを口にせず、実践的方面は行ないをもって活発に現わすものとした。新渡戸稲造の宗教も神秘的実行主義であって、信仰の教義内容については多くを語らず、其の実を実際生活に結ばせるという性質のものであった[17]」と。

新渡戸にとって「宗教とは何ぞや」で指摘したごとく、我一人では、弱き悲しき存在であるが、ただ一人神と相対して立ち、その神により慰められ、強くされることによって、魂の平安を得て立たせるものである。新渡戸は、「悲しみの人」であったからこそ、激動の世にあって「寛容の人」であり得た。新渡戸は、『人生雑感』の中の「悲哀の使命」において「基督は聖書に悲しみの人と誌され、ゲーテは基督教を悲哀の宗教と称した事を観ても、如何に基督教が悲哀に重きを置き、且つ悲哀の観念に打たれて心細く思ふ人、淋しく感ずる人、即ち悲哀の人々に偉大な慰藉を与へるかが解る[18]」と記している。新渡戸自身一高の校長時代に、矢内原忠雄に「新渡戸先生の宗教と内村先生の宗教とは何か違ひがありますか」と聞かれたことがあるが、「僕のは正門でない。横の門から入ったんだ。して、横の門といふのは悲しみという事である[19]」と答えたそうである。後に矢内原忠雄は、「新渡戸先生の宗教」の中で正門は贖罪の信仰のことで、これは内村先生の信仰の中心であり、新渡戸先生の信仰の中心は贖罪よりも、悲しみにあったのではないかと述べている。

クェーカーでは聖礼典を行わないし、神への礼拝は霊的交渉の中にこそあり、他のなにものにもないと考えるので洗礼も聖餐も認めていない。この点の解釈で神学論争にもち込むことはしない。むしろ自然の内に、自然を通して神的霊感に触れようとする汎神論的意識構造の強い日本人の思想に、新渡戸が「人格的な神との交わりの中に人格形成が可能である」ことを明確に示した点を評価すべきである。この点に関しては、石原謙「人格的宗教と汎神論[20]」を参照されたい。クェーカーの教義の出発点は「内なる光」にある。具体的には「すべての人を照らすまことの光があって、世に来た」(ヨハネ一・9)に言われる光である。我々一人ひとりの内における、人間ではない一つの神格の内在を信ずるのである。新渡戸において人格形成の最も大切な vertical relation の形成の光である。

武田清子は「人間以外のもの(神)との交わりとしての瞑想 meditation を持つ者こそ、大いなる確信 conviction をあたえられるのであり、vertical relation を持つ人間は固有の香りを持つと言い、人には強要しないが、新渡戸自身は信仰を基盤とした人格主義の立場をとるものである[21]」と新渡戸をキリスト者として、人格論者として明確に位置づけている。

四　新渡戸の人格論における公共の精神――水平的関係 Horizontal Relation ――

以上述べて来た縦関係・垂直的関係において確立された人格が水平的 horizontal に交わる時、はじめてそこに「公」「公共世界」が広がる。新渡戸は、公・公共という概念をソシアリティ sociality という言葉で表現した。なぜなら、日本語にこれを表現するに適切な言葉がみつからなかったからだという。

近代日本形成期の「教育の目的」は「大日本帝国国家の目的」と一致結合しており、その国家主義的立場は、教育の国家からの相対的独自性の主張からも、自由主義的議論からも分離させるものとなった。すなわち、「公」は「国家」であり、「主」であり、「私」は「個人」であり「主」に対して「従」の関係をつくり出した。ここにおいて公私は主従関係となり、「滅私奉公」の日本思想の基盤となった。

近年、日本においても、公共哲学共同研究会（公共哲学京都フォーラム）が立ち上げられ、グローバルかつローカルなレベルで、「公」と「私」と「公共」について各方面の論者の意見を総合して、自由闊達な討論がなされる様になった。また日本学術会議においても、「学術の動向」において、公共性について二〇〇七年七月八月と続けて取り扱ったことも意義深い。藤倉皓一郎は、「私 person は独立の個人 individual であり、社会的活動を行う人、市民、人民 citizen, people であり、この市民が二人以上でなにかをすることが公であり、public, republic, common である。したがって、アメリカ人の多くは政府 government が公であるとは考えない[22]」と分析した上で日本の公益信託の問題を論じておられる。官による公の占有を破り、私が公を創造するためには、まだ相当の時間を要するとの結論に同感である。また山脇直司は「戦後の革新的公共哲学――南原繁と丸山眞男――[23]」において、第一高等学校で新渡戸の影響を受けた南原と南原の影響を受けた丸山が、混乱する戦後日本の中でヨーロッパから学びながらも日本の公共性を創造すべく実践的思索を提言したことを高く評価していることに注目したい。

筆者が二〇〇五年公共哲学京都フォーラムで「新渡戸稲造における『私と公と公共』」と題して発題した内容[24]は、まさに新渡戸の人格論とソシアリティ公共の精神についてであった。新渡戸のパーソナリティとソシアリティの概念は、新渡戸の時代を生かしたばかりでなく現代を生かす貴重なメッセージである。時代、民族、宗教の違いを越えてすべての人間の心の内に差し込む一つなる神の光を通して、一人ひとりの個が確立され、その個が水平的horizontalに交わって公がつくられ、そこに公共精神が生まれるとする新渡戸の精神を歴史的に検証することは、改正教育基本法の序文に追加された「公共精神」を具体的に解明するのにも必要である。

五　新渡戸の人格論の実践――第一高等学校校長として――

新渡戸が京都帝国大学法学科大学教授を辞して第一高等学校の校長に就任した一九〇六（明治三十九）年は、

日露戦争後の動揺期で唯物的・破壊的思想の影響のもとにあった青年たちが増加していった時期でもあった。また国家主義的風潮のもとで、男子の教育では「身を立て名をあげる」立身出世主義が、女子の教育では「良妻賢母」主義が奨励された時代であった。校長就任の年に執筆した「我が教育の欠陥[25]」には、明治の新教育制度は成功をもたらした反面、人間を器械にし、厳正な品性や正義を愛する心を奪ったことが指摘されている。

藤永保は「新渡戸稲造における人格形成」の論文において、一高時代の新渡戸の人格教育を次の様に評価した。

「新渡戸の人格主義は、生徒たちに多大の影響を及ぼした。新渡戸が就任するに及んで、一高弁論部の主題は、『to do より to be』に移ったと伝えられている。感受性に富む青年期にあたって、内面的世界の重視を説くことは、最も適切な方策であったかもしれない。しかし、一高の歴史がもっていた業績主義の伝統や当時の時代思潮をかえりみるとき、これは、今日想像するほど容易なことではない。新渡戸の人格をまって、人格主義は初めてわが国青年期の風土に定着しえたのであろう[26]」と。

『武士道』出版六年後に校長に就任した新渡戸は、武士道を理想的なものとして鼓吹するのではなく、むしろ、日本人の欠陥とも思われる人格（personality）、教養（culture）、社交性（sociality）の新風を持ち込んだ。それまでの一高の剛健主義、籠城主義、国家主義の校風をいかに摩擦なく新しい方向に導くべきかが大きな課題であった。

新渡戸校長は新しい指導原理としてソシアリティ（社交性、社会性）を一高に導入したのである。当時、知育・徳育・体育の三育をもって理想としていた教育に不満を感じていた新渡戸は、体・知・徳の三育に相当するvitality, mentality, moralityに加えて、socialityを加えた。一高生にとってソシアリティは、一高が確立した伝統的精神である籠城主義と相対立する概念であったため、運動部を中心とする保守派から強い反発を受けることになった。

校長就任後、年月の経過とともに、校長を崇拝する生徒と、校長に反感の念をいだく生徒の数が増し、ついに「新渡戸校長弾劾事件」が起こった。校長弾劾の火蓋を切ったのは、一九〇九年三月一日の夜、第十九回記念祭の全寮茶話会の席上であった。一高時代に水泳部員として活躍し、一九〇八年に一高独法科を卒業し、後年東大法学部教授となった末弘厳太郎が鋭い舌鋒で、当時学内に起きていた二、三の出来事に関連して、新渡戸を無責任な八方美人と決めつけ攻撃した。この末弘演説に対して、前田多門（一九〇五年一高独法科卒、後年文部大臣）が熱弁をふるって全面的に反論し、校長への信頼と崇拝を明言した。この前田演説は聴く者に感銘を与え、事態は沈静化に向かうかに見えたが、柔道部員の石本恵吉が末広に同調し、校長不信任演説を行い、校長攻撃が再燃しかけた。

この場を共にした馬場宏明は、『大志の系譜――一高と札幌農学校――』の中で、この場に及んで新渡戸校長が登壇し、一時間余に亘って釈明演説をされた時のことを次の様に記している。

「校長はまず例のように卓上に時計を置き、教授服の袖をユラリと払い、おもむろに語り始めた。その様子はいつもと変わらない。校長は、末弘・石本の両君が直言してはばからないのは立派であると賞めた。ついで校長としての覚悟をじゅんじゅんと説き示した。最後に、そのころ有名だった本の中の主人公であるトム・ブラウンの話を引用し、一千の生徒が学校を出て二十年、三十年たったのち、一人でもトム・ブラウンのように昔のことを思い起こし、あのとき校長はそう言った、このときはこう言ったと思い出してくれる人があったら、それが自分の最大の満足であり希望であると述べて、校長は降壇した。新渡戸校長の演説は、生徒を深く感動、感激させた。満場寂として声なく、啜り泣きが聞こえる。校長を嫌っていた石本のような生徒も、今や校長に対して心からの賛仰を禁じ得ない心境となった。雨降って地固まるように、全一高生が新渡戸校長に信服していった。新風は、はじめて、向陵（向ヶ岡）の地に溶け込んだのである。校長就任後、二年半がたっていた[27]」と。

幅広い寛容な精神を持ちつつも、真理を曲げない強い信念を持った人格者の姿を新渡戸校長の中に見る思いである。先にも論じたごとく新渡戸は人生の縦の関係と横の関係を説いた。新渡戸のいわゆる縦の関係もしくは垂直的関係というのは、個人の魂と神との交わり、即ち宗教生活であり、横の関係もしくは水平的関係とは個人と個人との交わり、即ち社会的関係を指すものである。世の中には人に譲ってもよいことがたくさんある。広い心で譲れるだけ譲るのが社会生活に平和をもたらす。しかし、どうしても譲れないという点もある。自分が正しいと信ずることを率直に述べれば、世間の誤解や非難を受けよう。それを一々気にする必要はない――神（あるいは絶対者）が理解し守ってくださるから。これが新渡戸の人生観の根本であった。

新渡戸はこの心境を前述の全寮茶話会で行った釈明演説において、古歌を引用して、不平や非難に対して自らは侵すべからざる信念を持って弁解するつもりのないことを示した。

「折々は濁るも水の習ひぞと
思い流して月は澄むらむ」

新渡戸がこの古歌を自筆で書いた貴重な色紙が本学図書館の特別資料室の引き出しに長年眠っていたのを筆者は資料収集中に発見した。早速安井てつの色紙と合う様に額にいれて学長室に飾ったところである。

新渡戸は一九一三年四月、六年半在任した一高校長を辞し、東京帝大法科大学教授となった。この時は生徒たちが新渡戸校長の復職運動を開始するまでに信頼を得ていた。五月一日の夜、全寮晩餐会が開かれた最後の演説で「日本人に最も欠けて居るのはPersonality（人格）の観念ではなかろうか。Personalityのない処にResponsibility（責任）は生じない[28]」と述べた。感銘を受けた、数百名の一高生が小日向台の私邸まで送り、「新渡戸校長惜別歌」を合唱し、花籠を贈呈した。一高生のために尽くした新渡戸夫人にも感謝が献げられた。

新渡戸の生涯の親友であった宮部金吾は、『新渡戸稲造先生追憶録』の中で「一高校長時代は、新渡戸君の一生にとって最も記憶すべき時代の一つであったと思うのであります。博士はこの時に単に一高一千の学生の指導者となられたのみならず、日本全国の青年の思想的中心となられたのであります」と述べた。新渡戸のこのような人格教育は、男子学生ばかりでなく、時代を生きた女性たちにも実に大きい影響を与えた。

六　新渡戸の人格論の実践――女性教育者として――

武田清子は女性教育者としての新渡戸について、「亡き母の愛に深くつながっており、また西洋の女性に比べる時、あまりにも不幸な日本女性への同情と彼女らをその不幸から解放したいという切実な希いに基づいて」いたことを早くから指摘した。[29]特にここでは新渡戸の西欧との接点に視点を置き考察する。新渡戸は一八八四（明治十七）年二十二歳でジョンズ・ホプキンス大学に留学、当時の自立したアメリカ女性の生き様に接して、ほとんど毎日のように「日本女性解放のためにつくしたい、女子のための学校をつくりたい」と真剣に日記に書き綴った。そんな或る日一八八七年、フレンド派婦人外国伝道会の会長であったモーリス夫人宅でのティー・レクチャーのスピーカーとして招待され、「日本における女子教育の必要性」について熱弁をふるった。この時同席していたフィラデルフィアの名門エルキントン家の令嬢、メリー・パターソン・エルキントンはこの講演に感銘し、二人は日本の教育と世界平和のために生涯を捧げることで一致し、両家の強い反対を押し切って一八九一年一月一日結婚し、帰国後に日本の教育に多角的に貢献した。[30]

日本が西欧に門戸を開いた時は、西欧ではすでにルネサンスを経て宗教改革によりプロテスタント諸派がそれぞれの歩みを始めて久しかったし、イギリス革命、アメリカ独立革命、フランス革命を経て自由と平等が勝ち取られて一世紀以上も経っていた。アメリカでは一六四八年ブレント (Margaret Brent, c. 1601~c. 1671) により女性参政権が初めて要求されてから三百年余を経ており、イギリスではウルストンクラーフト (Mary Wollstonecraft, 1759~1797) により女性の権利擁護が、フランスではコンドルセ侯爵 (Marie Jean Antoine Nicolas de Caritat, marquis de Condorcet, 1743~1794) により女性参政権が要求されてから二百年を経ていたのである。明治政府は近代国家機構や資本主義体制などの多くの改革を急速に行ったが、「家制度」だけは存続させた。このため「女性の人格」とか個人としての存在は、「家」の中に埋没されてしまったところに日本の女性論の特質があると思う。

筆者が一九八九年から一九九〇年までハーバード大学神学部より客員研究員の招聘を受け、渡米した折、「日米女性論の比較」と題して講義を依頼された。当時アメリカでは、女性解放論が、日本では自立論が主流であった。日本語の自立を英語に訳そうとして適切な英語がないことに気づいた。independent, self-esteem, identity どれも適切ではないのである。日本の〝イエ〟社会、日本的意識構造の中で、どのようにして「個」を確立し、自己確立すべきかを問う講演であった。この講演では、"Women's *Jiritsu*," "The concept of *ie* (family)" という言葉を用いて論じた。この講演は "Women's *Jiritsu* and Christian Feminism in Japan" と題して *The Japan Christian Review*[31] に掲載された。

この様な日本的事情の中で、岸田俊子（中島湘煙《しょうえん》旧姓岸田俊子 1864~1901）、福田英子（1865~1927）らは女流民権運動家として活躍した。また『明六雑志』に森有礼、福沢諭吉、加藤弘之、津田真道、中村正直が男女同権論や夫人の地位について進歩的な意見を述べた。しかし、新渡戸が求めた女性論は、政治的権利の主張というよりは、根本的に神の前に男性も女性も同等の「人格」として創造され、存在 "to be" しているとするキリスト教に立脚した人間観であり、自立論であった。新渡戸はこの人格論を一人でも多くの人に普及させることを願って、『実業之日本』のような大衆誌や『婦人画報』、『婦人世界』、『修養』、『世渡りの道』、『一人の女』、『婦人に勧めて』などに記事を書いた。

『婦人に勧めて』の中で、「西洋の家庭は比較的夫婦相互の人格が認められて居ると思ひます。『人格論』と言ふ、書を読みますと、西洋で人格の認められたのは基督以来のことで、これが哲学的に説明されたのはカント以後であるとありました。基督以来と言えば、約二千年、哲学的に説明されたカントからでも百年であります。（中略）然るに日本では、女だからと言ふ言葉の中に既に女を一段低く見た意味を含め、更に何に女房なんかと言う言葉に於て、殆ど其の人格を没却して居ります。（中略）単に家庭ばかりではありません。

日本では人の人格を認めることに就いて、非常に欠けているところがあると思ひます[32]」と。

さらに女性の教育について、「中には医科を志す人もありませうし、哲学を専攻する人もありませうから、社会は一般に此健気な婦人の志を枉げない様其道を拓いてやらねばなりますまい。（中略）其父兄も其娘に保険料でもかける様な考へで、進んで高等教育を授けて貰い度い。結婚の衣裳に大金を投ずるだけが親としての責任ではなく、衣裳以上の頭を持参させるやうにしたいものであります[33]」と率直に社会に訴えた。

明治時代にプロテスタントの影響のもとで創立されたキリスト教主義学校は約五十六校、そのうち女子の学校は四十二校にものぼることからも、婦人の人権、人格の確立などが強く求められた事情が理解できる。一八九七年頃以降になるとこれまでのキリスト教主義女学校の創設に加えて、我国の教育レベルの向上を目指して、私立女子大学の創設に力点が移行されるようになった。一九〇〇（明治三十三）年には津田梅子により女子英学塾（後津田塾大学）が、一九〇一（明治三十四）年には成瀬仁蔵により日本女子大学校（後日本女子大学）が、一九一八（大正七）年には新渡戸稲造を初代学長に安井てつを初代学監に迎えて東京女子大学が創設された。新渡戸が東京女子大学の学長に就任したのは、第一高等学校の校長に就任してから十二年を経た五十六歳の時であった。新渡戸の人格論を東京女子大学の女子教育において集大成したといっても過言ではない。

一九一八年東京女子大学開校式式辞において、「婦人が偉くなると国が衰えるなどというのは意気地のない男の言うことで、男女を織物に譬えれば男子は経糸《たていと》、女子は緯糸《よこいと》である。緯糸が弱くても織物は完全とは言われませぬ」と明言し、日本独特の女子教育と誇ってきた良妻賢母主義をしりぞけた。単に妻業、母業という職業的教育ではなく、生きること、存在すること、“to be”の根本原理を知るための学問をしなければならないと説いた。即ち日本の伝統的価値観の中に、キリスト教に基づいた普遍的価値としての人格を築こうと努力したのである。人間をこえたもの（神）との vertical な関係を樹立して、個を確立し、その上で水平的 horizontal な関係を生み出す社会ソシアリティを形成して行くことの必要性を女性たちに説いた。

創立時学監であり、一九二四（大正十三）年に第二代学長に就任した安井てつは「就任の辞」で「当学の精神は、学校創立者及び内外の後援者同情者が表はされた犠牲奉仕の精神、前学長であり且また現在の名誉学長たる新渡戸先生の、教育に対する高き理想と美しき人格（中略）、愛と忠実なる精神が一つになって出来たものである」[34]と明言しているごとく、新渡戸は、生涯追求して来た人格教育を東京女子大学の教育の中心に据えたのである。

創立時新渡戸学長のもとで英語の教員としてキャンパスライフを共にした土居光知《どいこうち》（1886～1979）は、当時の先生の女子教育について「東京女子大学長のころの新渡戸先生」と題して次の様に記録しておられる。

「カァライルは『誰が女子を訓練しうるか』といい、ラスキンは『百合の花さく園に逍遥せしめ、精選された図書を自由に読ましめよ』といったが、それがまた先生の態度であったらしく、先生はこのような書籍を学校に寄贈された。先生はカァライルのように真摯と敬虔の徳をたたえ、ゲーテのように「美しいたましい」「永遠の女性」の姿を心の中に描いていられたようで、学生のうちで、無邪気で浄らかな心の持ち主を賛美し、その心を分裂せしめないように保ちたいと願っておられたようだ」[35]と。

新渡戸は一九三三年亡くなる数ヶ月前に実業之日本社から『内観外望』を出版したが、その中の「大学の使命」の項で、「心をリベラライズするといふこと、エマンシペートすることが、私は学問の第一の目的だと信ずる」[36]と力強く述べた。東京女子大学のキャンパスにおいて先生は、イエ概念の中から完全に抜け出せなかった女性たちの心をリベラライズ自由にし、解放して下さったのである。日本における真の女子教育者の姿を見る。

新渡戸の女性人格教育者としての理論はジュネーヴから送られた東京女子大学本科第一回卒業生宛の式辞の中に集約されている。

「此の学校は御承知の通り我邦に於ける一つの新しい試みであります。従来我邦の教育は兎角形式に流れ易く知識の詰込みに力を注ぎ、人間とし、また一個の女性としての教育を軽んじ個性の発達を重んぜず、婦人を社会而も狭苦しき社会の一小機関と見做す傾向があるのに対して本校に於いては基督教の精神に基いて個性を重んじ世の所謂最小者《いともちいさきもの》をも神の子と見做して知識よりも見識、学問よりも人格を尊び人材よりは人物の養成を主としたのであります。(37)」

婦人を一種の器と見做して来た日本社会に、キリスト教に基づいた人格教育を定着させた新渡戸の教育理念を、二十一世紀に発信する責任を本学は担っていることを再確認したい。

あとがき

新渡戸稲造の思想は現代から見るとあいまいさを残すものであるとの批判もある。しかし、天皇制的臣民教育思想が日本人の人間形成の方向を規定し、家族主義国家観に基づいた道徳観が上から推進され、一九一八年の臨時教育会議では「女子教育は、従来の家族制度に適応すべし」と答申を出すなど、民主主義の実現に程遠い時代に、青年層のふところに、人間尊重の人格論Personalityをさし込むことが出来た新渡戸の業績ははかり知れないものがあると思う。

「はじめに」で述べたごとく、敗戦後、教育勅語を無効化し、「教育基本法」の成立に尽力した中心人物のほとんどが新渡戸の第一高等学校時代の愛弟子であったことを考える時、いま新渡戸稲造の人格論を真剣に問い直す時である。現在の教育が幼稚園から大学に至るまで、人間育成の根源である個人の尊重・人格の尊厳の面で再検討されるべき問題を含んでいるように思う。

日本的意識構造には、森有正が「二人称文化」と表明した様に、主語「私、I」が欠落し、「あなた、You」が主語となる、即ち「私」が「集団」に埋没する傾向がある。人格の欠落に原因が存する。二十一世紀の日本及び世界をリードする人物として、まず個の確立、人格の確立を明確にし、国家に結びついた「公」「公共」ではなく、個と個の結合から生まれる公共ソシアリティの形成に貢献できる人物の育成が問われている。「新渡戸稲造の人格論・Personality」の今日的意義は実に大きい。

注

1　武田清子『土着と背教——伝統的エトスとプロテスタント』（新教出版社、一九六七年）三一五～三一六頁。
2　武田清子編『日本プロテスタント人間形成論』（明治図書出版、一九六三年）七～二五頁。
3　前田多門、高木八尺編『新渡戸博士追憶集』（故新渡戸博士記念事業実行委員会発行、一九三六年）（非売品）、『新渡戸稲造全集』別巻（教文館、一九八七年）収録。
4　新渡戸稲造『西洋の事情と思想』（実業之日本社、一九三四年）『新渡戸稲造全集』第六巻（教文館、一九六九年）収録　五六三頁。
5　前掲書　五六四～五六五頁。
6　湊晶子「新渡戸稲造における『私と公と公共』」『公共哲学16　宗教から考える公共性』稲垣久和、金泰昌編（東京大学出版会、二〇〇六年）一八四～一八六頁。
7　坂口ふみ『「個」の誕生——キリスト教教理をつくった人々——』（岩波書店、一九九六年）。
8　河合栄治郎「新渡戸先生の思い出」『新渡戸稲造全集』別巻　三一五頁。
9　角谷晋次「新渡戸稲造のキリスト教信仰」『新渡戸研究』第二号（新渡戸稲造会、一九九三年）九一～一二一頁。
10　佐藤全弘「新渡戸博士は真のクリスチャンか」『新渡戸稲造——生涯と思想——』（キリスト教図書出版社、一九八四年）四七五～四八一頁。
11　宮本信之助「若き新渡戸稲造の信仰」『新渡戸稲造研究』（春秋社、一九六九年）五～三三頁。
12　佐藤全弘『前掲書』二五九頁。
13　新渡戸稲造「大学教育の使命」『内観外望』（実業之日本社、一九三三年）『新渡戸稲造全集』第六巻　四〇七～四〇九頁。

13　新渡戸稲造「大学教育と職業教育」『前掲書』四三九頁。
14　新渡戸稲造「我が教育の欠陥」『随想録』（丁未出版社、一九〇七年）、『新渡戸稲造全集』第五巻（教文館、一九七〇年）一一五頁。
15　新渡戸稲造「性と行［人格形成《ビーイング》か行為業績《ドゥイング》か］」『前掲書』二二一〜二二三頁。
16　新渡戸稲造「宗教とは何ぞや」『人生雑感』（警醒社書店、一九一五年）『新渡戸稲造全集』第一〇巻（教文館、一九六九年）一九頁。
17　松川成夫「新渡戸稲造の教育思想」『東京女子大学比較文化研究所紀要』第五二巻（東京女子大学比較文化研究所、一九九一年）六二頁。
18　新渡戸稲造「悲哀の使命」『人生雑感』五八頁。
19　矢内原忠雄「新渡戸先生の宗教」『矢内原忠雄全集』第二四巻（岩波書店、一九六五年）。
20　石原 謙「人格的宗教と汎神論」『石原 謙著作集』第十一巻（岩波書店、一九七九年）五五〇〜五五七頁。
21　武田清子『前掲書』一三二頁。
22　藤倉皓一郎「アメリカ法における私と公——公共信託の理論——」『学術の動向』二〇〇八年八月号（日本学術会議）二二五〜二二九頁。
23　山脇直司「戦後の革新的公共哲学——南原繁と丸山眞男——」『公共哲学とは何か』（筑摩書房、二〇〇四年）一一〇〜一一四頁。
24　湊晶子「新渡戸稲造における『私と公と公共』」『宗教から考える公共性』（東京大学出版会、二〇〇六年）一八一〜二〇八頁。
25　新渡戸稲造「我が教育の欠陥」『随想録』前掲書一一四〜一一七頁。
26　藤永 保「新渡戸稲造における人格形成」『新渡戸稲造研究』（春秋社、一九六九年）八三頁。
27　馬場宏明『大志の系譜——一高と札幌農学校——』（北泉社、一九九八年）三一四〜三一五頁。

28　矢内原忠雄「一高校長を辞められた時〈昭和十一年二月二十日記〉」『新渡戸稲造全集』別巻（教文館、一九八七年）二八〇頁。
29　武田清子『前掲書』一四二頁。
30　湊 晶子『新渡戸稲造と妻メリー――教育者・平和主義者として――』（キリスト新聞社、二〇〇四年）参照。
31　Akiko MINATO, "*Woman's Jiritsu and Christian Feminism in Japan*," The Japan Christian Review, vol. 59, 1993, pp. 7-17.
32　新渡戸稲造『婦人に勧めて』（東京社、大正六年）、『新渡戸稲造全集』第十一巻（教文館、一九六九年）四六頁。
33　『前掲書』一九五頁。
34　安井哲子「東京女子大学第二代安井てつ学長就任の辞」『学友会雑誌』第五号（東京女子大学学友会、一九二六年三月）。
35　土井光知「東京女子大学長のころの新渡戸先生」『現代に生きる新渡戸稲造』佐藤全弘編（教文館、一九八八年）一七八～一七九頁。
36　新渡戸稲造『内観外望』前掲書　四〇九頁。
37　新渡戸稲造「ジュネーヴ湖畔にて」『学友会雑誌』第二号（東京女子大学学友会、一九二三年三月）。

（二〇〇九年一月　東京女子大学比較文化研究所紀要第70巻　四九～六三頁）

Ⅱ　新渡戸稲造における「私と公と公共」

「個人」としての人間の存在のあり方を問う作業は歴史的に哲学が担い、「国家」のあり方については国家学が担ってきたが、いま国家と個人の間に広がる多様な生活活動を多角的に問う必要が求められてきている。その責務を担おうとしているのが公共哲学である。

今日に至るまで「公と私の思想史」、「欧米における公と私」、「日本における公と私」などが研究される中で、国家との関係における個の確立ではなく、国家を越える地平を念頭においての個の位置づけの必要が問われて来た。今回、公共性の実存を宗教を媒体として追求しようという試みに、プロテスタントの立場から参加を依頼され、十九世紀から二十世紀初頭にかけて国家を越えて公共性を提唱した新渡戸《にとべ》稲造《いなぞう》を中心に考えることは、多くの災禍の中にある現代社会に意義あることと思い責任の一端を担わせていただいた。ヘブライ的キリスト教的二元論に対して東洋的意識構造、さらにイスラム的価値観を結合しながら、公共世界の構築の可能性を論ずることは、まさに「紛争の世紀」二十一世紀の急務である。

戦争と紛争の続く現代に、公共世界を樹立するための視点をいかに確立するかについては、歴史を生き抜いた代表的日本人から指針を得るべきであると考える。平和主義者であり、教育者である新渡戸稲造を中心に「宗教と公共世界」について考えてみたい。

一　新渡戸稲造の生涯と公共精神

A　「公共精神」を育てた新渡戸の生涯

新渡戸稲造は一八六二（文久二）年、日本がまだ西洋と普通の関係がなかった頃、盛岡南部藩士の家に生まれた。即ち日本の代表的階級である侍の家で、漢書、仏教、中国思想、日本文化などの伝統的教育を受けた。幼少で父と死別、一八七一年、九歳で叔父の養子となり上京、東京英語学校にて西洋文化に初めて接した。一八七七年札幌農学校の二期生として入学、内村鑑三、宮部金吾らとともに洗礼を受けてキリスト者となった。一八八三年現東京大学入試の面接試験で、西洋と東洋の往復の橋を念願に、「我太平洋の橋とならん」と答えたことは有名である。翌一八八四年東京大学を中退、ジョンズ・ホプキンス大学に留学、ボルティモア友会員に認められ、クェーカー教徒となったことは、新渡戸の公共世界の原点となり、平和主義者への道を築いた。一八九一年には、フィラデルフィアの名門エルキントン家のメリー・パターソンと結婚した。彼女はウェストタウンスクールで哲学・文学・世界史・地理・フランス語を学びリベラル・アーツ教育を身につけた女子教育者であり、平和主義者として積極的に社会にかかわっていた女性指導者であった。フィラデルフィアにおける新渡戸の「日本における女子教育の必要性」についての講演に感動し、日本の女子教育のために献身した女性である。近代日本形成期における新渡戸の女子教育の先覚者としての働きを理解するために妻メリーの役割を見逃してはならない。一九〇〇年に英文で出版された『武士道』の構想の展開の中には、妻メリーの日常的質問に対する解答が含まれていることも見逃してはならない。日本文化と公共世界に通ずる視点を紹介したと言えよう。

二人の間に生まれた長男・遠益を生後数日で亡くし、悲しみの中にあってもアメリカから送られてきた資金を用いて、貧しい子供たちのために遠友夜学校を設立し、自ら校長を務めた。妻メリーは稲造亡き後、第二代校長（新渡戸萬里子）をつとめ、階級・性を越えての公共教育に努めた。

京都帝国大学教授、第一高等学校校長、東京帝国大学教授、台湾総督府勤務、『実業の日本』編集顧問など教育者、国際人、産業の指導者として数えきれない功績がある。

これらの幅広い人生体験を経て、一九一八年東京女子大学の初代学長に就任し、翌一九年には欧米に視察に出発、二〇年国際連盟成立と共に事務局次長に就任した。一九三一年満州事変の勃発とともに軍部の台頭で日本は急速に軍国主義に傾き、平和主義からも民主主義からも離れていった。一九三三年、日本は国際連盟を脱退し国際的に孤立していった。

そのような中にあっても、太平洋地域の諸問題を、客観的あるいは学術的に研究して、友好平和に寄与する太平洋問題調査会の理事長を務め、日本だけでなく、アメリカからも非難を受けつつ、両面交通のために努力した。太平洋問題調査会（Institute of Pacific Relations, 略してＩＰＲ）は直接的には、アメリカ太平洋岸やハワイの東洋系移民問題を契機に、科学的な調査研究に基づいて問題の解決を考える民間組織であり、今日的表現ではＮＧＯに当たる。公共世界の構築に対する公的要素よりも私的立場の重要性を予見的に語るものである。カナダのバンフで開催された第五回太平洋会議に平和主義者として、理事長として、公共人として出席し、一九三三年十月十五日、カナダで七十二歳で客死した。

Ｂ　女子教育・性の公共性

一八五三年ペリー浦賀来航によって東西文明が歴史的接点をもつに至ったが、さらに一八五九年に最初のプロテスタント宣教師が来日するに及んで、キリスト教的価値観に立脚した西欧的精神構造と東洋的価値観に立脚した日本的精神構造の接点が生じた。

当時の日本においては封建的家族制度や共同体的規制のもとに、女性の人格は男性のそれとは大きな差別の中にあった。新渡戸は妻メリーと共に、「すべての人間は女も子供も障害者も、神により創造され限りなく尊いのであり、女は決して子を産む道具ではなく、人格として男と同様育成されるべきこと」をキリスト教精神に立脚して説いた。新渡戸は「日本の社会に最も差し迫った課題は女性の地位向上である」と主張し、女性の封建的抑圧からの解放と男性と女性の人格的平等性を世に訴えた。明治、大正、昭和初期に多くのキリスト教主義の女子私立学校が女子教育の面で社会貢献をした。

一八九〇（明治二三）年には、桜井、新栄が合併され矢島揖子《かじこ》(1833~1925)により女子学院が、一九〇〇（明治三三）年には津田梅子(1864~1929)により女子英学塾（後の津田塾大学）が、一九一八（大正七）年には、新渡戸稲造を学長に安井てつ（1870~1945）を学監に迎えて東京女子大学が、一九二九（昭和四）年には河井道（1877~1953）により恵泉女学園が創立された。女子人格教育の先駆者新渡戸の影響は大きい。

今回の京都フォーラムのテーマ「宗教と公共世界」を論ずるのに、新渡戸稲造は最も適切な人物であると考える。

二　私と公と公共

キリスト教の概念においては、「公」あって「個・私」が存在するのではなく、創造主によって個・私が創造され、個の集合体として共同体すなわち公が存在する。詩篇の記者が「あなたの天を、あなたの指の業をわたしは仰ぎます。月も星もあなたが配置なさったもの。そのあなたが御心に留めてくださるとは人間は何ものなのでしょう」（詩篇八・4~5、新共同訳）と記したように、人間存在を創造主と関係づけて位置づけた。

A　新渡戸と「私」Persona/Personality

一般に個の概念のはじまりを近代に置く西欧的見解が知られているが、実は西暦紀元の初めから六世紀ぐらいの神学的哲学的努力の中に育まれたとするのが正しいと考える。紀元三二五年のニカイア公会議、三八一年のコンスタンティノポリス公会議では、三位一体論が、ペルソナを中心に論議され、四五一年カルケドン公会議においては、キリスト論が審議された。persona は教父テルトゥリアヌスが初めて用いた用語であり、三位一体の神の位格を表わす用語、父なる神、子なる神、聖霊なる神が愛によって交わって一つである神の同一性を表わす。父、子、聖霊は位格 persona をもち、それぞれ他と区別される固有性を指示する。

詩篇の詩人がうたったように、人間は神と交わることの出来る存在として創造されたのである。創造主と交わる存在であってはじめて人格 persona として存在する。坂口ふみ氏が『〈個〉の誕生』において「純粋な『個』、『ペルソナ』の概念が明確なものになるのは、カルケドンのキリスト論のみならずその前段階をなす三位一体論があってはじめて可能だった」と述べているが、歴史的に明快な分析である。

西欧のみならず日本においてもローマ時代の末期からビザンツ時代の初期にかけての歴史に対する注目が稀薄である。初期ビザンツ帝国は、東はアジア、パレスチナ、エジプトから西はブリテン、ガリア、イスパニアに至り、アフリカ北部を含む広大な世界であり、のちの東欧、西欧、イスラムすべての母胎であったにもかかわらず、十分注目されていないのである。

新渡戸の「私」「人格」Personality は、ペルソナから発するものである。東京女子大学図書館は新渡戸の五千冊以上の蔵書を新渡戸文庫として所蔵しているが、初期ビザンツ帝国を含んだ一世紀から六世紀の教父文書が多いことがそれを物語っている。

新渡戸の述べる人格とは、人格神との垂直的縦関係、vertical relation により樹立される人格形成である。「人を相手とせず、天を相手とする覚悟を持たなければならない」また「人はどこか動じないところ、譲れぬところ、断固とした信念がなければならない。人格神との関係性、対話性の中に人格は形成される」という新渡戸の言葉は、今日の日本の教育においても求められている理念である。

森有正は、日本的意識構造を主題のＩ（私）が欠落している二人称文化であるという。「私がこう思う」ではなく、二人称のYou（あなた）が主語となり、あなたがそう言うのであれば、私はこう思うと展開される。新渡戸の一高生への「Personality（人格）のないところには、Responsibility（責任）は生じない」との言葉は、現代人をも生かす重要な発言であった。新渡戸の場合、個性ある国民性の発展をよしとするキリスト教こそ真のキリスト教の存在意義であるとした。「日本人キリスト教徒であるだけでなくキリストを信じる日本人であれ」との言葉の中に表われている。

「to know（知ること）だけでは充分ではない。to do（それを実行すること）が大切である。しかし、最も大切なことはto be（あなたがあなたとして人格として存在すること）である」ことを強調した。民族、人種を超えて、創造主に創られた自分、責任を果たしうる人格として、「私」が「私」として存在することの重要性を提供した。

B　新渡戸と「公」

近代日本形成期の「教育の目的」は、「大日本帝国国家の目的」と「一致結合」すべきであり、それでこそ日本国家は堅固な地盤を確立できるとした。このような国家主義的立場は、教育の国家からの相対的独自性の主張からも、自由主義的議論からも分離させるものとなった。「公」は「国家」であり、「主」であり、「私」は「個人」であり、「主」に対して「従」の関係をつくり出した。公私は主従関係となる。「滅私奉公」の日本的思想の基盤をつくり上げた。

これに対して新渡戸の『武士道』における公私に関する次のような重要な発言を見逃してはならない（矢内原忠雄訳、岩波文庫、八三頁）。

「皇室に対する不可分の忠誠を擁護する熱心の余り、キリスト者はその主（神）に忠実を誓う者であるから大逆の傾向あるものという非難がある。彼らはソフィストの機智なくして詭弁的議論を備え、スコラ学徒の洗煉を欠けるスコラ的迂説《うせつ》をならべた。吾人がある意味においては『これを親しみかれを疎んずることなくして主に仕える』こと、『カイザルのものはカイザルに、神のものは神に返しなさい』ということを、彼らは知らなかったのである」と。

新渡戸が引用した句は、ローマ帝国下にあって「イエスを信ずる私」が国家（公）に対していかに責任を全うすることについて問われた際、イエスが回答した言葉である（ルカによる福音書二〇・25　口語訳）。質問者は「カイザルに貢を納めてよいでしょうか。いけないでしょうか」と迫り、もしカイザルに貢献金を払うべきであると答えれば国粋主義的なユダヤの律法にしたがって彼を非難しようと待ちかまえ、もしそれに反してカイザルに払うべきでないと答えれば、ローマ法から彼を責めたてようと用意していた。これに対するイエスの回答は「カイザルのものはカイザルに、神のものは神に返しなさい」という厳しい回答であった。質問者に対して、「神のものは神に返しなさい（アポドテ）」と命令法できびしく回答した。キリストは決して排他的なもの、あるいは二者のうちいずれか一方しか認めないことを示しているのではない。カイザルの政府も神の代行者と認めているのである。

公と私の二元だけで歴史的事柄を分類することは出来ない。国家と個人との間に広がる多様な生活活動、時空間における公私媒介的な組織、運動、機能の事実を多角的にとらえる必要がある。新渡戸は、まず「私」、個が確立され、人格形成されることが第一であり、その個が集まってはじめて共同体である公が確立されると考えた。まず揺るがない個の確立、人格的主体としての自己確立した人材の育成を教育の目標とした。個の確立は、民族を超え、グローバルにつながる個の確立でなければならない。日本国という「公」に限る個の確立ではない。世界を育てる個が育たなければならない時に、今の教育基本法改正の動きが、日本の愛国心を養うことに傾きかけてはならないと思うのである。

C　新渡戸と「公共」ソシアリティ

新渡戸は公共という概念をソシアリティ Sociality という言葉で表現した。絶対者との縦関係・垂直的関係において確立された人格が、水平的（horizontal）に交わる時、はじめてそこに公共世界が広がる。ソシアリティの世界は「私」である人格が確立してはじめて可能となる。新渡戸の次の記述は、公共世界の様相を明確に示すものである。

「人間は大きな心で人と和して行かねばならない。絶対を楯にとり、理屈を一理も曲げずに、他人をことごとく小人視して、我独り澄めりという心がけでは、世の中は少しもよくならない。どれほど高い理想を抱こうとも、実行に当っては譲れるだけ譲り、折れるだけ折れて行くのが大切である」

と調和点を見出し、民族、人種、階級、性を超えて、和し、公共世界を確立する秘訣を提示した。

三　新渡戸の公共世界の原点

A　クェーカー教徒として

キリスト教の歴史の中で、クェーカーはきわめて社会的実践に励む教派である。地位、身分、性、民族、貧富、老若あらゆる差異を越えてすべての人は本来みな神の子として平等の人格をもっているので平等であるとする。神は宇宙全体、全天全地の創造主である。神の恵みは全地の全民族に与えられる。その恵みにもれる民はない。戦争反対の平和主義、奴隷解放、刑務所状態の改善、精神病院の改革、禁酒にも尽力。女性、少数民族、小児の権利の擁護、教育の普及などへの貢献ははかり知れないものがある。

一九二六年十二月十四日、新渡戸はジュネーブにおける「日本人のクェーカー観 A Japanese View of Quakerism」（『新渡戸稲造全集』十五巻）の講義の中で、東洋の教えとの共通点を指摘しつつ公共世界構築の指針を提供した。

クェーカー信仰の中心、「内なる光」は、時、所、民族を問わずすべての人間の心の中に差しこむ神の光であるとする。クェーカーの諸宗教を尊ぶ宇宙意識 Cosmic Consciousness は、「宗教と公共世界」の議論に対し、対話の光をなげかけるものである。例えば釈迦が菩提樹の下に坐って瞑想の末得た悟りである涅槃《ねはん》

(Nirvana)も内なる光の働きであり、道教の方士が仙行修練のはて達した無為自然の境地も、禅僧の本来無一物、一切空の無の思想にもこの内なる光がさし込んでいると考える。仏僧の悟りにも、神道の神官の祈りにも、イスラムのイマム(導師)の直観にも、ユダヤの哲学者の思考にも、その底の底に働くものはみな根源を一つにする宇宙意識だとみる。

内なる光がすべての人の心に差している以上、万人平等であり、差別はゆるされない。性差別、人種差別、身分差別、貧富差別のすべてとクェーカーは戦った。水平的世界が築けない二十一世紀への重要な視点である。特に女性、少数民族、小児の権利擁護にも励み、教育の普及、社会改革への貢献については特筆すべきである。クェーカーは生活を質素にし、残ったお金は弱者救済に積極的に使用した。新渡戸夫妻は、財を人知れぬ仕方で多くの人々に与えた。

このように新渡戸の「公共」の概念は、超越的存在を前提としていると言えよう。

人格と社会性について、稲垣久和氏が『公共の哲学の構築をめざして――キリスト教世界観・多元主義・複雑系』の中でロックの人格論を分析して次のような視点を提示していることは興味深い。

「ロックの発想を、現代のようなポストモダン的な真理の相対化と宗教の多元化が顕著な時代に生かしていくためにも、われわれは『神の法』(the divine law)を存在論的に拡大・精密化して、この『神の法』の人生の全領域への適用によって、人格がそのつど形成されていくと考えたいのである。人格の究極的基礎づけは、神のような超越者に訴える以外にはできない、この考え方はすでにロックの著作に出ていた。(中略)人格の基礎づけということから言えば、そこにすでに現に人格と人格の交わりがあることが基礎づけてある。この発想は『交わり』という人格の社会性を抜きにしては考え得ないことである」と。

さらにその人格の交わりの基礎として三位一体の神論に帰結させている点も注目したい。「新渡戸と『私』Persona/Personality」の項ですでに指摘した通りである。稲垣氏は次のように述べる。「ここで人は三位一体における父・子・聖霊の perichoresis（ユルゲン・モルトマンの社会的三位一体論）を思い起こすことができよう」と。

クェーカー教徒として、矢内原忠雄が新渡戸に「内村との相違」について尋ねた時「僕は正門ではない。横の門から入ったのだ。して横の門というのは悲しみということである」「内村鑑三の如く言葉をもって神学を語るものではない。人格からにじみ出る犠牲と奉仕の心をもって示す」と答えたとのことであるが、新渡戸の「公共」の精神が凝縮されていると思う。

B　公共世界と平和主義

新渡戸が「太平洋の橋」と言った時、それは単に欧米文化輸入の一方通行の橋ではなく、日本の思想及び文化を外国に伝える両面交通の橋であった。西洋文化を日本に紹介するだけでなく、日本文化、精神を西欧に紹介する必要があると痛感され、一九〇〇年、日清、日露戦争の中間の年に『武士道――日本の魂』（*Bushido: The Soul of Japan*）をアメリカで出版した。一九〇五年までに英語版で10版を重ね、ドイツ語、フランス語、ボヘミア（チェコ）語、ポーランド語、ノルウェー語、中国語などに翻訳された。日本語に翻訳されたのは一九〇八年（桜井鴎村《おうそん》訳）である。

当時の西洋人、特に妻メリーに分かるように心をこめて書かれたもので、ルーズベルト大統領は大変感激し、親戚、友人に配った。日本の精神生活を西洋人に知らせるために太平洋の橋として貢献した古典的書物である。武士道は決して題名から想像されるような軍国主義鼓吹の本ではなく、西欧の精神構造の根底にキリスト教があるのに対して、日本には武士道という伝統精神があることを示した書物である。それを古今東西の思想文献と対比させながら、例えばプラトン、ソクラテス、シェイクスピア、エマーソン、ニーチェ、孔子、孟子といった実に広範囲にわたる知識人の言葉を引用しながら、普遍性をもたせている。この普遍性こそ武士道の特質である。

イデオロギーの真理独占と人種偏見の波が東洋にも押し寄せた二十世紀初頭にあって、新渡戸は文化の多様性を認め、平和共存の道をはっきり武士道において示したことは大きな功績であったと言えよう。佐藤全弘氏は『日本のこころと「武士道」』において、新渡戸が天地創造の神の恵みが地上のすべての民に及んでいるといった信仰に立って「西洋文明だけが唯一の文明ではなく、また日本文化だけが特に優れているのではない。両者ともにその美徳をそなえ、その美徳は底の底では相通じている。しかるに西欧文明だけが唯一歴史全体を支配すると考え他を無視するのは大きな誤りである」と新渡戸の主張を要約した。

新渡戸は武士道を次のように説いた。

「武士道は一つの独立せる倫理の掟としては消ゆるものかも知れない。しかしその力は地上より滅びないであろう。その武勇および文徳の教訓は体系としてはこわれるかも知れない。しかしその光明とその栄光はこれらの廃址を越えて長く生きるであろう」（『武士道』矢内原忠雄訳、岩波文庫、一四九頁）。

第二次世界大戦の末期、日本が国家主義、侵略主義によって国を滅亡に追いやった時も、武士道の香りは完全に消滅していなかったことを佐藤氏は次の資料をもって紹介した。一九四五年四月五日に沖縄戦の始まりと共に、小磯国昭首相は辞職した。昭和天皇の希望で内閣を組織したのは、千葉の関宿《せきやど》藩士の子として生まれ連合艦隊司令長官をつとめた鈴木貫太郎（1867~1948）であった。八月十五日ポツダム宣言受諾降伏ののち十七日に辞職した。この鈴木貫太郎が首相について一週間後の四月十二日、アメリカ大統領フランクリン・ルーズベルト（1882~1945）が死んだ。鈴木は直ちに日本国を代表して鄭重な弔電を送り、戦争継続中に偉大な指導者を失ったアメリカ国民に対し、甚大の哀悼の意を表明し、その電文はそのままアメリカの新聞に掲載された。この鈴木の電文を読んで深く感動したのがドイツの作家トーマス・マン（1875~1955）であった。新渡戸の武士道は国境をこえて世界の心ある人々の魂と行いにはっきり根をおろしていた貴重な史実を、佐藤氏は紹介している。

時代、民族、宗教の違いを越えすべての人間の心の内に差し込む一つなる神の光が働いているというクェーカーの平和主義、寛容の精神が武士道を今日により実践的なものにしたと言える。新渡戸は武士道を「神の国の種子はその花を武士道に咲かせた」と述べ、クェーカー詩人の言葉をもって、『武士道――日本の魂』を閉じている。「いずこよりか知らねど近き香気に、感謝の心を旅人は抱き、歩みを停め、帽を脱いで空よりの祝福を受ける」と。

C　公共世界と女子教育の先覚者

日本における封建的家族制度や共同体的規制のもとに、女性の人格は男性のそれとは大きな差別の中にあった頃、新渡戸夫妻は「すべての人間は、女も、子供も、障害者も、神によって創造され限りなく尊いのであり、女は決して子を産む道具ではなく、人格として男と同様育成されるべきこと」をキリスト教の精神に立脚して説いた。新渡戸夫妻は「日本の社会に最も差し迫った課題は女性の地位向上である」と主張し、女性の封建的抑圧からの解放と、男性と女性の人格的平等性と公共性を世に訴えた。

一九一七年、新渡戸は『婦人に勧めて』を世に著わし、「所謂良妻賢母主義は、人間を一種の型にはめ込むようなものである。日本の女子教育は、女を妻か、母か、娘かいずれかにしてもひとり立ちの人間らしくない男の付属品のごとく見ている。一個の人間として立派に出来上がった婦人（人格）ならば、妻としては良妻、母としては賢母である」と述べ、女性は子を産む道具ではなく、男性と同様、神に創造された人格であることを強調した。

さらにその翌年、東京女子大学開校式の式辞において次のように述べた。

「婦人が偉くなると国が衰えるなどというのは意気地のない男の言うことで、男女を織物にたとえれば男子は経糸、女子は緯糸である。経糸が弱くても緯糸が弱くても織物は完全とは言われませぬ」と。まさに男女共同参画時代実現への精神的基盤をすでに提供したと言える。しかしそのような理想を実現するためには日本では時間がかかると予想し、『人生雑感』に、「婦人をして真の位置を獲得せしむるために百年間の準備が必要である」と述べている。新渡戸夫妻のこのような先覚的女子教育の影響を受けて、当時三人の女性が育てられた。津田梅子、安井てつ、河井道である。津田梅子は一九〇〇年に女子英学塾、後の津田塾大学の、安井てつは一九一八年に学監として東京女子大学の、河井道は恵泉女学園の創立にかかわった。

男性と女性の性を超えたゆるぎない人格形成、個の確立の教育理念は、現代を生かす教育理念でもある。新渡戸の公共教育から学ぶところは大きい。

四　今なぜ新渡戸か——二十一世紀公共世界の構築を

A　プロテスタント・キリスト教の公共性に対する反省

プロテスタントの歴史には、偏狭になりやすい欠点がある。ヘブライ的・キリスト教的二元論に対する東洋的「間」の概念の史的重要性を再認識すべきである。

新渡戸稲造は宮部金吾に次のように書き送っている。

「キリスト御自身は教派をつくられなかった。自分は硬直した厳酷な教会組織はきらいだ。原始キリスト教のような実践にもどりたい。制度や形式や規則のない、霊に重点を置いた教会に帰ることだ」と。

西欧キリスト教史二千年の足跡に比して、日本プロテスタントの歴史は百四十五年に過ぎない。西欧キリスト教史を体験的に知らない日本において、初期キリスト教の歴史的信仰に立脚しつつ、西方教会、東方教会、イスラムなど客観的視点から分析し、発信する使命を日本は担うことが出来る。西欧的世界で展開して来た教派的緊張を超え、公共性を構築するために、二十一世紀に日本の果たすべき役割は大きい。

B　民族・国家・宗教を越えた公共性の実現に向けて

前述したごとく、世界平和と戦争防止のために一九二〇年に発足した国際連盟の事務局次長に新渡戸が就任した時は、日本が世界から孤立状態に陥りつつあった時であった。一九三三年には日本は国際連盟を脱退し、決定的な国際的孤立に陥ったが、そのような中にあっても、環太平洋地域の諸問題を客観的学術的に研究し、友好平和に寄与する会（現代のＮＧＯ）、「太平洋問題調査会」の理事長として立ち、日本とアメリカの両面交通の活動を続けた。

カナダのバンフで開催された第五回太平洋会議での新渡戸の挨拶は「平和主義者」としての遺言である。「両国政府（中国と日本）の間には対立がある。しかし、人と人としてはお互いに悪意を抱くものではない。今こうして友情の日々を過ごしていることが、共通の文化と伝統の遺産を持つ両国民の実際の和解への途へと通じることになるのかも知れないことを誰が否定しえようか。国を異にする者の間での個人的な触れあいこそ、いま余りにも多くの災禍に悩むこの世界にあって、計り知れぬ結果をもたらすことになるのではなかろうか」。

アインシュタイン（1879~1955）が一九二二年来日し、四十日間滞在したとき述べた感想は、新渡戸に対する励ましであったと同時に、現代日本に対する鋭いメッセージでもある。

「世界は進むだけ進み、その間に幾度も幾度も闘争を繰り返すであろう。そして、その闘争に疲れ果てるときが来る。その時世界人類は平和を求め、そのための世界の盟主が必要になる。その盟主とは、アジアに始まって、アジアに帰る。そしてアジアの最高峰、日本に立ち返らねばならない。我々は神に感謝する。天が我々人類に、日本という国を与えたもうたことを」と。

日本が二十一世紀においてグローバルに公共世界を築くことに積極的に貢献すべき時が来ている。

C　不寛容ではなく寛容を

宗教の共存においては、クェーカーの徹底した平和主義、ガンジーの徹底した非暴力思想に学ぶことが大である。

新渡戸が国際連盟の本部ジュネーブを去る時、同僚たちは「あなたはこの不寛容な西洋社会に、多くの贈り物をもたらされたのですが、中でも特筆すべきは東洋社会の寛容さとでも言うべきものでした」と送別の辞を送った。当時の世界的教養人、国際人、公共人を日本人として大事にしたい。

参考文献

新渡戸稲造全集編集委員会『新渡戸稲造全集』全二三巻・別巻二（教文館、一九八三〜二〇〇一年）。

新渡戸稲造著、矢内原忠雄訳『武士道』岩波文庫（岩波書店、一九七四年）。

赤石清悦『新渡戸稲造の世界』（渓声出版、一九九五年）。

稲垣久和『公共の哲学の構築をめざして――キリスト教世界観・多元主義・複雑系』（教文館、二〇〇一年）。

内川永一朗『晩年の稲造：共存共栄を説く』（岩手日報社、一九八四年）。

内川永一朗『永遠の青年：新渡戸稲造』（新渡戸基金、二〇〇二年）。

オーシロ、ジョージ『新渡戸稲造――国際主義の開拓者 名誉・努力・義務』（中央大学出版部、一九九二年）。

坂口ふみ『〈個〉の誕生――キリスト教教理をつくった人びと』（岩波書店、一九九六年）。

佐々木毅、金泰昌編『公と私の思想史』公共哲学一（東京大学出版会、二〇〇一年）。

佐々木毅、金泰昌編『日本における公と私』公共哲学三（東京大学出版会、二〇〇二年）。

佐々木毅、金泰昌編『欧米における公と私』公共哲学四（東京大学出版会、二〇〇二年）。

佐藤全弘『新渡戸稲造――生涯と思想』（キリスト教図書出版社、一九八四年）。

佐藤全弘『新渡戸稲造の信仰と理想』（教文館、一九八五年）。

佐藤全弘『日本のこころと「武士道」』（教文館、二〇〇一年）。

札幌市教育委員会文化資料室編『遠友夜学校』さっぽろ文庫一八（北海道新聞社、一九八一年）。

札幌市教育委員会文化資料室編『新渡戸稲造』さっぽろ文庫三四（北海道新聞社、一九八五年）。

武田清子編『プロテスタント人間形成論』世界教育学選集二九（明治図書出版、一九六三年）

東京女子大学図書館編『新渡戸稲造記念文庫目録：東京女子大学図書館所蔵』（東京女子大学図書館、一九九二年）
東京女子大学新渡戸稲造研究会編『新渡戸稲造研究』（春秋社、一九六九年）
馬場宏明『大志の系譜——一高と札幌農学校』（北泉社、一九九八年）
原田明夫、他『随想　未来へのかけ橋——今も生きている新渡戸稲造の精神』（新渡戸基金、一九九九年）
松隅俊子『新渡戸稲造』（みすず書房、一九六九年）
湊　晶子「東京女子大学と初代学長新渡戸稲造先生」『新渡戸稲造研究』第一二号（新渡戸基金、二〇〇三年）
湊　晶子『新渡戸稲造と妻メリー——教育者・平和主義者として』（キリスト新聞社、二〇〇四年）
盛岡市教育委員会『新渡戸稲造先生没後五〇周年記念事業報告書』（新渡戸稲造先生没後五〇周年記念事業委員会、一九八三年）
矢内原忠雄『余の尊敬する人物』岩波新書（岩波書店、一九四〇年）

（二〇〇六年二月『公共哲学16　宗教から考える公共性』東京大学出版会一八一～二〇八頁）

Ⅲ　グローバル時代を生かす
――「公共の精神」と「リベラル・アーツ教育」

序

二〇一三年二月二十三日（土）十六時三十分から十八時まで行われた「地球システム・倫理学会」主催講演会において、「グローバル時代を生かす『公共の精神』と『リベラル・アーツ教育』」と題して講演させていただいた。当日は長年収集した映像を用いての講演であったが、ここでは要旨のみとさせていただく。

右傾化していく現代日本とグローバル化していく世界情勢の中で「公共の精神を明確に構築する必要性」を痛感する。今回は上記のテーマを次の五点から考えてみたい。

一　今あえて何故「公共の精神とリベラル・アーツ」か

一　今あえてなぜ「公共の精神とリベラル・アーツ教育」か

A　「滅私奉公」時代を生きて

戦時下最も軍国主義が厳しかった神戸西須磨小学校五年生の時、五代目のクリスチャンであった私はある朝、素朴な疑問が湧き毎朝強要されていた宮城遥拝と教室に飾られた神棚にかしわ手を打つことが出来なかった。先生は激怒し、私は来る日も来る日も教室の一番後ろに一時間目から六時間目まで立たされた。いじめにもあった。このような時代を二度と繰り返してはならない。この経験は私を「初代教会史とローマ帝国の迫害」の研究に導いた。

戦時下は「滅私奉公」の時代であった。すなわち忠君愛国「天皇を崇拝する臣民の教育」が強要された時代である。「教育の目的」は「大日本帝国国家の目的」と一致結合したものであり、「公」は「国家」であり、

「主」であり、「私」は「個人」であり「主」に対して「従」の関係であった。

日本をこのような時代に決して逆戻りさせてはならない。二〇〇六年に改正教育基本法が成立し、いま、憲法改正が唱えられていることは何を意味するか。

B　「改正教育基本法」（二〇〇六年）成立に当たって

改正前の教育基本法の前文には「われらは、先に日本国憲法を確認し」と明記されていたが、改正教育基本法では前文から「日本国憲法」が、第一条から「真理と正義を愛し、個人の価値を尊び」などが削除され、それらに代わって「伝統を継承し」が加えられた。

C　「日本国憲法改正案」（二〇一二年四月二十七日決定自民党案）

前文に「国民統合の象徴である天皇を戴く国家」が加えられ、第一章で日本国の「象徴」から日本国の「元首」に、第二章で「戦争の放棄」から「安全保障」に、第九条で国防軍が追加された。元首の英語は the head of state であることを心に留めたい。

私たちは民主主義の原点に立って、反対すべきはすべきであると思うし、その精神、すなわち「民の精神、公共の精神」を養う必要がある。軍国主義の中にあっても毅然と生きた人は数多くいたことも忘れてはならない。戦前・戦中・戦後の東京女子大学学長（一九四〇〜一九四八年）を務めた石原謙第三代学長は、軍部からの圧力が厳しくなっていた時代に「君が代も勅語奉読もない創立二十五周年式典」を開催した。また、一九八五年ヴァイツゼッカーは戦後四十周年演説で、「過去に目を閉ざす者は結局のところ現在にも盲目となる。非人間的な行為を心に刻もうとしない者は、またそうした危険にも陥りやすいのだ」と述べたことは貴重である。

D 「日本における公・公共概念」への問題提起

日本に於いて山脇直司氏の『公共哲学とは何か』（ちくま新書、二〇〇四年）、また苅部直氏の『丸山眞男——リベラリストの肖像』（岩波新書、二〇〇六年）など公・公共の精神について示唆に富んだ本が出版されていることは誠に貴重であると思う。藤倉皓一郎氏が指摘されるように、日本に於いて公共の概念を定着させるためには努力が必要である。

藤倉皓一郎氏は『学術の動向』において、「私 person は独立の個人 individual であり、社会的活動を行う人、市民、人民 citizen, people であり、この市民が二人以上で何かをすることが公であり、public, republic, common である。したがって、アメリカ人の多くは政府 government が公であるとは考えない」、「官による公の占有を破り、私が公を創造するためには、まだ相当の時間をようする」[1]と問題提起しておられる。

私は東京女子大学の初代学長新渡戸稲造と第三代学長石原謙学長からもっとも大きな影響を受けた。「われ太平洋の橋とならん」と日本と世界を奔走しつつ、明治、大正、昭和を生きた新渡戸稲造の没後八十年を迎えるにあたって、今もう一度「早くから個の確立と公共の精神」を唱えていたことに着目したいと思う。

二　「私・個」の確立と「公・公共」の精神――新渡戸稲造のリベラル・アーツ

稲造は一八六二年文久二年に盛岡に生まれ、六歳で父を亡くし、九歳の時、叔父の養子となり上京した。東京英語学校に学び、その後札幌農学校（現北海道大学）の二期生となり、一八七八（明治十一）年内村鑑三らと共に洗礼を受けキリスト者となった。東京大学を経てジョンズ・ホプキンス大学に留学中メリー・エルキントンと出会い、両家の反対を押し切って結婚。二人の生涯は日本に、特に「個の確立」と「公共の精神」に大きな影響を与えた。結婚二週間後に帰国。札幌農学校の教授に。男の子を出産五日目に亡くし悲しみの中で、アメリカから送られてきた資金で「学校に行けなかった子供、行けない子供たち」のために遠友夜学校を建て無給で校長を務めた。一九〇〇年アメリカで『武士道』を出版。副題 *"The Soul of Japan"* に武士道の本意が表されている。第一高等学校校長、東京女子大学初代学長をつとめた。また、「国際連盟事務局次長」として世界平和のために尽力。カナダのバンフで開催された第五回太平洋会議に出席後一九三三（昭和八）年生涯を閉じた。軍国主義がますます強化されて行く日本に、メリーは夫稲造の遺骨を抱いて帰国した。メリーは「いつアメリカに帰りますかと聞かれるほど淋しいことはありません。私は日本人稲造の妻で、私の国は日本です」と答え、遠友夜学校の二代目の校長となり、日本で亡くなった。新渡戸稲造と共にメリーも今を生かす国際人であり、日本に人格教育と公共の精神を紹介した人物である。

新渡戸の人格論は縦軸と横軸すなわち座標軸に位置付けられた人格論である。人格とは何か。人間教育と人格教育はどのように異なるか。新渡戸稲造の人格論に学びたい。(2)

A「私・個」……人格・Personality, Character

多くの大学の教育方針に人格教育と書かれているが具体的に何を意味するか。人格を形成することは「個」を確立することである。新渡戸は『西洋の事情と思想』の中で「西洋人は、パーソナリテーを重んずる。パーソン即ち人格である。日本では人格といふ言葉は極めて新しい。私等が書生の時分には、人格といふ言葉はなかつた。パーソンといふ字はただ『人』と訳してゐた。しかし詳細に調べると、メンといふ意味とは違つて「人たる」といふ字である。格といつても資格といふやうな意味は毛頭ない。人工的な、或いは社会が取り上げる資格などとはまったく違う意味である。(3)」

B　個の確立・人格形成……Vertical 縦関係

個とは、新渡戸によると、「人格神」との垂直的縦関係に形成されるとする。

「人を相手とせず、天を相手とする覚悟を持たなければならない。人はどこか動じないところ譲れぬところ、断固とした信念がなければならない。それを生み出すものこそ、人格神との垂直的縦関係であり、その関係性の中に人格は形成される(4)」と。

一般に個の確立は、ルネサンスに求められるが、新渡戸は初代教会に求めた。その立場から「個」の確立を研究された人に坂口ふみ「個の誕生」[5]がある。人格神との関係性に形成される個の概念である。三位一体論にさかのぼる視点である。そのような「個」の概念から新渡戸の次のような言葉が生まれたのであろう。

「知ること（to know）よりも「実行すること（to do）」「実行すること」よりも「存在すること（to be）」が大切である。[6]」

私は長い外国生活から日本人の意識構造には、「出る杭を打つ」という概念があることに気づいた。一人称で語らないのである。「もし、あなたがそうおっしゃるなら、私は……」と一人称が後から出てくる。森有正は日本文化を二人称文化と述べた。集団的意識構造を生む土壌である。私が私として存在することが難しいのである。

新渡戸が一高校長に就任した時は日露戦争後の動揺期で、唯物論、破壊的思想の影響下にあった青年たちは、夫妻による格式ばらない教育実践により心を育てられた。六年半の校長職を去る時には、多くの学生が後を追い、小日向台の自宅まで送った。そこで愛情をこめて学生たちに言った言葉が、「日本人に最も欠けているは、Personality（人格）の観念であり、Personality のないところには Responsibility（責任）は生じない[7]」である。現代ほど責任を最後まで取れる個の確立が求められている時代はない。

C　新渡戸の人格教育は「男も女も」同様に

旧憲法の下に男尊女卑の教育を受けた私は一九五一年に東京女子大学に入学した。石原謙先生から新渡戸稲造著『内観外貌』が入学祝いに贈られた。そこにはリベラル・アーツの原点が次のように書かれてあった。

「学問の第一の目的は人の心をリベラライズ（自由）するといふこと、エマンシペイト（解放）することである」[8]と。

「教養とは何か」に目覚めさせた私の学生時代であった。

新渡戸はさらにゆるぎない個が確立されれば、男性と女性の問題も解決されるという視点に立って、次々に先駆的な立場から女子教育をリードした。一九一七年には『婦人に勧めて』を出版し、次のように述べた。

「所謂良妻賢母主義は、人間を一種の型にはめ込むようなものである。日本の女子教育は、女を妻か、母か、娘かいずれかにしてもひとり立ちの人間らしくない男の付属品のごとく見ている。一個の人間として立派に出来上がった婦人（人格）ならば、妻としては良妻、母としては賢母である」[9]と。

また、翌一九一八年には東京女子大学開校式式辞で、

「婦人が偉くなると国が衰えるなどというのは意気地のない男の言うことで、男女を織物に例えれば男子は経糸、女子は緯糸である。経糸が弱くても緯糸が弱くても織物は完全とは言われませぬ」と。

D　「個の確立」が「公・公共」を生む

新渡戸はまずそのような個が確立されて初めて横のつながり、すなわち「公・公共」が形成されるという。新渡戸はこれをソシアリティといった。すなわち垂直的関係に対して水平的関係であると。初めて真の他者との和が形成されることを強調した。

「人間は大きな心で人と和して行かねばならない。絶対を楯にとり、理屈を一理も曲げずに、他人をことごとく小人視して、我独り澄めりという心がけでは、世の中は少しもよくならない。どれほど高い理想を抱こうとも、実行に当っては譲れるだけ譲り、折れるだけ折れて行くのが大切である」と。

新渡戸は日本の軍部の圧力が増大してきた一九二六年国際連盟事務局次長を辞任しなければならなかった。軍国主義化する日本の公・国家の下にある組織を離れて、国際平和のために尽力した。一九三三年カナダで開催された第五回太平洋会議に世界平和を願って出席した。遺言となった演説には、新渡戸のソシアリティの志がみなぎっている。

「両国政府の間には、対立がある。しかし、人と人としては、お互いには悪意を抱くものではない。今、こうして友情の日を過ごしていることが、共通の文化と伝統の遺産を持つ両国民の究極の和解への道へと通じることになるのかもしれない。これを、誰が否定しえようか。国を異にする者の間での個人的な触れ合いこそ、今、あまりにも多くの災禍に悩むこの世界にあって計り知れぬ結果をもたらすことになるのではなかろうか。」

新渡戸の言葉から、「人格・Personality」と「Sociality・Public 公共の精神」についてご理解いただけたと思う。この精神を教育するのがリベラル・アーツ教育である。私が東京女子大学に入学した一九五一年の最初の英語のテキストは、A・K・ライシャワー（エドウィン・ライシャワーの父）によって書かれた*"Our College"*であった。それは*"Our college is Liberal Arts College"*から始まっていた。私の人生のテーマ「リベラル・アーツ」は六十二年前に遡るのである。戦後の一般教育とは異なり、まさに新渡戸のいう人格教育である。

三　「新渡戸のリベラル・アーツ」から現代へのメッセージ

A　リベラル・アーツは専門の一分野ではなく教育の土台である

二〇〇五年一月に中央教育審議会は、「我が国の高等教育の将来像」という答申を発表し、二十一世紀「知的基盤社会」における高等教育の在り方を問うた。この報告書では、高等教育の多様な機能と個性・特色を明確にするために、大学の機能を次の七つに分類した。即ち
①世界的研究・教育拠点、②高度専門職業人養成、③幅広い職業人養成、④総合的教養教育、⑤特定の専門分野（芸術、体育など）、⑥地域の生涯学習機会の拠点、⑦社会貢献機能（地域貢献、産学官連携、国際交流）の七分野である。

教養教育が大学の機能別分化の一つの柱として独立的に位置づけられているところに問題を感ずる。リベラル・アーツ、教養教育と専門教育のどちらが重要かという議論ではなく、学部教育においては「専門性の

ある教養人」を、大学院においては「教養ある専門人」を育成することが望まれるのではないか。

B　リベラル・アーツ教育の目指すもの

私は、リベラル・アーツ教育とは「知識や技術だけを身に着けた狭い視野の人材を育てる教育ではなく、人間とは何か、生きる目的とは何かを追求し、判断力、決断力、切断力、困難を克服できる人間力を備え、社会の中で責任ある行動を毅然として取り得る人物（人格）を育てる教育である」と思う。新渡戸稲造が述べた「教えられたことをすべて忘れた後に残っているものが教養である」という言葉に感銘を受ける。

C　真の国際人として

「私」と「公共」の精神に明確に立つことが求められる。森有正が日本人は二人称文化の中にあり、一人称で明確に自己表示することが難しく、集団的意識構造に陥りやすいといったことに同意する。私は「出る杭を育てる教育」をしたい。国際的に通用する人物が必要である。

四　国際社会における「公共精神」の果たす役割

山脇直司先生が『公共哲学とは何か』の中で、「国際社会に置ける『公共精神』の重要性」について次のように述べておられる。

「近年、国際政治の舞台では、NGOが新しい公共性の担い手となってきました。とくに、経済開発・協力問題、環境問題、平和問題などにかかわるNGOには、社会的に不遇な人々を代弁して種々の問題提起や提言を行うような『アドボカシー』と呼ばれる活動が要請されています。この場合、NGOは『国境を超えた(トランスナショナルな)民の公共』を代弁する役割を担っているといっていいでしょう。この際、『政府や国連など』はNGOから種々のアドバイスや協力を得ることで、自らのあり方を補完していくことになります。こうして国際公共政策のレベルでも、民の公共の果たす役割の比重はますます大きくなっていくでしょう。[10]」と。

私はすでに二十年近くワールド・ビジョン・ジャパン（NGO）に携わってきたが、二〇一〇年学長職を退いてからはワールド・ビジョン国際理事に選出され、すでにインドネシア、タイ、マレーシア、台湾、ローマ、スリランカ、ロンドンに派遣された。国際社会で活動する中で、日本において公共の概念、山脇氏が言われる「民の公共」の構築が急がれる経験をすることが多い。いくつかの事例をご紹介させていただく。

過去十数年来の世界の大変動は、国際社会が国家だけで成り立っているのではないことや、国家や政府だけに頼っているのではなく、国境を超えて連携・協力し合い、社会開発、環境、教育などグローバルな立場で役割を果たすようになってきている。各国市民組織による国際協力活動が重要な位置づけとなってきた。特に「日本においては『私』が『公・公共』を創造する概念の構築」が急がれる。

国際NGO／NPOの定義は国により異なるが、共通条件を挙げれば次の四点である。

①活動の目的が公益であること、

②主として専門性を身に着けた人々の集団であること、

③組織力をもって行動すること、

④他に強制されて行動するのではなく、自発的かつ自治的に公益活動を行う事である。

日本ではとかくボランティア活動イコールNGO活動と思われがちだが、上記の条件を満たしている必要がある。山脇氏が指摘されたように種々の問題提起や提言を行うアドボカシーに参加できる組織が必要である。

ワールド・ビジョンは一九五〇年アメリカ宣教師ボブ・ピアスにより始められた。一九六〇年まで日本は支援される国であったが、一九八七年にはワールド・ビジョン・ジャパンを設立、一九九九年には「特定非営利活動法人」法人格を持つ民間援助機関となり、二〇〇二年には「認定NPO法人」に認定された。

ワールド・ビジョンは現在九十七か国の協力で運営されており、総収入二十七億九千万ドル。約二千七百億円で活動を展開、三百三十万人の子供たちのサポート、開発援助・緊急人道支援・アドボカシーなどに参画している。ワールド・ビジョン・ジャパンは約四十七億円で活動。チャイルドスポンサーとして約六万人をサポートしている。東日本大震災復興支援として四十七億円の献金をいただき、感謝しつつ三年目の復興活動に入っているところである。

五　地球市民社会構築のために……日本に「私（個）と公共」の精神の構築を

このような「公共」の活動を活発化させることは、日本が「滅私奉公」的概念から抜け出すための原動力となると確信する。藤倉晧一郎氏の言葉を結論としてもう一度読む。「私 person は独立の個人 individual であり、社会的活動を行う人、市民、人民 citizen, people であり、この市民が二人以上で何かをすることが公であり、public, republic, common である。したがって、アメリカ人の多くは政府 government が公であるとは考えない。」、「官による公の占有を破り、私が公を創造するためには、まだ相当の時間をようする。」

日本に「私（個）と公共」の精神を土着化させることが、日本の民主主義への貢献となることを確認して講演を閉じる。詳しくは二〇〇六年に『公共の哲学 16』に執筆した「新渡戸稲造における私と公と公共」(1)で補っていただければ幸いである。ご清聴に感謝する。

注

1　藤倉皓一郎「アメリカ法における私と公―公共信託の理論―」『学術の動向』二〇〇八年八月号（日本学術会議）二五〜二九頁。
2　湊晶子「新渡戸稲造の人格論・Personality の今日的意義」『東京女子大学比較文化研究所紀要』第七〇巻（二〇〇九年一月）四九〜六三頁参照。
3　新渡戸稲造『西洋の事情と思想』（実業の日本社、一九三四年）、『新渡戸稲造全集』第六巻（教文館・一九六九年）収録五六三頁。
4　佐藤全弘『新渡戸稲造——生涯と思想』（キリスト教図書出版社、一九八〇年）四七五〜四八一頁。
5　坂口ふみ『〈個〉の誕生——キリスト教教理をつくった人びと』（岩波書店、一九九六年）参照。
6　新渡戸稲造『随想録』（丁未出版社、一九〇七年）、『新渡戸稲造全集』第五巻（教文館、一九七〇年）二二一〜二二三頁。
7　矢内原忠雄「一高校長を辞められた時（昭和十一年二月二十日記）」『新渡戸稲造全集』別巻（教文館、一九八七年）二八〇頁。
8　新渡戸稲造『内観外望』（実業之日本社、一九三三年）、『新渡戸稲造全集』第六巻　四〇七〜四〇九頁。
9　新渡戸稲造『婦人に勧めて』（東京社、一九一七年）、『新渡戸稲造全集』第一一巻（教文館、一九六九年）四六頁。
10　山脇直司『公共哲学とは何か』（筑摩書房、二〇〇四年）一七七頁。
11　湊晶子「新渡戸稲造における私と公と公共」『公共の哲学一六宗教から考える公共性』稲垣久和、金泰昌編（東京大学出版会、二〇〇六年）一八一〜二〇八頁参照。

（二〇一三年『地球システム・倫理学会会報 No. 8』二〇〜二五頁）

Ⅳ　国際化時代における神学教育の課題

近頃、われわれ日本人は「国際人」にならなければならない、日本は「国際化」しなければならないとよく言われる。臨時教育審議会は、高等教育改革の基本的考えの一つとして、「国際化への対応」をあげて、高等教育における国際的視野の重要性を強調している。そうして、これを具体化するための手段として、国際的内容の学習の強化と国際的責任を自覚した国際人の育成を挙げている。(1)また、経済審議会報告「二〇〇〇年の日本」も、「国際化」を二十一世紀に向けての第一の重要課題として取り上げている。まさに「国際化」時代の到来といってよい。

しかし、「国際」とか、「国際化」とか、「国際人」という日本語が意味している内容には、統一概念がまだ構築されていないように思われる。国際人になるとは、どういうことを意味するのか。また、国際化の理念とはなにか。考えてみるとこの問題はそう単純ではない。にもかかわらず、うっかりすると、言葉の魔術に引っ掛かってしまい、この言葉を用いることによって時代の最先端を行っているような錯覚に陥る危険があるのである。

そこでこの小論において先ず、国際化の理念について、第二に、現代日本の大学教育における国際化の傾向について、第三に、国際化時代における神学教育の課題と果たすべき責任について検討してみたい。

一　国際化の理念について

A　国際社会からの日本への期待とその特徴

一九八七年一月一日付けの日本経済新聞において、ハーバード大学教授リチャード・クーパー氏（Richard Newell Cooper, 1934～）は、「模範示すリーダー国に」と題して、経済政策や行動をいくつかの点で方向転換させることを促している。すなわち、

①輸出一辺倒のパターンを捨て、内需拡大に努めるべきだ。
②日本の過剰貯蓄を対米投資中心から発展途上国への投資にふりむけるべきだ。
③政府は直接的に国際公共財への支出を増加すべきだなどの示唆に富んだ議論を展開しながら、今後の日本の国際的な役割は、「模範としてのリーダーシップ」を発揮すること、すなわち対外援助、貿易上の慣行、国内経済政策の運営などの点で進んで他の国の手本となるような行動をとることであると強

調している。[2]

また、ノーベル賞受賞者であり、読売新聞客員論説委員でもある江崎玲於奈氏は、「東西文化交流の触媒」と題して、二十一世紀には太平洋時代の主役を努めるであろう日本人の重い役割について、ニューヨークから論説を送っておられる。その中で、「近年、太平洋地域の経済発展のテンポが、いずれの他の地域よりも急速であるのは、この地域に割拠する諸文化、大きく分ければ東西の文化であるが、その間の激しい交流に触発された結果と見なすことができよう。すなわち、アメリカ文化のアジアへの影響力が強いというだけではなく、いまやアジア文化のアメリカへの影響力が高まってきたので、ここに新しい文化が創造される契機が認められるのである」と述べ、その中で、日本人は果たして、東西文化交流の触媒としての役割を演じ、二十一世紀の創造に貢献することができるに足る国際感覚とウィズダム（英知）を養っているかどうかを問うている。[3]

リチャード・クーパー氏と江崎玲於奈氏の発言の中に、国際化の二つの面、すなわち政治経済の分野における国際化と、もう一つは世界の国際化に貢献し得る精神的な面とが含まれている。前者は、どうしても自国の国益追求のためにやむなく国際化する、という傾向をたどりやすい。クーパー氏の進言は、日本の国際化のあり方に対して、いくつかの方向転換を迫ったものであろう。勿論日本にとって経済的な国際摩擦を解決することは急務であるが、江崎氏の指摘する意識改革という面での国際化にも、これからはしっかりと取り組んでいく必要がある。

B　国際化の定義

国際化というのはインターナショナリゼーション（Internationalization）の訳であり、その意味は、「ある集団ないし組織をなるべく多くの民族・人種により構成させること」であるが、日本ではこのような意味での概念はなかなか定着しにくい傾向がある。「ある集団を閉鎖系から解放系へ導くこと」というニュアンスの語として用いられているのではないかと矢野暢《とおる》氏は指摘している。[4] そうして、彼は「国際化とは、固有のアイデンティティを持った一国民（ないし民族）を、もっとも摩擦の少ない形で、国際的に『定位』させるための努力[5]」と定義した。このように、矢野氏の問題提起はどちらかと言えば、国際関係論的発想に立っている。

また、犬養道子氏（1921〜）は国際化理念の根底に、コントリビューション contribution（貢献とふつう邦訳されるが、コンは、「互いに」「相互に」「共に」、トリビュートは「貢ぐ」というより「与える」。つまりはやりとり）という内面的、精神的、自発的な面を強調している。[6] 国際化論議がますます盛んになってきている今日、「国際」とは何かを、理念的に把握してこの言葉を用いなければならないと思うのである。国際化とはどのように一般に定義すればよいのだろうか。

まず第一に、国際化とは、我が国と密接な関係のある地域や国々についての総合的で具体的な知識を持って、自国がどうあるべきかを謙遜に検討し位置づけることであると思う。また、冷静な目で自国の文化と異文化を比較し、自己のアイデンティティー（identity ——正体）を明確につかむことである。このことがなされて初めて、もっとも摩擦の少ない形で、国際的に定位させることが可能となるのである。

最近国際国家日本という表現がよく用いられるが、一見インターナショナリズムへの志向が前面に押し出されているかのように見えるが、実は、ジャパン・アズ・ナンバーワン的意味合いの方が濃厚な場合が多いのである。「国際国家」日本が同時に「単一民族国家」である点の自賛につながってしまうようなことがあってはならないのである。国際化は、まず日本をアジアの中に、国際社会の中に、謙遜に位置づけることから始めなければならない。

第二に、国際化とは、地球規模での連帯の中で、国際的植物人間にならないで、コントリビューション精神に立って対話し続けることである。民族、国家を超えて対話できる人こそ生きた国際人といえる。生きた国際人とは、単に外国語を駆使できる人という意味ではなく、共通の価値観を見出して、しかも自由に交流できる人なのである。

そもそも世界にはアメリカ人とかイギリス人とか中国人とか日本人とかのさまざまな人間がいるだけであって、国際人という人種は存在しない。個人と個人の場合も同じであるが、民族と民族、国家と国家がつき合うことができるためには、何らかの共通な価値観、ものの考え方をもっていなければならない。そのような共通の基盤を前提として、はじめて他との真の関係が成立する。価値観が違う時は、関係はスムーズには成立しない。

和光大学教授の岸田秀氏（1933～現・和光大学名誉教授）は、「国際人とは何者か」という記事の中で、日本の価値観もアメリカその他の諸外国の価値観も相対する一段上の新しい価値観を創り出し世界に提唱しない限り、国際人ということは言えないのではないか[7]と問題を提起しておられるが、その通りである。

国際化の理念の最も大切なことは、国際化時代にふさわしい共通の価値観を新たに創造することであり、これこそ現代の教育の根源的な目標にならなければならないと思う。

犬養道子氏は、「コンの時代」という評論の中で、国際社会を宇宙船地球号になぞらえて現状を次のように分析しているのは興味深い。

「宇宙船地球号にガタが来て、世界のあっちこっちに、信じがたい大きさや質の、ほころびが出て来てしまったいま、まず、そのガタを、みんな共に（コントリビューションのコン）見て、共《コン》にほころびをつくろうには、何をどこからどのように順序づけなくちゃならないのか、共《コン》に模索する、語りあう、考える、する——これこそコントリビューション第一号である(8)」と。

日本も地球というたったひとつの宇宙船の乗組員であり、たったひとつの生存の場に持ちつ持たれつしながら乗っているのだから、コンの精神に生きなければならないのは当然である。

いま宇宙船の緊急課題は飢餓問題である。国家レベルの経済対策は必至であるが、グローバルな視野に立った人間仲間意識、お互いに分かち合う心、与えられた才能と知恵と経済力を今与えられていない人々のために活用する意志を恒久的に育てることが必要とされている。聖書的に言えば、仕える心、奉仕する心をもって、一つの宇宙船の中で共にコントリビュートすること、これこそが最も大切な国際の理念であり、民族を超えた新しい価値観である。これを生み出すことは今日の課題であるが、最も難しい作業でもある。

最近、聖書的価値観の提唱がマスコミにおいても、学会においても取り上げられるようになってきていることは注目に値する。一九八七年一月五日の読売新聞読書欄に、国際化を考えるのに有益と思われる書物のリストを、アンケート結果として掲載していたが、上位に聖書を挙げていたことは実に興味深い。また、一九八六年一般教育学会第八回大会においては、アンセルモ・マタイス（Anselmo Mataix, 1928~2012 当時・上智大学学務担当副学長・同文学部人間学研究室教授、没時・上智大学文学部名誉教授）が、「国際化時代における一般教育」と題して聖書的価値観の創造の必要性について発題されたことは大変興味深い[9]。

第三に、共通の価値観を生み出し、育て、発展させるためには、意思を伝達するための言葉を必要とする。それも単なるバイリンガルではなく、マルチ・リンガルを目指すべきである。日本語のほかに、英語かヨーロッパ系の言語一つと、中国語かアジア系の言語一つを習得することは、ますます国際化の進む時代にあって必須となろう。

二　現代日本の大学教育における国際化の傾向

今や大学の国際化は時代の要請となって来た。文部省は昭和六十二（一九八七）、六十三（一九八八）年度開設希望の私立大学、短大の新設、学部、学科増設についての申請を昨年（一九八六年）受理したが、国際関係学部や国際教養科など国際化を反映した学部・学科のほか情報化時代に対応した学部、学科が目立っているとその傾向を分析している。

また、国際学部・学科の設置は、ほとんど私学に集中しているのも特徴である。既に認可されて特徴ある授業と研究活動を続けている学部・学科をいくつか挙げてみると、日本大学、中部大学、大東文化大学の国際関係学部（国際関係学科・国際文化学科）、摂南大学の国際言語学部（国際言語文化学科）、青山学院大学（国際政治・国際経済）、明治学院大学の国際学部（国際学科）などがある。短期大学においても国際的学科の増設が目立つ。新島学園女子短期大学と名古屋聖霊短期大学の国際文化学科、愛知学泉女子短期大学の国際教養科、光陵女子短期大学の国際教養学科などである。

国立大学では未だ上記のような学科は設置されていないが、創設に取り組んでいる大学もある。琉球大学は現在「国際関係学部」の創設に取り組んでいる。琉球大学助教授で現在フィリピン大学大学院客員教授である嘉数啓《かかずひろし》氏は、設置予定の学部について次のように抱負を語っておられた。「ハワイの東西文化センターでもできなかった東南アジアを中心とした『大学国際ネットワーク』をこの学部に位置づけたい」と。

今や時代の要請もあって私立大学においても、国立大学においても、大学の国際化を強力に推進しようとしている。大学教育における国際化といった場合、現在のところどうしても一つの方向を辿る傾向があるように思える。それは上述したように、国際関係論とか国際政治学とか外国語学習などの具体的学問分野の充実を計る傾向である。

確かに世界のあちこちで絶えることなく起こっている地域間、国家間の摩擦・対立・抗争を正しく解決するためには、関係のある国々の政治・経済・地域・言語などの知的理解を深めなければならない。そのためには、どうしても国際と名付く学部・学科において国際政治、国際経済、国際関係、比較文化、地域研究などの学びができるようにしなければならない。偏狭なナショナリズムで武装した「日本型国際国家」になりつつある日本にとって、これらの学習から謙遜に自らを世界に位置づけることができるようになるならば、日本の国際社会における影響は強いものがあると思うのである。

三　国際化時代における神学教育の課題

国際関係学部の取り扱う守備範囲は、どちらかというと社会科学分野からのアプローチが主となる傾向がある。しかし、国と国との関係、民族と民族との関係をつきつめれば、その核は個々人の人間の営みにまで行きつくのであり、社会、人文を合わせたより広い分野から「国際」のテーマを掘り下げる必要がある。大東文化大学国際学部では、国際関係学部を国際関係学科と国際文化学科の二学科で構成し、人文的要素を包括しようと努力している。

また、昨年充実した国際学部・国際学科を創設された明治学院大学においては、国際経済・国際関係などの分野のほかに比較文化、地域研究、平和研究などユニークな分野をも加えて他の大学に類を見ない多彩な内容の学部を構成された。特に国際性の問題を「人間とは何か」という根源的テーマから出発しようとしている点において、他の国際学科と異なると思う。それを担当される深作光貞《ふかさくみつさだ》氏（1925~1991）は「日本や日本人という枠の中に閉じ込められず、『外』に向かうことによって身につく国際性がある一方で、人類はみな同じ人間なのだから、『いったい人間とは何か』を『内』に向かって追求することにより会得する国際性もあり得るのではないか」と述べられ、そこに国際性の原点を求めておられる。

以上のように、国際化を人間論にまで掘り下げ、精神的な問題として捉えようと各方面で努力しているのに、この分野を主題としている神学の分野で、神学的レベルでの的確な対処を怠ったならば、キリスト教界は国際化に大幅に遅れを取るであろう。そこで国際化時代に求められる神学教育の課題と責任を幾つか考えてみたい。

A　聖書的国際人の育成を目指す神学教育を

「人間とは何か」の問いに真の解答を与え得るのは、まさに神学の学びにおいてである。今日までの神学校または大学の神学科の内容は、組織神学、聖書神学、歴史神学、実践神学の四部門から構成されており、国際化時代への対応という観点からすると新しい対応が迫られている。

神学の学びの中で、聖書的人間観を把握し、一人一人がかけがえのない人間として創造され存在しているという事実を理解して、人々に仕えるという新しい価値観を身につけて社会に出ていくならば、この新しい価値観は社会を悩ましている人間関係の希薄化や人間疎外やいじめなどの問題解決に必ずやコントリビュートするはずである。日本の国内ばかりでなく、国外においても積極的に仕え奉仕する人材を神学部は養成する責任があろう。したがって、これからの神学部の課題は、本来の牧師・伝道師という教職者を育てる任務と国内はもとより海外においても、積極的に奉仕活動に参加しつつ生きた国際人としてコントリビュートできる人材を生み出す任務の両方を担うべきであると思うのである。

伝統的に神学部は教職者養成のための学部として理解されているが、もし可能ならば神学部の中にもう一つキリスト教の原理に立ちつつ宇宙船地球号の中で共に生きることができる聖書的国際人を養成する分野が創設されるのを期待する。

聖書的国際人と言った場合、私はパウロのような伝道者を願って止まない。彼は「キリキア州の町タルソの市民であるユダヤ人」（使徒二一・39参照）であった。このことは、パウロの人生が三つの要因によって方向付けられていたことを意味している。すなわち、ユダヤ人であることによって、ヘブライズムと必然的に結ばれ、ローマ帝国の市民権保有者であることによって、当時の小アジア・ヨーロッパ世界における最大の世俗勢力とかかわり、アテネやアレクサンドリアと並び称せられるヘレニズム都市タルソスに生まれたことによって、ギリシア人の高度に発達した文化に接したのである。パウロは、実に宗教的にはヘブライズム、政治的にはローマ帝国、文化的にはヘレニズムという三つの要因によって特色付けられた世界で活躍した国際人と言える。

彼はキリスト教最大の宣教者、思想家、また著作家として知られているが、彼を最も偉大ならしめているのは、キリスト教をユダヤ民族という一民族の枠を乗り越え、パレスチナという一地方の壁を破り、万人のための世界宗教へと進む方向付けをし、またその道を切り開いたところにある。まさにパウロは「ユダヤ人にはユダヤ人のごとく、ギリシア人にはギリシア人のごとく」と彼自ら述べるごとく、各民族のアイデンティティーを最大限に認めつつ、共通の価値観（ガラテヤ三・28、ローマ一〇・11～12）である福音を提供した国際人であったということができよう。二十一世紀に向けての神学教育においては、パウロ的視野に立つ国際的働き人の育成が、ますます迫られて来るであろう。

B　幅広い福音の大使を育成する神学教育を

これからの神学教育は、国内国外を問わず宣教の念に燃えて福音の使者（エペソ六・20）としてどこへでも出ていける奉仕者の育成にも努力すべきであろう。

一九八一年十一月に京都で開催された福音主義神学研究会において、「日本宣教の神学的再考」というテーマのもとに、二十一世紀の宣教論を探る有益なディスカッションが展開された。ここで、どの発題者からも共通に提言されていたことは、信徒による宣教の重要性であった(10)。

宣教の主体性をもつのは、現実には、社会のさまざまな生活領域に遣わされている信徒であるにもかかわらず、しばしば教職者の領域と見做す傾向が強い。宣教において、常に教職者が中心となれば、どうしても「教会が宣教の場」という認識になってしまう。「実社会が宣教の場」となり得る宣教、すなわち家庭生活、職業生活、学校生活において、明確な召命観をもって、イエス・キリストを証する生涯を通しての宣教が今日特に求められていると太田和功一氏は強調しておられた(11)。

教会を建て上げる業に専念する教職者と遣わされた場で積極的にリーダーシップをとって宣教する奉仕者との連携によって、初めて教会は大きく成長すると確信する。神学教育が従来のように、牧師および伝道者のみを養成する機関であり、カリキュラムも国内伝道にのみ通用するものであるならば、国際化時代のニーズに応えることが難しくなる。先に述べたごとく一般社会では国際化に向けて多方面からの検討がなされている時に、神学教育の中でも幅広い福音の使者をいかにして育てるのか真剣に問い直す必要があるだろう。この幅広い福音の大使すなわち奉仕者養成の教育は、決して教職者養成のための亜流でもないし、また二流の教育でもないと思う。[12]二十一世紀の宣教を成功させるために、教職者養成の神学教育と海外宣教および各種奉仕者養成の神学教育がバランスよく行われるよう期待したい。

初代教会におけるプリスカとアクラ夫妻のようなダイナミックで宣教力のある人材を生み出すことが、国際化社会における神学教育の責任ではないだろうか。聖書の記録を辿って見ると、彼等は住み慣れたポントスの町を離れてローマに移り住み、やがて紀元四九か五〇年にクラウディウス帝のユダヤ人追放令に従ってローマを追われ、地中海第一の商業都市コリントに来た。そこで彼等は国際的伝道者パウロを通して、福音に対して目が開かれ、彼から親しく信仰の訓練を受けた。正しく神学に関する個人レッスンを受けたのである。それと同時に国際性に関する貴重なレッスンをも与えられた。パウロに出会って一年六か月後にはパウロに同行してエペソに赴き、すぐパウロと別れて独力でキリストの福音を証し始めたのである（使徒一八章）。それから二年ほどしておそらくユダヤ人追放令が解除されたのであろう、二人は世界の都ローマに再び戻り家の教会といえるまでの集会を成長させたのである（ローマ一六・3～5）。

実にプリスカとアクラは国際化社会に必要な奉仕者である。コリントでの一年六か月のパウロ塾における学びによって、彼等は牧会者に導かれたのではなく、宣教の念に駆られた国際的奉仕者となったのである。プリスカとアクラの家庭には子供が居なかったかも知れないが、それでも短期間のうちに何度も外国に移り住むことは大変な努力と勇気を要したことだろう。ラテン人の住むローマからギリシア人の住むコリントへ、そうしてアジア人の住むエペソにと福音の大使は移動し続けた。コイネー・ギリシア語という国際語があったにしても、異文化圏における伝道であることには違いはない。彼等は各民族のアイデンティティーをよく見極めながら、共通の価値観である福音を宣べ伝えた、勇敢な国際人であったといえる。現代風に表現するならば、彼等はまさに異文化間コミュニケーションの原理を十分に身につけた伝道者と言えるのではないだろうか。コリントのパウロ塾のカリキュラムを知ることは出来ないが、現代のような国際化時代のニーズに応えるために、伝統的に行って来た神学教育のカリキュラムに工夫を加える必要があるのではないかと思う。

C　国際的協力関係を育て得る神学教育

一九八六年の第三回学園デー特別講演において、泉田昭《いずたあきら》氏（1931〜）は「日本のキリスト教の将来」と題して示唆に富んだ講演をされたが、その中で「アジアとアフリカの諸国にも、日本の福音的クリスチャンがもっと積極的に出て行き、共に仕え共に働くようにならなければならない[13]」と強調された（傍点筆者）。

犬養道子氏は国際化の理念の根底にコンの精神を挙げられたことについては既に述べた通りである。一般大学における国際学部の強調点が国際関係論、国際文化論的視点に集中しているなかで、内面的、精神的な面を積極的に強調しつつ国際的にコントリビュートできる人材を生み出し得るのは、神学部においてであると確信する。「共に仕え共に働く」聖書的国際人を一人でも多く育成することは、宇宙船地球号のコンの精神に大きくコントリビュートすることになる。キリスト者として世界平和に必ずや貢献することになるだろう。

D　聖書的国際人として通用する英語教育を

英語教育の内容は動機づけで決まると言っても過言ではない。ビジネスで活躍する人にとって必要なのはビジネス英語であり、英文学ではない。共に仕え共に働くためには、日常会話に加えて福音の伝達を可能にする英語表現も習得すべきであろう。証を英語で表現する訓練、聖書のみことばを英語で伝える訓練は神学教育機関においてなされるべきであろう。

世界のクリスチャンは、聖書という共通の価値観を生み出す書物を持っている。先に和光大学の岸田秀氏が提唱された「すべての価値観の一段上の新しい価値観の創造」説を紹介したが、キリスト者はすでに各国語に翻訳された聖書によって、民族を超えた新しい価値観が創造されているのであるから、語学の習得によって国際的にコントリビュートする道は広く開かれるはずである。

以上検討して来たように、国際化時代における神学教育の課題は実に大きい。これらのすべてのニーズを、本来行って来た神学科のカリキュラムの中で充たすことは不可能であろう。

そこで神学部の中に、神学科と並んで国際的に共に仕え共に働く人材の育成を目指す学科（仮称・国際キリスト教学科）が、創設されるよう望んで止まない。先に挙げた課題を解決するためにも、このような教育は文学部の中に位置づけられたキリスト教学科ではなく、神学部の中に位置づけられた国際キリスト教学科の中でなされるのが最も効果的であると思う。

注

1　臨時教育審議会篇「国際化への対応」『臨時教育審議会審議経過の概要』（臨時教育審議会、一九八六年一月二二日）一五七～一六一頁。
2　リチャード・クーパー「模範示すリーダー国に」『日本経済新聞』（日本経済新聞社、一九八七年一月一日）
3　江崎玲於奈「東西文化交流の触媒――二十一世紀へ重い日本人の役割」『読売新聞』（読売新聞社、一九八七年一月十日）
4　矢野暢「国際化の理念について」『臨教審だより　No.23』（臨時教育審議会、一九八六年十一月）二九～三二頁。
佐々木建「日本型国際化の安定性を問う」『書斉の窓　No.361』（有斐閣、一九八七年一、二月号）五～九頁。
5　『前掲書』二九頁。
6　犬養道子「コンの時代――日本人は国際的植物人間か」『文芸春秋』（文芸春秋社、一九八六年五月）一一六頁。
7　岸田秀「国際人とは何者か」『毎日新聞』（毎日新聞社、一九八六年十月十四日、三版）四頁。
8　犬養道子『文芸春秋』一二二～一二三頁。
9　アンセルモ・マタイス「国際化時代における一般教育」『一般教育学会第八回大会発表要旨集録』（一般教育学会第八回大会実行委員会、一九八六年六月七―八日）、七二～七五頁。
10　日本福音主義神学会編「日本宣教の神学的再考――二十一世紀の宣教論をさぐる」（第一回福音主義神学研究会議記録、一九八一年十一月）八～三四頁。
11　太田和功一「今後二〇年間に取り組みべきこと」『前掲書』三一～三四頁。
12　Ward Gasque *"Must Aidinary People Know Theology?"* Christianity Today (Christianity Today; Feb. 1, 1985), pp. 32-34.
13　泉田昭「日本のキリスト教の将来」『東京キリスト教学園報』第二一号（東京キリスト教学園、一九八六年十月二十日）一〇～一二頁。

（一九八七年五月　東京基督教短期大学『論集　第十九号』一～八頁）

《東京女子大学創立九十周年記念講演》

V　東京女子大学の九十年の歴史とこれから

――キリスト教を基盤とした本学のリベラル・アーツ――

一　創立から今日までの歩みと求められる新しい展開

東京女子大学は一九一〇年エディンバラで開かれたキリスト教世界宣教大会における提案に基づき、北米プロテスタント諸教派の援助のもと、東京府豊多摩郡淀橋町字角筈《つのはず》（現在の新宿）を校舎に一九一八（大正七）年に開学しました。新渡戸稲造初代学長、安井てつ学監、A・K・ライシャワー常務理事らが本学の礎を築きました。一九二四（大正十三）年には校地を東京府下豊多摩郡井荻村（現在の杉並区善福寺）に移し、多くの優秀な人材を世に送り出してきました。

また戦後の学制改革にともなう新しい学校教育のもと、いちはやく一九四八年に、哲学科、国文学科、英文学科を有する文学部からなる東京女子大学として発足しました。一九五〇年に社会科学科を増設し、同時に英語科、国語科、数理科、体育科を有する短期大学部も併設されました。そして文学部は一九六一年に現在の七学科を有する文理学部となりました。さらに、一九八八年には短期大学部を四年生へ改組し、現代にふさわしい学際的内容をそなえたコミュニケーション学科、地域文化学科、言語文化学科の三学科を有する現代文化学部が発足しました。

一九九七年に現代文化学部が牟礼から杉並区善福寺に移転しキャンパスが統合されたことにより、学科別の研究領域（discipline）に重点を置いてきた文理学部と現代性・学際性・国際性を目指す現代文化学部が協力して「現代の求めるリベラル・アーツ教育」を充実しようという新しい展開が本格的に求められるようになりました。二〇〇九年度より二つの学部を統合・再編して「現代教養学部」が発足します。新しい学部ができましても、現在の在学生が卒業するまで文理学部も現代文化学部も今までと全く変わることなく存続し、同じ「キリスト教を基盤としたリベラル・アーツ」の理念のもと教育が行われます。

私は、このような過渡期に、卒業生として初めての学長を務めさせて頂いていることに深い摂理を感じています。先程一九五〇年に本学に短期大学部が併設されたと申しましたが、私は一九五一年、短期大学部英語科の二期生として入学いたしました。そして一九五三年文学部社会科学科西洋史専攻に編入学し一九五五年に卒業しました。ということは、私の体の半分は現代文化学部の前身である短期大学部に、もう半分は、文理学部の前身である文学部に属します。両方とも発展的に解消されて現在はありません。しかし、現在も東京女子大学の卒業生として、心から誇りを持っています。それは、創立以来地下水のごとく脈々と流れて来た「キリスト教を基盤としたリベラル・アーツ」教育を共有しているところに原点があるからです。

二　本学のキリスト教

一九〇〇年に、パリで開催された万国博覧会の会場で、審査委員として渡欧して居られた新渡戸稲造先生と、丁度英国での学びを終えて帰国の途にあった安井てつ先生が出会われたことには、神の深い導きを感じます。お二人とも日本の女子教育の必要性を早くから提唱され、またお二人ともキリスト者であったからです。それから十八年後に本学は創立されました。私は本学のキリスト教は、初代学長新渡戸稲造と第二代学長安井てつ時代に種蒔かれ、育てられ、第三代学長石原謙時代に戦時下の試練の中で強化され、今日があると思っています。

A　新渡戸稲造の「ヴァーティカル」と安井てつの「サムシング」

初代学長新渡戸稲造先生は、雑誌『新女界』の一九一八年一月号で「基督教主義の女子大学」と題し、東京女子大学のキリスト教について次のように述べています。

「入学するものを悉く基督信者にするとか、教会に入る事を強制するとかの考はないけれども、心持だけは基督の心持にしたい。己を犠牲にしても、国の為め、社会の為め、人道の為め（中略）に貢献する精神を奨励したい」と。

ここで新渡戸学長が言われた「基督の心持」は、第二代学長安井てつ先生の「サムシング」に受け継がれました。

この二つの言葉は、本学のキリスト教を説明する時には必ず引用されますが、その言葉からだけでは具体的な内容が明確ではありません。私は新渡戸学長の「人はどこか動じないところ、譲れぬという断固とした信念がなければならない。人格神との関係性、対話性の中に人格は形成される」という言葉が、本学のキリスト教の内容をさらに明確に説明していると思っています。人格形成において、人と人の間、横関係、水平的関係のみでは不十分であり、ゆるぎない人格神との垂直的縦関係、ヴァーティカル・リレーション（vertical relation）が必要であり、この意味を含めて新渡戸先生が「基督の心持」と、安井先生が「サムシング」(something)と表現されたと考えています。

B　キリスト教と人格

一九二二年三月二十五日第一回卒業式において、安井学監より朗読された新渡戸学長の祝辞の中に、「キリスト教と人格形成の理念」が凝縮されていると思います。本学の教育は、「基督教の精神に基いて個性を重んじ世の所謂最小者《いとちいさきもの》をも神の子と見做して、知識よりも見識、学問よりも人格を尊び人材よりは人物の養成を主としたのであります」と。（国際連盟事務局次長として赴任したジュネーヴから送られた。）

安井てつ先生も学長就任の辞において、キリスト教主義の人格教育について、「個人及国民の有する最大資産は人格であると信じます。而して最も崇高なる人格を理想とし、是に同化せられ度いと云う憧憬と努力とに依って品性の陶冶はなさるゝものと思います」と述べました。

新渡戸先生と安井先生の発言から明確であるように、本学における人格教育は、キリスト教の人格神との関係性が前提とされます。だからこそ、新渡戸先生は、在学中にキリスト者とならなくてもよいが、「基督の心待」だけは持ってほしいと学生たちに訴えたのです。

「人格」と「人材」「人間」との違いは何でしょうか。キリスト教の概念をぬきにして真の回答は得られません。ここに本学の人格教育の基盤があります。キリスト教の神は、父なる神、子なる神、聖霊なる神、すなわち三位一体の神です。聖書の中には三位一体、trinity トリニティという言葉はありません。二世紀の教父テルトゥリアヌスが初めて用いた言葉です。父なる神も、子なる神も、聖霊なる神も persona（格）を持ち、この三つの格が愛によって交わって一つの神という意味です。新渡戸先生も安井先生も三位一体の神との交わり、或いは畏敬の中に人格 personality は形成されると説きました。新渡戸の「ヴァーティカル」、安井の「サムシング」は、キリスト教人格論の実現についての大切な言葉なのです。

C　校章「犠牲 Sacrifice」と「奉仕 Service」

新渡戸と安井お二人の思いと祈りの結晶が本学の校章です。開校後の全学集会で、校章の設定が新渡戸学長より発案された様子が『東京女子大学の80年』に次の様に記されています。

「やはりこの学校の精神、キリストの精神を示すものがいいと思う。たとえば犠牲と奉仕ということほど、この精神を代表するものはない。また、みなさんの全生涯を通じてこの精神ほど大切なものはないと思う。英語ではService and Sacrificeだ。この頭文字のSを二つとって、これを並べてもいいし、打ちたがえて卍型にするのもおもしろい。これは十字架の形でもある。人間は縦の関係が大切だ、これは神と人との関係であり、横の関係は個人と個人の交わり、社会性を現しているのが十字架の形である。この形は、人間を中心に考えた場合、もっとも安定した形かもしれない。またＳＳは、ローマ字で精神と身体、思索と仕事にも通じる。これをどう組み合わせてもいいし、色もどんな色にするか、みなで考えてみよう」と。

日本語では「犠牲と奉仕」と神学的にも納得できる順序で表現されていますが、英語になるとService and Sacrificeと入れ代わっています。『東京女子大學五十年史』の記録では「本学の精神を表わすものとして犠牲（Sacrifice）と奉仕（Service）の頭文字ＳＳを十字に組んで徽章として制定した」とあります。歴史を重ねるうちに英文の表記ではServiceの方が先に来たのでしょう。神学的に考えてもSacrifice and Serviceの方が正しいと思います。

犠牲とは誰かの犠牲になるといった人間的な狭い意味ではありません。神がひとり子を世に遣わされた、すなわちイエス・キリストの歴史への介入をあらわし、〝パラダイス・ロスト〟の世を、〝パラダイス・リゲイン〟させるための十字架上の犠牲を意味します。聖書は愛の源泉をここに求めています。この愛の源泉〝バーティカル〟な関係があって、はじめて人は隣り人を愛することが出来る、すなわちホリゾンタル（水平的）に生き、愛し合い仕え合うこと、すなわち「奉仕」することができるという聖書のメッセージを端的に表わしているのが本学の校章なのです。

D　戦時下に強化された本学のキリスト教

東京女子大学のキリスト教を語る時、忘れてはならないもう一人は第三代学長石原謙先生であると思います。一九四〇年から一九四八年、まさに戦前、戦中、戦後の激動の中を献身的に学長を務め、本学のキリスト教を守り抜いて下さった学長です。一九四四年、軍部からの校舎の転用計画により、チャペルを含む講堂の提供を迫られた時も、石原学長は、「講堂こそは、東京女子大学のシンボルともいうべき大事な神聖な場所であり、ここを失うことは、東京女子大学を失うにも等しい」と三週間にわたって頑強に主張され、これに応じませんでした。代わりに本校舎を提供することで落ち着きましたが、この時を境に、戦争非協力者とマークされ、苦難の日々が続きました。「土曜日の全学礼拝に、学長は渾身の力を集中し、（中略）説教を行なったが、（中略）従来サムシングという言葉で表現されて来たものとは全く異質的な、きびしいキリスト教そのものを学んだ」と当時の様子が書き残されています。（『東京女子大學五十年史』）

一九一八年開校式次第には、聖書朗読、勅語捧読、君が代、祝祷と並んでいます。一九三三年創立十五周年祝賀式次第にも君が代、勅語捧読、聖書朗読が続いています。しかし一九四三年軍部からの圧力が厳しくなっていた時代の創立二十五周年記念式次第には君が代も勅語捧読もありません。校旗のそばに立つ石原謙学長の写真が『東京女子大学の80年』の六二ページに収録されています。本学のキリスト教の歴史ばかりでなく、日本のキリスト教史にとっても重要な出来事であると思います。『東京女子大學五十年史』には、「本学最大の受難期において、石原学長が軍国主義の怒涛から本学の建学の精神を守りぬこうとした信念の強さ、学究としての理想の高さは、将来においても本学の精神的支柱としての歴史的意義を有するもの」であると明記されています。私はこの先生の生き方に感動して歴史神学の道を歩むことになりました。

新渡戸先生の「ヴァーティカル」、安井先生の「サムシング」が、本学の受難期に消え去るのではなく、かえって強化されて本学の精神的支柱を形成したことを再確認し、百周年につなげていかなければならないと確信しています。またこのキリスト教の支柱があってこそ、本学のリベラル・アーツは今日までの成果を生み出してきたと思うのです。

三　本学のリベラル・アーツ

一九五一年に私が入学した時、最初に手にした英語のテキストは、A・K・ライシャワー著 ***"Our College"*** でした。最初のパラグラフに東京女子大学がリベラル・アーツ・カレッジであることが明記されていたのです。受験英語では習わなかったこの言葉に驚きと興味を持ちました。

リベラル・アーツのルーツのアルテス・リベラーレス (artes liberales) は、古代ギリシアまで遡ります。それは、自由人の資格に必要な基礎的知識を身に付ける教育として成立しました。

プラトンをはじめとする古代ギリシア人によって受け継がれ、六世紀初頭に活躍したローマ人ポエティウスによって中世ヨーロッパに紹介されました。そして、キリスト教に受け入れられて、教会付属学校などの教科にも組み入れられるようになりました。

アルテス・リベラーレスは日本語では「自由七学科」として知られています。七つの基礎科目です。最初に学ぶのは、言葉の学問で、文法、修辞学、弁証学の三科目からなっていました。すなわち、まず言葉についてじっくり学んで、聖書などの重要文献を読んで、解釈する力を身に付けた上で言葉を用いて表現する技術を磨くことが求められました。

その上で更に四科目を学ぶのです。算術、幾何学、天文学、音楽です。そこには深い理念が込められていたのです。算術に始まり、それを平面上に応用した幾何学へと進む。さらに天空にちりばめられた星の間には数比的調和が存在し、そのために落ちることなく天上にとどまっていると考えたことから、天文学が学ばれるようになりました。さらに、そのような数比的調和は、宇宙全体をも律していると考え、そのような調和を学ぶ手がかりとして、音の高さと数比の関係を学ぶようになり、それを「音楽（ムジカ）」と呼ぶようになったと金澤正剛《まさかた》氏は解説しておられます。

このように歴史的に深く広い意味を持つアルテス・リベラーレス（リベラル・アーツ）が日本においては、戦後の大学改革の取り組みの一つとして、米国のリベラル・アーツを参考に、いわゆる一般教育、一般教養、共通科目という名称のもとに、実施されました。すなわち、リベラル・アーツの本質的な要素が欠けたまま今日に至っていると言えます。学問の細分化が進み、国際競争がますます厳しさを増す中で、多くの大学から「いま、なぜ教養教育か」の問いが発せられています。このような時に本学が九十年間培ってきたリベラル・アーツを検証することはとても大切です。それでは本学のリベラル・アーツ教育について考えてみたいと思います。

A　「心を自由」にし真理を探究する教育

新渡戸学長は『内観外望』の中の「大学の使命」において、「教育の目的は心をリベラライズ（自由）し、心をエマンシペイト（解放）することである」と述べました。リベラル・アーツ教育の本質はいろいろな分野の知識を自由に選択して幅広く修得するだけの教育ではなく、既成概念から自由にされ、解放され、何が真理かを自由に考え学ぶ教育であると言えます。軍国主義教育を受け、チャペルの塔にまだ迷彩色が残っていた頃入学した私は、本学の教養教育に触れ、心が自由にされ解放され「お国のために命を捧げる」のではなく、「社会のために生きる個の確立」を学び、「なりたい自分を発見する」ことができました。「リベラル」という言葉の意味は、「一般」ではなく「自由」です。

B　知識 knowledge を英知 wisdom に変えていく教育

二十一世紀は新しい知識・情報・技術が政治・経済・文化をはじめ社会のあらゆる領域での活動の基盤として重要性を増す、いわゆる「知的基盤社会」(knowledge-based society) の時代と言われています。紛争の激化、人間関係の緊張、ビジネス・行政・政治の世界での激論の中で、自己の主張を明確に示すためには、知識の詰め込みだけでは対応できません。知識を土台として自ら考え判断し決断する能力、観察力、創造力、指導力が必要です。「知識」を「英知」に変えていく教育がリベラル・アーツ――教養教育です。

安井てつ先生は、

「College には Professional の性質を有つものと Liberal の性質を有つものがあります。（中略）或種の教育は直接生活に必要なるものを授くるのでなく、人間生活を理解するに足るべき根本知識を与えて、特別の仕事に従事する基礎を造ることを目的とするものであります。即ち職業教育の基礎または背景を造るものであって、甲（前者）は直に教育の結果を予想し、乙（後者）は最善なる結果を将来に収めんがために其の基礎となるべきものを重大視するものであります。」

とすでに就任の辞で述べておられます。安井先生が言われるように職業的人材を育てるよりも、「根本知識」「英知」を授けることを重要視するのが本学の教養教育です。

C　個を確立し、生きる自信と責任を与える教育

本学の英語名は Tokyo Woman's Christian University です。Woman は単数です。個が集団の中に埋没しがちな日本的社会の中で個の確立を目指す、一人ひとりを大切にする教育を当初から推進しました。個が確立されると初めて、社会において責任を明確に取り得る人物となりうるのです。新渡戸先生が第一高等学校の

校長を去る時に学生たちに述べた「Personality（人格）のないところには Responsibility（責任）は生じない」という言葉は、今も人々を生かす言葉です。

本学の特徴の一つとして少人数教育があげられますが、そこで教員と密に関わることで、学生たちは刺激を受け新しい見方、考え方に目が開かれていきます。

またカリキュラムも専門の学問領域を超えて、複数の学科の学生と交われるように工夫されています。一つの真理をいろいろな視点から学ぶことによって複眼的視野が広がるように工夫されています。そのような環境の中で「知に感動し、知と向き合い、知を磨き合い、」自分が見えてくるのです。キリスト教を基盤としたリベラル・アーツ教育こそ、一人ひとりに生きる力と自信と責任を与える教育です。

D　ソシアリティ（公共の精神）を形成する教育

新渡戸先生は、人間と人間との交わりにおける和、この横の関係、水平的・ホリゾンタル・リレーションが社会を変えていくと述べ、この心をソシアリティと説明しました。

「人間は大きな心で人と和して行かねばならない。絶対を楯にとり、理屈を一里も曲げずに、他人をことごとく小人視して、我独り澄めりという心がけでは、世の中は少しもよくならない。どれほど高い理想を抱こうとも、実行に当たっては譲れるだけ譲り、折れるだけ折れて行くのが大切である」と。

「犠牲（Sacrifice）と奉仕（Service）」の英語の頭文字ＳＳを十字に組んだ本学の校章によく示されています。

むすび

本学が歴史的に行ってきた「キリスト教を基盤としたリベラル・アーツ教育」によって、知識や技術だけでなく、人間とは何か、生きる目的とは何かを追求し、判断力、決断力、困難を克服できる人間力を備え、社会の中で責任ある行動を毅然として取りうる人物に成長し、本学の建学の精神を次世代に伝えて下さることを心から願って講演を閉じさせて頂きます。

（二〇〇八年九月　東京女子大学紀要『論集　第59巻1号』二三一～二一九頁）

VI　新渡戸稲造と砂本貞吉

――日本キリスト教女子教育を支えた男たち

最近のキリスト教大学の傾向として、二つの傾向が顕著です。一つはキリスト教主義を止めること、もう一つは女子大学であることを止め共学化することです。私は最後の一校になっても、キリスト教女子大学であり続けるべきであるとの信念をもって東京女子大学の学長を二期八年勤め、この四月から広島女学院大学の学長をお引き受けいたしました。

私は旧憲法の下に女は男の三歩下がって歩けと教えられ、女学校時代に敗戦を迎え、新憲法の下に初めて女性として選挙権を与えられ、一人の人格として存在を認められ、男女雇用機会均等法（一九八五年）と育児・介護休業法（一九九一年）成立のための働きに参加するなど、子育てと仕事の間で闘い続け今日を迎えました。

新渡戸稲造と妻メリーについては、論文や著作もありますが、この四月に全く思いもかけず広島女学院大学の学長に就任し、新渡戸稲造が一九一八年に東京女子大学の学長になられたより三十二年も前に、広島に女子教育の教育機関をスタートされた日本人男性砂本貞吉が居られたことを知り、驚きと感動を覚えて今回このテーマを選びました。

発表者の一員に加えていただき、百年を経た現代において先人たちの生き様から何を学ぶべきかを御一緒に考える機会を与えて下さり感謝いたします。

一　近代日本形成期の女子教育

A　明治初期から昭和初期になぜ女子教育機関が多数創立されたか

一八五三年（嘉永六年）にペリーが浦賀に来航し、続いて一八五九年にはプロテスタント諸教派の宣教師が長崎、横浜に来日し、日本の精神構造に大きな影響を与えたことは周知のことです。日本キリスト教女子教育の流れを当時の社会事情と対比しつつ年表を作成して見ました（資料1）。右側には社会的事象を、左側にはキリスト教の教育機関設立への影響を記しました。

「なぜ当時女子教育機関が設立されなければならなかったか」を理解する上で参考になる社会的事象を挙げて見ます。

資料1

年号	基督教教育機関設立への影響
一八五六（安政三）	砂本貞吉生まれる
一八五九（安政六）	最初のプロテスタント諸教派の宣教師長崎・横浜に来る
一八六一（文久一）	米国夫人一致外国伝道協会設立
一八六二（文久二）	新渡戸稲造生まれる
一八六七（慶応三）	ヘボン夫人横浜に女塾を開設
一八七〇（明治三）	E・キダー、キダー塾（後のフェリス女学院）開設
一八七一（明治四）	ピアソン横浜山手に亜米利加婦人教授所設立 津田梅子アメリカ留学
一八七二（明治五）	日本基督公会（海岸教会）設立
一八七五（明治八）	神戸ホーム（神戸女学院）：タルカット
一八七六（明治九）	クラーク着任・札幌農学校開校　小島弘子受洗
一八七八（明治十一）	内村鑑三、新渡戸稲造受洗（二期生）
一八七九（明治十二）	活水女学校（活水女子大学）：ラッセル

年号	社会的事象
一八五三（嘉永六）	ペリー浦賀来航
一八五四	日米和親条約
一八五八（安政五）	日米修好通商条約調印
一八六一	南北戦争
一八六七	大政奉還
一八七一	文部省官立女学校計画布告壬申戸籍
一八七二	福沢諭吉『学問のすゝめ』
一八七三	切支丹禁制の高札撤廃　妻の側からの離婚訴訟可能
一八七四	東京女子師範学校（現お茶の水女子大学）
一八七五	森有礼「妻妾論」
一八七七	西南戦争
一八八〇	改正教育令（国家統制）集会条例を公布

一八八一（明治十四）	砂本貞吉サンフランシスコで受洗 ピアソン偕成伝道女学校（小島弘子二期生として入学）
一八八五（明治十六）	福岡女学院：J・M・ギール 広島女学会（広島女学院）：砂本貞吉
一八八六（明治十九）	宮城女学校（宮城学院）：W・E・ホーイ、押川方義
一八九〇（明治二三）	女子学院（桜井、新栄合併）設立：矢島揖子校長
一八九一（明治二四）	砂本貞吉ハワイ・サンフランシスコに日本人教会設立（〜九四年） 新渡戸稲造とメリー・パターソン・エルキントン結婚
一八九四（明治二七）	遠友夜学校：新渡戸稲造（女子教育に尽力）
一九〇〇（明治三三）	女子英学塾（津田塾大学）：津田梅子
一九〇一（明治三四）	矯風会、吉原遊廓の女性を収容
一九〇四（明治三七）	清心女子高等学校設立
一九〇五（明治三八）	日本ＹＷＣＡ（日本基督教女子青年会）創立

一八八二	軍人勅論
一八八三	鹿鳴館開館　欧化主義
一八八四	岸田俊子　男女同権説く
一八八九	大日本帝国憲法発布　森有礼暗殺される
一八九〇	教育勅語発布　女子の政党加入及び政治演説の禁止
一八九四	北海道女子就学率34％　日清戦争
一八九九	私立学校令公布
一九〇〇	治安警察法公布——女子政治活動禁止
一九〇一	日本女子大学校創立
一九〇三	国定教科書制度を確立
一九〇四	日露戦争
一九〇七	福田英子『世界婦人』

一九〇八（明治四一）	羽仁もと子『婦人の友』創刊 聖心会の教育事業の開始（聖心女子学院）	一九〇八	奈良女子高等師範学校
一九〇九（明治四二）	雙葉高等女学校設立		
		一九一一	平塚らいてう『青鞜社』結成
		一九一四	第一次世界大戦
一九一五（大正四）	矢島揖子、津田梅子、女子教育功労者として叙勲		
一九一六（大正五）	大阪キリスト教矯風会		
一九一七（大正六）	新渡戸稲造『婦人に勧めて』	一九一七	臨時教育会議「学問をすると女は子を産まなくなる」と論争　ロシア革命
一九一八（大正七）	東京女子大学：新渡戸稲造		
一九二〇（大正九）	新渡戸国際連盟事務局次長としてジュネーヴへ	一九二〇	アメリカで平等参政権獲得
一九二三（大正十二）	日本キリスト教婦人参政権協会設立	一九二三	関東大震災
一九二九（昭和四）	恵泉女学園：河井道		
		一九三〇	軍部の台頭
一九三三（昭和八）	新渡戸稲造カナダでの太平洋会議に出席後死去	一九三三	国際連盟脱退　ナチス政権獲得
一九三四（昭和九）	メリー新渡戸遠友夜学校二代目校長就任	一九三四	文部省に思想局設置
一九三七（昭和十二）	矢内原忠雄東大より追放される		
一九三八（昭和十三）	砂本貞吉死去、広島市茶臼山に埋葬 メリー軽井沢で死去、多磨霊園に眠る		
一九三九（昭和十四）	宗教団体法成立		
一九四〇（昭和十五）	救世軍幹部検挙される	一九四〇	婦人運動の解体
一九四一（昭和十六）	日本基督教団設立	一九四一	太平洋戦争起こる　文部省『臣民の道』
一九四五（昭和二十）	宗教団体法廃止　米国教会連盟使節来朝	一九四五	太平洋戦争終結・敗戦
		一九四六	（日本）女性参政権初行使
		一九四七	教育基本法公布

①　一八七一年（明治四）……壬申戸籍
②　一八七三年（明治六）……切支丹禁制の高札撤廃
③　一八七五年（明治八）……森有礼「妻妾論」
④　一八八九年（明治二十二）……森有礼暗殺
⑤　一八九〇年（明治二三）……女子の政党加入及び政治演説の禁止
⑥　一九〇〇年（明治三三）……治安警察法公布―女子政治活動禁止
⑦　一九一七年（大正六）……「学問をすると女は子を産まなくなる」論争

そのような中でキリスト教女子教育のための学校が次々に創立されたことに注目したいと思います。創立されたキリスト教女子教育機関は次の三つに分類できると思います。年表の左側に目を留めていただきたい。

①　宣教師によって創立された女子教育機関
一八七〇年（明治三）……キダーによるキダー塾（フェリス女学院）
一八七五年（明治八）……タルカットによる神戸ホーム（神戸女学院）
一八七九年（明治十二）……ラッセルによる活水女学校（活水女学院）など

②　津田梅子、河井道のような独身女性によって創立された女子教育機関
一九〇〇年（明治三三）……津田梅子による女子英学塾（津田塾大学）
一九二九年（昭和四）……河井道による恵泉女学園など

③　日本人男子によって設立された女子教育機関

一八八六年（明治十九）……砂本貞吉による広島女学会（広島女学院）
一九一八年（大正七）……新渡戸稲造による東京女子大学

B　キリスト者日本男性による女子人格教育

新渡戸稲造については、研究も深められ、生い立ち、その生涯についてはよく知られていますので、時間の関係で砂本貞吉を中心に簡単に説明させていただきます。

①　砂本貞吉（一八五六〜一九三八）

砂本貞吉《すなもとていきち》は、一八五六（安政三）年九月三十日、安芸国佐伯郡己斐村三四五ノ一（現広島市西区己斐）で生まれました。母親は紀州から広島城主になって来られた浅野氏に供して来た御殿医の児玉三琢の娘八重です。父が三十二歳で亡くなり貞吉は母親の里児玉家に預けられて育ちました。

十八歳の時海軍に入り、海上生活を送りましたが、数年後にこれを退き、航海術を修めるために留学を決意、一八八〇年（明治十三年）函館から汽船ベンジャミン号に船員として乗り組みました。新渡戸が札幌の農学校の二期生として入学したのが一八七七年ですから、砂本が函館、新渡戸が札幌と同郷であった日々は三年近くありました。接点を調べてみたいと思います。砂本は英国行きを志しましたのに一五〇日後着いたところはサンフランシスコでした。そこでオークランドのメソジスト教会O・ギブソン牧師を知り、一八八一年（明治十四年）五月七日、ギブソン牧師より洗礼を受けました。

新渡戸が札幌農学校の二期生として洗礼を受けた二年後です。まさに同時代にキリスト者になった二人です。生涯を伝道者として捧げる決意をして帰国しました。帰国の理由を次のように述べています。

「私は二つの祈りを抱いて居りました。第一は万世一系の我が皇室に神の恵みの御手ののべられん事であり、第二は私の母と親族とが基督の救いに入らんことでありました。ただ祈るだけでは不十分である。そうして今一度故国に帰って親族を導かなければならぬと思うと矢も楯も堪らなくなった。」と。

帰国した砂本は、青山学院院長R・S・マクレーから当時中国宣教を開始したJ・W・ランバスを紹介されました。ランバス宣教師は、「初めて会う日本人信者、しかも英語も話す」と大変感謝し、一気に瀬戸内伝道、西日本開拓伝道の構想が進みました。

砂本は早速、広島市鳥屋町（現中区大手町一〜二丁目）で、母、弟、叔父も加わり集会を開き、場所を西大工町（現中区榎町）に移し聖書研究・英語・読書を中心とした女子塾「女学会」を開きました。アメリカ滞在中、家庭が信仰厚い婦人によって支えられていることを目の当たりにし、また進歩した女子教育状況に接し、信仰に根差した女子教育機関を一八八六年（明治十九）西大工町に私塾「広島女学会」としてスタートさせました。このささやかな女子塾こそ広島女学院が産声を挙げた時の姿であり、その日とされる十月一日が今も創立記念日として守られています。

一八八七年（明治二十）三月「広島英和女学校」と名を改め、砂本は校主となり、八月には千葉の人・渡辺うめと結婚しました。砂本貞吉は教育の場ばかりでなく、広島における伝道にも力を発揮し、五月には「広島美以教会」（現日本基督教団広島流川教会）を創設します。

十月にはケンタッキー州出身のナニ・B・ゲーンス着任と同時に「英和女学校」の責任を校主・岡健太と女子教育者ゲーンスに任せ、自らは伝道と外からの援助に回りました。一八九一年（明治二十四）には、ハワイ・ホノルルの日本人第一美以教会において、一八九二年（明治二五年）からはサンフランシスコに呼ばれ、婦人ホームを設立し、女性への伝道に力を注ぎました。

一八九四年に帰国してからは、長崎麹屋町メソジスト教会（一八九四年）、岩国大名小路メソジスト教会（一九〇〇年）、山口メソジスト教会（一九〇四年）、三田尻岡村南美教会（一九〇八年）、呉市三番町メソジスト教会（一九一〇年）、下関市岬町メソジスト教会（一九一四年）など西日本で精力的に伝道活動をし、一九二〇年六十四歳で神戸を経て東京に住み、一九三八年八十一歳で永眠しました。

その間いく度か女学院を訪れ、ゲーンスもいろいろなことを砂本に相談したとのことです。一九三六年の広島女学院創立五十周年の記念式典には夫妻で出席されました。生涯社会的弱者、特に女性たちの教育に捧げた伝道者、教育者が歴史的に光を当てられずに存在していることに今回気付かされました。今後新渡戸と同時代に生き、歴史的に隠れた存在である人たちを掘り起こす使命が新たに与えられました。砂本に関する資料は原爆で失われてしまいましたので、現存するものの中から代表的なものだけを注に記しました[(1)]。

②　新渡戸稲造（一八六二～一九三三）

新渡戸稲造は一八六二年（文久二年）に地方都市盛岡に生まれ、早く父を亡くし、九歳の時、叔父の養子となり上京し東京英語学校に学び、その後札幌農学校（現北海道大学）の二期生となり、一八七八年（明治十一年）内村鑑三らと共に洗礼を受けキリスト者となりました。東京大学を経てジョンズ・ホプキンス大学に留学中メリー・エルキントンと結婚。

日本に帰国後は札幌農学校で教鞭を取る傍ら、「学校に行けなかった子供たち、行けない子供たち」のために遠友夜学校を建て無給で校長を務めました。教育、特に女子教育に熱心に取り組み、その教育の総決算として一九一八年東京女子大学学長に就任されました。

砂本貞吉と新渡戸稲造という「稀有な女子教育者」に共通していることは、①二人とも若き日にアメリカに留学していること、②そこで女性の社会及び家庭における教育の重要性について体験していること、③二人とも一、二年で女性教育者にバトンタッチし、側面から女子教育を支援している点です。砂本貞吉は、一八八七年（明治二十年）にナニ・B・ゲーンスにバトンタッチし彼自身は伝道の道に、新渡戸稲造は一九二〇年に安井てつにバトンタッチし国際連盟事務局次長としてジュネーヴに赴きました。④二人ともラテン語で教育の真髄ともなる標語を聖書から残してします。砂本貞吉は CUM DEO LABORAMUS「我らは神と働く者なり」（コリントの信徒への手紙第一、三・9）を、新渡戸稲造は QUAECUNQUE SUNT VERA「凡そ真なること」（フィリピの信徒への手紙四・8）を残しました。両大学でいまも大切に語り継がれています。

二　新渡戸（教育と社会）・砂本（教育と教会）に見る女子教育

Ａ　座標軸のある人格形成と個の確立を強調した

キリスト教を基盤とした学校の建学の精神には、必ず「人格教育」と明記されています。人間教育と人格教育はどのように違うのでしょう。新渡戸先生も砂本貞吉もキリスト教に立脚した人格論に添って時代の諸問題の解決に当たって居られます。新渡戸稲造は『西洋の事情と思想』の中で、「人格の意義」について次のように述べました。

「西洋人は、パーソナリティを重んずる。パーソン即ち人格である。日本では人格という言葉は極めて新しい。私等が書生の時分には、人格という言葉はなかった。パーソンといふ字はただ『人』と訳していた。しかし詳細に調べると、メンという意味とは違って『人たる』という字である。格といっても資格というような意味は毛頭持たない。人工的な、或いは社会が提供する資格などとは、まったく違う意味である」[2]と。

もし砂本貞吉の諸資料が現存すれば、キリスト者として新渡戸と同じ考えの文章に接することが出来たでしょう。残念なことに資料は原爆によりすべて焼失し、直筆のものは残されていません。次女砂本信子の『回想記――父・砂本貞吉のこと』によります。したがって原資料からの引用は主として新渡戸が中心となりますことをお断りさせていただきます。

日本語で人格者というと、名声がある人、高い地位にある人を思い浮かべますが、新渡戸先生がいう人格者とは、ぶれない自分を確立し、一人称で語り、いかなる場面でも責任を果たすことができ、それでいて寛容の精神に富んでいる人です。

キリスト教文化の中に歴史を刻んで来た西洋においては、スリー・パーソンズ・イン・ワン、父なる神、子なるキリスト、聖霊とそれぞれ persona をもって一つであるという三位一体の理念が地下水のように流れています。新渡戸が『西洋の事情と思想』の中で取り上げたパーソンは、当時一般に理解されていた個の概念の始まりをルネサンスに置く見解ではなく、西暦紀元の初めから六世紀ぐらいまでの神学的見解に置くものであったと考えられます。すなわちキリスト教人格論の原点であり、聖書の時代から三二五年のニカイア公会議、三八一年のコンスタンティノポリス公会議、四五一年のカルケドン会議を経て形成された三位一体論に根拠を置く人格論であったと思います。東京女子大学が所有する新渡戸文庫の中に初代教会の教父学に関する文献が多いことからも推察されます。

若き日にアメリカで神学を学んだ砂本は、「パーソン・人たる・人格」についての結論を、新渡戸以上に創造主との直線的な愛に満ちた関係の中に見出していたと思います。砂本貞吉が女子のための教育機関を設立した後、ほとんどの生涯を牧師として瀬戸内伝道に、ハワイ、サンフランシスコにおける伝道に捧げたことからも理解できます。

この人格論は新渡戸が第一高等学校校長時代に生徒たちに述べた言葉の中に凝縮されています。「Personality（人格）のないところには Responsibility（責任）は生じない(3)」と。このような揺るぎない自己を確立するには、縦軸が必要なのです。すなわち神との垂直的縦関係です。この垂直的縦関係があってはじめて、水平的横関係が豊かに造られるのです。人格神との関係性、対話性の中に人格は形成されるとの信念です。

B　男性と女性の共生のために尽力した二人

砂本貞吉はサンフランシスコに着き、オーツ・ギブソン師一家との交流を通して大きな影響を受けましたが、中でも婦人と娘さんからの親切は身に染みて忘れられない思い出であると砂本信子は次のように記しています。

「家庭内の和やかな空気は皆女の為すべきもの、キリスト者を夫人に持つことは如何に幸せであるか、女子教育の必要性をこの時に深く感じていた(4)」と。

新渡戸は一九一七年に『婦人に勧めて』を世に出し、

「西洋の家庭は比較的夫婦相互の人格が認められて居ると思います。『人格論』と言う書を読みますと、西洋で人格が認められたのは基督以来のことで、これが哲学的に説明されたのはカント以後でありました。基督以来と言えば、約二千年、哲学的に説明されたカントからでも百年であります。（中略）然るに日本では、女だからと言ふ言葉の中に女を一段低く見た意味を含め、更に何に女房なんかと言ふ言葉に於いて、殆ど其の人格を没却して居ります。（中略）単に家庭ばかりではありません。日本では人を人格として認めることに就いて、非常に欠けているところがあると思います。(5)」と。

更に女性の教育について、「中には医科を志す人もありましょうし、哲学を専攻する人もありましょうから、社会は一般に此健気な婦人の志を損なわぬ様道を拓いてやらねばなりますまい。（中略）其父兄も其娘に保険料でもかける様な考えで、進んで高等教育を授けてもらいたい。結婚の衣装に大金を投ずるだけが親としての責任ではなく、衣装以上の頭を持参させるやうにしたいものであります」と率直に社会に訴えました。また、「所謂良妻賢母主義は、人間を一種の型にはめ込むようなものである。日本の女子教育は、女を妻か、母か、娘かいずれにしてもひとり立ちの人間らしくない男の付属品のごとく見ている。一個の人間として立派に出来上がった婦人（人格）ならば、妻としては良妻、母としては賢母である」[6]と言い切りました。

さらに翌年の一九一八年に執り行われた東京女子大学開校式式辞において、「婦人が偉くなると国が衰えるなどというのは意気地のない男の言うことで、男女を織物に例えれば、男子は経糸、女子は緯糸である。経糸が弱くても緯糸が弱くても織物は完全とは言われませぬ」[7]と述べました。そうして学生たちを「婦人をして真の位置を獲得せしむるために百年間の準備が必要である」と励ましました。

C　国と国、民族と民族の共存のために奔走した

国と国、民族と民族の共存は、現代のグローバリゼイションへの貴重なメッセージです。砂本貞吉も新渡戸稲造も、人生のすべてをグローバリゼイションのために捧げた人と言えましょう。砂本貞吉は日本での伝道だけでなくハワイにサンフランシスコにと伝道の拠点を移し、特に若者と女性への伝道に生涯を捧げました。

新渡戸の国際社会への思いは、一九二七年（昭和二年）一月、国際連盟事務局次長の職を辞し、ジュネー

ヴを去るに当たり贈られた「送別の辞」Pass Friend「友を通せ」の一文に凝縮されていると思います。「貴方は、この不寛容な西洋社会に、多くの賜物をもたらしたのですが、中でも特筆すべきは東洋社会の賢明な寛容さとでも言うべきものでした。」と。

また、一九三三年カナダのバンフでの演説は「和解のための遺言」となったと言えましょう。「両国（日本と中国）政府の間には対立がある。しかし、人と人としては、お互いには悪意を抱くものではない。国を異にする者の間での個人的な触れあいこそ、今、あまりにも多くの災禍に悩むこの世界にあって計り知れぬ結果をもたらすことになるのではなかろうか」と。

新渡戸稲造の人格論については、二〇〇九年に東京女子大学比較文化研究所紀要に執筆した「新渡戸稲造の人格論・Personality の今日的意義⑧」を参照いただきたいと思います。

三　二人から現代の女子教育へのメッセージ

A　女性も個の確立と社会的責任の構築を

砂本貞吉、新渡戸稲造の百年以上前の女子教育理念を学ぶことも大切であるが、そのメッセージが今日の私たちの意識改革につながらなければなりません。今、個の確立と社会的責任の構築が男性にも女性にも求められています。

そのためには、ぶれない自己の確立と良い意味の自信が必要です。すなわち、判断力・決断力・切断力をもって、自由な発想と創造力と柔軟な批判的思考力を備えつつ、いかなる場合も妥協でなく責任をもって受容し決断し得る人物に成長すべきです。これこそが現代を生かす教養人であると思っています。

成果主義の導入や育児休業の普及などで、性差に関わらず働ける環境が私の時代よりもはるかに整って来ました。しかし、働く女性は増えて来ましたが、企業内で責任ある地位に就く女性はまだわずかです。そんな状況を是正しようと、管理職など社内リーダーになり得る女性の育成に取り組む企業も出始めました。

女性幹部の育成に乗り出す企業の根底にはダイバーシティ（多様性）という経営理念があります。会社の経営理念の中に女性の価値観を織り込んで、会社の経営を充実させたい考えがあります。

私は、これからの女性のために、是非先鞭をつけてほしいと願っています。なんでも先例のないことに飛び込むことは不安ですが、是非飛び込んでほしいと願います。私の年齢の人たちは、何事においても「女性が最初」という事態に突進してきたように思います。「大卒者の採用状況及び総合職女性の実態調査」（二一世紀職業財団、平成十二年度）で、「仕事の継続に必要な事」で最も多かったのが「本人の意思」で七六パーセントであることに私は納得しています。（資料２―①参照）

二〇〇八年五月二十八日の日本経済新聞（夕）は、「管理職になりたくない理由」について「知識や経験が不足している」が六〇パーセントと最も多かったことを報じています。（資料２―②参照）

二〇一三年九月三十日の朝日新聞では「結婚したら専業主婦になりたい」と独身女性の三人に一人が答えているのに対し、結婚相手に専業主婦になってほしいと思っている独身男性は五人に一人であったと厚労省

資料2

①大卒者の採用状況及び総合職女性の実態調査（21世紀職業財団、平成12年度）

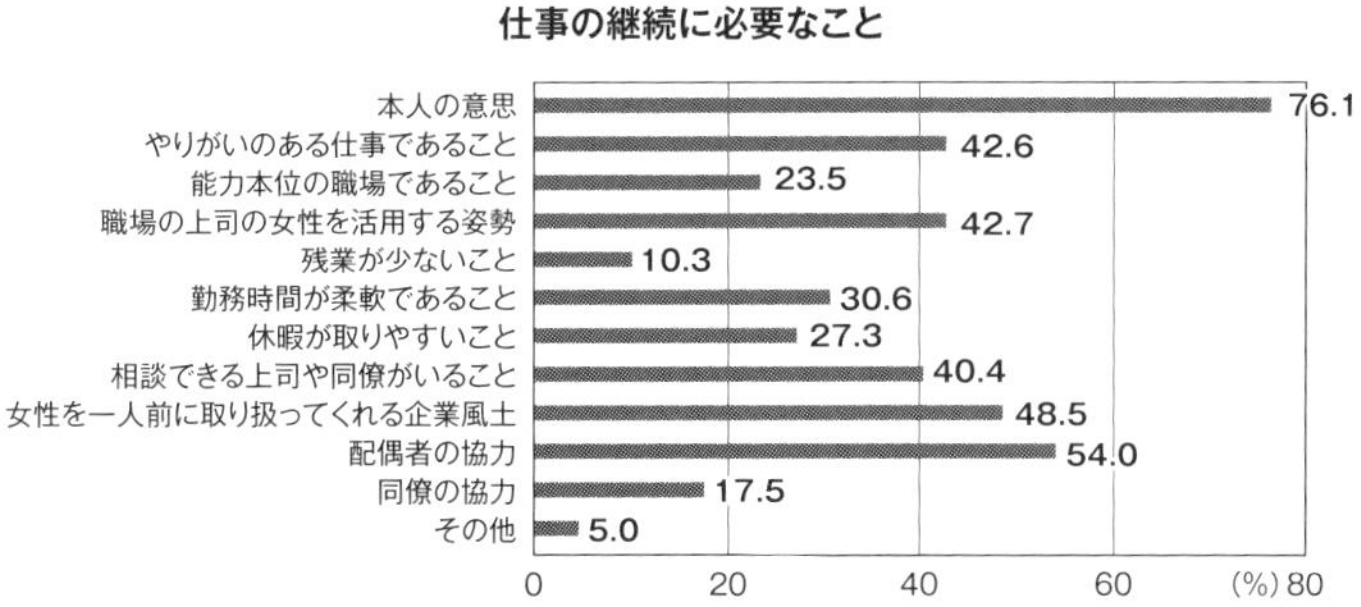

②日本経済新聞（夕刊）2008年5月28日

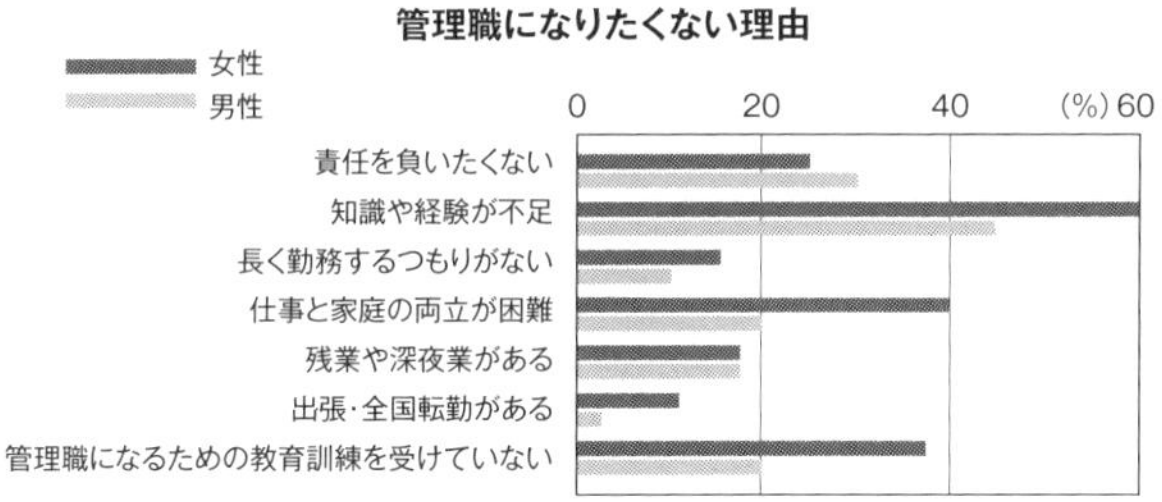

（2007年度　東京都男女雇用平等参画状況調査より、複数回答）

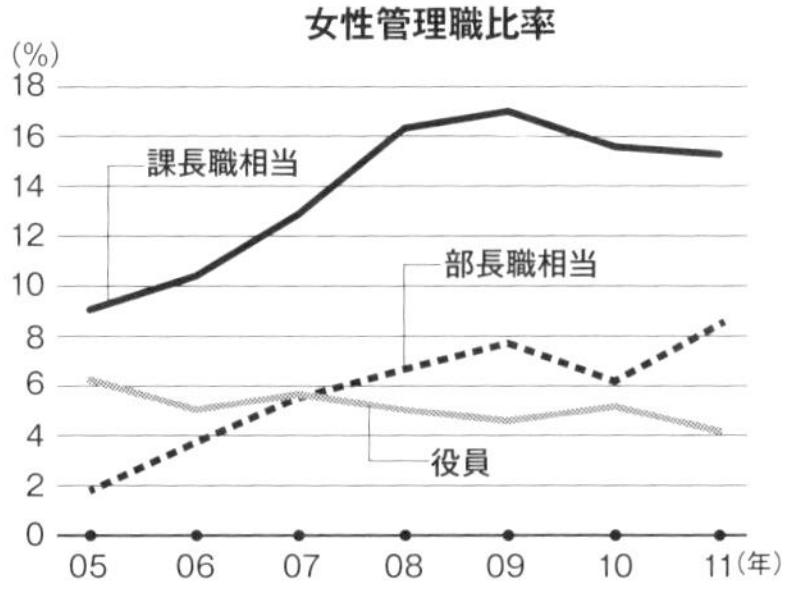

調査が掲載されていました。せっかく男性の意識改革がおきているのに、女性の方で現代の流れを受け止められなければ、日本において「指導層三割女性計画」は、夢で終わってしまいましょう。

「女性はなぜ出世しないのか――悪いのは男？　女？」というタイトルで、スタンフォード大学ビジネススクール教授J・フェファーの記事が、東洋経済二〇一一年十月号に掲載されていました。興味深いのでご紹介します。

J・フェファー氏は、①「人の目を気にしてはダメ」と言う。日本的な「引くのが美徳」は人目を気にしている典型である。はじめから知識も経験も十分にある人はいない。②問題から逃げたら何も始まらない。自立して、人を頼らず、孤独とストレスに克つ強さをもたなければ、仕事は出来ない。③「継続は成功の鍵」、「耐えることも大事」と言う。④「成功する人はどこの国でも通用し成功する」と述べています。

二十七歳で仕事に就き三人の子育てをしながら仕事を続け、五十五年間働いて来た私にとって誠に同感です。

B　自信をもって自分のキャリアを生きてほしい

①「キャリア」概念を明確に　世界的にキャリアという言葉が用いられていますが、厳密な定義は定っていません。「生きること」と「働くこと」のかかわりを考えることが、「キャリア」という言葉で世界的に表されていると言えます。

私立大学連盟学生支援レポート二〇〇四年では、キャリアを次のように定義しています。

「キャリアとは、ある人の人生における長期的な職業経験の軌跡とそれへの意味づけ、および職業プロセスを通じて形成された職業能力の集積である」と。キャリアという日本語は、「働く」「仕事」「職業」「労働」という言葉に置き換えられます。

金銭化される労働だけが職業であり、キャリアでしょうか。先ほど申し上げましたように、三人の子育ての大変な時期仕事を減らさざるを得ませんでした。私だけが男性社会から取り残される思いがして焦りを感じたこともありました。でもこの時期に私は女性として、妻として、母として納得のいく回答に到達し、焦る心が落ち着いたことがあります。

「労働の意味」を明確に理解できた時に落ち着きを取り戻すことができたのです。私たちは労働者と言うと無意識のうちにホワイト・カラーより低く見ていないでしょうか。男性も女性も共に多くの時間を働くために費やし、生きるために労働して一生を全うするのにです。労働と職業の意味をもう少し深く考えてみる必要を感じます。

古代ギリシアでは労働を「奴隷及び下層階級の人たちの仕事」と低く位置づけ、中世では「労働と祈り」を最高であると、宗教改革時代には「神からの召命（Calling）」と位置づけました。報酬が得られる労働・職業もCallingです。報酬が得られない子育ての時期及び定年退職後名刺の肩書きが無くなってからの労働もCallingです。したがって「労働」も「職業」も同じレベルの言葉であることに気がついた時、子育て時代のイライラから解放された経験があります。

②私のキャリアの定義　「報酬が得られる職業についている時だけがキャリアではない。具体的に金銭化されない労働がある（主婦労働、ボランティア、文化形成活動、定年退職後の労働など）。各個人が全生涯にわたっ

て形成した労働生活全体がキャリアである。」私がこのような結論に到達したのは、いろいろな経験を通してからでした。「職業」と「労働」の意味を歴史的に把握できたときに、納得のいく回答が得られたように思います。

このように考えてきますと、キャリアとは先ほどの私大連盟学生支援レポート二〇〇四年の「キャリアとは職業能力の集積である」という定義には入りきれない概念があることに気づきます。私は「職業キャリア」から「ライフキャリア」に転換すべきであると思っています。

おわりに

新渡戸・南原賞も第十回で一区切りを打つこの記念すべき講演会に、スピーカーの一員に加えていただきましたことを光栄に思うと同時に、男性も女性も意識改革して、新しい時代を構築する上で、いかに先人たちの残した業績が偉大であったかを再確認したいと思います。

今日本で必要なのは、リベラルアーツ・教養教育と専門教育のどちらが重要かという議論ではなく、世界に通用する人物を育成するために、教育の中身を明確にすることであると思います。専門化してきた現代の大学は、グローバルに活躍できる「専門性をもった教養人」をまず育てることに目標をリセットし、リベラルアーツを充実させる必要があることを強調して本日の結論とさせていただきたいと思います。

注

1 広島女学院創立五拾周年記念誌　一九三六年、広島女学院。
広島女学院創立七拾周年記念誌　一九五六年、広島女学院。
広島女学院百周年史刊行委員会　一九九一年、広島女学院。
広島女学院創立一〇〇周年事業行事委員会　砂本先生レリーフ委員会編（一九八六年）。
　創立者砂本貞吉先生――レリーフ序幕式を記念して――　広島女学院。
広島女学院一二〇年史年表　自一八八六（明治一九）年至二〇〇六（平成一八）年。
広島女学院を創立した人たち――創立協力者・ランバス宣教師父子
　創立者・砂本貞吉　二〇〇八年、広島女学院。
砂本信子『回想記――父・砂本貞吉のこと――』一九九五年、広島女学院。
HARRIS UNITED METHODIST CHURCH *A Century of Growth*:1888-1988, Honolulu, Hawaii, 1962.
Harris United Methodist Church 125th Anniversary Historical Album (1888-2013), 2013.

2 新渡戸稲造『西洋の事情と思想』（実業之日本社、一九三四年）、『新渡戸稲造全集』第六巻（教文館、一九六九年）五六三頁。

3 矢内原忠雄「一高校長を辞められた時（昭和十一年二月二〇日の日記）」、『新渡戸稲造全集』別巻（教文館、一九八七年）二八〇頁。

4 砂本信子『回想記――父・砂本貞吉のこと――』一九九五年、広島女学院　二頁。

5 新渡戸稲造『婦人に勧めて』（東京社、一九一七年）、『新渡戸稲造全集』第一一巻（教文館、一九六九年）四六頁。

6 『前掲書』一九五頁。

7 一九一八年、東京女子大学開校式式辞。

8　湊晶子「新渡戸稲造の人格論・Personality の今日的意義」『東京女子大学比較文化研究所紀要　第七〇巻』（二〇〇九年）四九〜八六頁。

（二〇一五年三月『新渡戸・南原と現代の教養』新渡戸・南原賞委員会　三三一〜五〇頁）

Ⅶ　日本のキリスト教学校の将来像
——課題とビジョン——

東京女子大学を会場として、「学校伝道研究会第二十二回夏季研修会」が開催されますことを大変うれしく思います。講師紹介の中で「一九三二年生まれ」を強調して下さいましたが、私は戦前・戦中・戦後を歩んで来ました。五代目のクリスチャンですから、明治・大正・昭和・平成の各時代をキリスト者として歩んで来た家系にも属します。日本基督教団神戸須磨教会で信仰をもち、一九五一年東京女子大学に入学してからは、マカルパイン夫妻の開拓伝道を助け、超教派のキリスト教朝顔教会（Morning Glory Church）に属して居ります。

初期キリスト教史を専攻する者として、「キリストにあって一つであるエクレシアの創設」が日本宣教において必要であると思う一人です。「福音主義に立った超教派的宣教協力」の必要性です。私は、主流派、福音派があるのではなく「福音主義」に立つ教会があるべきであると考えて居ります。よく、どちらの教会に属しますかと聞かれるのですが、私は「初代教会に属します」と答えています。長年キリスト教学校で仕事をして参りまして、クリスチャン人口〇・八％という現状の中でますますその思いを強くしています。

東京女子大学を会場として研修会を開催して下さったことに摂理を感じております。本学は一九〇〇（明治三十三）年頃から宣教師アルバータス・ピータース（Albertus Pieters, 1869-1955）によって提出されていた「超教派女子大学の設立案」が、一九一〇（明治四十三）年のエディンバラ世界宣教会議で具体化され、一九一八（大正七）年、新渡戸稲造を初代学長に迎えて創立されました。明治・大正時代に設立された殆どのミッション・スクールが、単独のミッション・ボードの支援の下にあったのに対して、東京女子大学は七つの教派の協力の下に設立された超教派のキリスト教女子大学です。この様な背景をもつ本学において、本日のキリスト教学校の将来像について語らせて頂く機会を与えられ大変うれしく存じている次第です。

それでは、以下の三点を中心に語らせて頂きます。

まず第一に、中央教育審議会答申「我国の高等教育の将来像」と「キリスト教学校の将来像」について、第二に「教養ある専門人」を輩出する責任を担う私立学校について、第三に、日本のキリスト教学校の課題とビジョンについてです。

一　中央教育審議会答申「我国の高等教育の将来像」と「キリスト教学校の将来像」

二〇〇五年一月に文部科学省の中央教育審議会から「我国の高等教育の将来像」という答申が提出されました。この答申はある意味で理想的内容が述べられたものであり、問題点も含まれていると思います。答申には次のようにあります。

「二十一世紀は、新しい知識・情報・技術が政治・経済・文化をはじめ社会のあらゆる領域での活動の基盤として重要性を増す、いわゆる「知識基盤社会」(knowledge-based society)の時代であると言われる。これからの「知識基盤社会」においては、高等教育を含めた教育は、個人の人格形成はもとより社会・経済・文化の発展・新興や国際競争力の確保など極めて重要課題を含んでいる。高等教育の危機は社会の危機を生むと言われる。

二十一世紀の高等教育には、精神的文化的側面と物質的経済的側面の調和のとれた社会を実現し、他者の文化（歴史・宗教・風俗・習慣等を広く含む）を理解尊重して、他者とのコミュニケーションをとることのできる力を持った個人を育てることが強く求められている。また、高等教育においては、先見性・創造性・独創性に富み卓越した人材を輩出することも大きな責務である。」

高等教育の理想論が述べられていますが、こうした個人を育てる教育とは何か、また誰がこうした教育を担うのかが見えて来ないのです。また国際化に対応して、世界的研究、研究拠点の確立、高等専門職業人の要請など高度の教育が強調されています。しかし、これによって本当にグローバリゼーションは可能でしょうか。そういう人材を輩出することができるのでしょうか。大学間の競争や産学官連携（株式会社大学の認可）

などに翻弄されがちな今日、教育はどうなければならないのでしょうか。

大学教育は、自然、社会、人間を対象に真理を探究する知の科学の中核的存在であることに力点を置く必要があります。複眼的視点に立って、ほんとうの意味での「知の科学」と「役に立つ科学」の調和を図る責任を担っていると思います。なぜなら、日本にはほんとうの意味での「知の科学」と「役に立つ科学」の調和を保ちにくい土壌があるからです。「Science」という概念は、もともと中世のヨーロッパの大学で創生され「普遍的学問」の修得を意味したのですが、時代とともに徐々に実践的、経験的知識が強調される様になりました。日本では明治初年に、ヨーロッパで細分化されて来たScienceを「科学」と訳し、縦割りの学問体系が確立され現代に至っています。したがって、日本の教育の傾向の中では、専門人は育つけれども、幅広い教養をもつ人材が育ちにくいのです。

ビジネス、行政、政治の世界でも、インターナショナルな激論の中に放り込まれて、自分の立場、自分の主張を明確に主張しなければなりません。そこで必要なのは専門知識は勿論のこと、幅広い教養、強固な意志、責任を全うする姿勢、コミュニケーション・スキルです。答申の内容にこの点が欠落していることは、二十一世紀高等教育の危機をもたらすと思うのです。教養なき専門人は、自由と責任、権利と義務、理想と現実、競争と共生、主体性と協調性など対立する要素間の調和をはかることはできません。高度な専門的知識の究極の目的と実が、武器をつくる方向に走ってはならないのです。「平和をつくり出す」ために用いられなければなりません。その意味で教養なき専門人は世界的リーダーにはなり得ません。

二　「教養ある専門人」を輩出する責任を担うキリスト教学校

今度の「高等教育の将来像」の中で、文部科学省の視点から明治以来の私立学校の歴史的価値が言及されたことは、評価されるべきであると思っています。現実に日本の高等教育における私立学校の役割は大きいのです。全学生の七十五パーセントが私立学校で占められているのです。新渡戸稲造は「日本における教育」という講演の中で、「日本は宣教師たちから慈善活動、女子教育の分野で計り知れない恩義を受けながら、政府の報告書は彼らの貢献についてはー切触れようとはしない」（『新渡戸稲造全集』一九巻「日本文化の講義」）と述べておられますが、今回の報告書は私立学校の貢献を明確に指摘している点で意義深いと思います。

私立学校から教養ある専門人を輩出することができたら日本は変わります。各教育機関が建学の精神に基づく教育を明確に行なうべきではないでしょうか。国立大学は法人化されましたが建学の精神に裏打ちされていません。キリスト教の高等教育機関はそれぞれの学校において建学の精神を大切にしながら百年あるいはそれ以上の歴史を刻んで来ています。私たちは建学の精神を大切にしながら教養ある専門人を育てる責任を担っているのです。建学の精神に基づく教育について、東京女子大学を例にしながらお話させていただきます。東京女子大学は一九一八（大正七）年に新渡戸稲造先生を初代学長に、安井てつ先生を学監にお迎えして東京角筈（現在の新宿）に創立されました。新渡戸稲造の略歴をまず御紹介し、キリスト教の精神、リベラル・アーツ教育、女子教育について語らせていただきます。

A　初代学長新渡戸稲造

明治、大正、昭和の初めにかけて新渡戸稲造という名前は、広く知られていました。しかし、一口で説明するには困難を覚えるほど、先生は「巨大なる世界人――イナゾウ・ニトベ！」（賀川豊彦「永遠の青年」より）でありました。東京女子大学の学長になられたのは、まさに巨大なる世界人になられた五十六歳の時でした。

簡単に先生の年譜を辿ってみますと、先生は一八六二（文久二）年盛岡南部藩士の家に生まれ、幼少にして父を亡くし、叔父の養子となり上京、東京英語学校に学び、一八七七年札幌農学校の二期生として内村鑑三らと共に洗礼を受けキリスト者となりました。卒業後、東京帝国大学を経て一八八四年米国に留学、後にはドイツにも学びました。一八九一年フィラデルフィアの名門校で学んだ女子教育者であり、平和論者でもあったメリー・パターソン・エルキントン嬢と両家の強い反対を押し切って結婚、二か月後には帰国して母校札幌農学校で教鞭をとりました。長男遠益を亡くした悲しみの中で、夫妻は貧しい子供たちのために遠友夜学校を設立し、自ら校長を務めました。後アメリカにて『武士道』を出版、帰国後は京都帝国大学教授を兼ねて台湾総督府に勤務、一九〇六年第一高等学校校長、一九〇八年『実業の日本』編集顧問、一九一三年には東京帝国大学教授に就任されました。

これらの幅広い人生経験を経て、一九一八年東京女子大学の初代学長に就任されたのです。翌一九一九年には欧米視察に出られ、一九二〇年国際連盟成立と共に事務次長に任じられそのままジュネーブに留まれました。一九二六年帰国後は貴族院議員、太平洋問題調査会理事長を務められ、カナダで開催された太平洋会議に出席後、一九三三年十月十五日七十二歳で客死されました。

B　建学の精神――キリスト教の精神

新渡戸は、キリスト教の精神に基づく教育について次のように述べています。

「入学する者を悉く基督教信者にするとか、教会に入ることを強制するとかの考えはないけれども、心もちだけは基督の心もちにしたい。己を犠牲にしても国のため、社会のため、人道のために貢献する精神を奨励したい」（『新女界』「キリスト教主義大学」）。

東京女子大学の Service and Sacrifice の頭文字をクロスにした校章によく表わされています。

また矢内原忠雄が新渡戸に「内村との相違」について尋ねた時、「僕は正門ではない。横の門から入ったんだ。して横の門というのは悲しみということである。内村のごとく言葉をもって神学を語るのではなく、人格からにじみ出る犠牲と奉仕の心をもって示す」と述べています。

C　建学の精神――リベラル・アーツ教育

リベラル・アーツ教育について次のように記しています。

「日本では偉い人物というものを地位の高い人とか家柄のよい人とか、大学者だけの中に探す傾向があります。実にすばらしい人たちが見落とされることがよくあるのです」。

「学問の第一の目的は人の心をリベラライズするといふこと、エマンシペイトすることである」(『内観外望』「大学の使命」)。

また、「西洋における専門家は人間趣味が日本の専門家よりはるかに広い。ところが、日本人は専門家たることを最上の誇りとし、円満な人間たることを度外視する。ゆえにいわゆる学者連中の話を聞けば、僕はその方の専門ではないから知らぬといって、専門に忠実なることを誇りとしている。換言すれば何々学の専門家であって人間ではありませんと誇るのである」(『東西相触れて』)

とも述べています。

二十一世紀の教育は、新渡戸が危惧していた様な専門人教育に戻りつつある様に思えます。ここに教養教育を前面に出しつつ、「教養ある専門人」を育てる使命がキリスト教学校にあると思うのです。教養教育と専門教育のバランスについての新渡戸の言葉は印象的です。

「教養は教育における遠心力であり、専門教育は求心力である。この二つの力が正しい比例を保って協力してこそ、均衡のとれた心の発達が期待できるのである。」(『随想録』)

はじめに御紹介いただきましたように、私は一九三二年生まれですから、第二次世界大戦中女学校で軍国主義教育を受けた者です。敗戦後間もなくして東京女子大学に神戸から上京して入学、リベラル・アーツ教育のもとで既成概念からリベラライズ・自由にされ、エマンシペイト・解放されたのです。学ぶことにハングリーでした。図書館で勉強していると涙がこぼれる程でした。平和で空襲警報も鳴らない、防空壕に逃げ込まなくてもいい。ここにいつまでも座って自由に本が読める。何という自由！　何という解放感！　私はここで生涯テーマを見つけました。

D　建学の精神――女子教育

新渡戸は女子教育については次のように記しています。

「所謂良妻賢母主義は、人間を一種の型にはめ込むようなものである。日本の女子教育は、女を妻か、母か、娘かいずれかにしてもひとり立ちの人間らしくない男の付属品のごとく見ている。一個の人間として立派に出来上がった婦人（人間）ならば、妻としては良妻、母としては賢母である。」（『婦人に勧めて』一九一七年）

「婦人が偉くなると国が衰えるなどというのは意気地のない男の言うことで、男女を織物に例えれば男子は経糸、女子は緯糸である。経糸が弱くても緯糸が弱くても織物は完全とは言われませぬ。」（一九一八年東京女子大学開校式式辞）

「婦人をして真の位置を獲得せしむるために百年間の準備が必要である。」（『人生雑感』）

百年たった今もまだ努力しなければならないことがたくさんあります。

このように東京女子大学は、キリスト教の精神に基づくリベラル・アーツ女子教育を建学の精神とし、二十一世紀の教育に貢献したいと日夜努力しています。平成十五年度（初年度）文部科学省「特色ある大学教育支援プログラム」に、「女性学・ジェンダー的視点に立つ教育展開『女性の自己確立とキャリア探求』の基礎をつくるリベラル・アーツ教育」で採択され、平成十六年度「現代的教育ニーズ取組支援プログラム」にも「仕事で英語が使える日本人の育成――キャリア・イングリッシュ・アイランド」でも採択されました。

これは単に東京女子大学が認められたということにとどまらず、キリスト教主義大学及びキリスト教主義教育機関の「キリスト教に則ったリベラル・アーツ教育」が認められたという意味で大変意義深いと評価したいと思って居ります。

三　日本のキリスト教学校の課題とビジョン

いのちの尊さが軽視され、家庭の崩壊が進み、企業のモラルも低下していく今日、キリスト教学校に課せられた人格教育の責任は重大であると思って居ります。キリスト教の視点から、今教育すべきことは何でしょうか。

A　自分を治めることのできる人の育成

一九五一年に東京女子大学に入学しました時、大学における「キリスト教学」とはどの様な授業なのか、楽しみにしていました。北森嘉蔵先生（1916~1998）は、最初の授業を創世記四章のアダムとエバ一家における長男カインの弟アベル殺害事件から始められたのです。クリスチャンであった私は、「愛」について語られるのかしらと思って居りましただけに驚きました。人間の罪と真っ向から向き合わされた授業でした。カインがアベル殺害のために野原に出ようとした時、神は「あなたはそれ（罪）を治めなければなりません」（創世記四・7口語訳）と語りかけています。自分で自分を治めることが出来れば暴力を振るうことはないし、暴言を吐くこともない。役に立つ人材だけを作るのではなく、自分を治めることの出来る人物を育成するのがキリスト教学校の使命であると思っています。教育者にとっても教育される側にとっても、現代社会で最も必要とされていることです。

B　人格者の育成

新渡戸は「人格」を英語で Personality と表現しました。これはペルソナから来ている言葉であって「性格」ではありません。父なる神、子なる神、聖霊なる神として三つのペルソナをもっていて一つである神、即ち三位一体の神と、男も女も同等に交わることの出来る人格として存在しているのです。男と女が上下関係であったり、優劣関係であったり、女は子を産む道具であるという関係であってはならないのです。歴史・社会・文化の中で形成されて来た間違いは正されなければなりません。新渡戸は、東京女子大学創立一年前に世に出した『婦人に勧めて』において、「一個の人間として立派に出来上がった婦人（人格）ならば、妻としては良妻、母としては賢母である」と述べて居られます。

新渡戸は一九〇六年から一九一三年まで第一高等学校の校長を務められましたが、退任の日、多くの学生が先生を慕って、小日向台の御自宅まで列を成してついて行ったそうです。玄関前で生徒たちに言われた言葉が、「Personality 人格のないところには Responsibility 責任は生じない」でした。どの様な状況の中に置かれても最後まで責任を全う出来る人格者をつくらねばなりません。家柄とか地位を誇るような人材ではありません。世界において、社会において責任を果たし得る人格者、人物を育てなければなりません。

C　人格者の育成を可能にする座標軸

人格者を育成するためには、まず自分を座標軸の中に位置づける必要があります。三位一体の神と私が結ばれる垂直的な関係（vertical relation）と、人と人の水平的な関係（horizontal relation）に自分を位置づける時、ぶれない自分を確立することが出来るのです。新渡戸は、「人を相手とせず天を相手とする覚悟を持たなければならない」と書いています。これはルターがヴォルムスの帝国会議（Reichstag zu Worms）に立った時「我ここにあり」と言った姿勢であり、ここにこそ、誰が何と言っても「ぶれない私」、一人称で語れる私になる道があるのです。

森有正は、日本人は二人称文化に生きていると言いました。「あなたがそう仰っしゃられるのであれば私もそう致します」というのであり、これでは responsibility は果たせません。「あなた」に責任を転嫁させることになるからです。どの様な中にあっても「私はこう思う」と神から与えられた使命を果たす覚悟と取り組む姿勢が必要です。

私は四十五年に亘る教師生活で、数々の責任ある仕事をして来ました。学長職は最も孤独な仕事であると痛感しています。祈りなくして、学長職は務まりません。出勤して学長室の席に座った時は、必ず祈りをもって始めます。これが学長としての一日の始めです。毎日礼拝がありますが、公務のない限り毎日出席し、同じ席に座っています。義務ではなく私の使命です。その様な中から天を相手とする覚悟ができるのです。

二〇〇二年に学長に就任してしばらくした時、何人かの教授会のメンバーのサイン入り文書を学部長から手渡されました。その内容は教授会の前のお祈りをやめてほしいというものでした。教授会前の祈りは、創立以来継続されて来たものですので、十分間の時間を頂いて何故祈りで始めるか、キリスト教学校の使命は何かについて説明しました。しばらくの沈黙の後、一人の教員が立ち上がって、「二十五年間、学長が替わる度に申し入れをして来たが、今回初めて説明を受けた。これで良いのではないか」と発言して下さった。それ以来、お祈りをやめるようにという嘆願書は届いておりません。初代学長新渡戸稲造、二代目学長安井てつをはじめ代々守られて来た精神であり、十三代学長として守ることが私の責務であると考えて居ります。

D　私が私として存在することに喜びを感じる教育

新渡戸は、「知ること（to know）よりも実践すること（to do）、実践するよりあなたがあなたとして存在する（to be）ことが大切です」と言われました。他人と比較しなくていい。あなたがあなたとして、私が私として「存在すること」に意味があることを示すことが教育の原点だと思っています。たくさんの学生がいろいろなことで悩み、サロン・ド・ミナトと呼ばれる学長室に訪ねて来ます。「あなたがあなたとして今存在できていることがどんなに大事か」と語り続けています。心落ち着かせて、立ち直って出て行く学生たちと一緒にキャンパス・ライフを送って居ります。

先日「教えられたことをすべて忘れた後に残っているものが教養である」という新渡戸の言葉に接しまし

たが、私の教師生活の中で生徒たちに何を残せたか穴があったら入りたい気持ちになりました。新渡戸は、「内村は神学をもってキリストを語ったが、私は言葉をもって語るのではなく、人格からにじみ出る犠牲と奉仕の心をもって語る」と言われましたが、二十一世紀の教育に欠落している人格教育にキリスト教学校がどの様に応えるべきかの答えがここにある様に思います。聖書のことばや神学を大上段にかまえて語りかけるのではなく、キリストのかおりを放つことの出来る人格としてキャンパスに存在し、人生における座標軸を指し示すことが出来る存在でありたいと祈る毎日です。

御清聴有難うございました。

（二〇〇六年八月『学校伝道研究会紀要　キャンパス ミニストリー　第17号』三三〜四一頁）

第三部　女性と社会

英文論文は最後の頁から（五一五頁）

I　教会史上の指導者と女性の働き（1）

――プリスカとルターの妻カタリーナ・フォン・ボラ

序

教会史ばかりでなく、歴史を語る場合にまず脚光を浴びるのは各時代に活躍した男性の姿である。しかしこれら有能な男性たちの綴る縦糸の歴史も、それを助けた女性たちの陰の横糸がなければ、今日までの布地は織り上げられるのは不可能であったと思う。

この論集の読者の多くの方々が、直接伝道に携わっておられることをうかがい、説教の資料の一端として役立てていただければと念願しつつ、今回は学術的な論文の形式を離れて、日頃蒐集した資料をもとに、福音の歴史を織りなす横糸に光をあててみた。なおこれは、去る十月一日から三日〔一九七九年〕まで開催された共立女子聖書学院記念館セミナーにおいて「教会史上の女性たち」と題してなされた講演の一部を土台として、資料を加えつつまとめたものである。

教会の歴史がはじまって以来今日に至る二千年の変遷の中に、時代の移り変わりとともに信仰に生きた女性たちが直面した問題も複雑であり、その解決の道も様々である。ここではまず初代教会篇として、ローマの信徒への手紙十六章を中心に異教の地にキリスト教を土着化させるために、伝道者パウロの助け手となって活躍した女性たち特にプリスカ〔使徒言行録では「プリスキラ」〕に光をあて、つぎに宗教改革者ルターの妻カタリーナ・フォン・ボラ（Katharina von Bora, 1499~1552）の働きを紹介したい。今回は特に伝道者を助けることによって妻としての責任を果たした女性と、夫を支えることによって自らも福音の伝達に大切な役割を果たした女性に焦点を合わせたい。そして次回には中世篇としてアウグスティヌスの母モニカを、近代篇としてジョン・ウェスレーの母スザンナをそれぞれの時代的背景とともに取り扱い、教会史上の偉大な指導者を育てた母としての責任を学ぶことにしたい。

一　初代教会における女性の働き

まず初代教会の時代に生きた女性たちが、どのような世界の中におかれていたかを、政治的、文化的、社会的、宗教的、家族法的事情から分析し、つぎにその事情の中で、キリスト者女性はどのような方法で歴史における責任を果たしてきたかを考えてみたい。

A　初代教会に生きた婦人たちの世界

①政治的事情

キリストがこの世に来られた紀元前四年頃の世界は、政治的には長く続いた共和制が終わり、アウグストゥスを第一皇帝に迎えて帝政ローマが始められた時である。すなわち、プリンキパートゥスという共和制的要素を含んだ君主政のもとに政治的統一が進められた時代であった。そして、この統一は長期の内乱に疲れたローマ人に平和をもたらしたのである。人々は「わたしたちは、どの道を行くにも恐れなく旅行することができたし、欲するままに海を渡ることもできた」[1]とその平和をパクス・ローマーナと呼んで讃えたのである。この帝政ローマの法的基礎はローマ法にあり、ローマ裁判所の公正な裁判によって日々帝国全体の市民たちに適用されていた。特に市民権所有者は帝国全土の人口の約十分の一に過ぎなかった[2]とはいえ、万民法に加えて市民法の保護のもとに置かれた時代でもあった。パウロがその法のもとに各種の保護を受けつつ伝道した使徒であることはよく知られている。

このように法的地位が確立されていたことは広く知られているが、ローマ法における婦女の私法的地位[3]は当時未だ完全に確立されていなかったことを指摘したい。例えば、夫婦関係を定める婚姻法の示すところによると、

「妻は夫の身分と住所とを同じうする。妻には厳重な誠実の義務が課せられ、夫は現行犯を捕えて姦夫婦を殺すことができる。夫に妻を扶養する法律的義務がある。夫婦間の法定相続権は、妻は子の地位で相続するものとする。(4)」

しかしここで注目しなければならないことは、例え法的に高い地位は認められていなくとも、「実際上は家長の妻は実母として、家族内部の事項に関しては、極めて広い権限をもち一般に妻は社会的には夫に相応ずる身分を与えられて高い地位を認められていた(5)」のである。

このことは新約聖書に記述されているプリスカなどの主婦が意外に社会的に認められ高く評価されている点からも明らかであろう。

②社会的事情

パクス・ローマーナと言われるローマの平和時代にまず手がけられた事業は、道路の建設と上下水道の完備であった。我国の歴史が弥生文化の時代をたどっていた同時代に帝政ローマのもとでコンクリートの幹線道路が建設されていたとは、驚くべきである。一昔前の共和制時代の婦人たちが経験したことのない日常生活の向上が想像される。町の巷で開かれた家の教会にも、この道路を利用して出席することが可能とされたのである。共和政末期の動乱はやみ、普遍的国家の建設の事業が進められ、ローマの版図がつぎつぎに拡大されるに従って、婦人たちの生活は東方的文化の影響を受けて、華美な装いが流行するようになった。パウロが「同じように女も、つつましい身なりで、控えめに慎み深く身を飾り、はでな髪の形とか、金や真珠や高価な衣服によってではなく、むしろ、神を敬うと言っている女にふさわしく、良い行いを自分の飾りとしなさい」(6)と薦める背景には、そのような風潮が当時見られたことを示している。これはキリスト者女性が対処しなければならない問題の一つであった。

③文化的・精神的事情

一般に新約聖書時代の女性の知的水準は低く評価されがちである。しかし、古典ギリシアの時代からすでにソクラテス、プラトンに多大な影響を与えた女性が幾人も存在していた記録をみる時、女性が決して知的無能者として取り扱われていなかったことを知るのである。例えば、プラトンも進歩的な女性アスパシアの思想の影響を多大に受けた一人であった。プラトンの近代女性観に匹敵するほど進歩的な女性観をみる時、大思想家を指導し誘導した女性の大思想家があったことを感ずるのである。彼によると、

「自然の与える才能は両性に同じであり……すべての男性のしごとは女性の仕事でもある。」

「女性が男性と全人生を分つことがなければ彼女たちは、なにか別の人生をもたなければならない。だがわれわれの国家の男女が一つ心をもって全力をあげて同一のものを追求することがなければ、国家はその半分の力を失ってしまう。これほど愚かなことがあるだろうか。」(7)

プラトンの言葉を読む時、姿なく背後に立つ女性の思想――アスパシアの思想を無視することはできないのである。彼女はエウリピデスの作品に姿をみせ、アイスキネスの「対話篇」にも、プラトンの編纂したといっている「対話篇」においても目立つ存在である。女性蔑視はギリシアばかりでなく久しい世界の風潮であった。しかし、塵埃と泥にまみれながらも美と才能と勇気と勤勉とをそなえた女人像が姿を現しはじめていることを感ずるのである。

ギリシア時代以降このような女性の数も増えつづけ、新約聖書の時代には特にギリシアの周辺には女性を含んで知識層が集っていたようである。「コリント人への手紙」においてパウロはこれら知的人種とキリストの福音との関係から書簡を始めていることからも明らかであろう。「ユダヤ人はしるしを求め、ギリシア人は知恵を探しますが……」(8)古典ギリシアの哲人ソクラテス、プラトン、アリストテレスが達した高峰から下落して、キリスト来臨のころはストア派やエピクロス派のような自己中心的な思想体系に陥っていたとはいえ、新約時代の精神的文化に大きな影響を与えていたのは、ギリシア的思考であったことは否定できない。

ケアンズ教授は「これらギリシア哲学をキリスト教到来のための消極的準備と考えることができる」(9)と指摘しておられるが、異教的土壌、哲学的土壌に福音の根をはらせるためには、このことがかえって困難な要素となったのではなかろうか。この点については、

「時代の精神的諸状況や世界観としての哲学はキリスト教思想を受けいれやすいものとしたかにみえた。しかしそれはよく言われるようにほんとうにキリストへの準備としての時代であったろうか。むしろ実際はローマ世界の中でキリスト教は異教の文化にふれ、様々の問題の中で否定をうけながらその使命を果たしてゆくのである」(10)

と述べる茂泉昭男氏の見解に従いたい。このように初代教会の中に生きた女性たちは否定をうけながら、横糸としての使命を果たしたと言える。

④宗教的事情

ローマ帝国の征服による版図の拡大は、帝国内に多くの密儀宗教をもたらす結果を生み出した。フリュギ

アのキュベレー崇拝、エジプトのイシス崇拝、ペルシアのミトラ教などはその代表的なものである。しかしこれら諸宗教はローマ本来の宗教を容認した上で流布に努めたため、ローマとの相剋を避けることができた。しかしキリスト教はイエスの十字架後わずか三十年位の間に、ローマの官憲からも一般市民からも嫌われるようになってきていた。タキトゥスは「一般市民はキリスト教徒を彼らの大罪の故ににくみ嫌っていた[11]」と書いている。ローマ人はキリスト教徒は恐るべき恥ずべき悪性の邪教であると考えていた[12]。それはキリスト者が彼らの信仰の絶対的権威と重要性を認め信じていたため、天地創造の神以外のいかなる偶像をも礼拝することを許さなかったからである。また、それはキリスト教徒が公共の競技会や国家礼讃の儀式に参加することを避けたからでもある[13]。

当時、夫がキリスト者に改宗した場合に比べて、妻が改宗した場合は事態は一層深刻であった。殉教者ユスティノスはつぎのように記している。

「キリスト教に改心した妻は夫が異教にとどまっている時、常に苦しまなければならなかった。……彼女の貞節は夫の目には罪となり侮辱となった[14]。」

ローマの法的解釈から、家長は家の代表者としてのみならず、宗教的立場においても最高の権限を保持していたことが明らかである。「家長は絶対君主制のほか一種神聖なる集団、教会としての家の代表者である。古ローマにおいては政治と宗教は離るべからざる関係にあったため、家は一面市法上の単位たるのみならず、他面また宗教上の単位を構成した[15]」という。このような法律は、妻がその家の宗教に背いてキリスト教に改宗することがいかに困難であったかを物語るものである。

さらに、ローマ法が扱う妻の地位に関する記録「妻が夫の夫権に服するときは、妻はその生家との宗教関係から離脱し、婚家において夫の娘の地位に立つ(16)」が示す通り、妻の信仰の自由は婚家との関係において法的に認められていなかったのである。ユスティノスが述べるごとく、「夫の宗教が異なる時、妻は常に苦しまねばならなかった」のである。

B　初代教会に生きた女性の責任　――ローマ人への手紙十六章から――

キリストの来臨のころ、世界はキリスト教を普及させるのに好都合な状態に置かれていたことは確かである。それ以前の世界の歴史のどの時期にも、これほど広大な地域が唯一の法律と唯一の政権との下に置かれていたことはなかった。また唯一の共通語コイネー・ギリシア語によって帝国内の人々のほとんど全部に福音を伝えることができたのもこの時代の利点であった。しかしその反面先に述べたようにキリスト者婦人たちは、福音的であろうとすればする程、文化的精神的相剋を免れることが出来ず、困難な中に伝道の方策を見出さねばならなかったのである。

パウロがローマ教会に宛てた書簡の最後の章は、ヘブライ人への手紙十一章が旧約聖書の画廊と名づけられるように、新約の信仰者の画廊と呼べる。この歴史的名簿の三分の一が婦人であることは、ローマ教会で婦人の占めた輝かしい地位を示すと同時に、奉仕の分野において婦人の占める役割をパウロ自身高く評価していることを示していると思う。パウロはこの十六章に二十八名の功労者を挙げて、その働きに感謝している。このうち女性名と確実にわかる人々だけでも、フィベ、プリスカ、マリヤ、ユニアス（別訳では「ユニア」女性の名）ツルパナ、ツルポサ、ルポスの母、ユリア（ありふれた奴隷の名で多分フィロロゴの妻）、ネレオとその姉妹、の九名である。

また、この十六章のヘロデオンはアリストブロに属する奴隷であったし、ナルキソ、アスンクリフト、フレゴン、ヘルメス、パトロバ、ヘルマス等はありふれた解放奴隷名であったことから、初代教会の構成メンバーが、解放奴隷、奴隷、婦人で圧倒的に占められていたと言えるのではなかろうか。

それでは、ここに挙げられている九名の女性は、異教的世界においてどのように伝道の責任を果たしたのであろうか。この問題に関して、「教会の指導者、執事として」、「家の教会として」の二面から考察したい。

①教会の指導者、執事として

パウロはキリスト者女性の奉仕において、婦人の教会における役割を認めることにおいて先駆者であったと言える。[17] コリント東方の港町であるケンクレアの教会の執事であったフィベを、ローマのキリスト者に推薦するにあたって、パウロは愛にみちた配慮を紹介のしかたの中にあらわしている。当時はすでに執事という職務をもった指導者たちがいたと思われる。その中には女性の執事もいたようである。婦人執事については、それは執事の夫人であるという説もある。バートン・ペイン博士の召天一週間前になされた講演[18]の中で、この点に言及し「ディアコノスは男性名詞で女性格でないとする学者もあるが、この言葉自体男性格しかないので、言葉の形からはどちらであるとも言えない。前後関係からフィベは教会の執事であると考えるのが自然であろう」と指摘された。テモテへの手紙 第一、三章十一節でもパウロは女執事について言及している。法律的には低い地位しか認められなかった女性も、教会内で例え少数であったとはいえ、他の兄弟姉妹のために霊的、物質的に指導と援助をしていた女性たちが存在し、広く用いられていたのである。特にフィベは社会的にも有力な信徒であって、他の信徒や伝道者たちのために喜んで経済的援助を行い、また多くの信徒たちから尊敬されていた人物のようである。[19]

②家の教会の成長と女性の責任

先にこの章に取り扱われている人物のほとんどが女性であるか奴隷および解放奴隷であることを指摘した。これに加えて注目に価するところは、これらのほとんどが五つの信者の群れ、すなわち家の教会として紹介されていることである。すなわち、プリスカとアクラとその家の教会（三節）、アリストブロの家の人々（十節）、ナルキソの家の主にある人たち（十一節）、アスンクリト、フレゴンなどの人たちと主にある交りをしている人たち（十四節）、フィロロゴとユリア（十五節）による五つの信者の群れである。フィベの様に執事として活躍した女性は初代においてはごく稀れであったが、家の教会の建設者として蔭の力となって働きつつ、教会成長に大きな貢献をなした女性は数多くいたのである。この中から特にプリスカとアクラに焦点を絞って、初代教会における宣教力のある家庭の姿、および女性の横糸としての働きに光をあててみたい。

まずプリスカとアクラについて断片的に記されている聖書の記事を総合して、彼らの家の状態を復元してみる。主人アクラはポント生れのユダヤ人で天幕づくりを職業としていた。[20]彼らは始め静かな町ポントに住んでいたが、しばらくして当時の世界都市ローマに移り住んだ。やがて紀元四十九年か五十年にクラウディウス帝がすべてのユダヤ人をローマから追放した際、[21]彼らは止むなくローマを去って地中海第一の商業都市コリントに移った。二人はこゝでパウロに出逢ったのである。この頃の二人はまだ福音を知らなかったようであるが、パウロを天幕づくりの職人として雇入れ、自分たちの家に住み込ませた。[22]パウロとの共同生活から、彼らの福音に対する目は開かれたのであろう。シラスとテモテがパウロの伝道を助けるために献金をもってコリントに到着してからは、パウロは天幕づくりをやめて福音の宣教に専念するようになった。[23] この時パウロがプリスカとアクラの家を出たかどうかは記録されていないので不明であるが、少なくもパウロのエルサレム行きに彼らが同行していることから、[24] 親密な交わりがその後も続いていたと思われる。したがってパウロはその後も彼らの家に留っていたと考えてよいと思う。おそらく二人は福音に対して目が開かれたので、使徒パウロを雇人としてではなく、大切な客としてあらためて自分たちの家に迎え入れたのであろう。この時のパウロのコリント滞在は一年六か月であったから、[25] 二人はパウロから親しく信仰の訓練を受けたであろう。のちパウロがコリントを去ってエルサレムへ行った時同行し、エペソでパウロと別れ、独力でキリストの福音を証ししはじめたのである。

初代教会の福音のための土壌は決して容易なものではない。にもかかわらずキリスト教は急速に成長し、宣教百年を迎えた紀元一五〇年頃までの発展は目ざましい。ここに女性という弱くして強い横糸の活躍を見のがしてはならないのである。その点に関して、家の教会の形成における女性の働きと、伝道者に対する援助における女性の働きの二つの面から考えてみたい。

まず家の教会の形成においてパウロは、アクラとプリスカ夫妻をその模範として注目している。彼らの家は移りゆく先々で、すなわちエペソで、そしてローマで直ぐに家の教会として成長して行ったのである。「コリント人への手紙　第一」の最後に、パウロは「アクラとプリスカ、また彼らの家の教会が主にあって心から、あなたがたによろしくと言っています」と述べている。この「コリント人への手紙　第一」はパウロが二人をエペソに置いてエルサレムに行き、その後再びエペソに帰って来た時書かれたと言われているので、二人がエペソに着いてからそんなに長い年月がたっているわけではない。にもかかわらず彼らの家は家の教会としてエペソで着実な歩みをしていたと言える。パウロは第三回伝道旅行の際エペソに二年間滞在し、[26]ローマの信者に手紙を書いた。このローマ人への手紙十六章の末尾にローマにあるプリスカとアクラの家の教会という言葉が出て来る。おそらく先に述べたユダヤ人追放令が解除されたので二人は世界の都ローマに帰ったのであろう。彼らがローマに着いてから、ローマの信徒への手紙が記されるまで二、三年しか経っていない。短期間の間にエペソで、そしてローマで家の教会を形成するとは何というすばらしい宣教力をもった家庭であろうか。

パウロがこの夫妻について記録するのに、夫の名前を先に記載するか妻の名を先に記すか区別しているのは興味深い。コリントの教会に宛てた書簡の末尾[27]と彼らが始めてパウロに逢った時[28]以外はすべて妻のプリスカを先に挙げている。秩序を軽んじがちなコリントの教会に対しては、家の秩序を重んずるパウロはことさらに夫のアクラの名を先に挙げたのではなかろうか。他の個所で伝道者アポロを導いた記事や家の教会の建設の個所では妻プリスカが先に記されている。すなわち、伝道者アポロを導いた記事や家の教会の建設など信仰の本質に触れる時はプリスカを先行させている。こうしてみると、妻のプリスカの信仰をパウロが高く評価していたことが分かる。家の教会の形成が成功するかどうかは夫以上に妻の信仰如何にかかっているといえる好例であろう。

つぎに初代教会の伝道者を霊的にも、また物質的にも支えたのはやはり女性たちであった。プリスカとアクラがエペソにいた時、アポロというアレクサンドリア出身の教養の高い人物がエペソに来て大胆に語りはじめた。彼の説教は常にヨハネのバプテスマの限界を越えるものではなかった。イエス・キリストの死と復活を信ずる救いの成熟に対する信仰が欠けていた。イエス・キリストが内住し、彼を内から生かして下さるという恵みこそ信仰の奥義であることをアポロは明確に理解していなかった。このことに気づいた二人は、公衆の面前でアポロを批判するのではなく、ひそかに彼を自分たちの家に招いてその奥義を詳しく教えたのである。その結果アポロが初代教会に対して大きな力となったことを知るのである。すなわち教会成長には、物質的援助ばかりでなく、伝道者への霊的援助が大切である。しかもそれは裁判官のようにさばくのではなく、弁護士のように支える援助でなければならない。(29)

パウロは書簡の中で特にプリスカとアクラに光をあてて、女性の伝道における役割と責任を語っているが、この原理はローマ書十六章に語られている他の家の教会の設立者においても同じである。初代教会時代の歴史的背景は今日のそれと全く同じではない。しかし伝道の障害は質的には異なっていても同じようにある。初代教会時代に生きた女性たちの伝道の知恵は、今日もそのまま私たちの知恵となるのではなかろうか。

二　宗教改革時における女性の働き

初代篇で取り扱ったプリスカは、マリア的信仰とマルタ的行動力の調和した女性であった。ルターの妻カタリーナ・フォン・ボラはどちらかと言えば行動派の女性であった。中世的要素を打破しつつ改革者ルターを支えた妻はどのような女性であったか興味深い。また初代教会とは異質な困難さをこの時代は背負っていた。まず宗教改革時代の歴史的背景について述べ、つぎにその事情の中で歴史をのり越えた女性の知恵について考察したい。

A　宗教改革時代に生きた婦人たちの世界

カタリーナ・フォン・ボラ（写真）は一四九九年に生まれ、一五五〇年シュマルカルデン戦争の最中に五十一歳の生涯を閉じた。カタリーナの生まれ育った時代は、まさに中世を打ち破り近世的要素が次々に確立されて行く時代であった。イタリアのフィレンツェにおいてはレオナルド・ダ・ヴィンチ、ラファエロ、ミケランジェロの活躍していた時代なのである。即ちルネサンスの最隆盛期であった。またイギリス、フランス、スペインの近隣国においては民族国家が興起し近代国家へと力強い歩み出しをはじめた時である。

①民族国家の興起と中産階級の台頭

特にイギリスは封建制度のもとにあっても中央集権的傾向が強かったが、十四世紀ごろになると議会の立法権が発達し、主権は君主と議会が分担するようになった。そして、この議会の勢力はますます強化され、教会の国事干渉を抑制する勢力となり得るまでに成長して来た。イギリスばかりでなくフランスおいては、百年戦争の結果、強化された王権を中心としてイギリスを凌ぐ中央集権的国家が成長していた。しかし、宗教改革の土壌となったドイツは依然として封建的分裂をつづけ、中世的自然経済の中にあった。ドイツは近代的歩みにおいて西欧諸国に著しく立ち遅れ、十九世紀初期に至るまで民族の統一国家を形成することが出来なかった。このようなドイツにおいて教皇レオ十世の許可のもとに免罪符制度が悪用されたことも理解出来るのである。

民族諸国家の興隆と切り離すことの出来ない近代的要素は、中産階級の台頭である。中産階級が諸都市の復興と商業の発達により、ますます勢力を増して来た時代である。これら都市の中産階級の商人と富んだ中産階級の地主とが主権者たちのうしろだてとなって闘わなかったならば、決して教皇制に勝つことはできなかったであろう。

この当時における女性たちは、決して自由であったのではなく、封建的抑圧の中に近代的自由と平等を勝ち取るために精神的戦いを繰り返えしていたのである。中世の理想的結婚の要素の第一は盲目的服従であったことは興味深い。「夫の命令はすべて正しかろうが正しくなかろうが、大切だろうがくだらなかろうが、道理にかなっていようがいまいが、すべて守らねばならぬ[30]」という言葉が示すごとく、女性を一人の人間としては蔑視するという傾向があった。このような中世的圧力を打破しようとする力が、中産階級とくに商人の妻の中から起こされて来たのである。フランスの騎士の一人ジョフロワ・ド・ラ・トゥール・ランドリが娘たちへの教訓のための『塔の騎士の書』という書物を著し中世後期の結婚生活について、三人の商人の妻の夫への忠誠度を面白く分析している場面がある。三人のうち二人の妻は彼女たちの上に重くのしかかる厚い壁を少しずつこわし独立と自由への道をひらきつつあった都市の婦人たち、商人の妻たちだった[31]。このような婦人たちの目覚め

ルーカス・クラナッハ画
(Lucas Cranach, 1526)

は、夫たちの自由と平等の意識を目覚めさせたにちがいない。そしてこれら中産階級が教皇制の不合理を主権者とともに追求しなかったならば[32]、十六世紀宗教改革はあのような世界史的事件にまで発展し得なかったのではなかろうか。ルターの改革は封建制度の下にあるドイツにおいて封建諸侯がその支持者であったが、カルヴァンの改革を支え発展させたのは実にこの中産階級であった[33]ことを考える時、中産階級層の成長はキリスト教史上意義深い。

②個人の目覚めと宗教的批判精神

カタリーナが少女時代、青年時代を送った頃は、イタリアにおいてはルネサンスの最盛期を迎えていた時であり、またそれが西欧に伝えられて真面目な宗教的批判精神として、新しい発展を深めようとしていた時であった。

この頃人々は中世的な神中心の思想から脱却して、人間中心の思想を呼び醒まされた。それはヒューマニズムの追求となって現れて来た。このヒューマニズムの追求も、南方すなわちイタリアにおいてはルネサンスとして、北方すなわち西欧においては宗教改革として現れたと言える。ヒューマニズムの二面性である。イタリアを中心としたヒューマニズムは、イタリア人（ラテン人）の性格もあって、北方人のように内面的傾向よりも外面的方面への関心を深く現した。人文学者もキリスト教会や僧侶に対して非難を加えたけれども、北方人のような徹底的な態度は取らなかった。むしろ現実生活の享楽的方面に深い関心を示したと言える。美や快楽を追求する結果、現実的な世界の美しさが従来よりは一層広くまた強く認められるに至った。イタリア・ルネサンスは実に美しい人間を発見し、美しい世界を発見した。ボッカッチョ、ダ・ヴィンチ、ラファエロ、ミケランジェロを生んだのである。

さてヒューマニズムも北方すなわち西欧においては現れ方が異なっていたことに目を向ける必要がある。北方のルネサンスは質素であり、それだけに宗教改革と深い関係をもっていると言える。北方ヒューマニズムは、真面目な宗教精神が深く、内面的傾向が強い。エラスムスなどは、教会の世俗化や形式化、更に僧侶の時代おくれの生活態度などと相容れず、それに対して鋭い批判を加えた人であり、彼の鋭い宗教的自覚がやがて宗教改革の気運を促進したと言える。

しかしこの批判精神だけでは宗教改革の真の意味は不十分である。なぜならば、宗教改革というのは、単に教会のある制度とか慣習儀式とかに弊害があるからそれを批判し、改善してより完全な組織としようという宗教的・社会的・道徳的な問題ではないからである。今までカトリックにおいて行われて来た神と魂の関係を根本的に新しく建設することが宗教改革の真の意義である。Reformation は、単なる復旧ではなく、「建て直し」「造りかえ」である。神との新しい関係、行いの宗教を排して福音の信仰、内的な信頼を確立することである[34]。

この点に関してヒューマニスト、エラスムスと、改革者ルターの間に決定的差異が生じたのである。小塩節氏は「エラスムスとルター」と題した講演[35]において、次のように述べられた。「人間の現実を肯定して連続的に恩寵の問題を考えるのがルネサンス・ヒューマニストであり、人間の現実を否定して断絶的に恩寵の問題を考えるのが宗教改革者である。ヒューマニストはカトリック的なものの中で自己発見した。断絶はルターのリフォメーションにおいて実現した」ルターは神と個の魂の建て直しを徹底的に樹立した人と言える。この中から「信仰義認」「聖書主義」「万人祭司制」の宗教改革の根本原理を打ち立てたのである。

ルターが精神的苦悩を経て新しい認識に到達したのは、カタリーナとの結婚の二十年近く前のことであった。したがってカタリーナが宗教改革の根本精神を夫ルターと同じレベルで理解出来たはずはない。むしろ、ルターからその一端を理解すべく教育されたと言った方がよいだろう。しかしドイツ封建制の中で、中産階級として、女性として自己に目覚め夫を助け、家庭を守り育て改革時に社会に貢献した力は実に大きい。

B　ルターを支えたカタリーナ・フォン・ボラ

キルケゴールによると「カタリーナはルターの妻であるという以外になんの取柄もない女である。なぜならルターは厚板とでも結婚したかもしれない[36]」という。ルターは聖職者の独身制に反対し、結婚を実証するために結婚したというのである。[37]果たして厚板にすぎなかったかどうか歴史的事情に照らしつつ、カタリーナの女性としての、妻としての姿に光をあててみたい。

ルターとカタリーナには十六歳の開きがある。ドイツにおけるルターの改革思想の展開にカタリーナの生涯を平行させて両者のかかわり合いを再現してみよう。

次頁の対比表からも解されるように、ルターがカタリーナと結婚した時はすでに四十二歳となっていた。一五二一年のヴォルムス帝国会議においてルターはカトリック教会の異端者とされ、彼は法律の保護の外に置かれ、彼の書物の流布が禁ぜられ、彼の説を唱える者も逮捕されると宣伝された。彼の改革思想の展開とともに、農民やエラスムスのような支持者をつぎつぎに失ない、ルター教会として教会的形成が進んで来た。彼が結婚した一五二五年頃はルターにとって多方面からの圧力の強い時代であった。そして結婚四年後

ドイツにおける宗教改革の展開

マルチン・ルター

一四八三〜　生まれる

一五一七　新しい認識の発見

第一期（一五一七—二一）　改革者ルターの個人的活動による改革思想の発展

一五一七　九十五ケ条の提示

一五二〇　「ドイツ貴族への言葉」「バビロニア捕囚」「キリスト者の自由について」

ヴォルムスの帝国会議

第二期（一五二一—二九）　改革運動の展開とルター改革の教会的形成

カトリック的礼拝こそ唯一の正統的信仰なり

プロテスタントと呼ばれる

カタリーナ・フォン・ボラ

一四九九　生まれる

一五〇九　ニムシェン修道院に入れられる

一五一五　十六歳で修道女になる

一五二〇　ルターの書物が修道院に紹介される
ルターはそこから逃げるよう忠告する

一五二三　ルターの世話したニュルンベルクのハンサムな青年との結婚成立せず
ルターと結婚する
（ルター42歳、カタリーナ26歳）

一五二三　六人の子供
1　ハンス生まれる（一五二五）

一五二三　2　エリーザベト
（生まれてしばらくして亡くなる）

一五二五　3　マグダレーナ
4　マルティン
5　パウル
6　マルガレーテ（一五三四）

シュバイエル帝国会議
大小教理問答
第三期（一五二九—五五）　改革的諸侯国の政治的団結とルター主義公認
一五四六　ルターの死
一五四六—五二　シュマルカルデン戦争
アウグスブルクの宗教和議
カトリック、ルター派同等と認めらる
一五五二　カタリーナの死

の一五二九年には第二回シュバイエル帝国会議が開かれ、「カトリック的礼拝こそ唯一の正統的信仰である」との決議が公にされた。この時新教諸侯国が団結して抗議したことから、「プロテスタント＝抗議する者」と呼ばれたことはよく知られている。この会議が開かれた時は、三番目の子供マグダレーナの出産時でもあった。このような緊迫した事態の中で、〝プロテスタント〟として力強く夫を立たせることの出来た妻カタリーナは、キルケゴールが評するごとく無能な女性だったろうか。

ルターの結婚はルター自身も記すごとくはじめからロマンチックなものではなく、結婚生活の中でカタリーナの困難に対処する姿に接しつつ二人は恋愛したと言える。それはルターが妻について述べた言葉を長年にわたって比べてみると明らかである。最初彼は友人に「小生は妻を夢中になって愛しているとは言えないが、大事にはしている。」結婚一年後に彼は「愚妻は小生が望む以上に従順で、よく世話をしてくれ、朗らかである」結婚十三年後の一五三八年には「もし小生がわが愛するケーテを失うとしたら、たとえ女王とでも再婚などしないつもりだ」と語っている。彼女は夏は四時、冬は五時に起きたので、「ウイッテンベルクの暁の星」と呼ばれた。また彼の愛するパウロ書簡であるガラテヤ人への手紙を「わがカタリーナ・フォン・ボラ」と呼んだのは、まさに妻に対する心からの讃辞であったと思う[38]。ルターのこのような心の変化にはそれ相応の根拠があったはずである。世界史的人物としてのルターを支えたカタリーナの働きと責任についてまとめてみたい。彼女自身、著作を残していないので資料はすべてルター側に限られる。

①物質的協力者カタリーナ

かつて彼女のいた修道院長は彼女のことを「女子修道院長」と呼んだ。そのような女主人が博士夫人であった。ルターには、たとえ小さな世帯さえきりもりする能力がなかったので彼女は家庭を治め、夫を治めたと言われる。彼のアウグスティヌス修道院は宿泊所となり後には王侯さえも投宿する避難所となった。家畜もおり、小作地も出来、自家醸造所、貯蔵庫、地下室、馬車置き場も備うほどに発展した。客や学生、雇人、子供たち、それに親戚の子供たちを加えると二十〜三十人にもなった。先に述べたごとく中産階級の婦人たちの間から自由と平等の要求が示されつつあったとはいえ、当時のドイツにおける主婦、妻の地位はのちの世紀のものとは、全く異なったものであり、婦人の権利は無きに等しいものであった。したがってカタリーナのように企業家であり、企業の支配人であって、企業をきりまわす婦人はごく稀であった。彼女は例外的な手腕家であった。ルター自身「家庭のことにおいてはケーテにまかせる。その他のことにおいては聖霊の導きに従うのだ」と述べている。

彼女は妻として夫の生活に秩序をもたらすよう努力していた。ルターは時折それを嘆いていたようである。

ルター自身結婚する前のことを次のように語っている。

「一年中だれも私のベットを整えてくれなかった。だからベットの中では藁が汗のために腐っていた。私は疲れており、また、一日を疲れるまで働いて、そのままベットに倒れ込んだので、そのことについて何も意識しなかった」[39]と。

ルターは肉体的に多くの弱さをもっていた。カタリーナは、夫の病気、憂うつ症や風変わりな点にいろいろ気を配らねばならなかった。ルターの病歴は部厚い書類になると言われる程である。不眠症、腎臓、結石症など数多い。彼女は食事療法、薬草、湿布やマッサージが大変得意だったので、後に有名な医者になった息子が医者のまねごとの出来る母としてほめているほどである。もしカタリーナの配慮がなかったならば、ルターは家庭の味を知ることなしに、腐ったわらのベットに病の身を横たえつつ、早く世を去ったのではないかと思う。彼は当時としては高令の六十三歳まで生きることができたのだった。

②精神的協力者カタリーナ

ルターは結石による激痛におそわれることがしばしばあった。その痛みがおこったあるとき、彼はなにも食べることも飲むことの出来なかったので、彼女は何か栄養になるものをとるようにすすめた。「それなら僕の気のかわらぬうちに、ロースト・ビーフとえんどう豆とからしを大急ぎでもってきてくれ」と言って、腹いっぱい食べたという。彼のかかりつけの数人の医者は、死んでいると思ったルターが、机に向って仕事をしているのを見て驚嘆した。ルターはカタリーナの心理的なはげましだけで回復したと言う[40]。

アウグスブルク国会の開催中、彼は破門されていたので国会に出席できずコーブルクの城に隠れていたことがある。カタリーナはルターが特に愛していた幼い娘レンヘンの肖像画を送って夫を慰めた。彼はその絵をテーブルの上のところに飾り、憂うつなときそれを眺めて大きな慰めを受けたとある。

またルター自身神学的解釈に悩んでいた時、喪服姿で書斎に居るルターの側に立ち、旧き悩みとの訣別を確認させるなど、カタリーナの機知に豊んだ文えはルターの生涯に大きな力となった。

③霊的協力者カタリーナ

この点に関してはカタリーナはあまりよき協力者でなかったようである。ルターが忍耐しなければならない項目の中にカタリーナを挙げているのは興味深い。

「私は教皇に忍耐しなければならない。私は群衆に忍耐しなければならない。私はほら吹き貴族に忍耐しなければならない。私はカタリーナ・フォン・ボーラに忍耐しなくてはならない。あまりにも忍耐が多いので私の人生は忍耐以外の何ものでもありえないほどだ[41]」と言っている。

ルターがカタリーナについて不満に思い忍耐しなければならなかった時は、彼女が聖書を充分に読まなかった時であった。彼女は耕作、放牧、家畜の購入、ビールの醸造、その他いろいろなことで忙しかった。ルター家の複雑な家政全体が、このたくましい腕を借りないでやりくり出来たとは思えない。まさにカタリーナはマルタ的行動派であった。ルターの勧めで彼女は仕事の合間に聖書を読み始めたのである。ルターの友人ヨナスに宛てた手紙の中で「私は復活祭までに彼女が終わりまで読むならば、五十グルデンあげようと彼女に約束した。ほらすごい真剣さだ。もう彼女は申命記まで来ている[42]」と述べている。ルター自身長い魂の苦悶の結果勝ち取った改革思想の根本原則の一つ「聖書のみ」の立場を、愛する妻カタリーナの心の中にしっかりと植えつけたかったのであろう。次の世代を背負って立つ中産階級が確固とした福音的聖書信仰をもつ必要があったのである。

④家の教会とカタリーナ

ルターが住んでいたアウグスティヌス派修道院は、はじめこの夫妻に選帝侯から貸し与えられ、後には贈与されたものであった。一階には四十の部屋があり、二階には個室がいくつもあった。ルターの底ぬけの気前よさからその一室もあいていないという日がすぐやって来た。六、七人の甥や姪をよびよせ、友人の妻がペストで亡くなると、その四人の子を引き取った。多くの下宿の学生もいた。ルターは、「カタリーナが反対しなければ、彼らを無料でおいてやりたかった」とすら言っている。これだけを考えてもカタリーナが企業家にならざるを得なかった事情が察せられる。

ルターの家庭生活が当時のカトリック体制のもとで危険な状態の中にあったことも考え合わせるべきである。一五二一年のヴォルムス帝国会議 (Reichstag zu Worms) において、議会は勅令によって皇帝の臣下は誰もルターを捕えて官憲の手に引き渡すべきことを命じたし、またルターの著述を読むことも禁じたのである。そして、一五二九年のシュパイアー帝国議会 (Reichstag zu Speyer) では、カトリックだけが正統的信仰であることが決議された。プリスカとアキラが、ローマからの追放令によって居を移しつつ伝道に励んだ家の教会の姿に相通ずるものがある。ルターの置かれた事態の方が、より困難な状態ではなかったろうか。ドイツ封建機構の中で大家族が生き延びるためには、自給自足経済に頼らざるを得なかったのであろう。

この修道院の旧食堂で家庭礼拝が行われ、熱心に祈られ、聖書が読まれ、解き明かされた。ルターの子供たち、友人、学生たちは、父ルター、師ルターの口を通して、宗教改革の根本原理を学び取ったのであろう。また夕食の時間には、談話が予定されており、彼は仲の良い友人たちと食卓について話をした。これはルターの「卓上語録」としてその時々に書き留められ、印刷も予定されていたのである。そしてこのような家庭生活の体験を中心としながら、彼の周囲の人々の家庭のために、影響力のある著作「小教理問答書」が書かれたのは有名である。

彼は自らの結婚が単に独身制を否定するためのものでなく、交わりの単位、すなわち家の教会をつくりあげ、その中において神の秩序を守るべきことを確信して、つぎのように述べている。

「結婚は教会法に対する反抗や拒絶ではない。結婚をめぐって、小さな交わりではあったが、友人、学生との交わりをつくりあげ、人々のあいだでのより大きいサークルへとその活動を拡大していった。[43]」

ルター家の家の教会においては、霊的指導権は勿論ルターにあり、カタリーナは常に場所を整える立場いわばマルタ的存在であったようである。

ルターはシュマルカルデン戦争のはじまる一五四六年に死し、カタリーナは戦争中トルガウに逃れる途中馬から落ちその傷がもとで一五五二年、五三歳で息をひき取った。彼女の最後の言葉は「わたしは栗のいが外套についてはなれないように、キリストにすがりついていたい[44]」ということだった。忍耐を要したルターの祈りと教育はカタリーナの中に実ったのである。この五年後の一五五五年アウクスブルクの宗教和議で、ルター派はカトリックと同等であることが、はじめてドイツにおいて法的に認められたのである。

むすび

古今東西を問わず女性軽視の風潮は後を絶たない。神は世界のはじめより、秩序として男と女を創られた。この時以来縦糸と横糸の歴史は音をたてて織られはじめた。初代教会の時代はその時代なりの困難さの中に、宗教改革の時代はまた別の種類の困難さの中に、女性たちは責任を全うして来たのである。妻として夫を助け、伝道者を助け、家の教会の建設にはげみ、福音の伝達に努めた女性たちの姿は、私たちに大きな力と希望と励ましを与えてくれる。信仰深く、こまやかな配慮に満ちた、それでいて行動力に豊むプリスカに学びたい。また決断力に豊み実践的で、企業家的才能のあるカタリーナの生き方は、消極的で、決断力の欠しい日本女性の大いに学ばねばならない点であろう。

注

1　C. H. Moore, *Religious Thought of the Greeks* (Cambridge: *Harvard* Univ. Press, 1916), p. 299.
2　湊 晶子「ローマにおける自由人と奴隷の実態」『福音主義神学　Vol. 10』（日本福音主義神学会、一九七九年）一〇八～一二八頁参照。
3　原田慶吉『ローマ法　上巻』（有斐閣、一九五〇年）六一頁。抽木 馨「初期ローマ法における女子の権利」『法学論叢 十五巻二―四号』参照。
4　『前掲書』下巻　七七～七八頁。
5　船田享二『ローマ法入門』（有斐閣、一九五三年）二二〇頁。「ローマ古代における妻および一般女性の高い地位について」は、原田慶吉「厳格市民法に於ける羅馬家族法の研究」『国家学会誌四十二巻十二号』九七頁以下参照。
6　テモテへの手紙一、二章九～十節。
7　神近市子『女性思想史』（亜紀書房、一九七七年）三一～三二頁。
8　コリントの信徒への手紙第一、一章二二～二四節。
9　E・E・ケアンズ『基督教全史』（聖書図書刊行会、一九七七年）五五頁。
10　茂泉昭男『教会史　上』（日本基督教団出版局、一九六七年）一四頁。
11　Tacitus, *Annals* XV, 44, trans. by John Jackson, p. 283.
12　Suetonuis, *Nero*, XVI, p. 111.
13　外来宗教については、湊 晶子「帝政ローマ下における外来宗教としてのミトラ教とキリスト教」『論集Ⅴ』（東京キリスト教短期大学、一九七三年）二二～三三頁。本書第一部四九頁以下に所収。迫害については、湊 晶子『キリスト者と国家』（聖書図書刊行会、一九六二年）、および「古代ローマ本来の宗教意識と初代教会が受けた迫害との相関」

14　『福音主義神学　六』（日本福音主義神学会、一九七五年）一八〜三九頁参照
Justin Martys, *The Apologies of Justin Martys: with an Introduction and Notes* (New York: Harpers & Brothers Publishers, 1877), p. 42.
15　原田慶吉『前掲書』下巻　六六頁。
16　船田享二『前掲書』二一九頁。
17　フランシス・デヴィットソン、アラン・スティブス他編「テモテへの手紙」『聖書註解』舟喜順一訳（キリスト者学生会、一九六二年）九八五頁。
18　バートン・ペイン教授講演、一九七九（昭和五四）年十月一日〜三日、共立女子聖書学院記念館ゼミナーにて。
19　泉田 昭「ローマ人への手紙」『新聖書註解』増田誉雄他編（いのちのことば社、一九七七年）二七一〜二七二頁。
20　ローマ人への手紙十六章三節。コリント人への手紙 第一、一六章一九節。
21　使徒言行録十八章二節。
Suetonius, *Claudius* XXV, trans. by J. C. Rolfe, Vol. I (London: William Heinemann,1914), p. 53.
メリル・テニイ『新約聖書概観』（聖書図書刊行会、一九六二年）三八頁。
22　使徒の働き十八章三節。
23　使徒の働き十八章五節。
24　使徒の働き十八章一八節。
25　使徒の働き十八章十一節。
26　使徒の働き十九章十節。
27　コリント人への手紙 第一、一六章一九節。
28　使徒の働き十八章二節。
29　コロサイ人への手紙一章二七〜二八節。

30　アイリーン・パウア『中世の女たち』中森義宗、安部素子訳（思索社、一九七七年）二三～二四頁。
31　堀米庸三編『世界の歴史――中世ヨーロッパ』（中央公論社、一九六五年）四二三頁。
32　E・E・ケアンズ『前掲書』三五九頁。
33　大塚久雄『宗教改革と近代社会』（みすず書房、一九四八年、四訂版、一九八四年）一二八～一三四二頁。
34　石原 謙『マルチン・ルターと宗教改革の精神』（教文館、一九四四年）一〇八～一〇九頁。
35　小塩 節教授講演　一九六六（昭和四二）年　国際基督教大学　シーベリーチャペルにて。
36　R・ベイントン『宗教改革の女性たち』大塚野百合訳（ヨルダン社、一九七三年）二五頁。
37　ルターが結婚を勧めた理由
「ルターにとって結婚は、神の意志によって定められた自然の秩序であって、これを禁止して独身を勧める道徳は悪魔の支配への服従という外はない。そこからも修道院誓約を若い青年に強いるカトリック主義道徳は悪魔的と見做し、これを打破するために彼は修道士、修道女に結婚を勧めたのである。」
38　R・ベイントン『前掲書』二三～二四頁。
39　R・フリーデンタール『マルティン・ルターの生涯』（新潮社、一九七三年）四二五頁。
40　R・ベイントン『前掲書』二七頁。
41　R・フリーデンタール『前掲書』四三頁。
42　『前掲書』四二七頁。
43　『前掲書』四二四頁。
44　R・ベイントン『前掲書』四五頁。

（一九八〇年三月　東京キリスト教短期大学『論集　第十二号』二六～四〇頁）

II　教会史上の指導者と女性の働き（2）

――ジョン・ウェスレーの母スザンナ――

序

『論集』第十二号において、教会史上の大切な指導者を支え助けつつ、歴史の重要な横糸となった女性たちを取り扱った。すなわち、初代教会篇としては、伝道者パウロの助け手となって活躍した女性プリスカを、宗教改革篇としては、ルターの妻カタリーナ・フォン・ボラを取り上げ、それぞれ異った歴史事情に対決しながら、福音の伝達に大切な役割を果たした女性たちを紹介した(1)。今回は近代篇としてジョン・ウェスレーの母スザンナを時代的背景とともに捉え、教会史上の偉大な指導者を育てた母としての責任と子ジョンへの影響について考察しようと思う。

スザンナ・アンズリーは一六六九年一月二十日に二十五番目の子、両親の最後の子供として生まれ、一七四二年七十三歳で生涯を閉じた。すなわち十七世紀、十八世紀を生き抜いた女性である。十八世紀と言えば歴史家たちによって「病める世紀」と表現される程危機的状態にあった時代である。[2] まさに現代以上に病める世紀であったかもしれない。この様な世紀に信仰復興運動を起こし、多くの病める魂に救いの力を与えたのがジョン・ウェスレーであり、彼をその様に育てたのが母スザンナである。まず十七、十八世紀のイギリスの思潮について分析し、つぎにスザンナの家庭的背景について考察し、最後に教会史上の指導者ウェスレーとその母スザンナの役割について言及することとする。

一　十七、十八世紀イギリスの思想と社会

十六世紀から十七世紀初頭にかけては、いわゆる宗教改革の時代であり、各国家は一応ローマ教皇の権力から解放されたとはいえ、国民の諸生活と文学には、神学的色彩がまだ根強く残されていた時代である。しかし十七世紀後半になると事情は一変した。今まで神学的な論争のために後方に追いやられていた人々の心が、哲学や自然科学の方へ帰って来た。すなわち神学的なものから離れて、自由で束縛を受けない立場で事物の本質を探ろうとする傾向へと発展して来たのである。そうして人々の精力は世俗的傾向と歩調を合わせる方向へと活発に動きはじめた。

スザンナおよびジョン・ウェスレーがかかわっている十七、十八世紀の思潮には、次の様な四つの特質あ

る傾向があると思う。

その一つは、絶対主義である。国家学を神学から分離し、理性の中に存在する自然法の基礎の上に立って政治論を打ち立てたものである。

第二は、「貨幣すなわち富なり」という根本思想のもとに商業によってこの富を獲得しようとする重商主義である。絶対主義と重商主義は盾の両面の関係であったので、当時の強力な絶対主義国家フランス、イギリスはこの物質主義思想の影響を直接蒙ったと言ってよい。この主義主張の前に十八世紀には商業精神がますます普及し、物質的利益の追求が社会の風潮となり、宗教的精神運動を必要とする時代と化したのである(3)。

第三、第四の主義思潮は、精神的なものである。すなわち英国思想と啓蒙思想である。

第三の英国思想は英国思想家ジョン・ロックに負うところ大である。彼は、英国の近代国家建設においても、英国の学風においても最も影響力の大きかった人物であると思う。政治思想におけるロックは、ホッブスの絶対主義思想を発展させ、権力委任の目的は国民の安寧幸福のみにあり、もしこの目的が満たされない場合には、そのような統治団体は解散すべきであり、それを可能とするのは人民であるとした点注目される。いいかえればロックは人民には政治に対する反抗権ありとしたのである(4)。ロックの政治論の弁証こそ英国革命（一六八八年）である。ロックの思想は、まずフランシス・ベーコンによる英国経験学派の影響を深く受けつつ発展し、後デイヴィッド・ヒューム、アダム・スミスにも影響を与え、ついに英国風学風を作りあげたと言われる。要するに十七世紀英国の思想界を風びした英国思想は、まず経験および自然科学の上に立てられた真理によって政治、社会はもちろんのこと、人間の心の問題をも理解しようとした。スザンナが生まれ、青年期を送った頃は、英国の思想界がまさに合理主義へ動きはじめた時代である。そして一六九〇年、スザンナの三十歳の頃にはロックの名著『人間悟性論』（『人間知性論』）――（*An Essay concerning Human Understanding*）が出版された。ロックの主張によると、人間の心は白紙の如きものであるが、経験により印象が記され、それが組み合わさってもっと複雑な諸観念をつくり上げるという。すなわち、経験の方に確かさが求められ、経験が観念を批判し、その真偽のほどを判定する。このような立場から原因、結果の関係を根拠にして神の実在を論証しようとしたが一六九五年出版された『キリスト教の合理性』（*The Reasonableness of Christianity*）である。人間が啓示に頼らずに理性によって真理を発見する能力をもつことを強調する合理論派の哲学思想を生みだす素となった。ウェスレーの母スザンナがロックの影響を受けていたと同じように、後ウェスレー自身もオックスフォード大学のころからロックの著書に親しんだのであり、科学的哲学たる経験主義哲学を身につけて思索した面もある。

第四にあげられる啓蒙思想は、スザンナの生涯の後半の時代を風びした思想であった。フランスにおける絶対王制の弊害が極まった時、多くの先覚者たちはドーヴァーのむこう側の民主国から英国思想を学び、これを極端にまで応用しようとした。ヴォルテールは良心の自由と信仰の寛容のために奮闘し、モンテスキューは政治上の自由のために論争し、ルソーはその著『民約論』〔『社会契約論』*Du Contrat Social ou Principes du droit politique*〕においてロックの政治主義を極端に主張し、君主政治をすべての政治形態の中で最悪のものとして排斥し、後フランス革命に多くの影響を及ぼすに至った。十七世紀以来発達して来た科学と哲学によって一切の不合理を一掃し、世界を「明るくする」ことを目的とした思想体系が啓蒙思想である。それは近代の合理主義精神の現れにほかならない。政治、社会の諸生活を合理的に改善し、それによって人間本来の自由精神を発揮しようとするものである。すなわち啓蒙思想はルネサンス以来の人間解放のヒューマニズム的精神と近代科学の知識とにより人間的自覚が強められた運動であり、言いかえれば、近代化され、また現代化されたルネサンスにほかならない。第一のルネサンスによって充分になしとげられなかった人間解放を更に第二のルネサンスによって完遂しようとしたと言ってよい。(5) そうして知識の力により一切を明るくする結果その精神運動が更に発展して旧い政治形態や社会組織への鋭い批判となり、やがて社会の一大革新をもたらす結果に至ったのである。ついに人間は理性と科学的方法によって自然法則を発見することができ、これらに基づいて生きることができるという考えを産み出した。

このような十七、十八世紀にかけての思潮の影響のもとに、英国において理神論（Deism）が出現するに至った。(6) この理神論はエドワード・ハーバートが一六二四年にその根本主張を提出した時代から、デイヴィッド・ヒュームが著作をあらわした時代にかけて英国の上流階級の考え方を支配した。理神論者の教理には、宗教は理性によって発見しうる自然法則に従うという点が共通してある。理性によって明確になし得ないような教理は価値なき迷信であるとする。

以上述べたように、十七世紀から十八世紀にかけての英国思想界は、合理主義思想の先頭を走っていたと言える。またこの時代は実に不信仰の時代とも言えるのであって、聖書とキリスト教とに対する侮蔑の念が社会の上下にひろがっていた。

このように十八世紀英国の暗黒状態は単に一部思想界に限られたことでなく、イギリスの経済、社会全般にわたっていた。まさに十八世紀は「病める世紀」と言われたほどである。リッチフィールドの主教が一七二四年に行った説教から当時のイギリスの腐敗した状況を知ることが出来る。

「日曜日（聖日）が今や悪魔の市日になっている。週日のすべてを集めたよりも多くのみだらな行為、大酒飲み、けんか、殺人などの罪がもくろまれ、行われるのである。強いアルコール飲料がこの偉大な都会の流行性の病となった。庶民の間では他の病気で死ぬ人よりも、ブランデーや火酒の不節制な使用によって生じる衰弱、熱病、水腫症、腹痛、中風、卒中から死ぬ人のほうが多い。一般的に言って罪はあまりにも固く根をおろしてしまい、はびこっているので、不道徳行為は弁護され、否、原則的に正しいものとされているのである。[7]」

このように一般庶民間には怠惰と不まじめさがみなぎっていたのである。この腐敗した社会風潮と戦うべきはずの教会も、国教会、非国教派の両者共に大半は世俗の風潮に流されてしまっていたのである。以上のような社会的にも、経済的にも、精神的にも危機に直面していた十七、十八世紀に神はイギリスのリンカンシャー州、エプワースにウェスレー家を起こされ、教会を導き、霊的惰眠から目醒まして、教会の危機を救わしめたのである。まさに十八世紀における信仰復興運動の歴史的重要性である。

二　スザンナの家庭環境

スザンナの父サムエル・アンズリー(Samuel Annesley)は非国教会派の牧師であった。彼は一六二〇年（ピューリタンのメイフラワー号によるアメリカへの航海の年）に、富める地主であり非国教会派のジョン・アンズリーの一人息子として生まれた。彼は背丈の高い、みるからに堂々たる人物であったらしい。四歳の時、父ジョンを失ったが、十五歳でオックスフォードのクイーンズ・カレッジ（The Queen's College, Oxford）に入学し、一六四四年に司祭となる按手礼をうけ、後ロンドンに出て伝道した。どこにあっても、彼の説教はピューリタン神学に基礎づけられたものであった。しかし、一六六二年の「統一令」（Act of Uniformity〔公定の『祈祷書』を全教会で統一的に使用することを義務づけた法令。〕）のためにその地位を追われることとなったが、一六九六年死に至るまでロンドンにおいて非国教会派の牧師として伝道し続けた。その彼がスザンナの父である。

スザンナは、一六六九年一月二十日、英国の清教徒革命以後の反動的専制時代に二十五番目の子として生まれた。チャールズ一世による王制復古の波にのって、ピューリタンたちが非国教徒として弾圧された時代である。その中で非国教派の父親の影響を受けつつ成長したのである。彼女は幼い頃から意志の強い、独立心に富んだ子供であり、また非常に学問好きな子供でもあった。フランス語も比較的早い時期に読むようになったし、哲学や文学にも親しみ、宗教には特に深い関心を持っていたようである。[8] またスザンナは非常に静かな性格であるが積極性豊かな女性であったことも指摘されている。[9]

この様な理知的な女性が生き抜くには当時は、思想的にも宗教的にも困難な時代であった。先にも述べたごとく、十七世紀後半からは理性主義的雰囲気が次第に濃厚になっていった時代であり、スザンナ自身も正統的信仰の持ち主であった夫との結婚生活に入るまでは、理性主義に影響された時期があったようである。野呂芳男氏の指摘されるところによると、スザンナは十二歳から十五歳までソッツィーニ的異端に影響されていたが、個人的には後、夫となったサムエルによって正統的立場に引き戻されたという。娘のエミリアにスザンナが書き送った手紙を引用して、[10] 野呂氏は、「エミリアへのスザンナの言葉には、十八世紀的な理性への尊重が見られることは疑いをいれない[11]」と述べられ、このことが後、ジョン・ウェスレーの神学における啓示と理性の関係を考察する上に参考となることを指摘しておられる。このような思想的問題だけでなく、スザンナにとって結論を迫られた大切な問題があった。それは国教会と非国教会派との問題であった。幼いころから家庭内でも、また父親の集会の信徒たちの間でも、この問題が議論されて来たことであろう。スザンナは、一六八三年十四歳の時、父サムエル・アンズリーの非国教会を捨てて、国教会に復帰してしまったのである。スザンナの国教会復帰の理由について、野呂氏はニュートンの意見を要約して次のように述べておられる。

「第一は、スザンナが非国教主義に対して強い幻滅を感じたこと、第二は、それと対照的に彼女が国教会のもつ総合の魅力にとらえられたことである。[12]」

当時の非国教徒たちの激しい論争と分裂の姿に反感をいだき、融和的で穏健な国教徒司祭に強くひかれたのであろう。極端をきらう英国アングロサクソンの性格ではなかろうか。一部で取り扱われているように、彼女の国教会への復帰は、父親のピューリタニズムへの裏切りではない。当時の非国教徒の状況とアングロサクソン的性格(穏健な)から出された結論にほかならないと思う。スザンナのピューリタン的要素がジョン・ウェスレーに、いかに大きく影響しているかを考察する時、それは明らかである。

スザンナは、一六八八年十一月十二日、ウェスレー家に嫁いだ。スザンナおよび息子ジョン・ウェスレーを理解するためには、ウェスレー家についても一言触れる必要がある。知られる限りではウェスレー家は代々敬虔の念に富んでいた一家であって、キリスト教の堅実な信仰の持ち主であった。ジョン・ウェスレーの曽祖父に当るバーソロミュー・ウェスレーという人は医者であると共に聖職の人でもあった。彼はピューリタン革命の指導者オリヴァー・クロムウェル（Oliver Cromwell, 1599~1658）に好意を寄せた一人でもある。公然とクロムウェルを支持したため王政復古の後、彼は司祭の職を失っている。このバーソロミューの息子がジョン・ウェスリ[13]であり、ジョン・ウェスレーの祖父にあたる。ウェスリもまたピューリタン的教育を受けたことで知られている。後に彼が主教職につくにあたって、国教会の按手礼を受けずに、直接会衆の希望によってその任に当ったことがあったが、この時の彼の弁明の中にピューリタン的見解を見出し得るのは、彼の家庭的背景を考える時当然と言えよう。すなわち、彼はローマ人への手紙十章十五節「つかわされなくては、どうして宣べ伝えることがあろうか」〔口語訳〕を引用して、自分が神から直接つかわされて司祭職にあたることを主張したのである[14]。

スザンナが結婚したサムエル・ウェスレーは、このジョン・ウェスリの子として一六六二年十二月十七日に生まれた。スザンナより七歳年上である。彼が八歳の時父の死に直面し、以後苦しい環境の中に育った。ロンドンの非国教徒の専門学校で学んだ。このようにピューリタン的背景に育った彼であったが、国教会からの反論に論駁しようと研究を重ねているうちに、遂に国教会の側からの反論の方が正しいという結論に達し、非国教徒の信仰から国教会へ転向したのである。彼が二十一歳の時、一六八三年のことであり、はからずもスザンナが非国教派を捨て国教会に転じたのと同じ頃であった。サムエルは一六八九年に按手礼を受け司祭に任命されている。彼は高教会主義者として立ったのである。この場合、彼の高教会主義が単なる教会の制度や儀式にかかわる問題に立脚したものではなく、初代教会の伝統とのかかわり合い、また、教皇制を越えて世界のすべての教会との霊的一致を確立する公同性に立脚したものであったことを確認しておくことは、息子ジョン・ウェスレーへの影響を考える場合に重要であろう。しかし教会と国家との関係のような実際問題に関しては、高教会主義者として国王への忠誠をつくすことが信仰的に正しいと理解していたのである[15]。サムエルは、スザンナと結婚後、リンカンシャー州にあるエプワースに移り住み、四十年以上の長期間司祭として忠実にその義務を果たし、一七三五年に信仰の善き戦いを戦い尽くして天国へ勝利の凱旋をした。

サムエルもスザンナも共にピューリタン的背景の敬虔なクリスチャンホームに育ち、後共に国教会に復帰しているので、外見的には二人の結婚生活が実に調和の取れたもののように見える。しかし一七〇二年に二人は別居生活にふみきらざるを得ない危機に直面していたのである。サムエルが名誉革命を支持し、ウィリアム三世とメアリーに忠誠を誓ったのに対し、スザンナはジェームズ二世を英国における正式な王と主張し、ウィリアム三世への忠誠を好ましく思っていなかった。別居の直接の原因は、サムエルのウィリアム三世への祈りに、スザンナがアーメンを唱えなかったことにあったのである[16]。翌年一七〇二年三月八日にウィリアム王が死に、女王アンが即位した。女王アンに関しては両者とも正統の王と認めることができたので、和解が成立したとされている。ウィリアム三世の死の一日前にスザンナのヤーボロー宛に記された手紙が残されているが、それによると妻としての夫への義務や子供たちへの責任を考えてサムエルに服そうと決心している彼女の心境が伺える[17]。かくして結婚生活が元どおりにされた結果生まれたのがジョン・ウェスレーであった。

三　スザンナとジョン・ウェスレー

ジョン・ウェスレーの神学、信仰内容について研究する者は誰しもスザンナの影響を否定することは出来ない。しかしそのことは父親サムエルのジョンに対する評価を低くするものではない。M・エドワーズはスザンナとサムエルとが何ごとにおいても同じ考えをもつことが少なくなかったことを指摘している。しかし、意見の差異から引き出された調和によって、愛が確認されるようなそんな二人であったという。すなわちお互いの存在価値を深く認め合っていた二人であった。一七〇五年サムエルが投獄されていた間に彼はシャープ主教に妻スザンナについて書簡を書き送っているが、その中で、妻スザンナが自分に代わって羊を立派に養ってくれるであろうことを期待しているところは、夫サムエルが妻スザンナに、大きな信頼を寄せつつ受け入れている証拠である。[18] しかし、今回はスザンナの妻としての姿よりも、母としての姿に焦点を絞って考察し、教会史上の大切な指導者ジョン・ウェスレーへの影響について検討するのが目的であるのでその点に関して、次の三つの角度から分析したい。まず、スザンナの家庭における教育方針について、つぎにスザンナの家庭における宗教教育について、そして最後にウェスレーの神学とスザンナについてである。

A　スザンナの家庭における教育方針

スザンナの時代には、初等教育は一般に家庭教師か母の責任であった。スザンナは十九人の子供たち[19]の母としての、また、家庭教師としての責任を全うした。その教育は厳格なものであり、細部に至るまで汽車の時刻表を思わせしめる程組織立てられたものであった。[20] それは子供たちに従順を教え、神を畏れる心を育て養うためであった。ウェスレー家には八つの内規があり、それに基づいて子供たちの教育がなされていた。

その八つの規則は、メソジストの歴史において最初にスザンナを認めたアダム・クラークの『ウェスレー家族の回想記』の中に詳しく取り扱われている。[21]

「第一に、もし過ちを犯したとき、それを告白すれば許される。第二に、けんかや不従順な行為が教会で、あるいは日曜日に行われたならば罰せられるべきである。第三に、どの子供も同じ過ちのために二回たたかれることはない。そして、もしその過ちを直すならば、それ以後はそのことについては決してしかられることはない。第四に、どんなに小さな従順の行為であっても、もしそれが自分から進んで行われたものであったならば常に称讃されるし、またほうびが与えられる。第五に、子供なりに考えて従順な行いをなしたつもりでも結果が悪い場合もあるが、もしその意図するところが他人を喜ばせるためのものであったならば、その行為は愛をもって受け入れられ、今後はさらによい方法で行えるように悟される。第六に、他人のものまた他人のことに関しては、例えそれがどんなに小さなことであっても尊敬するべきである。第七に、約束は必ず守らねばならない。一度贈り物として与えられたものはけっしてとりかえされることはない。第八に、どの女の子も働くことを教えられるばかりではなく、読むことを教えられなければならない。縫うことは出来ても、他人の言うことが理解出来ない女性にならないためである。」

以上のようなスザンナの教育方針は子供たちが「自我（self-will）」を克服して「従順」を学び取ることを目標としたものである。スザンナの教育原理の中で、これが最大の原則であると彼女自身指摘する。[22] この自我の克服について野呂氏は次のような説明をしている。

「我意の克服というスザンナの教育目標は、明らかに当時の進歩的なロックの教育論からきていたのである。もちろん、この目標たる我意の克服は、組織的に子供たちの意志力を破って、それをおびえきった卑しむべき従順の中に追いこむことではなかった。子供たちがあらゆる事柄において勝手気ままに振る舞うことを抑制したものであった。[23]」

ロバート・タトルが記すごとくスザンナはまさに強力な意志力の持ち主であり、実業家的であり、実際的であり、実践力と積極性に富み、決断力のある女性であった。[24]このような女性にして徹底的な家庭教育をなし得たのであろう。今日の常識から考えると彼女の教育方針は個性を無視したもののように思われるかも知れない。事実、子供たちの中にはこの偉大な母親の強さに依存しすぎた者もあったようであるが、ジョンやチャールズを生み出したのがこのような教育方法であったことを忘れてはならない。ジョン・ウェスレーが神学や哲学上の難問に至るまで、まずこの母に相談して解決しようとしている点からも彼がいかに母を尊敬していたかが伺える。現在残されているウェスレーの母への手紙は、オックスフォードからのものが多いが、一七二五年五月二十八日の手紙で、トマス・ア・ケムピス（Thomas à Kempis, 1379-1471）についての疑問を母にたずねているのは興味深い。その疑問に対してすぐ解答を子に与える母の姿も感動的である。すなわち、五月二十八日の手紙の中でジョンは、「私は最近トマス・ア・ケムピスを読み返すようにと忠告をうけました。（中略）思うに彼は偉大なる敬虔家であり、献身者であったに相違ありませんけれども、不幸にして私は彼の主張のなかの幾つかに賛成出来ないのです。神が私たちをこの世におつかわしになられたとき、私たちはこの世のなかで永久にあわれな者として、取返しのつかない判決を下された、と私には考えることができないのです。もしそのような判決が下されたとすれば、現世における幸福の追求は、罪です。[25]（以下略）」

多分この手紙をスザンナは受け取って返事を送ったのであろう。三週間後の一七二五年六月十八日に書かれたジョンから母への礼状が残っている。「母上さま。過日トマス・ア・ケムピスの教理の中の疑問の点について、ご面倒をおかけしましたのに、ご解答下さいましてありがとうございます。[26]（以下略）」この手紙の中で、スザンナはトマス・ア・ケムピスがあらゆる楽しみを罪深いものとして退けていることを批判し、娯楽も彼らの生活の中に正当な場を占めるべきことを述べ、子ジョンの疑問に答えている。

スザンナを考える時、彼女の理知的で、厳格な面だけを強調しやすいが、彼女の女性的なやさしさをも見逃してはならない。このやさしさがあったからこそ、厳格な教育体制の下においても、ジョンやチャールズに反抗心を起こさせなかったのであろう。[27]また、スザンナの厳格な教育の内容が、決して人生における喜びの否定につながるものでなかったことに注目したい。彼女は自分が育ったピューリタンの家庭においてそうであったように遊びや娯楽を楽しませた。彼女は子供たちに、人間として生きるために娯楽も彼らの生活の中に正当な位置を占めるべきことを教えたのである。彼女は、子供たちと一緒にトランプ遊びやいろいろなゲームも楽しんだという。[28]この教育理念に立脚して、はじめてスザンナをして前述のトマス・ア・ケムピスに関する手紙の返事を書くことが出来たのであろう。

B　スザンナの家庭における宗教教育

スザンナの教育方針は、すべて宗教教育の基盤の上に築かれたものであった。スザンナの教育原理は、常に家庭を一つの小教会とみなして、そこにおいてなされる聖書朗読、祈祷、教理問答が生活すべての基盤となることによって成立するものである。スザンナが母として子供の宗教教育に最も心をくばったのは、祈りの訓練と聖書の正しい理解とその実践の三点であったと思う。

まず祈りの訓練は幼少時から規則正しく進められなければならないという。子供たちが会話が出来る段階になるとすぐ「主の祈り」を起床時と就床時に唱えるよう指導された。これはどのような条件のもとでも、決して絶えることなく定期的に続けられた。子供たちが成長するに従って、両親のための祈りを一言ずつ加えるとか、短い信仰告白文をつけ加えるとか。あるいは暗唱聖句をつけ加えるかして、主の祈りを自分の祈りとして発展するよう工夫させられ[29]、祈りの訓練がなされていたのである。子供の成長にともなう理解度の違いを考慮して、家庭礼拝における全員の祈り以外に個別に祈りの時がもてるように工夫されていた点は、現代の母親も参考にすべきところであると思う。すなわち、「月曜の夜はモリィと、火曜日はヘティと、水曜日はナンシィとというように個人的な交りを年令に応じてもち、一人一人の疑問に答え霊的成長を助けた。」とエドワーズは記している[30]。

つぎに家庭礼拝においても、個人的話し合いの時にも、まず聖書の朗読とその説きあかしが中心とされたことに注目したい。スザンナ自身神学や哲学も十分学んでいたし、後にジョン・ウェスレーが母親に神学や哲学上の難問題まで相談しているところからも、いかに彼女が卓越していたかがわかる。

またスザンナは子供たちに祈りの訓練とみことばの理解への訓練を与えることのみにとどまることなく、それを実践することにも配慮を忘れなかった。前述したごとく、この世紀はまさに病める世紀と言われる程、不品行が横行した時代であった。エプワース司祭館も常に世紀の風潮に犯された人々や、貧困に苦しむ人々でにぎわった。スザンナは社会的悪に対して子供たちを隔離するのではなく、彼女のまわりに集めて、それに対決する姿勢を与え、それらの難問の解決にあたったという。このことは、ジョンの生涯に強力な影響を与えたと彼自身後に述べている。[31]先に自我を克服することが従順を学び取る上で最も大切であるという彼女の厳格な教育原理について注目したが、このことは家庭生活一般のみならず、宗教教育においても同様に指摘できるのである。それは家庭礼拝や祈りの時には、子供であっても自我を制し静かにするよう厳しくしつけられていたことでも明瞭である。このことによって礼拝を守る厳粛な姿勢を幼少時から教え込まれたのである。

やがて英国における信仰復興運動の中心人物となったジョンとその弟チャールズを含む会の会員が、当時の学生たちから、きちょうめん（methodical）な聖書研究や祈りの習慣をもち、また規則的に刑務所や貧民の家庭で社会奉仕を試みたために、「きちょうめん屋」（methodist）というあだ名をつけられた次第[32]が理解出来るのではなかろうか。

野呂氏はスザンナに対して次のような評価を与えている。

「とにかく、スザンナという女性はすばらしい女性だったらしい。やさしさを失わずに、しかも自分の考えをしっかりともって、神学や哲学も十分に理解しうる知性をもっていた。ジョンなどは神学や哲学上の難問題を、まず母親に相談することによって解決しようとしている。このように高貴さとやさしさをたたえた女性を母親としてもったことは、ウェスレーの生涯に大きな影響を与えた。彼は女性への深い尊敬と信頼とを母親を通して獲得したのである。[33]」

アダム・クラークの『ウェスレー家族の回想記』に含まれている彼女の使徒信条についての詳細な解説を読んだだけでもそのことは十分裏付けられるのである。[34]

C　ウェスレー神学とスザンナ

ジョン・ウェスレーのキリスト教理解に対するスザンナの感化は大きい。ウェスレーの神学的研究には二つの立場があり、その一つは高教会主義者としてのウェスレー解釈であり、もう一つは、ピューリタン的ウェスレー解釈である。前者の立場を強調する学者たちは、[35]ウェスレーを十七世紀ピューリタンたちが敵としたステュアート朝チャールズ一世（1600~1649）治下のカンタベリーの大主教ロードの思想的系列に立つと解釈する。すなわち「王権神授説、国王への絶対服従を中心とした敬虔、神学的にはカルヴァン主義というよりもアルミニアニズムに立って生きた[36]」ロード主義に傾倒するのがウェスレーであるという。しかし野呂氏はこのような一つの角度からだけでは、ウェスレーにはあまりにも割り切れない要素が多すぎるため、もう一つの角度からの見方を導入しなければならないといわれる。[37]それこそ一七三八年五月二十四日、アルダスゲイト街での一集会で起きたウェスレーの回心を焦点とするものである。この回心を中心としてはじめて、ウェスレーの信仰義認論の強調や「キリスト者の完全」が理解されるのではなかろうか。モラヴィアン宣教師を通して信仰義認の真の内容を知らされるまで、ウェスレーは救いを自分の力で追い求めたのである。ウェスレーはキリスト者の完全は此の世で死の前には達成できない理想であると思っていた。

しかし一七三八年はウェスレーにとって大きな転機となった。父サムエル・ウェスレーはその三年前に世を去り、母スザンナは七十歳の高令の時である。「信仰によってのみ義とされるというルターの信仰義認論を、モラヴィアン宣教師たちを通して知ったウェスレーは、完全が神の恵みによってのみ与えられるもの、祈り求めて待つべきものであることを知った。しかも完全はこの地上で、死ぬ前に、否、その瞬間に与えられ得るものとなった(38)」ことをウェスレーは理解したのである。この時ウェスレーは高教会派の敬虔に立つ信仰を越えたのである。そしてこの信仰体験の基礎のもとに発展したメソジスト運動は、十八世紀の霊的惰眠から人々の目を醒まさせ、教会の危機を救ったのである。ジョン・ウェスレーの野外説教が、この回心の翌年一七三九年から始められたことに注目したい。彼の生涯の中、イングランド、スコットランドを馬に乗って精力的に伝道し、約四万二千回の説教を行い、五十冊以上の本を書き、信奉者たちを組織し、メソジスト協会をつくり、一七三九年ブリストルに礼拝堂を建てる程に彼は用いられた(39)。

つぎに、ウェスレーにこのような回心をもたらせた諸要素は何であったかを分析する必要があると思う。先に述べたように、ジョンの父サムエルも母スザンナも共にピューリタンの家庭から出ている。そして両親とも非国教徒から国教徒に復帰している点も見逃してはならない。すなわちジョンの回心はアングリカニズムの枠内においての出来事であって、英国メソジスト派が組織され、英国国教会と分離して活動をはじめたのは、ジョン・ウェスレーの死後であることを指摘しておきたい。しかし英国国教会の中にあるサムエルとスザンナが、終始ピューリタニズムにおいてジョンに強力な影響を与えていたことは見逃してはならない。この点において特に影響力の強かったのは、母親のスザンナなのである。野呂氏はジョンに対するウェスレー家の「そういう影響が回心後徐々にではあるが、ジョンにおいて、アングリカニズムの枠内においてではあるが表面化して来るのではないか(40)」と述べておられる。

父サムエル・ウェスレーは一七三五年ジョンの回心の三年前にこの世を去った。彼は臨終に際してジョンに「息子よ、キリスト教の証拠、きわめて強い証拠は、内的なあかし、内的なあかしなのだ」と言い、チャールズの頭上に手を置いて「気持ちをぐらつかせないように。キリスト教の信仰は、この国に確かに復興します。私はそれを見ないだろうが、あなたは見るでしょう」[41]と予言したことは有名である。このことからも、父サムエルが福音的信仰の必要性をジョンとチャールズに託していたことを知ることができる。

母スザンナの感化にはもっと大きいものがあった。回心後ジョンにふりかかる誘惑と困難に、正しく対決する姿勢を母スザンナから学び取っていたのである。一七三八年五月二十六日の日記に、ジョンは次のごとく記している。

「予の魂は平和につづいた、けれども尚、多種の誘惑のために、憂うつであった。」[42]と。

そして翌二十七日には「歓喜の欠乏している一つの理由は、祈祷時間の欠乏であると信じたので予は決意した。朝教会にゆくまでは執務しないで、予の心を彼の聖前に注ぎ続けよう」[43]と記している。また六月四日には「起床時から午後一時過ぎまで、祈り、聖書を拝読し……」[44]と記している。ジョン・ウェスレーの重大な霊的戦いにおいて重要な柱となったのは、まさしく、聖書と祈りであった。そしてこれこそ母スザンナが幼少から習慣づけ、宗教教育の中心としていた課題であったことを思い起こしたい。

ジョンの信仰復興運動の基礎をなし、メソジズムの中心となっている「キリスト者の完全」の教理についても、スザンナの影響を見逃してはならない。エドワーズはスザンナがメソジスト派以前のメソジストであり、サムエルとともにメソジズムに対する土壌を整えた重要な人物であることを指摘している。[45]一七三九年九月三日月曜日、ジョンがロンドンにて記した信仰日誌はこの点をさぐるのに大変参考になる。

「母と十分話をした。母は極く近頃までこの世において罪の赦しを得るとか、神の聖霊がわれわれの霊と共に証をたてるとかいうことをほとんど聞いたことがなく、これが真実の信仰者の共通の特有であることは想像だにしなかった。（中略）しかし、聖さん式の時『汝のために流された主イエス・キリストの血』という言葉が胸を打ち、神がキリストの功績のゆえに罪を全く赦したもうたことが解ったと言った。そしてこれと同じ信仰を母の父（アンスレイ博士）ももっておられたのである。[46]」

ジョンとチャールズによるメソジスト運動は、彼らの兄サムエルによってスザンナに伝えられていた。しかし兄サムエルは高教会主義のゆえに、メソジスト運動に好感をもっていなかったため、弟たちの運動を母に誤って伝えていた。サムエルの報告の中に、「メソジストの徒は救いの確証を新しい啓示の夢や幻を与えられることの中に求めている[47]」と述べられていたことからスザンナは始めからメソジスト運動を支持しなかったようである。しかし、ジョンの説明を聞き、ジョンの信仰の内容がピューリタンのもつ義認の教理に立つものであることを深く理解して、スザンナは積極的な協力者となったのである。スザンナはメソジスト教徒として死んだとも言えるのではなかろうか[48]。

今まで述べて来たように、ジョン・ウェスレーの信仰生活の基礎の確立、そしてまた福音的信仰の樹立におけるスザンナの感化は偉大であった。最後にジョンの信仰生活規準に対するスザンナの影響をつけ加えたい。彼は自分自身のために、また自分の補助者のために「十二か条の規則」を作成している。前述のスザンナによる教育方針八か条や、きちょう面な宗教教育の影響するところが非常に多いと思うのである。これは今日もなお牧師伝道者たちの指導原理として大切にされているので全条紹介したい。

1　勤勉なれ、無為に過ごすな。徒らに働くな。時を空費するな。全く必要である場所以外の所で時を過ごすな。

2　誠実であれ。諸君の標語は「主に対する聖潔」ということでありなさい。すべての軽挙と冗談と愚かな話とを避けなさい。
3　婦人、特に若い婦人とは慎ましく、用心して談話せよ。
4　神に厳そかな祈りをささげることなく、兄弟たちに相談することなしに結婚話を持ち出すな。
5　充分に確かめられるまでは他人のことについて悪評を信ずるな。それを信ずるについては注意を怠るな。すべてのことを善意に解釈せよ。裁判官は常に囚人の側に在ると想われている。
6　誰のことも悪評するな。諸君がその人に直接かかわり合うまで、諸君自らの胸中に諸君の思いを貯えておけ。
7　すべての人に諸君が心中耐え難く思っている所のことを告げなさい。さもなければ、それはやがて諸君の心の中で激痛となるに至るでしょう。諸君の胸中の火を急いで投げ出しなさい。
8　紳士を気取るな。福音の伝道者はすべての人の僕である。
9　罪のほか何事も恥とするな。必要があれば諸君自ら靴を磨くことを恥じろうな。
10　時間を守れ。すべての事を一定の時間に間違いなくなせ。自分の規則の修理をしないで規則を守れ。ただ良心のためにそれをなせ。
11　諸君は霊魂を救うことのほか、是非なさねばならないことは何一つとしてないのである。それ故この働きのためにすべてを費し、かつ費されるものとなりなさい。そして常に諸君を要している人々にばかりでなくて、諸君を最も要している人々のところへ行け。
12　諸君自身の意志に由らないで、福音の教旨による息子として、諸君の兄弟たちと一致協力しすべての事に行動せよ。

これらの規則に従って、諸君の時間を諸君が用うることは諸君の責任である。即ち説教に、家から家への訪問に、或いは読書に、瞑想に、祈祷に。注意しなさい。余りに多くの度数を説教することは諸君の本分ではない。出来るだけ多くの魂を救い、出来るだけ多くの罪人を悔改に導くほかに、あの教会此の教会だけの世話をするということも諸君の本分ではない。諸君は力の限り彼らの信仰を聖潔の中に建設してゆくべきである。なぜならば聖潔なくば主を見ることが出来ないからである。[49]

このようなジョン・ウェスレーの十二か条を読む時、母スザンナの宗教教育の結晶を見る思いである。スザンナが得意とした言葉をいくつか拾いあげてみてもそれは明瞭である。

「この世のほかの人々と同じように生活しようと思ってはいけません。」

「苦難に対する最良の備えは、現在与えられている義務を、規則的に正確に行うことです。」

「(ジョンの説教に対して)人々の魂を救い、生活を改善するためには、むずかしい役に立たない思弁で彼らの頭を一杯にすることでは不可能なのです。[50]」

一七四二年七月十八日ロンドンに着いたジョンは、この偉大なる母の危篤の知らせを受け取った。[51]七月二十三日母の病床にかけつけている。その日の日誌に「我々は病床の周囲をめぐって、彼女が口がきけなくなるすぐ前に『子供たちよ、私が解放されたら、すぐ神をほめる詩篇を唄って下さい』と言われた最後の要求を果した[52]」と悲しみをおさえて記している。

墓の頭の方に石を建てて、次のような文字が刻まれていた。[53]

此所に、スザンナ・ウェスレー夫人眠る（サムエル・アンズリー博士の末女）

確かに堅く復活を信じつつ
天上の住家を打ちあおぎつつ
クリスチャンはその骸を横たう
十字架を御冠といまはかえて。

まことに苦悩の娘の一人として
絶えず苦難悲劇のうちに慣れ
嘆きと恐れとの永き闇の夜を
律法の下の七十年の夜を過しぬ。

その時父はその御子を
聖餐式に於てその御子を知らしめ
彼女は、その罪の赦しの恵を知り
彼女の天国の備はれるを悟れり。

天上にふさはしきものと化して
「起きよ、吾が愛する者」との御声をきき
「我はゆく」とその最後の顔は答え
その主とともに羊のごと彼女は眠れり。

この墓誌からだけでも、スザンナの高教会主義的信仰から信仰復興運動の確信への転化を読み取ることが出来る。

むすび

教会史ばかりでなく、歴史を語る場合にまず脚光を浴びるのは各時代に活躍した男性の姿である。しかしこれらの有能な男性たちの綴る縦糸の歴史も、それを各方面から助けた女性たちの陰の横糸がなければ、歴史的現実とはなり得なかったのではなかろうか。初代教会史の中に生きたプリスカの生涯からも、またルターを妻として助けたカタリーナ・フォン・ボラの生涯からも、またジョン・ウェスレーを育てたスザンナ・アンズリーの生涯とその教育からも明らかである。

今回取り扱ったスザンナから現代におけるキリスト者女性の学ぶところは多い。今日の母親が我子を教育する上で、自らの教育方針に対してどれだけの信念と自信をもっているだろうか。スザンナが子に示したような権威と愛と指導性をもって、家庭における宗教教育を全うしているだろうか。今日多くの母親が子供の宗教教育を教会に、あるいは日曜学校に依頼しすぎるように思う。家庭における宗教教育のあり方をスザンナから学ぶのである。

スザンナ・ウェスレーが日本では全く無視されていたのではないけれども、彼女がその生涯と思想の功績に注目されていたとは言えない。日本におけるウェスレー研究者野呂芳夫氏以外に、スザンナについての学問的紹介はあまり見あたらない。ほとんどが外国の資料に頼らざるを得ない。ウェスレーとメソジズム双書第六巻にまとめられているスザンナに関する資料集は大変参考となる。[54] 資料集の最後に次のごとく述べられている点は誠に同感である。「ジョン・ウェスレーが母親に対し高い敬意を持ち、教理的問題について彼女の意見を尊敬していたという明らかな証拠を考える時、日本のウェスレー研究家が、我々がよく知っているこの重要な婦人の生涯と思想を進んで研究することを希望するものである。[55]」

注

1　湊 晶子「教会史上の指導者と女性の働き（Ⅰ）」『論集 vol. XII』（東京キリスト教短期大学、一九八〇年）二六〜四〇頁。
2　E・ケアンズ『基督教全史』聖書刊行会訳（新教出版社、一九六七年）五一四頁。
3　今井登志喜『英国社会史　上』（東京大学出版会）三〇四頁。
4　今来陸郎『西洋史要説』（吉川弘文館、一九六五年）一一二頁。
5　大類 伸『綜合西洋史』（角川文庫、一九六七年）二六〇〜二六一頁。
6　藤代泰三『キリスト教史』（日本ＹＭＣＡ同盟出版部、一九七〇年）三二三〜三三一頁。
7　L. Tyerman, *The Life and Times of the Rev. John Wesley* vol. I (London: Hodder & Stoughton, 1890), p.61f.
野呂芳男『ウェスレーの生涯と神学』（日本基督教団出版局、一九七五年）五〇頁。
8　野呂芳男『前掲書』六一〜六二頁。
9　Maldwyn Edwards, *Family Circle: A Study of the Epworth Household in Relation to John and Charles Wesley* (London: The Epworth Press, 1961), p. 52.
10　野呂芳男『前掲書』六二〜六三頁。
「私たちの救い主が、自然宗教以外の何かを教えられた、とあなたはお考えですか。もしそうならあなたは間違っています。というのは真の宗教は唯一です。ちょうど、真の宗教の至高の創造者またその対象たる全能の神が唯一であるごとくに。………一言で言えば、私たちの救い主がこられたのは新しい宗教を私たちに教えるためではなく、古い自然宗教を回復して、私たちを再び正しい理性の指導の下におくためです。もちろん、聖霊の指示と援助によってですが」。
11　『前掲書』六三頁。

12 『前掲書』六五頁。

13 『前掲書』五七頁。ジョン・ウェスリ（John Wesly ――彼は自分で Wesley とつづらずに Wesly と書いた）

14 『前掲書』。

15 『前掲書』五九頁。

16 Maldwyn Edwards *op. cit.*, pp. 46-7.

17 *Ibid.*, p. 49.

18 *Ibid.*, p. 49.

19 そのうち八人は早く死んで結局十一人の子供が成人するに至った。これら十九人のうちジョンは十五番目であり、あの有名な讃美歌作者チャールズは十八番目であった。

20 Rebecca Lamar Harmon, *Susanna* (New York: Abingdon Press, 1968), p. 56.

21 Adam Clark, *Memoirs of the Wesley Family: from Original Documents* (New York: Lane & Tippett, 1846), pp. 329-330. クラークによる初版は一八二三年であり、第二版一八三六年以降スザンナについて一三四頁もさいている。

22 Maldwyn Edwards *op. cit.*, p. 59.

23 野呂芳男『前掲書』七五頁。

24 Robert G, Tuttle, *John Wesley: His Life and Theology* (Grand Rapids: Zondervan, 1962), p. 41.

25 J・ウェスレイ　手紙集　山口徳夫訳（伝道社、一九七五年）二七頁。

26 『前掲書』二九頁。

27 野呂芳男『前掲書』七四頁。

28 Rebecca L. Harmon *op. cit.*, p. 65.

29 Maldwyn Edwards *op. cit.*, pp. 59-60.

30 *Ibid.*, p. 68.

31 *Ibid.*, p. 67.
32 E・ケアンズ『前掲書』五一五頁。
33 野呂芳男『前掲書』七七頁。
34 Adam Clarke *op. cit.*, pp. 354-70.
35 野呂芳男「聖公会とウェスレー」『信徒教養双書　イギリスの宗教』塚田理編（聖公会出版、一九八〇年）一五七頁。
36 『前掲書』一五六～一五七頁。
37 『前掲書』一五七頁。
38 『前掲書』一五九頁。
39 E・ケアンズ『前掲書』五一五～五一六頁。
40 野呂芳男『イギリスの宗教』一六六頁。
41 野呂芳男『ウェスレーの生涯と神学』八三頁。
42 完訳『ウェスレイ信仰日記　第一巻』（伝道戦線社、一九三八年）二九六頁。
43 『前掲書』二九七頁。
44 『前掲書』二九九頁。
45 Maldwyn Edwards, *op. cit.* p. 75.
46 日本基督教協議会文書事業部『キリスト教古典叢書　第九巻』「ウェスレー篇」（新教出版社、一九五八年）二五三頁。
47 野呂芳男『ウェスレーの生涯と神学』（日本基督教団出版局、一九七四年）八二頁。
48 John A. Newton *Susanna Wesley and the Puritan Tradition in Methodism* (London: Epworth Press, 1968), pp. 172-5.
49 R・A・ベルツ『偉大なる宗教運動家　ジョン・ウェスレイ』（基督教文書伝道会、一九五三年）五二～五四頁。
50 Rebecca Lamar Harmon "Saying of Susanna" *op. cit.*, pp. 165-6.
51 賀川豊彦、黒田四郎共著『ジョン・ウェスレー信仰日誌』（教文館出版部、一九二九年）一〇一頁。

52　『前掲書』。
53　『前掲書』一〇二〜一〇三頁。
54　日本ウェスレー教会編『ウェスレーとメソジズム双書　第六巻』（日本ウェスレー学会、一九七二年）七九〜八一頁。
55　『前掲書』八一頁。

（一九八一年三月　東京キリスト教短期大学『論集　第十三号』七五〜八八頁）

Ⅲ　女性教職の歴史神学的考察

はじめに

一九九二年マニラで開催された世界福音同盟女性委員会に日本代表として一週間出席し、家庭、教会、社会における女性の役割についての熱心な討論に参加した。その時の討論の内容が、リン・スミスの努力によって Gender or Giftedness「性差か賜物か」という題〔日本福音同盟女性委員会ホームページ邦訳全文掲載。http://jeanet.org/wp/wp-content/uploads/2015/04/Gender_or_Giftedness_JP.pdf〕で、一九九七年にまとめられた。会議に参加しながら気にかかったことは、性差よりも賜物論が強調され、賜物があれば教会の指導者として、男性と同等に主に仕えることが出来るという意見があったことである。

私はこれまで、家庭・教会・社会における男性と女性のパートナーシップ論について、歴史的・聖書的観点から取り組んで来たが、このマニラにおける会議以来、賜物論がそのまま女性教職論に適用されて良いかどうか疑問を感じ始めた。また、私自身女性教職の資格を保持しつつも、六十六歳まで教職者として立たなかった生涯と重ね合わせつつ、日本人女性として今回の課題に取り組みたいと示された。女性教職の問題は各教派・教団で異なった取り組みがなされており微妙なテーマであるが、女性として、家庭・教会・社会で生き抜いた生涯から私見を述べることとする。御批判と御指導をいただければ幸いである。

一　いま、なぜ日本で女性教職論か

A　歴史における女性蔑視思想の流れ

女性差別の思想は一世紀から二十世紀に至るまで、政治的な立場からも社会的な立場からも展開されて来たことは否めない。しかし具体的に、女性の差別、従属、軽視に抵抗し、歴史的に運動として実践されて来たのは、十九世紀後期になってからである。この思想と実践は、特に女性の人権意識の高揚の中に見られる。それは、欧米の女性たちを中心に、フェミニズムの潮流として二十世紀の歴史に新しい挑戦として提示された。

古代においては民主主義の発祥地と言われるアテネでさえも女性の地位は低く、軍事都市国家スパルタに至っては、女性は健康なスパルタ市民を生むための道具とされた。また、ローマでは農業資産を受け継ぐ必要から、家長権が強化された。ローマ法の中に、「家長は『絶対君主制』のほか『一種聖なる集団』としての家の代表である」[1]とある。

中世封建社会における女性の社会的地位は身分制度にもとづく社会構造の中で最低であった。ヘレニズム的二元概念が中世的意識と合体し、優劣関係に立った女性理解を生み出した。すなわち、理性を魂にしかも男性に属するもの、感情を身体にさらに女性に属するものと理解し、理性に対する感性の劣性を認めたヘレニズム思想の影響から、女性は感性の持ち主として劣った者、低く汚れた者とされるようになった。これに禁欲思想も加わり独身こそは最も尊く清浄なものであると考えられるようになり、神に仕える神父の結婚は禁じられるようになった。教皇から聖職者の結婚禁止令が出されるに至ったのである。

ルネサンス、宗教改革を経て、人間を中心とした価値観が構築された。そして、すべての人（男も女も）は神の前に祭司であるとされ、ルター自身も修道尼カタリーナ・フォン・ボラと結婚し、聖職者の結婚に一石を投じた。しかし、宗教改革がひき起こしたヨーロッパ各地における動乱と経済的沈滞によって、婦人たちの生活はみじめさを極めた。

やがて、宗教的ベールは脱ぎ捨てられ、理性中心の世界が築き上げられた。啓蒙思想家ジャン・ジャック・ルソーは、自由・平等・友愛を主張し、間接的には女性解放にも貢献した。しかし、フランスの家父長制に立脚した彼の思想には、逆に女性の男性への従属が強調されていることは、彼の教育論「エミール」[2]が示すところである。

「女は、とくに男性の気に入るように造られている」、「女子教育はすべて男性に関連したものでなければならない。男性の気に入ること、その役に立つこと、男性から愛され、尊敬されること、（中略）彼らに生活を楽しく、快いものにしてやること、こういうことがあらゆる時代を通じて女性の義務であり、また女性に小さい時から教え込まなければならないことである」と。

独立した人間としての女性の自由も、権利の拡張も、家父長制支配からの解放も、経済的自立もなかったのである。

ポール・トゥルニエは、歴史における女性軽視の思想について次の様に評価した。

「西洋文明は男性精神の産物である。男の諸特性の一方的発達から女性の諸能力に対する抑圧あるいは軽視が生じた。それとともに西洋文明には女性の諸特性の欠如による影響が歴然とあらわれた。女性が社会の中で押しのけられ、文化の中にほとんど寄与することが出来なくなった結果、文化が力、理性、技術などの男性的価値の側に大きく傾斜していった。もし今日の社会が物の社会に堕してしまったとすれば、それは男性だけでそれを築こうとしたからだ(3)」と。

具体的に女性による人間解放の運動の歴史は、十九世紀後期から始まった。

B　西欧文化圏におけるフェミニズムとフェミニスト神学の特質——父権制的抑圧からの解放——

イギリス革命(一六八八年)産業革命後のイギリスにおいて、一七九二年メアリ・ウルストンクラーフト〔Mary Wollstonecraft, 1759~1797〕は、『女性の権利の擁護』『女子教育考』『人権の擁護』『女性虐待』を次々に著わし、女性の人権意識の高揚につとめた。ヨーロッパ思想圏においては、ウルストンクラーフト以降、長い歴史の過程で形成された男性優位社会の構造を変革させることが出来ず、人間解放の思想と実践は、結局新天地アメリカで発展することとなった。

十九世紀後半から二十世紀前半にかけての女性の参政権の獲得の闘いは、一九二〇年にアメリカで、一九二八年イギリスで、一九四六年フランスで、一九四六年日本で成就した。

権利獲得の闘い後の女性解放運動は社会的政治的改革よりも女性の意識変革に重点が置かれ、『第二の性』（ボーヴォアール、一九四九年）、『女らしさの神話』（B・フリーダン、一九六三年）、『性の政治学』（K・ミレット、一九七〇年）、『女性論』（J・ミッチェル、一九七一年）などが出版され活発なウーマン・リブ運動が展開された。[4]

この様な二十世紀における女性運動の第二の波はフェミニスト神学を構築する土台となった。フェミニスト神学は西欧で展開され、キリスト教を土壌とするアメリカ、ヨーロッパで父権的キリスト教への批判として台頭した。アメリカでは一八九八年にエリザベス・ケディ・スタントン〔Elizabeth Cady Stanton, 1815~1902〕が聖書の中の女性差別を非難し、「女性の聖書」[5]を出版した。当時不評であったが、二十世紀に入って北米を中心にキリスト教の教えを問い直すきっかけとなった重要な書物である。

フェミニスト神学者たちは、次の様に定義づけている。

「フェミニスト神学は、キリスト教とその他の宗教における父権制からの女性による脱出運動の表現であり、メガホンでもある」[6]と。

父権的構造と対立的に神論、人間論、教会論が構築されているところに特質がある。シュスラー・フィオレンツァ（Schussler Fiorenza）、エリーザベト・ゴスマン（Elisabeth Gossmann）、カタリーナ・J・M・ハルケス（Catharina J. M. Halkes）、エリーザベト・モルトマン＝ヴァンデル（Elisabeth Moltmann-Wendel）は、西欧フェミニズム神学の中心的女性神学者である。

エリーザベト・ゴスマンは『フェミニスト神学における新たな人間論[7]』の中で、まず男女・両性の平等性を求め、神学的に人間論を構築して、次の様に述べている。

「今日の欧米では二種類のフェミニズムの潮流がある。一つは、男女の差を縮め平等を拡大する方向(equality feminism)、もう一つは、女性の特徴を評価し、女性中心的共同体を志向する方向である」と。

ゴスマンは前者の立場に立ち、

「伝統的に男女の特質・特徴とされてきた能力をもはや性別に捉われず、自由に自分のものとできるようにすることが目的とされる。ジェンダー的な意味での性の特徴が、従来の規範に捉われずにそのまま両性の特徴ということになれば、男女に割り当てられてきた生活圏は自由に拡大できるはずである」と述べる。

そしてこの様なフェミニスト認識において神学を構築し、次の様な結論を導き出している。

「フェミニスト神学は、絶対化されてきた男女の上下関係について語る聖書の個所を、その時代の文化コンテクストに照らして成立の経緯を明示し、使徒言行録などに見られる本来の状態を復元しようとする。そのために歴史的原典批判の方法をもって女性の視点から捉え直そうと試みるのである。結果として聖職の本来の形態から女性が締め出されていなかったことが明確になった」と結論づけている。

さらに、第三世界における女性の性差別、人種差別、貧困による抑圧の問題にも言及し、今日までのフェミニズム運動が「白人の西洋女性の現実の経験の上にその目標を設定し、それが世界のすべての女性にあてはまるものだと思い上がっていたこと[8]」への自己批判がなされていることは興味深い。（傍点筆者）

筆者は今日まで、シンガポール、マニラ、韓国、タイ、アメリカなどで開催された各種の福音主義女性委員会に出席しつつ、西欧で構築された女性論を日本にそのまま輸入するだけでは解決できない問題があることを痛感して来た。そして日本は外国の諸説に頼って学ぶだけでなく、自らの立場を自国の文化的脈絡(cultural context)の中で構築する努力をする必要があると痛感する。

C　日本文化圏における女性学――女性の人格形成に向かっての解放

日本にプロテスタントが伝えられたのは一八五九年であるので、プロテスタントキリスト教との接触は新しい。日本の場合は、明治維新による自由民権思想の流入により、福沢諭吉、植木枝盛らの男性につづいて、与謝野晶子、平塚雷鳥、山川菊枝、市川房江、高群逸枝らが、女流民権運動家として活躍した。日本政府がイエ制度を存続させたことは、日本の女性学に大きな影響を与えることになった。即ち、イエ制度が存続したという事実は、封建的残滓《ざんし》の存続を意味し、個人とか人格という概念がイエの中に埋没していることを示す。

「個」の発見、パーソナリティ「人格」の確立への努力が日本的女性学の出発点となっていると言える。西欧におけるフェミニズム運動が、男性的抑圧からの解放、差別からの解放に傾斜したのに対し、日本では西欧的フェミニズム運動が根づかず、むしろ「自立論」が中心となった女性学であることに特質があると思う。

歴史的に長いキリスト教の背景をもった西欧文化圏において、フェミニズム運動の出発の時点で聖書的視点を排斥して運動が展開されたのに対して、クリスチャン人口が現在でも〇・八パーセントしかない日本で逆に女性論の出発点にキリスト教が大きな役割を果たしていることは興味深い。

プロテスタントが伝播されてわずか八年後の一八六七（慶応三）年にはすでに新島襄がアメリカに留学、キリスト教教育を受け、帰国後聖書的人格論に立脚して、同志社大学を創設した。新渡戸稲造からは三人の女性教育者が育った。津田梅子（一八七三年受洗）、河井道（一八二二年受洗）、安井てつ（一九〇〇年受洗）、の三人である。津田梅子は津田塾大学（一九〇〇年設立）の、安井てつは東京女子大学（一九一八年設立）の、河井道は恵泉女学園（一九二九年設立）の設立にそれぞれ尽力した。伝統的な儒教道徳に代わるキリスト教の福音と倫理を伝えるために、独身で生涯を捧げた女性たちである。(9)

全人類は神の前に平等であるという聖書的人間観にたって男女平等論を説いた。封建的、集団的色彩の濃い日本の意識構造に対して、女性の解放論ではなく、むしろ精神的自立論をキリスト教女子教育の中で実現していったことは、日本の女性論の特質として評価すべきであろう。次章において指摘したいが、日本における女性教職論が西欧における程熾烈な戦いとならず、女性教職者の数も多いことに日本文化圏における特質がある。

キリスト降誕二〇〇〇年の歴史は、キリスト教と不可分の歴史である。それに対して日本プロテスタント史は、十九世紀以降の歩みであり、西欧におけるフェミニズム運動の台頭と平行している。西欧が長い歴史の中で構築して来た女性理解と女性教職論を修正するのに莫大なエネルギーを必要とするのに対して、日本は比較的素直に聖書の時代に帰りやすい。筆者は日本においては冷静に、また客観的に女性教職の問題を分析し得る立場にあると思うのである。

かつてキリスト教国であった西欧は、今はそうではない。異教的環境の中から日本の教会が発信する女性教職のあり方についての視座は二十一世紀のグローバルな時代に大きな意味があると思う。

二　キリスト教二〇〇〇年史と女性教職

A　聖書的女性観と女性教職論の領域的共通性と差違

第一章で指摘した様に、女性教職の是非が問われはじめたのは、十九世紀になってからである。確かに、女性教職に関する否定的見解が歴史を通じて教会の基本的認識であったことは否めない。しかしそのことが、即、キリスト教において女性が男性に比べて人間以下の存在と評価したことではない。日本における女子人格教育の成果が示すところである。

一般社会が示す劣悪な差別、非人間的な女性理解に対して、聖書は「男子も女子もありません」（ガラテヤ三・28）に集約される神の前における平等性を示し、一世紀から女性について高い意識と認識と地位を変わりなく提供してきた。歴史を通して聖書的な女性観に立って男性キリスト者と共に歴史を、教会を、家庭を支えた女性たちが存在したことを忘れてはならない。筆者はこの二十年間、各時代を信仰に生きた「歴史の女」を掘り起こすことに費やした。一世紀からはプリスカを、四世紀からはアウグスティヌスの母モニカを、十六世紀からはルターの妻カタリーナ・フォン・ボラを、十八世紀からはウェスレーの母スザンナを、日本の十九～二十世紀からは新渡戸稲造の妻メリーを取り扱った。彼女たちはそれぞれの時代的制約の中で「神のかたちに似せて造られ」た人格的存在として生き、助け手即ち真のパートナーとして生きようと務めた女性たちである。(10)

私たち福音主義に根ざす女性たちは、「何からの解放」を叫ぶフェミニストの解放論に振り回されるのではなく、「何に向かっての解放」か、即ち聖書的な正しい人間論の構築のために努力する必要がある。そして、二〇〇〇年の歴史の中に、聖書の女性観に生き続け、今日の教会を底辺で支えた女性たちがいかに多かったかを研究し、まとめる必要を覚える。

しかし、ここで問題となるのは、男性も女性も神の前に人格として創造され、共に神の前に同等の存在であるということが、そのまま女性が教職者として差別なく認められてよいかということである。

筆者は、聖書的女性観と女性教職論に領域的差違が存在すると考える。なぜなら聖書的女性論は正典とされた聖書に立脚して時代を越えて形成し得たが、女性教職論は聖書の解釈の問題だけでなく、時代と共に発展した教会の制度化という制約の中で、女性が教会から閉め出されたという歴史的経緯があるからである。

新約聖書の中に見るあれほどのびのびイエスと共に、使徒と共に宣教した女性たちの姿が、教父時代以降、教会会議、教職階級制度の整備とともに、なぜ歴史から消えていったのか。西欧で女性が神学教育を男性と一緒に受け按手を受けて教職者として任ぜられたのは一八五三年であるから、実に一七〇〇年以上も歴史から姿を消したのである。時代を追って簡単に流れを整理して置きたい。

B　教会の制度化にともなう女性教職の消滅

新約聖書は、まずタマル、ラハブ、ルツ、ウリヤの妻（バテシバ）を救い主の系図の中に紹介し（マタイ一・1〜17）、福音書全体を通してユダヤ教会の文脈の中でイエスの教えに追従した女性たち、ベタニヤのマルタとマリア、マグダラのマリヤを真の意味でイエスに仕える弟子として評価した。

福音がギリシア、ローマ社会に伝播し、地中海世界の開拓伝道においても、女性たちが奉仕者として用いられている様子がいきいきと記録されている。ピリピのルデヤ（新共同訳：リディア、使徒一六・13〜15、40）、コロサイのアピア（新共同訳：アフィア、ピレモン2）、プリスカ（使徒一八・2〜26、Ⅰコリント一六・19、ローマ一六・3〜5）、フィベ（新共同訳：フェベ、ローマ一六・1）などである。今回は「新約聖書の女性観」というテーマではないので、名を挙げるにとどめさせて頂く。

ペンテコステにおけるヨエルの預言の成就にも見られる様に、初期開拓教会においては、男性も女性もパートナーとして宣教に専念していた様子が伺える。キャサリン・クローガーは、初期キリスト教の時代に執事、牧師を含んだ女性指導者が存在したことを研究し発表している。(11)

マリア・ボッチカは、初期キリスト教の時代には、教会に認められた寡婦が教職の任に当った可能性について研究成果をまとめている。(12)

二〜三世紀、迫害と異端と闘わねばならなかった時代に、女性たちも信仰の存続のために忠実に闘った様子をグレンツは記録している。

「この二～三世紀には、女性たちは執事に任命され男性と同等に奉仕した。これらの女性たちは、女性たちの受洗を助け、精神的肉体的な必要に至るまで、奉仕の手を差し延べた。それらの様子は一世紀から二世紀のカタコンベ（例＝カタコンベ・プリスカ）の壁画の中に女性が聖餐式を執り行い、女性たちが列席している描写がある。後に男性に置き換えられてしまった[13]」と。

この時代のもう一つの特質は、教会の制度化である。男性の権威が高められ、女性は補助的で従属的な位置に置かれる様になった。当時の教父テルトゥリアヌスが、「女性は地獄の門である[14]」という言葉を著作の中に残していることからも理解出来よう。キュプリアヌス（Cyprianus 二五九年殉教）は、見えない教会をキリスト者の唯一の見える正統な共同体へと発展させた教父である。キュプリアヌスは書簡集（三九・五）において「一つなる神がいまし、一つなるキリストがいまし、一つなる教会があり、また、主の御言葉によって岩の上に建てられた一つの聖座司教職がある」と述べ、「教会の外に救いはない」（七二・二一）と結んだ[15]。さらに、使徒伝承の教理[16]のもとに、ローマの司教の座を高め定式化する道を備えた。やがて数々の教会会議、教会法令集、サクラメント、化体説などを積み重ね、教皇を頂点とする聖職階級制度が出来上がった。聖職者の独身制まで敷かれて、女性教職の入り込む余地はなかった。

女子修道院長として教皇の下にあってかなりの権威を認められていた指導者の姿も、十二世紀（教皇庁絶頂を迎えた世紀）以降次第に衰退していった。

結論として言えることは、女性教職の歴史における女性の指導性の縮小は、「聖書釈義の結果生まれたというよりは、むしろ、教会の制度化（the institutionalization）から生み出された結果である[17]」とのグレンツの見解に筆者は賛同する。

C　信仰復興運動と女性教職

二十世紀になって女性教職論が真剣に取り扱われる様になった。一般にフェミニスト運動の影響から、教会において女性教職問題が取り扱われる様になったと理解されがちである。[18] しかし、第一章で分析したごとく、西欧ではフェミニズムがフェミニスト神学を生み、急進的な発展を巡り、現在軌道修正しているところであるが、日本ではフェミニスト神学は定着せず、むしろ聖書的人間論「ともに生きる男性と女性」を中心とした女性論が教会の主流となった。

一七〇〇年近く歴史に埋没して来た女性教職が、歴史に浮上することとなったのは、勿論、フェミニスト運動の影響も多少はあるだろうが、筆者は、本質的には信仰復興運動、「聖書に帰る」その姿勢が根本的な出発点となったと考える。

第一章で指摘したウルストンクラーフトが女性の権利の主張に熱心だった頃、同じ英国で信仰復興運動に重要な役割を果たした女性がスザンナ・ウェスレーである。十九人の子供を儲けたスザンナは説教者でもあり、神学者でもあり、後に息子ジョンは、誠に母は「義の説教者[19]」であったと述べた。スザンナは、決して自らを他人に説教者であると認めさせようとはしなかった。むしろ家庭を開放して男性にも女性にも平易な言葉で語り続けた。

記録によると、最初に大学の神学部で神学教育を受けた勇敢な女性は、アントワネット・ブラウン（Antoinette Brown, 1825~1921）である。[20] 彼女が入学したのはオベリン大学（Oberlin College）であったが、教授たちは入学を諦める様に促した。そして大学の印刷物に「女性は感情的で、非論理的で、肉体的に弱く、依頼心が強く、声も弱々しいので、母親とホームメイキングに召されているのだ」[21]と論じた。彼女は一八五〇年に卒業したが、卒業者名簿には記載されなかった。三年後の一八五三年に教職に任命され、組合教会(Congregational Church)で牧会し、二十八年後に母校から名誉修士号を授与された。

今日に至るまで女性の教職任命については、教派により異なった歩みを続けているので統一見解にまとめることは不可能である。メソジスト派、組合教会（会衆派教会）、バプテスト派の三つの教派とその流れにある教会では、十九世紀後半以降教職任命を認める方向が見られた。

D　日本における女性教職

西欧社会において、十九世紀以降女性教職論が白熱して居たにもかかわらず、日本においては、女性の按手はきわめて静かに行われたことは特質である。

一九三三年、長年伝道に携わってきた一人の女性高野久野が、日本基督教会の東京中会において牧師（正教師）として按手を受け、牧師に任職された。山本菊子は著書『豊かな恵みへ――女性教職の歴史』に次の様に述べている。

「日本においては、最初の按手から十年以内に、按手を受けた女性は二〇〇人を越えた。これは日本基督教団の成立という特別な事情があったことを認めざるを得ないが、現在（一九五五年）でも三〇五名の正教師が、そして二四〇名の補教師がいるのである[22]」と。

一章、二章で述べたごとく、日本は、西欧キリスト教が長い歴史の中で経験した制度化された教会体制との闘いを知らず、むしろ、最も初代教会の姿に近い形でキリスト教に接したために、女性の按手の問題も西欧におけるほど世間の注目を集めなかったといえよう。

二章においてブラウンが女性として初めて一八五〇年に神学の学びを修了したことを指摘したが、日本で女性のための神学校が開校されたのは一八八一年（明治十四年）キリシタン禁制の高札の撤廃（一八七三年）から間もない時期であったことは実に驚くべき事実である。ルイーズ・ピアソン(Louise Henrietta Pierson, 1833-1899)による偕成伝道女学校（共立女子神学校の前身）である。筆者は五代目のクリスチャンであるが、初代小嶋弘子はジェームズ・バラより受洗し、この偕成伝道女学校を二期生として卒業し、ピアソンと共に生涯を伝道に捧げた女性である。一九〇三年頃、植村正久を中心におこされた東京神学校（日本神学校）は、女子も男子も同じ場で、同じ教育をする方針をとり、後の女性教職を誕生させる母体となった。日本における各教派の女性按手実態と歴史については、山本菊子による『豊かな恵みへ――女性教職の歴史』を参照されたい。

現在の日本においては、日本カトリック、日本聖公会、日本ルーテル、日本基督長老、聖イエス会の様に伝統ある教会ではほとんど女性教職を認めていない。反対に西欧でも比較的早くから女性教職を認めたメソジスト系、会衆派系、バプテスト系の教会では、日本においても認められている。

福音主義神学に立つ日本同盟基督教団は、一九八八年の総会（三月十日）において女性正教師を認める決議をした。テモテへの手紙第一、二章八～十五節、コリント人への手紙 第一、十一章五節について議論を重ね、パウロの言葉は一世紀という時代の特殊性をもって解釈すべきという結論に達し、承認された。しかし、女性教職の任職について、次の四つの条項を満たすという限定を設けた。四点とは①正規の手続きによって正教師の試験に合格した者、②未婚、未亡人であること、③正教師の婦人が結婚する場合、その職を停止すること、④同一教会内においては、男性正教師と競合しない位置付け、職責が考慮されること（創世記二・18）である。

榊原康夫氏は、女性役員論の中で「問われる伝統神学」という視点から、「しかし、女性教職者を認知するかとの問いに対し、教会は常に『否』であった。教職者の適否を判断する以前に、旧約聖書以来の伝統的な女性観が根底に流れており、議論の余地もないまま退けられてきたのである。（中略）私見であるが……プロテスタントといえども、なお改革される余地が多く残されていることがあり、場合によっては、初代教会の宣教的、終末的視点に立つことが求められよう[23]」と啓蒙的な一文を残しておられる。そこで初代教会に謙虚に帰ってみたい。

三　聖書に見る女性の教職的・指導的位置

A　使徒

パウロによれば使徒の条件は、復活の目撃者であることと復活の主から伝道の仕事をゆだねられた者である（Ⅰコリント九・1）。イエスは十二使徒に男性だけを選んだので、女性には使徒職はゆだねられていないと伝統的に言われて来た。

女性を「使徒」と呼んでいる個所は聖書に一箇所しかない。（ローマ一六・7）「……アンドロニコとユニアスによろしく。この二人は使徒たちの中で目立っており……」。ユニアスは実はユニアであった可能性が高い。新改訳聖書では欄外注に「別訳、ユニア（女性）」とある。ユニアスと表記するとあきらかに男性名である。荒井献氏は、「クリソストモス、オリゲネス、ヒエロニムスなどの古代教父たち、古代のキリスト教を代表する学者あるいは聖職者が一致してユニアであると考えている。当時地中海世界でユニアスという男性名は見当たらず、ユニアという女性名は極めて一般的であったことを加えると、ユニアスではなくユニアであることはほぼ間違いない[24]」と指摘して居られる。地中海世界で当時用いられていた名前にユニアが非常に一般的であることを考えると、ユニアはいわゆるバイブルウーマンの様な巡回伝道者であったのではないかと推察される。

B　執事

パウロは、一世紀地中海世界において女性を教会の大切な役割に位置づけた先駆者である。ケンクレアの教会のフィベをローマのキリスト者に推薦するにあたって、「教会の執事」（新改訳・口語訳）「教会の奉仕者」（新共同訳）として、また「援助者」（口語訳・新共同訳）、「助けてくれた人」（新改訳）として紹介した。（ローマ一六・1〜2）

ローマ人への手紙一六章一節の「ディアコノス diakonos」を執事と訳すか奉仕者と訳すかは、女性教職を認めるかどうかにかかわる問題である。執事と訳される語は一般的な「給仕、奉仕者」をも表す。新共同訳では「奉仕者」と訳している。荒井 献氏はこの件に関して、次の様な見解を示して居られる。

「新共同訳を作成する翻訳者たちの間で、プロテスタントの委員がカトリック委員に押し切られたのではないか。フィリピの信徒への手紙一章一節では、監督たちと並んで執事たち diakonoi(diakonos の複数形)と言及しているのだから明らかに教職である。カトリック教会では、このディアコノスは現在では助祭に当る。カトリック教会では現在も女性は聖職者にはなれない。したがって、ディアコノスは「奉仕者」と広い意味で訳さざるを得ない。[25]」

一九九七年バートン・ペイン氏の富士山遭難一週間前の遺言とも言える女性教職に関する講演で、この点に言及され、「ディアコノスは男性名詞で女性格でないとする学者もあるが、この言葉自体男性格しかないので、言葉の形からはどちらであるとも言えない。前後関係からフィベは教会の執事であると考えるのが自然であろう[26]」と指摘された。

泉田 昭氏も女性執事の存在に肯定的な意見を述べて居られる。

「ディアコノスは、教会における職名の一つであり、当時すでにそのような職務を持った指導者たちがいたと思われる。その中には女性の執事もいたようである。（中略）婦人執事（Ⅰテモテ三・8～13）については、執事の夫人であるという説もある。しかしフィベに関しては、婦人執事であったと考えるほうがよい[27]」と。

フィベがパウロの伝道地域内で社会的地位を確立していた女性であったことは、パウロが推薦理由の第二に選んだ表現からも理解できる。新改訳で「助けてくれた人」と訳されている言葉は、援助者「プロスタティス prostatis」という名詞である。地中海世界でこの言葉の意味する背景から、パウロがフィベの推薦文にこの言葉を選んだことは、フィベがかなり社会的に有力な地位にあったことが伺える。彼女はヘレニズムの宗教的団体内で首席の地位を占め、その代表者や保護者や指導者であったような人々と同列に考えられていたのではないかと思われる。[28]

女性の執事がキリスト教史のきわめて初期の段階から活躍していたことは明らかである。総督プリニウスからトラヤヌス帝（紀元一一〇年頃）に書き送られた手紙に、二人の女性執事が拷問にかけられたと報じられていることからも、[29]女性執事の存在を知ることが出来よう。

C　女弟子

ユダヤ教の女性蔑視の思想の中で、イエスは男の「弟子たち」と同じく「女弟子たち」をつくられた。（マタイ一四・21、一五・38、二七・55、二八・5、8、11）。彼女たちはイエスの後に従って仕えた女たち（マルコ一五・41）、奉仕した女たち（ルカ八・3）であった。聖書の中に女弟子（マセートリア mathētria）という言葉で記されているのは使徒の働き九章三十六節のタビタに対してだけであるが、イエスの在世中にすでに女弟子がつくられていたことは十分考えられる。

D　預言者

初代教会の早い時点から、女預言者が存在したことも聖書の記録から確かである（使徒二一・9）。ヨハネの黙示録二章二十〜二十四節にイゼベルのことが取り上げられているが、これは偽預言者として責められているのであって、女だからとか、女が教えたからという理由によるのではなく、その教えと生涯が異端的であったからである。女性預言者の存在を否定するものではない。

E　寡婦

キリスト教以前の古代ギリシア・ローマやヘレニズムの時代には、寡婦はしばしば孤児と共に貧しさの象徴とされていた。しかし、初代キリスト教の時代、登録された寡婦が存在し、長老（Iテモテ五・17〜25）などと比較されるような特別な奉仕活動を教会の中で担当していたことが記録されている。テモテへの手紙第一、五章九〜十節は、かなり厳しい資格審査を通過して名簿に載せ登録したことが記されている。そして教会において重要な位置づけがなされたことは確かである。

ギリシア・ローマの女性蔑視と、ユダヤ教の宗教的理由による女性蔑視の中で、教職的位置にある女性指導者が存在したことの今日的意義を確認したい。

四　「ジェンダー・賜物・職務」と「かしら性」

A　女性教職の是非論

カトリック側とプロテスタント側で女性教職否定の立場の論点は数多くあげられるが、次の三点に集約されよう。まず、第一に女性の性（ジェンダー）の本質にかかわる問題、第二に職務的性格にかかわる問題、第三に神の本質にかかわる問題であるとされる。

ギリシア正教、ローマ・カトリックでは厳格に女性教職任命を排除する。一九二八年六月に行われたカンタベリー聖職者会議において、N・P・ウィリアムズは、「もし男性が説教壇に立っても女性は心に影響されることはないが、逆にもし女性が説教壇に立った場合、男性がみことばに集中する度合いが少なくなる」[30]と演説した。女性は性の対象として造られている故、宗教的責任にあたらせることは困難であるとした。第二の論点では、教職は法律とか医学の様な職業とは異なり、キリストを代表する職責であり、男性にのみ属する。第三の論点では、キリストの男性性を強調し、女性がキリストの像になることへの否定である。

女性の性・ジェンダーの本質にかかわる問題点に関しては、ジュウェト (Paul King Jewett, 1920~1991) は「それは男性の弱さであって女性のジェンダーが原因ではない[31]」と言い切る。また、ペテロの手紙 第一、二章五節に立って、教会・エクレシアはキリストを信ずる共同体であり、男性と女性の区別はないと反論する。[32]さらに新約聖書では、イエスが男性であることよりも人として来られたという人性が強調されている（ヨハネ一・14、ピリピ二・7）。牧師は、キリストを直接代表しているのではなく、キリストの体なる教会を代表しているのである。従って教職者とは仕える人であり、男性にのみ限るべきではない。[33]グレンツは、今日的教会においては、教職に関して多用な種類が教会に要求されていることを認識すべきであると主張する。[34]

B　ジェンダー・賜物・職務

聖書全体は、人は男も女も一人一人才能と能力をもって大切な人格として創造され、神に召され、それぞれ責任ある立場に置かれていることを一貫して教えている。賜物は実に重要である。しかし、聖書は職務が主観的な才能や能力から生ずると教えているのではないことに注意すべきである。職務は召命から来るのである。「賜物は職務を果たすためにある。職務は賜物のためにあるのではない[35]」との女性教会職務検討委員会報告の言葉は明言であると思う。

賜物があるから教職者になるのではない。召命を受けて主の前に呼び出され、神の定めた「時」に一定の手続きを経て教職者として立たせて頂くのである。これは男性、女性を問わずである。

C　かしら性と女性教職の実践的姿

北米とカナダのキリスト改革派教会は、一九七八年大会で女性執事の任職を認めながらも、一九八四年まで実現できなかったのは、男が女の「かしら」であるという聖書の教えが女性役員承認に反するのではないかという議論が起きたからである。また、先に述べたごとく、日本同盟基督教団が原理では女性教職を認めながら、実際運用面で数々の制約を設けているのも、男の女に対する優位性という関係が聖書に教えられているからである。これまで膨大な研究がなされて来たが、結局「かしら性」を研究しても女性の教職が許されるか否かに答える十分な結論が出て来ないことを榊原氏も認めて居られる。[36]

筆者は、「かしら性」とは「男の女に対する優位性」というよりは「創造の秩序性」であると考えている。旧約聖書・新約聖書を通して、男が女の「かしら」であると語られているのは、コリント人への手紙 第一、十一章三節しかない。しかもこの聖句は、教会における役職の問題を扱っているのではなく、礼拝における女性の服装とりわけベールの問題を扱っている。この聖句を楯に取って、教会役職論における女性排除の根拠とすることはできない。

筆者にとって大切なのは、「すべての男のかしらはキリストである」という聖句と、「キリストのかしらは神である」という聖句によって「女のかしらは男である」という句が囲まれているということである。バルトの次の様な説明に接して、光明を得たことがある。「両句は万物に対するキリストの権威（高さ）と神に対するキリストの服従（低さ）を示すものであるから、その意味において、男はキリストの「高さ」を、女はキリストの「低さ」をそれぞれ証しすべき存在として召し出されている。[37]」すなわち、男と女の創造の秩序であり、また存在の秩序を表すと理解した。

エペソ人への手紙五章二三節においては、「夫は妻のかしらである」とパウロは述べる。前後関係から支配を意味するのではなく、家庭における愛の秩序を意味する。社会における存在の秩序と家庭における存在の秩序を考える時、おのずから女性教職の主に喜ばれる姿が示されて来る様に思う。

筆者は、教職の資格を持ちつつも、子育ての間は退き、フィベが社会的地位を表すプロスタティス（援助者）として責務を果たしたように、社会で奉仕し、子育てを終え、寡婦となった六十六歳にして教会において教師に任命され、キリスト教主義大学に教会から派遣されたのである。神の丁度よい時に召し出して下さったのである。

D　女性教職に対する男性及び女性の反省

女性教職の議論は今後も限りなく続くであろう。歴史が女性を禁じているからという理由から女性を排除するのではなく、初代教会の姿にもう一度帰るべきであると思う。

女性教会職務検討委員会報告の結論の一部を紹介させていただく。

「女性は、教会や家庭で女性の権威を奪おうとする非聖書的な願望があるならば、それを悔い改めなければならない。男性も、女性にその賜物を行使するべく勧めることに失敗してきたこと、女であることをくびきにしてしまったことを悔い改めなければならない。[38]」

二十一世紀の教会において、女性のライフサイクルの中でどの様に教職者として立ち得るか、日本という文化圏の中で方向性が生み出されるよう期待する。

注

1　原田慶吉『ローマ法』（有斐閣、一九五〇年）六一頁。柚木 馨「初期ローマ法における女子の権利」『法学論叢』十五巻二～四号参照。

2　ジャン・ジャック・ルソー『エミール』平林初之輔訳（岩波書店、一九五五年）二〇～二一頁。

3　ポール・トゥルニエ『女性であること』山口 実訳（ヨルダン社、一九八三年）三七頁。

4　湊 晶子「女性解放の歴史に対する現代キリスト者の対応と責任」『論集　一九八五年第十七号』二五～三三頁。

5　東京基督教大学図書館に全文のコピーが保管されている。

6　C・M・ホークス他「フェミニスト神学・フェミニズム・女性運動」『女性の視点によるキリスト教神学事典』（日本基督教団出版局、一九九八年）二五九～二六一頁。

7　エリザベス・ゴスマン「人間論」『女性の視点によるキリスト教神学事典』二四二～二四八頁。

8　B・W・ポター「フェミニズムの神学――第三世界において」『前掲書』二六三～二六五頁。

9　湊 晶子「人格的主体の確立――新渡戸稲造と妻メリーの女子人格論を中心に」（東京女子大学資料室蔵、二〇〇一年）。湊 晶子「フェミニズムと神学の接点――米国流解放論と日本流自立論にみる」『論集』（東京基督教短期大学最終号、一九九二年）参照。

10　湊 晶子「教会史上の指導者と女性の働きⅠ・Ⅱ」『論集 一九八〇年第十二号』二六～四〇頁、『論集 一九八一年第十三号』七五～八八頁。湊 晶子『女性のほんとうのひとり立ち』（いのちのことば社、二〇〇〇年）一八五～二一六頁。

11　C. C. Kroeger and R. C. Kroeger, *I Suffer Not a Woman:* Rethinking I Timothy 2:11-15 in Light of Ancient Evidence(Grand Rapids: Baker, 1992) 参照

12 M. L. Boccia, "Hidden History of Women Leaders of the Church" *Journal of Biblical Equality*, Sept. 1990, p. 59.
13 S. J. Grenz, Women in the Church (Illinois: Inter-Varsity Press, 1995), pp. 39 ～ 40.
14 Tertullian, "On the Apparel of Women" *The Ante-Nicene Fathers* Vol. IV (Grand Rapids: Eerdmans Pub. Co., 1956) p. 14.
15 W・ウォーカー『古代教会』菊地栄三、他訳（ヨルダン社、一九八四年）一三八～一三九頁。
16 プロテスタント教会はこの教義を否定する。たとえ認めても歴史的連続ではなく使徒的教会との信仰上の一致と理解する。
17 S. J. Grenz, Women in the Church, p. 42.
18 斎藤篤美「婦人の任職」『新キリスト教辞典』（いのちのことば社、一九九一年）一〇八九頁。
19 R. A. Jucker and W. Leifeld, *Daughter of the Church* (Grand Rapids: Zondervan, 1987), p. 237.
20 Pamela Salazar, "Theological Education of Women for Ordination," *Religious Education* 82, no. 1 (Winter, 1987), p. 67.
21 D. B. Fraser, "Women with a Past: A New Look at the History of Theological Education," *Theological Education* 8, no. 4 (Summer, 1972), p. 213.
22 山本菊子『豊かな恵みへ――女性教職の歴史』（日本基督教団出版局、一九九五年）一七頁。
23 榊原康夫『女性役員論』（聖恵授産所、一九九〇年）一七頁
24 荒井　献『新約聖書の女性観』（岩波書店、一九九四年）二一四～二一六頁。
25 荒井　献『前掲書』二〇四～二〇五頁。
26 湊　晶子「教会史上の指導者と女性の働きI」『前掲書』三〇頁。
27 泉田　昭『新聖書註解新約2』「ローマ人への手紙」（いのちのことば社、一九七七年）二七一頁。
28 E・S・フィオレンツァ「原始キリスト教運動への女性の貢献」『聖書に見る女性差別と解放』（新教出版社、一九八五年）一〇八頁。
29 T・コーツ『ディアコニア――その聖書的根拠』田端　武訳（近畿福音ルーテル　ディアコニア委員会発行、聖文舎発売、

一九七五年）七〇頁。

30 E. L. Mascall, *Women and the Priesthood of the Church* (London: Church Literature Association, no date), pp. 8 ～ 9.

31 P. K. Jewett, *Man as male and female* (Grand Rapids: W. B. Eerdmans, 1986), p. 161.

32 P. K. Jewett, *Man as male and female*, p. 164.

33 S. J. Grenz, *Women in the Church*, pp. 206 ～ 217.

34 S. J. Grenz, *Women in the Church*, p. 200.

35 『女性教会職務検討委員会報告』（正統長老教会日本ミッション・一九九二年）二四頁。

36 榊原康夫『女性役員論』（一九九〇年）四五頁。

37 荒井 献『新約聖書の女性観』（岩波セミナーブックス・一九八八年）二三〇～二三一頁。

38 『女性教会職務検討委員会報告』二四頁。

（二〇〇一年十二月『福音主義神学　第32号』五～三一頁）

Ⅳ　女性解放の歴史に対する現代キリスト者の対応と責任

一九七〇年代のウーマンリブ運動以来、女性問題は大きな社会問題となっている。「女らしさからの解放」とか「女性の自立」が一方で叫ばれているかと思うと、他方では「女性の依存性」が強調されるなど、結論のないまま揺れ動いているのが現状である。いま、私たちキリスト者は、今日までの解放運動を正しく歴史的に評価するとともに、現代の教会の責任を具体的に認識する必要がある。

一八九五年アメリカの婦人参政権運動の指導者エリザベス・ケディ・スタントン女史は、「女性の聖書」という題の聖書講解を出版し、「女性解放」を真の意味で成功させるためには、聖書の源にまで遡って女性に関する再解釈がなされなければならないと主張した。しかし当時女性運動そのものに、そこまで宗教的背景を考慮する姿勢がなかったため、翌九六年の第二十八回アメリカ婦人投票権運動の総会では、彼女の見解は採択されなかった。この時点で聖書的根拠に立った女性論が明確に生み出されていたならば、今日ほどの混乱は避けることができたのではなかろうか。今こそ真剣に「女性」を神学的にとらえ、社会に正しい女性論を提供する責任が教会に課せられていると思うのである。

この小論においては、まず今日までの女性解放の歴史的流れを分析し、つぎにキリスト者の対応と責任について検討してみたい。さらに次号において、「女性と神学」と題して正しい聖書的女性論を神学的に見出すことを試みたい。

一　女性解放の歴史的背景と運動の特質

女性解放運動は世界大戦を境として大きく二つに分けて考えられる。まず第一段階は、フランス革命から世界大戦までであり、主として政治的、社会的権利の獲得が運動の主流となっていた時代である。この時代の活動を支えた人こそイギリスのM・ウルストンクラーフト(Mary Wollstonecraft, 1759~1797)である。第二段階の時代は、すなわち世界大戦以降の女性の意識変革が求められたいわゆるウーマンリブ運動の時代である。この運動の火つけ役となったのがかのB・フリーダン(Betty Friedan, 1921~2006 改訂版『新しい女性の創造』三浦冨美子訳、大和書房、二〇〇四年)である。

女性解放運動は十八世紀に起こるべくして起こった重要な社会運動である。一般にこの運動が歴史に登場するまで、女性の評価に関する研究や主張が公にされていなかった実情に問題を感ぜざるを得ない。古代から十八世紀に至るまでの女性の歴史的評価とその問題点について検討しない限り、ウルストンクラーフトをはじめとして、初期女性解放の真意を理解することは出来ない。

A　歴史における女性蔑視の思想の流れ

古代民主主義の発祥地と言われるアテネでさえも、女性の地位は低かったし[1]、軍事都市国家スパルタに至っては、まさに女性は健康なスパルタ市民を生むための道具としか評価されていなかった。また、奴隷に支えられた農業経済機構のもとにあったローマでは、農業資産を受け継ぐ必要から、また奴隷の反乱から守る必要から、家長権が強化されていった。ローマ法の中に、「家長は『絶対君主制』のほか、『一種神聖なる集団、教会』としての家の代表者である[2]」と明記されている通りである。

中世封建社会においては、女性の社会的地位は身分制度にもとづく社会構造の中で最低であった。中世はキリスト教的な禁欲主義が表向き徹底されていた時代である。この傾向は女性思想史の面から見れば、肉欲に対する憎悪と恐怖となって現われ、女性を軽視する風潮を生み出した。これにはヘレニズムの二元的概念も影響があったと言える。ヘレニズム思想では、魂と身体の二元に分け、理性を魂に、しかも男に属するものとし、感情を身体に、さらに女に属するものとして、理性に対する感性の劣性を説く傾向があった。この様な考え方は中世文化が理性、魂を強調すればする程強くなり、女は感性のもち主としてますます劣った者、低く汚れたものとされる様になった。これに禁欲的思想も加わり、四世紀の終わり頃になると、独身こそは最も尊く、清浄なものであると考えられるようになり、神に仕える神父の結婚は禁じられるようになった。そうして教皇から聖職者の結婚禁止令が出されるに至ったのである。

この様な中世の社会構造を支えて来た思想が、特にヨーロッパにおいてはキリスト教であったと結論づけられている歴史解釈に対して、教会は無関心であってはならないと思う。この点に関して、白井厚氏が「女性解放論集」の中で、封建社会とキリスト教との関連について次の様に指摘しておられるところを謙尊に受け止める必要がある。

「『旧約聖書』創世記の教えるところによれば、神はアダム（男性）を先に創り、そのあばら骨一本から、アダムのためにイヴ（女性）を創った。だから、女性はその起源からして男性のためのものであり、また蛇の誘惑にも負けてしまう。そこで女性は服従を命じられ、沈黙、従順、慎みを強いられる。一般に女性は、汚れたもの、劣ったもの、邪悪なものと考えられ、神に仕える神父は結婚を禁じられ、結婚はやむを得ざる必要悪、肉欲への譲歩とみなされたのである。封建社会の男女関係は、こうした女性蔑視の上に男性本位の身分制、家父長制によって支えられており、女性は結婚して家長たる夫に奉仕し、家事に従事し、家督相続人たる息子を生む義務を課せられていた。[3]」

このように、聖書の示す高い女性観が時代とともに間違って解釈され、女性蔑視の思想を構築してしまう一端を担ったことは、重大な問題を現代に提起している。この傾向がすでに二世紀ごろから一般化されて来たことを、教父テルトゥリアヌスの資料から発見することが出来る。彼は「女性は地獄の門である」ということばを残している。[4]

やがてルネサンスの時代が、神中心の枠を破って、人間を中心に人間の価値を主張する雰囲気を芽生えさせた。一般にルネサンスと聞くと、私たちは近世のかがやかしい幕開けという魅力的出来事の様に考える。しかしそれは「おおよそフマニオラ」なるものを求め、真のヒューマニズムを発見しようとした一握りの人々にのみ適用される概念であって、実情は必ずしもそうではなかった。西欧における相次ぐパニック的恐怖と不安は、ルネサンスの理想をつぎつぎに踏みにじった。ルネサンスは積極的に非合理性よりも合理性を選択し、「我と汝」よりも「我とそれ」を選択し、心情的、神秘的交わりよりも客観性を選択したのである。ポール・トゥルニエは、カールフリート・デュルクハイム〔Karlfried Graf Durckheim, 1896~1988〕の言葉を引用して、近代文明の発達が女性の地位の低下に多大の影響を与えたことを次のように指摘している。

「『西洋文明は男性精神の産物である。男の諸特性の一方的発達から女性の諸能力に対する抑圧あるいは軽視が生じた』。それとともに西洋文明には女性の諸特性の欠如による影響が歴然とあらわれた。女性が社会の中で押しのけられ、文化の中にほとんど寄与することが出来なくなった結果、文化が力、理性、技術などの男性的価値の側に大きく傾斜していったからである。もし今日の社会が物の社会に堕してしまったとすれば、それは男性だけでそれを築こうとしたからだ」と。[5]

今日の婦人解放運動家が、社会の不平等をなくそうと努力を払っていることは、大いに評価されるべきである。しかし、「何からの解放」だけでなく、「何のための解放」のために労しているかを認識する必要がある。「我と汝」の関係が喪失している近代文明の中で、「我」と「汝」を発見すること、すなわち、人格を発見すること、真の意味でのルネサンスを経験することからはじめられなければならないと思う。この意味において、エマニュエル・ムーニエ〔Emmanuel Mounier, 1905~1950〕が、ルネサンスのやりなおしを唱道したことに大きな意義を見出す見出す。[6] 集団意識の中に個々意識が埋没している日本の社会においては、ムーニエが西欧文明の中において提唱している真のルネサンスを経験する必要があろう。

また十六世紀に起った宗教改革において、すべての人（男も女も）は、神の前に祭司であるとされ、男も女も神のかたちに似せて造られた意味が明確に打ち出された。ルターは、彼自身中世的概念を打ち破って、修道尼だったカタリーナ・フォン・ボラと結婚し、聖職者の結婚を擁護した。一応中世の結婚観の変化はみられるが、宗教改革が引き起したヨーロッパ各地における動乱と経済的な沈滞によって、婦人たちは過剰な影響を受けるようになった。旧教と新教の間に展開された争いが一五五五年のアウグスブルクの宗教会議において、新教の自由が認められたとはいえ、間もなく三十年戦争となり、一六四八年のウェストファリア（ヴェストファーレン講和条約）の和約によって、ようやくその動乱が落着いた。その間の人民の生活、ことに女性の生活はみじめさを極めた。[7]

宗教改革の時代はやがて啓蒙思想によって取って替わられる。すなわち、宗教的ベールは脱ぎ捨てられ、理性中心の世界が築き上げられたのである。啓蒙思想家の中でもフランス革命に多大の影響を与えたジャン・ジャック・ルソーは、自由・平等・契約を主張し、間接的には女性解放にも貢献したと言われている。しかし、小農民の立場からフランスの家父長制を守らなければならなかった彼の思想には、逆に女性の男性への従属が強調されている点がみられる。彼の著名な教育論『エミール』には次のような言葉が記されている。

「女は、とくに男性の気に入るように作られている」、「女子教育はすべて男性に関連したものでなければならない。男性の気に入ること、その役に立つこと、男性から愛され、尊敬されること、（中略）彼らに生活を楽しく、快いものにしてやること、こういうことがあらゆる時代を通じて女性の義務であり、また女性に小さい時から教えこまなければならないことである。[8]」

このように夫の無理無体や不正をもしのび、ひたすら男性を喜ばせる妻となるために、女性は教育されなければならなかった。ここには、独立した人間としての女性の自由も、権利の拡張も、家父長制支配からの解放も、経済的自立もなかった[9]。

古代から近世に至るまで、女性は生産的な労働に従って来た。封建社会においても、またそれに続く資本主義の形成期においても、畑を耕し、家畜を飼い、糸を紡ぎ、パンを焼き、陶器や石けんやろうそくや酒までつくるなど、女性は生産にたずさわっていた。それにもかかわらず、その記録は収集整理されておらず、その研究もじつに乏しい。この様な中に、先駆的役割を見事に果たした人が、ウルストンクラーフトなのである。

B　ウルストンクラーフトにみる女性の権利獲得のための闘い

ウルストンクラーフトは、多くの家庭的な不幸や挫折に見舞われ、厳しい試練にあいながらも、教育を実践し、経済的に自立して、主著『女性の権利の擁護』を著わし、女性解放思想の最初の体系的思想家になった人である。わずかに三十八歳にして世を去っているが、『女子教育考』、『人権の擁護』、『実生活実話集』や『女性虐待』をつぎつぎに著わし、激しい闘いの生涯を送った。

神近市子氏は『女性思想史』の中で、十八世紀における女性たちを次の様に評価している。

「男性たちは、女性たちを社会的に劣った地位にしばりつけ、その当然の権利を剥奪してしまった。そうして女性自身にまで、みずから劣位の性であるという観念をいだかせることに成功した。男性支配の社会である。男性は女性が世界の存続のために働いている間に、（子供を産むことによって）その世界を盗んだのである。ウルストンクラーフトが、テーラーが、エレン・ケイが盗まれていることに気がついた。近代の女性解放運動は、だから一つの失地回復の十字軍である。[10]」

ウルストンクラーフトは、女子教育を重視し、家庭環境を重視し、経済的な独立などを説いた。一七八九年に始まったフランス革命が終結し、タレイラン〔Charles Maurice de Talleyrand-Perigord, 1754~1838〕を中心とした憲法委員会で作成された「公教育に関する報告」が発表され、教育は男女双方のためにあるべきことが主張された。しかし現実には、この報告は女子は八歳まで男女共学で学んでのちは家庭に閉じこもるべきとし、上級学校に進学する道を拒んだのである。そこで彼女は次の様な基本原理に基づいて、タレイラン批判を行っている。

「人間が獣より優れているのは、理性をもつからである。理性によって、人間は真理を見出し、知識を得、正しい知識にもとづいて美徳を得る。美徳を得ることによって人間は優れたものとなり真の幸福を得る。理性に男女の別はなく、真理もそれにもとづく知識も、もちろん男女の別があるわけではない。したがって人間の美徳は、男女双方にとって性による差があってはならず、幸福も共通する。[11]」

このような基本原理に立って、男女の真理共有、政治参加を主張してタレイラン批判を行った点に重要な意義がある。

彼女は『女性の権利の擁護』の中で「こんなことを言ったら笑われるかも知れないが、女性が政治の審議に直接参加することが全く許されずにただ独断的に支配されるというのではなくて、自分たちの代表者を持つべきだ、と私は本当に考えているのだ。そうして私は、それをいつの日にか実現させたいと思う。[12]」イギリスにおいて女性の普通選挙権が認められたのは、実にこの書物が出されて、百四十年後のことであった。この時H・R・ジェームズは、「一九二九年の夏に四百万人の女性が英国で初めて投票を行った。彼女たちの何人が、そうして、この総選挙の選挙人名簿にある千五百万人の女性の有権者の中の何人が、メアリ・ウルストンクラーフトの名前を聞いたことがあるだろうか[13]」と彼女を忘れてしまったことを批難している。

ウルストンクラーフト以後、このような女性の権利の擁護者がつぎつぎにヨーロッパに出たにもかかわらず、長い歴史の過程でつくり上げられた男性優位社会の構造を変革させることは出来なかった。以後フェミニズム運動は、急進的インテリゲンチャの多い新天地アメリカで開花するようになったのである。そうして一九二〇年以降、アメリカを皮切りに、世界の主要各国において参政権がつぎつぎに獲得されて行ったのである。

C　フリーダンによるリブ運動の特質

これまでの婦人解放運動は、明らかに権利獲得のための闘いであったと言えよう。戦後女性解放運動は型を変えて活発に行われるようになった。一九七〇年代のウーマン・リブの嵐である。戦後の『第二の性』（ボーヴォワール、一九四九年）、『女らしさの神話』（B・フリーダン、一九六三年）、『性の政治学』（K・ミレット、一九七〇年）、『女性論』（J・ミッチェル、一九七一年）などはウーマン・リブ運動をますます活発にさせた。

井上輝子氏は、『女性学とその周辺』の中で、従来の婦人運動が婦人参政権の獲得など社会制度の改革に焦点が合わされていたのに対し、女性の意識的変革に関心が移行したところに特質があると指摘しておられる[14]。この意識的変革は、具体的には「女らしさ」を否定すること、女性的で従順な性格、産む性などを否定することからはじめられた。最も大きな影響を社会に及ぼしたのは、フリーダンの『女らしさの神話』である。このような女性の一般的趨勢に逆らって女性の深層にある自立しなければならない女意識を目覚めさせ、変革させようと試みられた。世に一般に言われているウーマン・リブ運動である。

このリブ運動の仕掛人フリーダンが『女らしさの神話』を世に送ってから二十年を経た今日、彼女は「リブ運動はほんとうに女性に幸せをもたらしたか」を率直に自己批判し、『セカンド・ステージ』を改めて世に送った。彼女自身これまでの運動をまず次の様に評価した。

「以前女性は、子供を〝生む性〟とだけ定義されていたし、社会に出て働くことは〝悪い〟ことであった。夫にとっての妻、子供にとっての母親という、私の名づけた『女らしさの神話』にとらわれていた。そうした状況を突破って一個の人間という存在を自覚するために第一期の運動が必要であったわけである。平等の権利を勝ち取る闘いであった[15]。」

そうして第二期への方向づけを次のように行なっている。

「女性だけが団結し、女性だけの力でできることは、ほぼやりつくした。これ以上今まで通りの運動に固執していれば、私たちは袋小路に入り込んでしまう。男性に対立する形でなくて、共に手をとり合って闘う形にならなければならない[16]。」

彼女は、第一段階で否定した女性の産む性を回復すべきことを提唱して、男性と女性の間のきずな、そして子供とのきずなを誰も否定できない。愛し、愛され、育む――そうした家庭の営みが結局人生の出発点であると同時に、終着点であると結論づけている。

キリスト教会で、今日までに「男であること」「女であること」の本質的、存在論的研究が、どれ程深く真剣になされて来たか反省させられる。キリスト教会には、今、現代社会の揺れ動く諸問題を分析的に把握し、真の人間論を聖書から説き起こし、わかりやすく現代社会に提供していく責任があると思う(17)。

D　日本における女性解放の特質

日本は長い間国を閉ざして民族文化の交流圏外にいたので、真に近代の息吹きに触れたのは明治以後のことである。したがって、女性が今日いう意味での思想をもちはじめたのも明治維新が達成されてからであると言ってよい。西欧においては、ルネサンス、宗教改革、イギリス革命、アメリカ独立革命、フランス革命、産業革命を通りぬけ、近代化の流れの中を歩んでいた時である。ウルストンクラーフトから百年を経ていた。したがって日本女性の解放の思想史は、西欧に比べて短い。しかし、当時の進歩的女性の思想の内容が、今日の平均的女性の思想より進歩的であったことは驚くべきである。

一国の文化に日本程女性が強力な影響を与えている国は、稀である。白井氏は、卑弥呼、神功《しんぐう》皇后、斉明《さいめい》天皇、額田王、小野小町、清少納言、紫式部、和泉式部、伊勢大輔、北条政子などを挙げ、日本女性の優秀さを指摘した後、長く続いた封建制度、仏教、儒教、武士道などの倫理が女性蔑視を徹底させ、その後遺症が今日まで及んでいると述べている(18)。それに対して福沢諭吉、植木枝盛らの男性につづいて、与謝野晶子、平塚雷鳥、山川菊栄、市川房枝、高群逸枝たちが活躍した。それにもかかわらず、政治、経済、教育、科学技術等における今日の女性の地位が、先進国はおろか、しばしば発展途上国に比しても遙かに低いのは、大問題であると述べている(19)。

今まで見て来た西欧における女性解放の歴史との大きな違いは、日本が明治維新を境として一気に西欧文明の中に長く発展して来た思想を輸入したところにある。最も大きな問題は、日本が真の意味でのルネサンスによる個の目覚めも、宗教改革によるキリスト教的精神の自立も経験しないまま、自由民権運動に突入してしまったところにあると思う。日本の女性として初めて男女同権を言い放った岸田俊子、日本で初めて社会主義的婦人雑誌「世界婦人」を創刊した福田英子らの自由民権運動の限界に対して、新しい方向づけを与えたのがキリスト教であった点は、大いに注目すべきである。

欧米においては、先にも述べたように、キリスト教的女性観（歴史が構築してしまった）に対決する意味でも民権運動が展開され、ベーベル〔August Bebel, 1840~1913〕のようにキリスト教を排撃する人々が多く出ている中で、日本では逆にキリスト教と密接に関係をもちつつ発展してきているところに注目したい。特に女子教育と廃娼運動において、キリスト教の役割は大きい。

当時官立の女学校の教育方針の基調には、儒教的女性観が色濃く残っていた。しかし、その様な中にあって、キリスト教主義に基づく教育方針の基調には、近代的な自己の目覚め、人間の生命の尊厳、キリスト教的女性観が大胆に明示された。当時のキリスト教的女子教育に対して、日本人の側から大切な役割を果たした人として、新渡戸稲造を忘れてはならない。この教育者であり、キリスト者であった新渡戸稲造の教育理念と信仰とに触れ、心動かされた婦人に津田梅子（津田塾大学創始者）、安井てつ（東京女子大学創始者）、河井道（恵泉女学園創始者）らがいた。この三人の女性はキリスト教女子教育に自らの生涯をかけた人といってよい。この三人についての詳しい研究をここで試みるつもりはない。しかし、彼女たち三人とも、イギリスおよびヨーロッパでの学びを通して、真のルネサンス、すなわち個の目覚めを経験し、新渡戸より人格の育成の根底にキリスト教が欠くことの出来ない要素であることを深く教えられたのである。日本においてせっかく打ち立てられつつあったキリスト教的女子教育の理念も、世界大戦と近代化の影響のもとで忘れ去られようとしている。

昨年（一九八四）十一月、紙幣の肖像が新しくされた。福沢諭吉と新渡戸稲造が選ばれた真意はどこにあるかの説明はなされていないが、現代の日本の思想的土台を見直し、確固たるものを据える上に、この二人を現代日本において取り上げた意義は大きい。明治以降の女性解放思想の萌芽が、福沢らによって代表される自由民権運動の中にあったことを思う時、歴史における重要な位置づけと、再評価がなされなければならない。彼は「世界国尽し」の中で婦女子を軽蔑する風習は真の文明開化に至らない未開、または半開の文化だと言い切り、当時代に啓蒙的影響を与えたのである。真の意味でのルネサンスを紹介した人と言えるだろう。西欧ルネサンスに限界があったように、ここにも限界を見出さざるを得ない。儒教倫理を鋭く批判し、多くの文化人を啓蒙しつつも、既成の女性観や人間観を覆すことはできなかった限界である。

このような中で、基督教的基盤に立って、人間観を打ち立て、太平洋の橋となって、日本の女子教育に貢献した人こそ、新渡戸である。まさに日本に宗教改革の精神を紹介しつつ、人間教育の根本を提供したのである。太平洋の橋となって、本格的な英文で日本についての書物を著した。*Bushido, the Soul of Japan*（一八九九年）、*The Japanese Nation: its Land, its People and its Life*（一九一一年）*Japanese Traits and Foreign Influences*（一九二七年）

などがある。隅谷三喜男氏が「福沢の場合は、西欧文化の日本への導入であったのに対し、新渡戸の場合は西欧文化の基軸を日本人に広く伝えると同時に、日本文化の真髄を外国に知らせることにあった。橋は一方通行ではなく、両側から往来するものである[20]」と指摘しておられるように、彼の場合日本文化を対等な意識で紹介した上での外国思想の輸入が見られる。その中に彼の女子教育に関する理念が育てられて行った。武田清子氏は、新渡戸の女子教育への関心の強さに触れて「西洋の女性に比べる時、あまりにも不幸な日本の女性への同情と、彼女らをその不幸から解放したいという切実な願いに基づいていたようである[21]」と語っておられる。まさに彼は、基督教的人間観の根底に立って、太平洋の橋となった点で意義は大きい。

福沢諭吉につづく多くの男性啓蒙思想家たちに影響されて、女性自らが女性の不当な隷属状態に目を開いていった。その代表選手が、一八八四年（明治十七年）新聞『自由燈』に「同胞姉妹に告ぐ」を連載して、日本の女性として初めて男女同権を言い放った岸田俊子、一九〇七年（明治四十年）日本で初めて社会主義的婦人雑誌『世界婦人』を創刊した福田英子である。また新渡戸の影響を深く受けた津田梅子、安井てつ、河井道の働きなくして、今日の津田塾大学、東京女子大学、恵泉女学園の存在しないことを思う時、新渡戸の史的意義と共に彼女たちの据えた信仰的土台を忘れてはならない。何故現代社会の中で初期の理念が風化してしまったか真剣に反省する必要がある。

二　女性解放に対するキリスト者の対応と責任

十八世紀にはじまった女性解放運動は、それぞれの国々で様々な形態を取りながら発展して来た。十八世紀から世界大戦までの百五十年ほどの間に、女性の政治的、社会的権利は急速に伸長した。世界大戦後のいわゆるウーマンリブ運動の嵐を通りつつ、女性は意識変革のゆさぶりをかけられた。今すべての人々が熱心に、それぞれの立場から結論を模索している時である。私たちキリスト者の男性も女性も過去の歴史を正しく評価し、キリスト者としてこの問題にどうかかわっていくべきか真剣に考えなければならない時期に来ている。

A　社会の諸問題を正しく積極的に評価する責任

キリスト者はいつの時代でも、社会の諸問題から逃避して生きることも、また妥協して生きることも許されない。常に社会の只中に証人として立たなければならない。一人の社会人として、評価すべきは評価し、正すべきは勇気をもって正して行かねばならない。キリスト者の社会的責任である。したがって、キリスト者は、女性解放運動の今日までの歩みに対しても、無関心であってはならない。女性の政治的権利のために、歴史に生きた勇気ある婦人たちの働きを評価すべきである。そうして今後、もし政治的権利が剥奪されるような事態が生じた場合には、毅然として主張すべきは主張する責任がある。

B　正しい聖書論に立脚した女性観を現代社会に提供する責任

すでに述べたように、女性解放論者が論駁の対象とした社会悪は、封建的女性観とキリスト教的女性観であった。私たちは、誤ったキリスト教的女性観が一般化されている現状に対して傍観者であってはならない。パウロの生きた頃の地中海世界では、ギリシアの男性は「自分が獣ではなく人間に、女性ではなく男性に、野蛮人ではなくギリシア人に生まれた」ことを誇り、ユダヤ人の男性は「自分が異邦人ではなく、女性ではなく、奴隷でもなく男に生まれた」ことを神に感謝するのが一般的風潮であった。この様な世界観の下で、パウロが「ユダヤ人もギリシヤ人もなく、奴隷も自由人もなく、男子も女子もありません。なぜなら、あなたがたはみな、キリスト・イエスにあって、一つだからです」（ガラテヤ三・28）と述べて、人種・宗教・階級・性の差別を、福音の前に撤廃する発言をしたことには、重大な歴史的な意義がある。事実パウロは、プリスカやフィベなどの女性を堂々と福音宣教のわざに登用し、その働きを評価したことからも、彼が高い聖書的女性観をもっていたことは明らかである。

それにもかかわらず、聖書のそこかしこに見られる一見男尊女卑的表現である「女は黙っていなさい」（参照、Iテモテ二・11〜12、Iコリント十四・34）を取り上げ、機械的に今日の社会に適応させようと試みて、パウロ批判をする者や、また実際にこれらの言葉を普遍的真理として解釈し現代社会にそのまま適用させようとする人があったり統一されていないのが現状である。私たちは常に歴史的諸事情をふまえて解釈し真理を見出す責任がある。また誘惑に負けた女エバのみをクローズアップして、エバが誘惑されたから、女性は男性より劣った人格であり、だから女性は服従を命ぜられ、沈黙を強いられるという論理も歴史的に展開されて来た。すでに二世紀の教父テルトゥリアヌスは「女性は地獄の門である」という言葉を残していることは先に述べた通りである。女性解放論者が批判のよりどころとしているキリスト教的女性観は、実は長い歴史の中に間違って構築されたキリスト教的女性観であることをまず知らせる責任がある。そうして、正しい聖書的女性観を提供して行く責任が教会にあるし、これは現代社会における重要な作業であると思うのである。

C　女性解放論を正しい歴史的起点から説き起こす責任

ほとんどの解放論者は、彼らの理論的根拠をフランス革命に置く。自由と平等を中心課題としているフランス革命が、女性解放の源として評価されるのは当然であろう。しかしよく考えてみると、フランス革命の源は啓蒙思想などの近代主義、理性主義にあるため、神なき失楽園の中での有限な世界観にとどまるのは当然であろう。その様な世界観の中で展開される女性論に限界が生ずるのも想像できるであろう。ほんとうの意味で女性が解放されるためには、まず人間が本来創造された時点に、すなわち神との関係が、原点に立ち返らされなければならない。神と人間の関係が、再び建て直されなければならない。女性解放史は、フランス革命からではなく宗教改革から説き起こされるべきである。

この場合、私たち日本人として気をつけなければならないことは、神の前に「我々」という集団として立つのではなく、「我」として立つという点である。〝We〟文化の中に生きる私たちは、ほんとうの意味でのルネサンスを経験する必要もあると思っている。日本では、真の意味のルネサンスと宗教改革を同時に経験し、また伝達する責任が教会に課せられているのではなかろうか[22]。

D　トータルな意味での解放を推進する責任

フリーダンが二十年前のリブ運動を自己批判して、これからは男性に対立する形で運動を進めるのではなくて、共に手をとり合って闘う形にならなければならないと指摘したが、キリスト教界においても、男性の力なくして女性の向上はあり得ないことを自覚し、共に手をとり合って聖書に述べる「男であること」、「女であること」の存在のあり方に近づく様に努力する責任がある。男と女が互いに他をぬきにしては存在価値がないという両者のトータルな関係性については、次号で詳しく取り扱うこととする。

現在に至るまで、「何からの解放」を主眼として運動が進められて来た。「何のための解放」、「何を根拠にした解放」かについては今日の解放論者は結論を見出すことができずに揺れ動いているのが現状である。今こそキリスト者の出番である。男性も女性も一つとなって、正しい聖書的基盤に立った男性論、女性論を世に送り出す責任を教会は担っているのではなかろうか。

注

1　神近市子『女性思想史』（亜紀書房、一九七七年）一五〜四三頁。

古代史における女性の位置づけについては、法的な問題と精神的立場が必ずしも一致していたとは言えない。プラトンの女性観には、近代の女性観を思わせるものがあるが、その背後に進歩的な意見をもつアスパシアが存在していたことを無視してはならない。プラトンがソクラテスの指導のもとに編纂したとされる「対話」の中にもアスパシアが目立つ存在として記されている。女性蔑視の風潮の中で、勇気をもって活動した女性思想家のあったことを忘れてはならない。プラトンの女性観の中に反映されている。

「自然の与える才能は両性に同じであり、すべての男性のしごとは女性のしごとでもある。女性が男性と全人生を分つことがなければ、彼女たちはなにか別の人生をもたなくてはならない。われわれの国家の男女が一つ心をもって全力をあげて同一のものを追求することがなければ、国家はその半分の力を失ってしまう。これほど愚かなことがあるだろうか」

2　原田慶吉『ローマ法　上巻』（有斐閣、昭和二五年）六六頁。
抽木馨「初期ローマ法における女子の権利」『法学論叢　十五巻』二～四巻 参照。
3　白井厚・堯子『女性解放論集』（慶応通信、一九八二年）一九〇～一九一頁。
4　Tertullian, "On the Apparel of Women" *The Ante-Nicene Fathers* Vol. IV, ed. Alexander Roberts and James Donaldson (Grand Rapids: Eerdmans Publishing Co., 1956), p. 14.
5　ポール・トゥルニエ『女性であること』山口實訳（ヨルダン社、一九八三年）三七頁。
6　『前掲書』五一頁。
7　玉城肇『世界女性史』（刀江書院、一九六〇年）一七八頁。
8　ジャン・ジャック・ルソー『エミイール　第五篇』平林初之輔訳（岩波書店、一九五五年）二〇～二一頁。
9　白井厚・堯子『女性解放論集』一九七頁。
10　神近市子『女性思想史』一七八頁。
11　白井厚・堯子『女性解放論集』二一三頁。

12 メアリ・ウルストンクラーフト『女性の権利の擁護』白井堯子訳（未来社、一九八〇年）二七八頁。

13 白井厚・堯子『女性解放論集』二六二頁。

Godwin and Mary: *Letters of William Godwin and Mary Wollstonecraft*, ed. Ralph M. Wardle（Lawrence:Univ. of Kansas Press, 1966）, p. vi.

14 井上輝子『女性学とその周辺』（勁草書房・一九八一年）一九五頁。

15 ベティ・フリーダン『セカンドステージ』下村満子訳（集英社、一九八四年）六頁。

16 『前掲書』九頁。

17 現在我々は聖書に立脚して展開された女性論を必要としている。外国の文化の中で語られた女性論ではなく、日本の文化、日本の意識構造の中で語られた日本女性のための女性論を必要としている。教会は、このような書物をもっと生み出す努力をしなければならないと思う。参考までに一般的な女性論の書物と、キリスト教的観点に立った女性論のうち、このテーマを現代的意識の中で捉えるのに参考となる書物を挙げておく。

一般社会における女性論

岩男寿美子、原ひろ子『女性学ことはじめ』（講談社現代新書、一九七九年）。

玉谷直実『女性の自己実現――こころの成熟を求めて』（女子パウロ会、昭和五五年）。

河野貴代美『自立の女性学』（学陽書房、一九八三年）。

渡辺昇一『知的風景の中の女性』（主婦の友社、一九七七年）。

井上輝子『「女性学とその周辺』（勁草書房、一九六四年）。

服部百合子『性差――相互存在としての男と女』（ユック舎、一九八二年）。

I・イリイチ、玉野井芳郎訳『ジェンダー・女と男の世界』（岩波書店、一九八四年）。

白井厚・堯子『女性解放論集』（慶応通信、一九八二年）。

神近市子『女性思想史』（亜紀書房、一九七七年）。
水田珠枝『女性解放思想の歩み』（岩波新書、一九八二年）。
ベティ・フリーダン　下村満子訳『セカンド・ステージ』（集英社、一九八四年）。
コレット・ダウリング『シンデレラコンプレックス』（三笠書房、一九八二年）。

キリスト教的女性論
シドニー・C・カラハン　田坂里子訳『女性の生き方』（聖文舎、一九八〇年）。
ポール・トゥルニエ　山口実訳『女性であること』（ヨルダン社、一九八三年）。
ポール・トゥルニエ　三浦安子訳『人生の四季』（ヨルダン社、一九八三年）。
T・ボヴェー　松村克己訳『結婚――大いなる秘義』（アルパ新書、一九八一年）。
グレシャム・メイチエン　角田桂嶽訳『神と人間――キリスト教の人間観』（聖書図書刊行会、一九六九年）。
キャロル・クライスト、ジュディス・プラスカウ編　奥田暁子、岩田澄江訳『女性解放とキリスト教』（新教出版社、一九八二年）。
ヘレン・B・アンデリン　梶山克宏訳『魅力ある女性』（太平洋出版社、一九六三年）。
マラベル・モーガン　板橋好枝訳『トータル・ウーマン』（講談社、一九七六年）。
R. Pierce Beaver "*American Protestant Women in World Mission*" W. B. Eerdmans Publishing Company, 1980.
Paul K. Jewett "*The Ordination of Women*" W. B. Eerdmans Publishing Company, 1980.
Nancy A. Hardesty "*Women Called to Witness*" Abington Press, 1984.
E. Margaret Howe "*Women Church Leadership*" Zondervan Publishing House, 1982.
湊　晶子『女性のほんとうのひとり立ち』（いのちのことば社、一九八四年）。
このリストからも明確であるように、一般社会における女性論が日本人の手で学問的に巾広く展開されているにもかかわらず、キリスト教的女性論の分野では、翻訳に頼っているのは残念である。

18 白井厚・堯子『女性解放論集』一一〇頁。

19 『前掲書』一〇八頁。

20 隅谷三喜男「太平洋の橋・新渡戸稲造」『東京女子大学学報　第三十七号、十月号』。

21 武田清子『土着と背教』（新教出版社、一九六七年）一四二頁。

22 湊 晶子「基督教史から見た日本伝道の問題」『日本宣教の神学的再考』（日本福音主義神学会、一九八二年）十八〜二一頁。

（一九八五年三月　東京基督教短期大学『論集　第十七号』一四〜二四頁）

V　フェミニズムと神学の接点
――米国流解放論と日本流自立論にみる――

一九八九年九月から一九九〇年三月まで、ハーバード大学より客員研究員の招聘を受けて留学中に、東西文化交流学科モネイン教授から「日米女性論の比較」と題しての講義を依頼された。その時の講義を中心に、帰国後東京女子大学同窓会やいくつかの婦人団体で行った講演を補足ながら纏めてみた。このテーマに関して参考となる資料を、一九八〇年以後に出版されたものに限って整理し、末尾に添付した。

本日は大きく三つの柱からお話をすすめさせて頂きます。まず、アメリカの急進的女性解放論に至るまでの歩みを鳥瞰図的に捉え、次ぎに、日米女性論の聖書的視点がどのように関わっていたかを考察し、最後に、日本の女性論の今日的課題について、即ち、いま、私たちがどこに視点を置くべきかについて考えてみたいと思います。

日本はアメリカを十年の差で追いかけて来たと言われます。情報化時代の今では十年もたたないうちにアメリカで起きていることが日本に入って来ますから、いま、アメリカでフェミニズムがどのような歩みをしているかを理解することは、これからの日本のゆくえを分析する上に大切な作業となりましょう。

一　米国流フェミニズムに至る道のり

A　歴史の中のパン種的女性

女性解放論は、一般に十八世紀以降の歴史の発展史の中で捉えられていますが、それ以前の女性について、私の専門としています古代教会史の中から先ずお話を始めたいと思います。

女性の地位が低かった古代ローマの時代に、すでにアステとかソシスといった女医が地中海世界で活躍していたことは驚くべきである。彼女たちは、奴隷から自由人に昇格したフリードウーマンでした。キリスト教指導者パウロが執筆したローマの信徒への手紙十六章などにも、同労者としてのプリスカや、女性指導者フェベの名が記録されています。このように、一般の歴史の中にも、キリスト教の著述の中にも、女性指導者が名を連ねていたことに注目したいと思います。

ちなみに当時のギリシア人は「自分が獣でなく人間に、女性でなく男性に、野蛮人ではなくギリシア人に生まれたことを誇り」、ユダヤ人は「自分が異邦人ではなく、女性ではなく、奴隷でもなく、男に生まれたこと」を神に感謝していたのです。この様な地中海世界の中で、女医として働き、また、主婦でありながら、独身の伝道者を助け同労者と記録されるまでに貢献した女性が存在したことは大きな励ましではないでしょうか。

中世末期になると、女性たちの実生活の中にも自由と平等のための精神的闘いが芽生えて来ました。アイリーン・パウアは『中世の女たち』（中森義宗訳、新思索社、一九七七年）を著し、無条件服従を強いられていた中世の結婚生活にも、自己主張への挑戦が示されるようになって来た様子を珍しい資料を通して紹介しています。資料の中に、商人の妻の夫への忠誠を面白く分析したジョフロワ・ド・ラ・トゥール・ランドリの『塔の騎士の書』というのがあります。三人の商人たちが自分の妻に、水を一杯に張った盥に飛び込むように命じて、誰の妻が従順であるかという賭をしたというのです。一人の商人の妻だけは飛び込みませんでした。男性に対する絶対服従を教えている「塔の騎士の書」では、飛び込まなかったこの人が攻撃されて、飛び込んだ人が非常に高く評価されているのです。しかし、飛び込まなかった女性の勇気を後世の人たちは評価しました。

ルネサンスを経て宗教改革時代になりますと、マルチン・ルターの妻カタリーナ・フォン・ボラのような女性も出て来るようになりました。教職者の独身制がしかれていた当時、修道院を抜け出て四十二歳のルターと結婚したこの二十六歳のカタリーナは、実に勇気のあった女性だったはずです。ルターの宗教改革の精神の一つ「万人祭司制」に従って、ルターは「神の前に男性も女性もなく、すべて平等な人格をもった存在である」ことを強調し、その証として独身制を破って結婚しました。

古今東西を問わず歴史を通じて、女性蔑視の風潮は後をたたなかったのですが、その中にあっても、具体的には社会活動にまで展開しなかったにせよ、パン種として存在し続けた女性たちが存在した事実は見逃すことは出来ません。

B　具体的に社会にアッピールした女性たち

ロックやルソーの近代的思想に裏打ちされたイギリス革命やフランス革命が具体化されて行った十八世紀になっても、女性の地位は向上の兆しが見えてきません。ルソーですら教育論の中で、「女は特に男性の気に入るように造られている。女子教育はすべて男性に関連するものでなければならない。男性の気に入ること、役にたつこと、男性から愛されること、尊敬されること、彼らに生活を楽しくし快いものにしてやること、こういうことがあらゆる時代を通じて女性に教えられなければならない」と述べているのです。三色旗で知られる「自由、平等、友愛」をスローガンとして起こしたフランス革命下に。

ウルストン・クラーフトが登場したのはこの時期でした。一七九二年フランス革命の三年後に、彼女は、『女性の権利の擁護』という書物を通して社会に具体的にアッピールを始めました。その中で彼女は次のように述べています。

「こんなことを言ったら笑われるかも知れませんが、女性が政治の審議に直接参加することが全く許されずに、ただ独断的に支配されていると言うのではなくて、自分たちの代表を持つべきだと私は本当に考えています。そして、私はいつの日にか実現させたいと思います。」

政治的平等権が実現の運びとなったのは、アメリカにおいては一九二〇年、イギリスでは、何とウルストン・クラーフトの発言の百四十年後の一九二八年においてでした。ちなみに日本で婦人参政権が獲得されたのは、第二次世界大戦後の一九四六年でした。

さて、ウルストン・クラーフトがイギリスで活躍し始める前に、既に自立して重要な役割を果たしていた女性が同じ国にいたことを忘れてはならないと思っています。説教家、社会福祉家、教会音楽家としても知られるジョン・ウェスレー、チャールズ・ウェスレーの母スザンナです。彼女は病める十八世紀において、聖書に基づいて精神的自立を説き、メソジスト運動の創始者ジョン・ウェスレーに多大の影響を与えました。当時の資料を読んでいる中で、政治的意見の不一致が理由で、しばらくの間、夫と別居し、子供の教育、子供に対する義務と責任を考えて帰宅したという記事を見出して驚きました。

C　新天地で急進的フェミニズムへ展開

ヨーロッパに芽生えたフェミニズム運動は、封建的残滓の強い精神的状況の中で、どうしても保守的にならざるを得ませんでした。フェミニズムの飛躍的発展は、急進的なインテリゲンチャの多い新天地アメリカで開花することになりました。

二　米国流解放論と聖書的視点との接点

A　三十数年間の変化

今回の留学でもっとも驚いたのは、黒人の社会進出、女性の地位の向上の急激な変化でありました。三十四年前黒人差別撤廃運動の火ぶたが切って落とされ、次々に社会問題が起きて来たころ、私は学生としてアメリカにいました。一九五四年に連邦最高裁判所が公立学校の人種差別は違憲であるという判決を下し、その一年後大きな事件が起きたのです。即ち、黒人の女性ローザ・パークス〔Rosa. L. L. McCauley Parks, 1913~2005〕が市内バスの中で、白人男性に席を譲らなかったために逮捕されたという事件です。

当時黒人女性と一緒に下宿探しをしても、彼女は断られたのです。また、レストランにも一緒に入れませんでした。これが三十数年前のアメリカの姿でした。

ところが今回、ニュースキャスターとしてテレビで活躍している黒人女性、ホテルの高級レストランで働いていた黒人ウェイターに接し、驚きもし感動もしたのです。黒人、ブラックという表現もなるべく用いないように注意が払われていました。アフロ・アメリカン〔Afro-American〕を経て、現在ではアフリカン・アメリカン〔African-American〕という表現が一般的となっていました。

B　公民権運動と女性解放

アメリカのフェミニズムが非常に急進的な一途を辿り、なぜ「抑圧からの解放」がヒステリックなまでに強調されたかについて、滞在中多くの方々と話合っているうちに、公民権運動と女性解放運動には密接な係わり合いのあることを知りました。

公民権運動（The Civil Right Movement）は、マルティン・ルーサー・キングらによって始められたものです。公民権運動に参加した女性たちは、みんなから愛される社会を作ろうという素晴らしいスローガンのもとに、大学をも捨ててなだれ込むように運動に参加して来た北部の女性たちでしたが、越えがたい人種問題の前に挫折し、北部に帰ってこのエネルギーを次は、「性の解放」に投じるようになったと一般に分析されています。結局、自由、平等というアメリカの理想を達成するのに、人種の差異と男女の差異を同種のものとみなして解放運動が展開されたところに、アメリカのフェミニズムの特質があると言えます。私は、なぜアメリカでヒステリックなまでに、抑圧からの解放が強調されたのかがやっと分かった思いがしました。

C　「女性の聖書」と解放論

一八九五年に婦人参政権運動の指導者エリザベス・ケディ・スタントン女史は、「聖書の源までさかのぼって女性に関する再解釈がなされない限り、女性の解放は真の意味では全うされない」と信じ、『女性の聖書』

を世に出しました。二部から成っており、第一部は創世記、出エジプト記、レビ記、民数記、申命記を、第二部はヨシュア記から黙示録までを、女性に関する箇所を集めて注解したものです。

ところが、翌年開かれた第二十八回アメリカ婦人投票権運動の総会で、この『女性の聖書』は採択されませんでした。それ以来、アメリカの女性論はキリスト教的視点を排除して、人種的抑圧、性的抑圧からの解放へと過激なまでに展開していきました。アメリカのフェミニズムが、聖書的視点を取り上げなかったことは、誠に残念であったと思います。

しかし、いま再び、この『女性の聖書』が注目され始めていました。ハーバード大学神学部の教授E・S・フィオレンツァ氏〔Elisabeth Schussler Fiorenza, 1938〜〕の、最近出版された『彼女を記念して――フェミニスト神学によるキリスト教起源の再構築』（山口里子訳、日本基督教団出版局、一九九〇年）などにも取り上げられています。また、フィオレンツァ教授の「フェミニスト神学」の講義の中でも取り上げられていたし、学生が必ず読まなければならない書物として、図書館にリザーブされてもいました。

アメリカ滞在中、いくつかの女性の集会に出席して感じたことは、以前の産む性からの解放という急進的な考えは陰をひそめ、逆に産む性を回復し家庭を再建するにはどうしたらよいかなど、建設的な意見を模索する姿が目につきました。アメリカは、『女性の聖書』以来百年の歳月を経て、女性論が正しい視点に戻りつつあると言って良いでしょう。

三　日本流女性論と自立

日本の自立論を英語で紹介しようとして、「自立」という語に適当な訳語のないことに気付きました。「Independent」という言葉を使いますとセルフィッシュな雰囲気に聞こえます。「self-esteem」と訳すと自己評価、「Identity」と訳すと自己同一性となり、どうも日本で一般化している「自立」の意味を的確に表すことが出来ないのです。なぜ適切な英語が見つからないのでしょうか。ここに日本のフェミニズムの独自性があるように思えます。

A　日本的土壌と日本の自立論

先に見ましたように、アメリカのフェミニズムは、ヨーロッパの封建的残滓を持ち込まない新天地の中で成長しました。日本ではどうだったでしょうか。

明治維新によって、自由民権思想が血を流さずして急激に日本に紹介され、福沢諭吉や啓蒙思想家の影響を受けて、岸田俊子〔中島湘煙、1864~1901、一八八五年、中島信行とともに受洗。フェリス和英女学校名誉教授。〕や福田英子〔1865~1927、婦人解放運動のさきがけとして知られ東洋のジャンヌ・ダルクと称された。〕などの女流民権運動家が出てきます。しかし、明治政府はイエ制度だけは存続させました。イエ制度が存続したという事実は、封建的残滓の存続を意味し、依然として個人とか人格という概念がイエの中に埋没していることを示します。

日本人の意識構造には、「個」意識の希薄が特質として挙げられます。「長いものには巻かれ」、「臭いものには蓋」をして、なるべく直接的な自己表現を避ける傾向があることは否めません。ますます国際的交流の表現とされるいま、日本で必要なものは、「個」の発見、すなわち精神的ルネサンスであり、パーソナリティ「人格」の確立であると思います。もともと「人格」という言葉は、キリスト教の概念の中で作られた言葉です。

イエ社会、日本的意識構造の中でどのようにして「個」を確立して行くことが可能でしょうか。ここに日本独特の女性学の出発点が求められているのではないでしょうか。つまり、日本における自立というのは、イエ概念を越えて、また日本的意識構造から脱却して自己確立することと言えましょう。なぜ、アメリカのような極端な解放論に走らずに自立論を掘り下げることが日本のフェミニズムの中心課題になったか、理解出来ると思います。

B　日本の自立論とキリスト教の相関

歴史的にキリスト教の背景をもったアメリカで、フェミニズム運動の出発点で聖書的視点が排斥されて運動が展開されたのに対して、クリスチャン人口が一パーセントに満たない日本で、逆に日本の女性論の出発点に、キリスト教が大きな役割を果たしていることは興味深い対比であると思います。

一八六七年にはすでに新島 襄がアメリカに留学し、キリスト教教育を受け、帰国後、聖書的人格論に立脚して同志社大学を創設しました。また、新渡戸稲造からは三人の女性教育者が育ちました。津田梅子、安井てつ、河井 道の三人です。

津田梅子は津田塾大学の、安井てつは東京女子大学の、河井 道は恵泉女学園の創設に尽力しました。伝統的な儒教道徳に代わるキリスト教の福音と倫理を伝えるために、独身で生涯を捧げた女性たちです。

彼女たちは、全人類は神の前に平等であるという聖書的原点に立って男女同権論を説きました。そうして、それを廃娼問題、政治的権利の獲得、一夫一婦制の確立など女性を取り巻く諸問題に巾広く適用して行ったのです。

このように、封建的、集団的色彩の濃い日本の意識構造に対して、女性の精神的自立という困難な作業が、キリスト教的女子教育を根底として実現して行ったことは、日本の女性論の特質として評価すべきだと考えています。

四　日本の女性論の今後の課題

A　神学的原点の再確認を

アメリカの女性たちは、六〇年代以降の急進的なフェミニズム運動の経験を踏まえて、いま、男性と女性の共存の道を真剣に問い直す傾向に戻りつつあります。日本においては、聖書的視点から出発したはずの女性論が、アメリカの聖書的視点を排斥して発展した解放論に解決を求めようとしているところに問題があると思います。キリスト教的背景の根強いアメリカにおいて、女性論の根底をもう一度聖書的視点から考えようとしているとしたら、国際的交流を深めようとする日本において、キリスト教的人間論、女性論の理解を深める努力が求められるのは必至です。

B　解放論でも自立論でもなくパートナーシップ論を

聖書は、男性と女性の役割論も、優劣論も述べていません。そうではなくて、男性も女性も人格的存在として、神の前に平等に造られたと述べています。「神のかたちに似せて」人が造られたと。「かたち」については、神学的に説明が必要ですが、テーマの関係からここでは触れませんが、一言で申しますと、創造論的にも、救済論的にも男性と女性は神の前に全く平等であるということです。

しかし、創造における秩序論的には、神の前に果たす責任が男性も女性もそれぞれ与えられていると言えます。聖書は、秩序論を展開するにあたって、「助け手」という表現を用いています。これは、教授に対する助手、運転席に対する助手席といったように、上下関係、優劣関係という表現ではなく、パートナー、真実なる協力者という意味なのです。

男性と女性は人格的存在であり、トータルにパートナーとして造られた存在であると同時に、呼応関係にある存在としても造られています。断絶した関係ではなくて、お互いに呼び掛け応える存在として初めて豊かな共存が生まれるのです。

ですから、私は女性学があるなら、男性学も必要であると思っています。むしろ、いまは人間学が問われているのではないでしょうか。片方だけが自立するのではなく、両者が自立してお互いに協力し合う、真実なパートナーシップの確立が、心の時代に求められていると思うのです。

私が三十年前に仕事に就いた頃は、ワーキング・マザーの開拓期でした。何かあれば、鍵っ子だから、共働きだからと社会の目は厳しく大変な時代でした。これから続く女性たちが、社会的に人格が認められ、創造の秩序の中で存在価値が認められるようになる日が来るようにと、そのための小さな踏み石となればと、ささやかな使命観をもって頑張り続けたように思います。

この間私を支えたものは、歴史の節目をパン種として生きた人たちと同じ聖書的価値観でありました。古代ローマ時代に同労者と評価されるまでに男性と共に使命に生きたプリスカ、中世から近世への過渡期にルターの妻としてその使命を果たしたカタリーナ、病める世紀十八世紀に自らの立場を明確にするために別居してまで意思表示を怠らなかったスザンナ、世界大戦を目前に控えナショナリズムの色彩の濃くなって来た時期に、キリスト教的人格教育の必然性を力説してキリスト教主義の学校を設立した河井道、これらの聖書的女性観に立脚した生き様が、私の励ましとなりました。

今は、均等法が制定されるなど職場での配慮も進んで来ています。それでも解決されなければならない問題は山積されています。次々に提出されるデータ分析を眺めながら、それではどうすればよいのか悩み始めることもしばしばです。権利を主張するためには、義務と責任を果たしつつ、よりよい改革の道を、真のパートナーシップの原点に立って、たゆむことなく求め続ける必要がありましょう。大切なことは、足場をしっかり固めること、目標を見失わないこと、そして息切れしてしまわないことです。

三十年先の女性論を夢見、百年先、五百年先の女性論の構築のために、今置く小さな石がどういう意味を持つかという大きな歴史観をもって、フェミニズムに挑戦したく願わされています。プリスカ、カタリーナ、スザンナ、スタントン、津田梅子、安井てつ、河井道を支えた価値観は、国境を越えて、時代を越えて共通です。

先にも述べましたように、神学的フェミニズムの再構築が、西欧社会の現代的課題とされているいま、日本でも、国際交流の土台ともなるキリスト教的人間観、世界観への関心がもっともっと深められるよう努力する必要があると信じます。聖書的女性論に関する書物は、八〇年代の出版に限って見ても殆ど翻訳に頼っているのが現状です。日本の教会の今後の大切な課題でしょう。

C　新憲法と日本のフェミニズム

明治の民権思想が結局のところ国家によって統一されてしまった事実から見ても分かるように、女性の権利は政教分離がはっきりしていないと守れない性格を帯びています。国家によって統一されたところには自由はありません。女性の権利と新憲法には深い関係があることを見逃してはなりません。

鈴木裕子〔1949～　日韓の女性と歴史を考える会代表。〕さんは、『女性を拓く』の中で平塚らいてうと市川房枝を取り上げ、二人とも婦人参政権獲得のために大きな役割を果たしつつも、結局国家宗教の中に埋没し妥協してしまった一面を指摘しています。

社会のなかで自立した女性とは、自分で考え、自分で行動できる女性です。自分で考え、自分で行動するためには人格的自分を確立し、揺るぎない精神的自立を必要とします。精神的自立は経済的自立よりも困難な課題です。どのような政治的、社会的状況にあっても、「自ら考え、自ら行動することができる」女性に成長したいものです。また、そのような女性リーダーがもっと生まれるよう願って止みません。女性が女性の足を引っ張るようでは進歩は望めません。

新憲法の下で、女性の権利が守られるように努力を怠ることなく、真の聖書的パートナーシップに立って女性の存在価値を明示してくれる女性リーダーが、沢山生み出されることを願って止みません。

D　女性の目から見た世界史を

E・ライシャワー名誉教授が、ハーバード大学学内紙ガゼットに、「日本の現況」について病床から投稿された記事を、滞在中に興味深く読みました。その中に、日本女性に関する次のようなコメントがありました。「日本の女性は地位も低いし、評価も低い。しかし、これからだ。日本の女性のパワーには素晴らしいものがある」と期待と興味が盛り込まれたものでした。

アメリカでの日本の情報は、ほとんどが経済摩擦に係わる事柄です。日本の女性の現況は殆ど紹介されていません。

このような中で、私たちは国際交流をさかんにして、太平洋の架け橋となっていけるよう努力しなければなりません。日本の女性がいまどのような流れの中にあるのか、どこに問題があるのか、国際社会で何を理解してもらいたいのか、そうしていま私たちは何ができるのかを、具体的に、知的に、実践的に考察する必要があると思うのです。西欧的視点で、また男性的視点で書かれた世界史を、アジアの視点に立って、しかも女性の目から見直し書き直す作業を始めるべきです。

西欧と日本の女性論の対比を論じて行く上で、聖書的視点の理解を抜きにしては、討論できない部分があります。国を越えて、民族を越えて、性を越えて理解し合うために、共通の価値観の構築が迫られます。歴史的に聖書を文化の中に持たない日本で、西欧的価値観をも理解して討論出来るのは、教会においてではないでしょうか。日本の一パーセントのクリスチャンの責任は、国際社会において今後ますます重大になると思います。

参考文献（今日的視点を重視し、一九八〇年以降のものに限定）

A．一般社会における女性論

1　水田珠枝『女性解放思想史』（筑摩書房、一九八二年）。
2　白井厚・尭子『女性解放論集――女性史の文献』（慶応通信、一九八二年）。
3　鈴木裕子『女性史を拓く〈1〉　母と女 平塚らいてう・市川房枝を軸に（国立市公民館女性問題講座「歴史」）』（未来社一九八九年）
4　江原由美子『フェミニズム論争――70年から90年へ』（勁草書房、一九九〇年）。
5　別冊宝島編集部『フェミニズム・入門』（ＪＩＣＣ出版局、一九九〇年）。
6　有賀夏紀『アメリカ・フェミニズムの社会史』（勁草書房、一九八八年）。
7　荒このみ『女のアメリカ』（花伝社、一九八七年）。
8　井出義光篇『アメリカ南部の夢――公民権運動に参加した女性たち』（有斐閣選書、一九八七年）。
9　小森健吉篇『現代女性の生き方』（ミネルヴァ書房、一九八四年）。
10　Ｅ・Ｏ・ライシャワー　The Japanese Today: Change and Continuity『ザ・ジャパニーズ・トゥデイ』福島正光訳（文芸春秋社、一九九〇年）。

B．キリスト教界における女性論

1　Ｅ・ゴスマン『フェミニズムとキリスト教』岡野治子訳（勁草書房、一九八四年）。
2　Ｃ・クライスト篇『女性解放とキリスト教』奥田暁子訳（新教出版社、一九八二年）。
3　Ｅ・Ｓ・フィオレンツァ『聖書にみる女性差別と解放』大島　衣訳（新教出版社、一九八六年）。

4 E・S・フィオレンツァ『彼女を記念して――フェミニスト神学によるキリスト教起源の再構築』山口里子訳（日本基督教出版局、一九九〇年）。
5 C・B・デフォレスト『パン種としての日本女性　日本の近代化に活躍した女性たち』岡本道雄監修（春秋社、一九八四年）。
6 S・C・カラハン『女性の生き方』田坂里子訳（聖文舎、一九八〇年）。
7 E・モルトマン・ウァンデル『イエスをめぐる女性たち――女性が自分自身になるために――』大島かおり訳（新教出版社、一九八二年）。
8 ポール・トゥルニエ『女性であること』山口 実訳（ヨルダン社、一九八三年）。
9 絹川久子『女性の自立をめざして』（ヨルダン社、一九八七年）。
10 湊 晶子『女性のほんとうのひとり立ち』（いのちのことば社、一九八四年）。

C. その他参考資料

1 Adela Y. Collins, *Feminist Perspectives on Biblical Scholarship*, Centenial Publications, 1985
2 Elizabeth Clark, *Women and Religion: A Feminist Sourcebook of Christian Thought*, Harper and Row Publishers, 1980
3 E. S. Fiorenza, *Bread and Stone: The Challenge of Feminist Biblical Interpretation*, Beacon Press., 1984
4 A. Reappraisal, *Women and Early Christianity*, Augsburg Pub. House, 1987
5 Mary R. Lefkowitz, *Women's Life in Greece and Rome: A Source Book in Translation*, The Johns Hopkins Univ. Press., 1982
6 Ronald C. White (Ed.), *American Christianity*: Martin Luther King, Justice, Peace, and Civil Rights W. B. Eerdmans Pub. Comp., 1986
7 Aime Georges Martimort *Deaconesses: A Historical Study* Ignatius Press., 1986
8 E. C. Stanton, *The Woman's Bible*

Part I Comments on Genesis, Exodus, Leviticus, Numbers and Deuteronomy 1895
Part II From Joshua to Revelation 1899

（一九九二年三月　東京基督教短期大学『論集　第二十二号』二五～三三頁）

Ⅵ 「キリスト教女子人格教育」の現代的使命

序

少子化が進み大学全入時代を迎えた今日、大学に期待されるのは教養・人格教育よりすぐに役に立つ資格取得、地域の特性を生かした即戦力になる実務教育であるとの意見が最近比重を増してきている。果たしてそれだけで良いだろうか。

今年四月に日本私立大学連盟主催の「大学の普遍性と地域に根差す大学の溢れる魅力」と題しての座談会に招かれ、意見交換の場が与えられた。芦澤剛園田学園女子大学教授の司会のもと、榊裕之豊田工業大学学長、棟方信彦松山東雲女子大学学長、清水潔皇學館大学学長、と私の四人の学長の討論会であった。二時間半に及ぶ座談会であったが、芦澤先生の最後の纏めは「大学の機能面から見た類型の選択に関する実践的な話合いになるのかと予想していたが、地域社会のため、基礎的な人格教育、リベラルアーツと言う言葉が中心で、私立大学にとっての拠って立つべき共通基盤は何かと言うことを再認識する機会となった」という内容で結ばれた。当日の内容は大学時報二〇一五年五月号に掲載された(1)。

朝日新聞記者高重治香氏は、二〇一五年五月十五日の朝日新聞の文化・文芸欄で、「職業訓練校化しつつある現代の大学の在り方に対して、今こそ百年前の元祖教養人新渡戸稲造の言葉に耳を傾ける時ではないか」と論駁している。

広島女学院が二〇一六年に創立一三〇年を迎えるにあたって、創立以来の女子人格教育の理念を堅持しつつ、「広島県唯一のプロテスタント女子大学」として「変えてはならないこと、変えるべきこと」を見極め、いかにして地方活性化への使命を担うことが出来るか真剣に取り組んでいく必要がある。「日本プロテスタント史と女子教育」と言う歴史的観点から次の四点に絞って方向性を見出したい。

一　明治初期～大正初期になぜ女子教育機関が多数創立されたか
二　「キリスト教女子人格教育の理念」と新渡戸稲造
三　「キリスト教女子人格教育理念の具現化
四　「人格教育と女性のキャリア構築」～共生社会と地域活性化の実現をめざして～

一 明治初期〜大正初期になぜ女子教育機関が多数創立されたか

一八五三年（嘉永六）年にペリーが浦賀に来航し、続いて一八五九年にはプロテスタント諸教派の宣教師が長崎、横浜に来航することによって、明治政府は、一気に西欧文明と接触し、近代国家建設に向けて、また資本主義体制を整えるべく多くの改革を余儀なくされた。

しかし、家制度だけは存続させたのである。家制度は家父長制を残すものであり、家父長は国家に従属する関係で「公」すなわち国家のもとに「私・個」が埋没してしまう社会通念をつくり上げる制度である。家父長制度のもとにおける妻の存在、女の地位は低いものとなった。一八七一（明治四）年には壬申戸籍が出され、それに対して森有礼が一八七五（明治八）年に「妻妾論」を世に出していることからも当時の事情を垣間見ることが出来る。一個の女性としての人格が確立されていなかった時代に、多くの宣教師や教育者が来日し、キリスト教女子教育機関を設立したことは日本の女子教育に大きな影響を与えた。明治政府も近代国家と社会を建設するために教育の役割を早くから認識し、一八七一（明治四）年には文部省官立女学校計画布告を出し、一八七四（明治七）年には東京神田に女子師範学校（後のお茶の水女子大学）を開設した。

一方、プロテスタント宣教師の来日と共に私立学校が次々に開設され、一八七〇（明治三）年にはフェリス和英女学校（後のフェリス女学院）が、一八七一（明治四）年には共立女学校（後の横浜共立学園）が、一八七四（明治七）年には青山女子小学校（後の青山学院）が、一八七五（明治八）年には神戸ホーム（神戸女学院）が、一八七七（明治十）年には立教女学院が設立された。

一八七四（明治七）年に提出された官公、私立の統計によると当時三十二の中学で男子生徒三千百二十五名に対して、わずか二十八名が女子生徒であったが、明治十二年には二千七百四十七名と飛躍的に増加している。これは女子中等教育が実際には私立学校によって大きく推進されていたことを示している。

さらに一八八四年（明治十七）には東洋英和が、一八八五（明治十八）には福岡女学院が、一八八六年（明治十九）には広島女学院、宮城女学院が、一八九〇年（明治二十三）には女子学院が次々に創立され、女子教育はますます盛んになった。

二〇世紀になると、キリスト教を基盤としたリベラルアーツ教育機関である私立女子大学が次々に設立され、女子教育のレベルが急速に向上し、より自立した女性が育成されるようになった。一九〇〇年（明治三十三）には津田梅子により女子英学塾（後の津田塾大学）が、一九〇一年（明治三十四）には成瀬仁蔵により日本女子大学校（後の日本女子大学）が、一九一八年（大正七）には新渡戸稲造により東京女子大学が、一九二二年（大正十一）には西南女学院が設立され、日本の女子教育に大きな影響を与えた。

これらのプロテスタント系の女子教育機関は、女性の人格の確立という近代精神に基盤を置き、長い間男性の隷属下に置かれがちであった女性に新たな息吹をあたえた。これらの女子教育機関は、宣教師により設立されたか、津田梅子、河井 道のように独身日本女性リーダーにより設立されたか、日本男性リーダーにより設立されすぐに女性リーダーにバトンタッチし、男性リーダーは後方支援に回りその発展を支えた学校かの三種類に分類される。

一八八六年に創立された広島女学院と、一九一八年に創立された東京女子大学には特筆すべき特質がある。広島女学院は、一八八一年にサンフランシスコでO・ギブソン牧師により受洗した砂本貞吉により広島に「女学会」をスタートさせたことに始まり、一八八八年にはアメリカからナニ・B・ゲーンス宣教師を招き、砂本貞吉は牧会に専念し、後方から女学院の発展を支援した。東京女子大学も一九一八年に新渡戸稲造を初代学長に安井てつを学監に招きスタートしたが、新渡戸稲造は国際連盟事務局次長に任ぜられたためジュネーヴに赴き後方支援に回りその後の発展に寄与した。女性の自立が困難な時代に、男性が後方から女性を支援し女子教育機関を設立した例は当時としては特筆すべきである。特にこの点については「新渡戸稲造と砂本貞吉〜日本キリスト教女子教育を支えた男たち」と題して二〇一四年九月二十三日学士会館で講演させていただいた。(2)

二 「キリスト教女子人格教育の理念」と新渡戸稲造

A キリスト教人格教育と次世代への継承

新渡戸は『西洋の事情と思想』の中で「人格の意義」についてつぎのように述べた。「西洋人はパーソナリティを重んずる。パーソン即ち人格である。日本では人格といふ言葉は極めて新しい。私共が書生の時分には、人格という言葉はなかった。パーソンという字は詳細に調べると、メンという意味とは違って『人たる』という字である。格といっても資格というような意味は毛頭ない[3]」。

新渡戸の言うパーソンは、当時一般に理解されていた「個の観念の始まりを近代に置く見解」ではなく、西洋紀元の初めから六世紀ぐらいまでの神学的人格論であり、聖書の時代から三二五年のニカイヤ会議、三八一年のコンスタンティノポリス会議、四五一年のカルケドン会議を経て形成された三位一体論に根底を置く人格論であった。すなわち人格は三位一体の神との関係性の中に形成されるという視点である[4]。

キリスト教では three persons in one すなわち父なる神、子なるキリスト、聖霊とそれぞれの三つの persona を持つという概念の上に神学は成り立っている。新渡戸は東洋と西洋の神観念の根本的違いについて、「パーソンと言うものを深く認めればこそ、他人の権利も認めるのである」と述べている。新渡戸は「パーソン・人たる・人格」について、神学論争をするのではなく、創造主との直線的な愛に満ちた関係の中に見出そうとしているところに大きな特質がある。さらなる歴史的分析については、坂口ふみの『「個」の誕生』を参照されたい[5]。

新渡戸の概念を纏めると「人はどこか動じないところ、譲れぬという断固とした信念がなければならない。人格神との関係性、対話性の中に人格は形成される」となる。これを新渡戸は「縦の関係 Vertical Relation」と呼んだ。この縦関係を結び得て初めて己が確立され、「ぶれない個」が形成されることを強調した。

この人格論が最も如実に示されたのは、一高の校長時代であった。新渡戸が一九〇六年に一高の校長になった時代は日露戦争（一九〇四年）後の動揺期で唯物的・破壊的思想に影響された青年が増加した時代であった。当時の一高の風潮は、業績主義の伝統や当時の時代風潮を強く受けていた時代であった。当時の男子の教育では「身を立て名をあげる」立身出世主義が、女子の教育では「良妻賢母」主義が奨励されていた。

新渡戸にとって一高の剛健主義、籠城主義、国家主義の校風をいかに摩擦なく、人格（Personality）、教養（Culture）、社交性（Sociality）の新しい方向に導くかが大きな課題であった。一高生にとってソシアリティは、一高が確立した伝統的精神である籠城主義と相対立する観念であったため、運動部を中心とする保守派から強い反発を受けることとなった。この当時のことに就いてはこの場を共にしていた馬場宏明氏の『大志の系譜―一高と札幌農学校』(6)に詳しく記されている。しかし一九一三年四月に一高を辞める時には一高生徒たちが新渡戸校長の復職運動を起こすまでに信頼関係が築かれていたことから、新渡戸の人格論が生徒たちの中に深く浸透していたことがうかがえる。生徒たちの心の奥深くに「存在することの意義」「ソシアリティの大切さ」が刻まれた。

一九一三年五月一日の夜、全寮晩餐会が開かれ、最後の演説で、「日本人に最も欠けているのは Personality（人格）の観念ではなかろうか。Peronality（人格）のないところには Responsibility（責任）は生じない」と述べた。このことばは現代への貴重なイメージでもある。

明治以降急速に創立されたキリスト教主義教育機関の建学の精神には、ほとんどの学校で「人格教育」を挙げているが、これこそが学問の究極的な目的である。新渡戸は大学の使命について、一九三三年刊の『内観外望』「大学教育の使命」の項において教育の第一の目的を「人の心をリベラライズ（自由）するといふこと、エマンシペイト（解放）することである」(7)と定義した。また、大学の存在理由について、「自分より偉い人格にグレート・パーソナリティに接するといふことである」(8)と述べた。

一九〇六年の時点で新渡戸は当時の教育の問題点について、「我が教育の欠陥」と題して「今日の教育たるや、吾人をして器械たらしめ、吾人よりして厳正なる品性、正義を愛するの念を奪いぬ(9)」と主張し、あくまでも教育の目的を人格形成に置いたことは特筆すべきである。

一九〇四年の「性と行『人格形成《ビーイング》か行為業績《ドゥイング》か』」において、「人の行為は主として其品性を表象するものなるが故にこれを尊しとす。善人の戯は愚人のいと賢き業よりも予を教ふること多し。“to be”と言ふは、“to do”と言ふよりも遥かに重んずべきものぞ。汝、善なるべし、しからば汝の為すところ皆善なるべし(10)」と述べ、人間はただ一人、神と相対して立ち、その神により慰められ、強くされ、魂の平安を得て存在することが出来ると考えた。

新渡戸にとって、「宗教とは神の力が人の心に働きて、其の人に特有の働きをなさしめるものである。」「宗教とは人が神の力を受けて、これを消化し己の性質に同化して、己のものとして、之を他に顕はすことを言うのである(11)」と説明され、内村鑑三のような厳しい人格神との神学的対話よりも、神の力が人の心に温かく働いて人を生かす力としてとらえられていた。これは新渡戸のクェーカー教徒としての信仰の故であろう。にしても私たちは新渡戸が生涯をかけて築いた「キリスト教に立脚したPersonality人格とSociality の精神」を、次の世代に継承する責任がある。

明治以来数々の困難を乗り越えて継承されて来たこの学問の目的と教育の使命を守ることが出来るのはキリスト教学校に於いてである。少子化の影響で特に地方のキリスト教学校は定員割れを起こしている大学が多いが、最大限の努力をして「キリスト教人格論」を次世代に継承する使命を全うしたいと願う。

B 「キリスト教女子人格教育」を担う女子大学

新渡戸の言う人格論は、男性社会には徐々に受け入れられてきたが、女性の人格論の確立までは未だ時間を要する。新渡戸自身がそこかしこで婦人をして真の位置を獲得せしむに百年間の準備が必要であると述べている通りである。私はその原因の一つに明治政府が近代国家機構や資本主義体制など多くの改革を急速に行った時に、「家制度」だけを存続させたことにあると思う。このため「女性の人格」とか「個人としての存在」が、「家」の中に埋没されてしまったところに日本の女性がなかなか自立できない事情がある。

新渡戸が強調した女性論は、政治的権利の主張と言うよりは、根本的に神の前に「男性も女性も同等の人格」として創造され、「to be」存在しているというキリスト教に立脚した人間観である。この人格論を一人でも多くの人々に普及させたいとの思いから、『実業之日本』のような大衆誌や『婦人画報』、『婦人世界』、『婦人に勧めて』などに当時の識者から批判を浴びながらも書き続けた。

『婦人に勧めて』では、「所謂良妻賢母主義は、人間を一種の型にはめ込むようなものである。日本の女子教育は、女を妻か、母か、娘かいずれかにしてもひとり立ちの人間らしくない男の付属品のごとく見ている。一個の人間として立派に出来上がった婦人(人格)ならば、妻としては良妻、母としては賢母である」。また、「婦人の方でも特に学才の在る人は、せめて独立自営するためになる位の教育を受けておかなければ、万一の不幸に打ち克つことは出来ますまい。また其の父兄も其の娘に保険料でもかける考えで、進んで高等教育を授けて貰いたい。結婚の衣装に大金を投ずるだけが親としての責任ではなく、衣装以上の頭を持参させるようにしたいものである。[12]」と強調した。

新渡戸が一九一八年東京女子大学の学長に就任した時の式辞は、新渡戸の人格論の集大成的言葉であるともいえる。「婦人が偉くなると国が衰えるなどというのは意気地のない男の言うことで、男女を織物に例えれば男子は経糸、女子は緯糸である。経糸が弱くても緯糸が弱くても織物は完全とは言われませぬ。」とある。

三　キリスト教女子教育理念の具現化

広島女学院は二〇一六年に創立百三十年を迎える。創立者砂本貞吉は新渡戸より六歳年上で、一八五六年（安政三）安芸国佐伯郡己斐村三四五の一（現広島市西区）で生まれ、一八八一年（明治十四）サンフランシスコで洗礼を受けキリスト者として帰国、一八八六年「女学会」を開き広島女学院の礎を築いた。新渡戸は一八六二年（文久二）に盛岡に生まれ、一八七八年（明治十一）札幌で内村鑑三らと共に受洗。遠友夜学校、第一高等学校、東京女子大学など教育の現場で人格教育者として生涯を送った。

二人に共通していることは、封建的色彩の強い地方に生まれ、砂本貞吉は進歩的なアメリカで受洗し、新渡戸は進歩的教育がなされていたクラーク博士が建てた札幌農学校二期生時代に受洗し、共に当時人権が認められて居なかった女性たちの人格教育に尽力した。もう一つ共通していることは、砂本貞吉は広島女学院創立三年後の一八八九年（明治二十二）にケンタッキー州出身の女性宣教師ナニ・B・ゲーンスを初代校長に迎え、自らは校長を辞し、実践伝道に生涯を捧げつつ広島女学院を生涯支えた。新渡戸稲造も一九一八年（大正七）東京女子大学創立五年後の一九二三年（大正十二）に創立時から学監を務めた安井てつ女史を第二代学長に迎え、常に後方から惜しみなく女子教育をサポートした。

明治から大正にかけて、すでに述べたごとく多くの女子教育機関が設立されたが、有能な惰性教育者が後方援助に回って支え発展した女子教育機関はこの二校であり、女性進出がいまだ途上にある現代への大きなメッセージである。

両者がキリスト教女子教育のミッションとして折ある毎に発信した次の三つのメッセージは、今日の私たちへのメッセージでもある。まず、「ぶれない個」「自信の持てる個」「自分を治めることのできる個」を育成すること、第二に「男らしく・女らしく」ではなく「男として・女として」真の人格者として共生すること、第三に「平和をつくり出す人」として貢献することである。

この様に本学がキリスト教人格論に立脚した価値観によって、激動の時代を乗り越えて来た証は、現代の本学への貴重なメッセージである。

四 「人格教育と女性のキャリア構築」――共生社会と地域活性化の実現をめざして――

広島女学院は、CUM DEO LABORAMUS「我らは神と共に働く者なり」（Ⅰコリント三・9）の標語のもとに、女性の一生涯を生かすキャリア教育を行っている。砂本貞吉、新渡戸稲造の人格論に立脚して、知識や技術だけを身に着けた狭い視野の人材を育てるのではなく、人間とは何か、生きる目的とは何かを追求し、冷静な判断力と決断力を備え、社会の中で責任ある行動を毅然として取り、しかも寛容の精神をもって他者を受容し、日本および世界に貢献できる女性を育てることを目標としている。

A　キャリア概念を明確に

世界的にキャリアという言葉が用いられているが、厳密な定義は定っていない。「生きること」「働くこと」のかかわりを考えることが、「キャリア」という言葉で世界的に表されていることに於いては一致している。女性の生涯を分析する上でキャリアの定義は重要である。

キャリアという日本語からは「働く」「仕事」「職業」「労働」という言葉が連想される。金銭化される労働だけが職業であり、キャリアか。三人の子育ての大変な時期仕事を減らさざるを得なかった。私だけが男性社会から取り残される思いがして焦りを感じた時、自分なりのキャリア概念が生み出された。それは労働の意味を歴史的に把握できた時である。

私たちは、無意識のうちに労働者と言うとホワイト・カラーより低く見がちである。男性も女性も共に多くの時間を働くために費やし、生きるために労働して一生を全うするのに。古代ギリシアでは労働を「奴隷及び下層階級の人たちの仕事」と低く位置づけ、中世では修道院において「労働と祈り」を最高であると、

「宗教改革時代には神からの召命（Calling）」と位置づけた。報酬が得られる労働・職業もCalling。報酬が得られない子育ての時期及び定年退職後の名刺の肩書きが無くなってからの労働もCalling。したがって「労働」も「職業」も同じレベルの言葉であることに気がついた。

この様に考えるとキャリアとは単に「職業能力の集積である」という定義には入りきれない概念があることに気づく。私は「職業キャリア」から「ライフキャリア」に転換すべきであると思う。

私のキャリア定義は、「報酬が得られる職業についている時だけがキャリアではない。具体的に金銭化されない労働がある（主婦労働、ボランティア、文化形成活動、定年退職後の労働など）。各個人が全生涯にわたって形成した労働生活全体がキャリアである。」

B 女性管理職への挑戦への期待

成果主義の導入や育児休業の普及などで、性差に関わらず働ける環境が私の時代よりもはるかに整って来た。しかし、働く女性は増えて来たが、企業内で責任ある地位に就く女性はまだわずかである。そんな状況を是正しようと、管理職など社内リーダーになり得る女性の育成に取り組む企業も出始めた。

女性幹部の育成に乗り出す企業の根底にはダイバーシティ（多様性）という経営理念がある。会社の経営理念の中に女性の価値観を織り込んで、会社の経営を充実させたい考えがある。私は、これからの女性のために、是非先鞭を切ってほしいと願っている。なんでも先例のないことに飛び込むことは不安であるが、是非飛び込んでほしい。これまでの私の人生を振り返ってみて、「女性が最初」という事態に突進してきたように思う。キリスト教に立脚した女性人格教育を受け「ぶれない個」を確立して、是非これからの社会で先鞭をつけてほしい。

二〇〇五年五月二十三日の日本経済新聞は、「もしも上司から管理職になることを勧められたら――」というテーマで東京都男女雇用平等参画状況調査で行ったアンケート結果を公表した。女性で「引き受ける」と答えたのはわずか一八・七％、男性は五一・一％と格差が大きかった。最も多くの女性があげた理由は「現在の自分の能力では自信がない」だった。それから三年を経た二〇〇八年五月のデータでも「知識や経験の不足」が挙げられている。パイオニアには先例はない。先例を勇気をもって作るのである。

「女性は何故出世しないのか。悪いのは男？　女？」と言う記事が東洋経済二〇一一年十月号に掲載されたことがある。スタンフォード大学ビジネススクール教授Ｊ・フェファーの分析には傾聴すべきポイントが凝縮されている。

Ｊ・フェファー氏は、①「人の目を気にしてはダメ」と言う。日本的な「引くのが美徳」というのは、人目を気にしている典型である。はじめから知識も経験も十分にある人はいない。②問題から逃げたら何も始まらない。自立して、人を頼らず、孤独とストレスに克つ強さをもたなければ、仕事は出来ない。③「継続は成功の鍵」、「耐えることも大事」。④「成功する人はどこの国でも通用し成功する。」と言う。

一九八五年には男女雇用機会均等法が、一九九一年には育児・介護休業法が、一九九九年には男女共同参画社会基本法が、二〇〇五年には改正育児・介護休業法が施行されたのに、女性管理職比率も低く、第一子出産後退職者比率も高い。政府からは「指導層三割計画」、「育休三年計画」などが出され、制度的には私が働いた頃より整備され、さらに改善しようとする努力がみられるのに、五十年前に制度が整っていなかった時代と同じような非難で悩んでいる女性たちが在る。

日本の土壌にキリスト教的人格論が根付くにはまだしばらくの時間を要すると思う。だからこそ歴史的に守られて来たキリスト教大学における女子人格論を大切に育てる責任がある。明治の早い時期に建てられた本学でさえ、二〇一六年にやっと百三十年の歴史を迎えるのであって西欧の歴史からするとまだ日が浅い。

日本が西欧に門戸を開いた時は、西欧ではすでにルネサンスを経て宗教改革によりプロテスタント諸派がそれぞれの歩みを始めて久しく、イギリス革命、アメリカ革命、フランス革命を経て自由と平等が勝ち取られて一世紀も経っていた。アメリカでは一六四八年ブレントにより女性参政権が初めて要求されてから三百年余以上も経っており、イギリスではウルストンクラーフトにより女性の権利擁護が、フランスではコンドルセにより女性参政権が要求されてから二百年を経ていたのである。

明治政府は近代国家機構や資本主義体制などの多くの改革を急速に行ったが、前述したごとく「家制度」だけは存続させた。このため「女性の人格」とか個人としての存在は、「家」の中に埋没されてしまった。新憲法によって家制度は廃止されたが家意識として現存しているところに問題がある。

筆者が一九八九年から一九九〇年までハーバード大学より客員研究員の招聘を受け、「日米女性論の比較」と題して講義を依頼された時代、アメリカでは「女性解放論」が、日本では「自立論」が主流であった。日本語の自立を英語に訳そうとして適切な英語がないことに気付いた。Independent, Self-esteem, Identity どれも適切ではないのである。日本の〝イエ〟社会、日本的意識構造の中で、どのようにして「個」を確立し、自己確立すべきかを問うた講演を行った。この講演では、"Women's *Jiritsu*"、"The concept of *ie* (family)" と言う言葉を用いて論じた。この講演は"Woman's *Jiritsu* and Christian Feminism in Japan"と題して The Japan Christian Review に掲載された。[13]

以上の「キリスト教女子人格教育」の歴史的検証を土台として、大学の更なる充実を計りたい。

a　「キリスト教女子人格教育」を最優先に

キリスト教女子教育機関として「ぶれない個・人格」を確立し、各々の専門性を生かして、国際社会でも地域でも活躍できる人物を育成する。

b　「専門性を持った教養人」の育成を目指して

矢沢澄子、岡村清子著『女性とライフキャリア』に於いて結論づけられた警告、「今日一般社会での実学的・資格志向を反映して大学においても具体的専門知識の教示が優先される傾向がみられる。しかし、グローバル化する現代社会の各分野においては、全体動向を的確に把握し、柔軟な視点から問題を処理したり、調整したりするトータルな教養的知性の活用と育成が欠かせない。[14]」を心に留めたい。広島女学院大学の大切な女子教育の視点は、「専門性を持った教養人」を育成することである。新渡戸が言う教養をしっかり身に着けた上で、「国際教育」、「生活デザイン」、「管理栄養」「幼児心理」のそれぞれの専門性が接ぎ木されて、初めて共生社会を牽引し、地域社会に貢献できる人物となり得よう。

c 「女性の一生涯をサポートする女子大学」として

女子大学の共学化が急速に進んでいる現状ではあるが、日本の教育史を分析する時に女子大学の果たすべき役割はまだまだ大きい。女性が主役である女子大学において培われた良い意味の「自信とリーダーシップ」は、女性の一生涯をサポートする土台となる。

女性のライフサイクルに合わせて、人生のどの時点からでも大学に帰って来てエンパワー出来るプログラムをスタートさせる。二〇一六年春から女性のエンパワーメント支援プログラムを促進させる予定である。「広島県で唯一のプロテスタント女子人格教育機関」としての使命を果たすために、さらなる検証を行いたい。

注

1 『大学時報』No.三六二（二〇一五年五月号）「大学の普遍性と地域に根差す大学の溢れる魅力」一六〜三一頁。
2 湊 晶子『新渡戸稲造・南原賞シンポジウム記録集』「新渡戸稲造と砂本貞吉——日本のキリスト教女子教育を支えた男たち」（竹中編集企画室、二〇一五年）三三〜五〇頁。
3 新渡戸稲造『西洋の事情と思想』（実業之日本社、一九三四年）、『新渡戸稲造全集』第六巻（教文館、一九六九年）五六三頁。
4 湊 晶子「新渡戸稲造における私と公と公共」『公共哲学16　宗教から考える公共性』稲垣久和、金泰昌編（東京大学出版会、二〇〇六年）一八一〜二〇八頁。
5 坂口ふみ『「個」の誕生―キリスト教教理をつくった人々』（岩波書店、一九九六年）。
6 馬場宏明『大志の系譜―一高と札幌農学校―』（北泉社、一九九八年）三一四〜三一五頁。
7 新渡戸稲造『内観外望』（実業之日本社、一九三三年）、『新渡戸稲造全集』第六巻（教文館、一九六九年）四〇七〜四〇九頁。
8 新渡戸稲造「大学教育と職業教育」『前掲書』四三九頁。
9 新渡戸稲造「我が教育の欠陥」『随想録』（丁未出版社、一九〇七年）、『新渡戸稲造全集』第五巻（教文館、一九七〇年）一一五頁。
10 新渡戸稲造「性と行」『人格形成《ビーイング》か行為業績《ドゥイング》か』『前掲書』二二一〜二二三頁。
11 新渡戸稲造「宗教とは何ぞや」『人生雑感』（警醒社書店、一九一五年）、『新渡戸稲造全集』第十巻（教文館、一九六九年）一一九頁。
12 新渡戸稲造『婦人に勧めて』（東京社、大正六年）『新渡戸稲造全集』第十一巻（教文館、一九六九年）四六頁。
13 Akiko MINATO "Woman's Jiritsu and Christian Feminism in Japan," The Japan Christian Review, vol. 59, 1993, pp. 7 ~ 17.
14 矢澤澄子、岡村清子『女性とライフキャリア』（勁草書房、二〇〇九年）二三〇頁。

（二〇一六年二月『広島女学院大学　論集第63集』一〜一一頁）

IX　Women's Jiritsu and Christian Feminism in Japan

Minato Akiko

Recently I had the privilege of studying at Harvard University as a visiting scholar, where I was able to sharpen my understanding of relations between Japan and the United States. Although certainly not without significant tensions, there is in place a more or less viable economic bridge across the Pacific. By contrast, however, information on current social and religious developments in Japan was conspicuously lacking. In particular, it seems that little is known about the contemporary church in Japan or matters concerning the status of women in church and society. In this respect, the transpacific bridge seems to carry primarily one-way traffic–with information and influence flowing from the U.S. to Japan. Perhaps the time has come for us Japanese Christians to make efforts to establish a genuinely two-way spiritual bridge across the Pacific.

While in the United States, I was impressed with the significant difference in the nature of the feminist movements in the U.S. and in Japan. For example, on one occasion I was given the opportunity of lecturing on Japanese feminism, and in the lecture I attempted to explain the notion of "women's jiritsu [independence]" in Japan. I discovered that there is no appropriate English word for jiritsu, in the sense in which I was using it. This brief essay is an attempt to explore some of the issues involved in the difficulty of conveying the sense of jiritsu.

I would like to explore this issue by considering five questions: First, what is the status of women in Japan in general? Second, why is it that in Japan feminism has developed, not as the women's liberation movement

of the West, but as a movement of women's *jiritsu*? Third, what are some of the cultural and traditional barriers to women's realization of jiritsu in Japan? Fourth, what is the influence of Christian feminism upon the movement of jiritsu? And fifth, what is the status of Christian women in Japan today?

THE STATUS OF WOMEN IN GENERAL

Many Westerners tend to stereotype Japanese women as highly submissive and deferential to men. However, the emergence of some women as prominent leaders–such as Doi Takako as a recent leader of the Japan Socialist Party, the major opposition party in Japan, and Ogata Sadako as the United Nations High Commissioner for Refugees–suggests that there is more to the picture than this common stereotype would indicate.

Japanese society in general dictates that a husband spend very little time at home. Men characteristically face long working hours, a long commute to work, and the expectation that after work they will socialize with colleagues until late at night. Therefore, men tend to turn over most domestic matters as well as the children's education to their wives. Accordingly, women make almost all of the major family and household decisions, and they exercise considerable power within the home.

Interestingly, a 1987 government survey indicated that one-third of all women and half of all men feel that a man's place is at work and that a woman should stay at home. Expectations are slowly changing, particularly among younger couples, but women who try to break out of the "house-wife only" model in order to find employment outside the home face intimidating obstacles. It is almost impossible for a woman to work the long hours expected of a man and still fulfill the expectations placed upon mothers in Japan. Although an equal opportunity employment law was passed by the government in 1985, Japanese society

After studying answers to questionnaires that had been sent out, the Commission summarized its findings as follows: "*Jiritsu* is to take action according to one's own decision, to be responsible for the action and yet to feel sufficiency for one's own behavior.(1)" This kind of research and focus on *jiritsu* might appear somewhat strange to Westerners, who have a much longer history of an established sense of individuality, but its importance can be seen as we consider some obstacles to realizing *jiritsu*.

SOME TRADITIONAL CULTURAL HINDRANCES TO REALIZING JIRITSU

Social relationships

Social relationships make it very difficult to establish a strong sense of the individual self. "The most characteristic feature of human relationships in Japan is the inseparability of the individual self from its fellow humans and the resulting "groupism"(2), says Inagaki Hisakazu.

Japanese social relationships have been heavily influenced by Confucianism-particularly the ethical relationships of parent-child intimacy, correctness between lord and retainer, proper distinction between husband and wife, the seniority relationship between young and old, and the mutual trust between friends.

Bound within this complex web of relationships, Japanese women have experienced great difficulty in developing a strong sense of equality with men and independence. In spite of Japan's rapid modernization, traditional social values and mores remain strong. Thus a sense of "nonpersonality" or the subservience of the individual personality to the broader group is still emphasized in contemporary Japan.

Analyzing a woman's sense of self-identity in her book Jiritsu no joseigaku (Women's Independence), Kōno Kiyomi says, "We can establish our identity by 'playing catch' with our inner feelings with others, and thereby finding

out who we are and what we are.[3]" Is it possible for Japanese women to realize their own personhood and identity through the established web of social relationships? Many Japanese women are still seeking an answer to the problem of spiritual *jiritsu*.

The concept of family

The concept of ie (family) presents obstacles for women establishing self-identity. The Japanese term ie can be translated into English in various ways, meaning a house in which people live, the home, the family, etc., but there is a further meaning which is very difficult to render in English. With reference to Takeda's view, Inagaki Hisakazu explains the meaning of ie as follows: "There is another meaning that is difficult to express in non-Japanese languages. Ie also refers to a direct lineage with unbroken continuity from the past, having the concept of a kind of identity spanning every generation.[4]"

This system of family relationships has had profound influence upon various aspects of Japanese social order. A wide variety of human relationships were carefully distinguished and ordered. Within the ie system the father was the clear authority figure, and the husband had clear authority over the wife and children. The ie system has also had great impact upon the practice of ancestor worship. Although the ie system was officially abolished after World War II, its influence and legacy remain.

Although Japanese society is undergoing change in many respects, the movement to realize women's jiritsu is still very much in process. It is perhaps notable that prominent women such as Doi Takako, former leader of the Japan Socialist Party, and Ogata Sadako, the United Nations High Commissioner for Refugees, are each over sixty years of age, and although quite strong and independent they grew up under the ie system in Japan. It is not without significance that these women were reared in a Christian

environment. I, too, am about the same age as they are, and I am a fifth generation Christian. There is a well-known Japanese proverb that says the nail that sticks out will be hammered down. However, on February 18, 1993 Ogata Sadako very courageously stood against the predominant mood of the United Nations and insisted upon a decision that was contrary to the popular consensus. The entire United Nations was unable to hammer her down. Throughout the history of Japan's modernization we find significant women who have stood against the tide and tried to change the obstacles to women's self-identity.

How is it that some women over sixty years of age and reared under the older system can be so independent? I had the privilege of participating in the Tokyo Women's Research Center from 1991-1992, and I concentrated my research upon factors affecting the spiritual jiritsu of professional women. It is noteworthy that those women who had been educated by an open-mined or liberal father had a more clearly established sense of self-identity. It might be interesting to make an autobiographical observation at this point. My background, which was analyzed and categorized for the Research Center as a liberal model, was summarized in the report as follows: "She grew up with three brothers and three sisters, but her father was a medical doctor and also a Christian who provided equal opportunity for education for men and women, even after the devastation of the war."[(5)] I recently discovered that Doi Takako and Ogata Sadako also had some Christian influence in their lives.

CHRISTIAN INFLUENCE ON WOMEN'S JIRITSU

After Japan ended her long period of isolation from the outside world in 1854, many Roman Catholic, Protestant, and Orthodox missionaries entered the country, settling in Yokohama, Nagasaki, Sapporo, and elsewhere.

The early years for these missionaries were undoubtedly very difficult, as the edict against Japanese conversion was still in force. It was not until 1873 that the proscription was removed from public notice boards. Thus the average Japanese of the mid-1880's harbored considerable suspicion towards the new faith, not on the basis of informed criticism but from the Tokugawa era's depiction of Christianity as an alien religion that threatened Japanese values and culture.

Gradually, however, Christianity came to be more accepted. In 1884 Fukuzawa Yukichi, the founder of Japan's prestigious Keio University and one of the leading intellectuals during the Meiji Era, commended Christianity because of its wealth, its moral virtue and its ability to attract socially and intellectually distinguished persons. In this rather liberal and progressive atmosphere, a number of prominent Japanese Christian personalities proved to be very attractive to society at large. These included Nījima Jō (1843-1890), Ebina Danjō (1856-1939). Uchimura Kanzō (1861-1930), Nitobe Inazō (1862-1933), and Kagawa Toyohiko (1888-1960).

As far as Japanese Christian feminism is concerned, the most influential personality was Nitobe Inazō. He became a Christian along with Uchimura Kanzō in 1877, in the Sapporo Agricultural School that was established by Dr. William Smith Clark. Nitobe was one of the first Japanese to try to realize the ideal of serving as a bridge between the West and Japan.

Nitobe often lectured in various parts of the United States, and was the first exchange professor between the two countries in 1911. These lectures were later published in 1912 as "The Japanese Nation." In these lectures he speaks of a bridge across the Pacific, saying, "I wish to be a bridge across the Pacific in order to transmit the ides of the West to the East, and of the East to the West, toward the fuller harmony of diverse nations or of discordant nations.(6)"

Nitobe attempted to introduce into Japan Western ideas on marriage, as well as on the relationships between men and women. His endeavors

impacted such diverse fields as politics, education, and social patterns. In later years he also served as an undersecretary of the League of Nations. After Japan withdrew and the League faced collapse, Nitobe continued to struggle vigorously for world peace and understanding between nations. Within Japan he increasingly faced danger and opposition from emerging militarism. In spite of such attacks, however, Nitobe continued to prod Japanese society to open up its understanding to the broader international world. One can only speculate as to what might have happened to him had he lived through the war years.

In remembering the greatness of Nitobe, however, we must not overlook the important contribution to his work made by a most remarkable woman–Mary Elkington, a Philadelphia Quaker who became Nitobe's wife. Mary was born in 1857, and when she was fourteen she entered Westtown School, a Quaker school in Philadelphia. Upon graduation she became a teacher of philosophy, world history, and English grammar. In her teaching she emphasized the importance of spiritual formation and intellectual training. Mary married Nitobe Inazō on January 1, 1891.

The Elkingtons were well known in Philadelphia, so her marriage to Nitobe caused quite a sensation. One newspaper reported, "The daughter of Elkington, who comes from a distinguished family, got married to a mere Japanese–although he too is outstanding."(7) Later, Nitobe's only friend, Miyabe, after meeting Mary on one of his trips, wrote to Nitobe:

> She is an unusually attentive and sufficient wife, and she looked after your health so carefully and sincerely. Without her assistance, you could not have contributed as greatly on an international scale as you have.(8) "

One month later, on February 9, 1891, the newly married international Christian couple returned to Japan and settled in Sapporo, Hokkaido.

Besides introducing biblical feminism into Japan, Nitobe Inazō and his wife Mary presented a genuinely equal relationship between men and women, based upon biblical teaching (Genesis 2:18), in which God from the beginning instituted equality as the foundation for marriage and social relationships. They further emphasized the fact that women, in addition to men, were also created in the image of God, that women too were redeemed through Jesus Christ, and that women were also heirs to all the riches of the kingdom of God.

This Christian idea of the basic equality between men and women was a radical challenge to the traditional family system in Japan at the time. The immediate reaction was a strong suspicion that the Christian teaching would disrupt the traditional order–breaking down traditional family relationships, promoting discord, and dissolving the unity of the family by attacking the practice of ancestor worship.

On the positive side, the values of Christian feminism strengthened women's sense of personal freedom and identity, and encouraged them to stand firmly in line with their conscience, assured that they too can stand responsibly before God and not merely find their place within the traditional family structure. In an effort to promote a sense of equality and the realization of the rights of women, Inazō and Mary stressed the importance of education for women. Nitobe established the Tokyo Women's Christian University, and Mary devoted her efforts to the Sapporo Enyu night school, for poor students unable to attend regular schools.

Nitobe wrote several significant articles as well. In the article "Recommending Women," he said, "Let women develop a sense of self-respect and self-esteem, and let women respect their own personalities. This is the first and last thing I wish to say."(9) In the article "New Directions for Women's Careers" Nitobe asserted, "The Japanese objective of educating women only to be good wives and mothers forces every

woman to conform to a stereotype. A woman is created as a person, so she has to be educated as a person. However, Japanese education tries to mold women to be wives or mothers or daughters, as an ornament of men. We have to educate women to be persons who have jiritsu [independence].[10] "

Without the influence and support of Mary, Nitobe could not have said those words. It is unfortunate that sufficient material dealing with the life and impact of Mary is not available in Japan. I am now in the process of attempting to gather relevant historical data, including personal letters. The paucity of material on Mary shows how women were largely ignored prior to World War II. Although her husband Inazō is now justly famous, and his portrait appears on the 5,000 yen bill, very few Japanese are aware that his dear wife was a highly educated American Christian woman, who made outstanding contributions to the cause of women in Japan.

It was Christian feminism of this kind that challenged the many social problems afflicting women and strongly impacted the movement to abolish prostitution and to support monogamy. Therefore, it is important to stress that, in Japan, Christian faith and values were involved in the beginning of the feminist movement. Perhaps a contrast with the American situation is evident here, for feminism in the West seems to have developed from a more humanistic background than was the case in Japan. Such influence can be seen in such pioneering feminist figures as Mary Wollstonecraft in England, Simone de Beauvoir in France, Betty Friedan in the United States. Yet it is significant that in Japan it was the influence of Christian values that prompted the early feminist movement.[11]

Under the influence of Christianity three single Japanese women devoted their lives to promoting the education of women. These women were Tsuda Umeko (1864-1929), Kawai Michiko (1877-1953), and Yasui Tetsu (1870-1945). The story of the development of Christianity in Japan is incomplete without reference to these impressive women and their contribution to the improvement of the status of women in Japan.

Tsuda Umeko

Tsuda Umeko, who pioneered early higher education for women was the daughter of Tsuda Sen, the official interpreter for the Tokugawa Shogunate. She was sent to America in 1871 when she was only seven years old. There she stayed with the Charles Lanman family, a childless couple living in Washington, D. C. She was treated as a daughter by the Lanmans; under the influence of this Christian family she came to know the Lord personally and was baptized when she was nine years old.

In 1882, at the age of eighteen, she returned to Japan where she worked as an English teacher and interpreter. She later continued her formal education in America, studying at Bryn Mawr College in Philadelphia, which was Nitobe's wife Mary's home town. In 1990 she again returned to Japan, where she established the Joshi Eigaku Juku, a school of English studies for women, now known a Tsuda Joshi Daigaku. This school was founded with money she had collected from women in Philadelphia.

Tsuda's goal was to provide higher education for Japanese women so that they might have realistic career options and not be forced into prostitution as a means of self-support.

On the basis of the biblical teaching that women too are created in the image of God–created as persons and not merely as the tools of men–she was convinced that Christian education could give women a proper sense of identity and a legitimate sense of jiritsu. She believed that spiritual growth and education could improve the standing of women in Japan. Until her death she remained committed to both educational and more strictly Christian concerns.

Kawai Michiko

Kawai Michiko was an early Christian feminist who was deeply influenced by Inazō and Mary Nitobe. Her father, who had come from

a long line of Shinto priests, was converted to the Christian faith and encouraged her to receive a Christian education. Accordingly, she was educated at Hokusen Jogakkō, a girl's school in Sapporo, where she came under the influence of American Christian teachers. Kawai then became a Christian, and like Tsuda she went to Bryn Mawr College for further education.

Upon her return to Japan, Kawai worked as a teacher at Tsuda Joshi Daigaku and was active in the Young Women's Christian Association. In 1929 she founded the Keisen Jogakuen (Fountain of Blessing School) in order to provide a Christian education for young women. Throughout her life she remained active in writing and lecturing. She tirelessly stressed the importance of the Christian church and education in improving women's lives and social standing. She was not only an effective teacher but also an evangelist with a deep concern for each of her students. Her last words were, "Please lead students to Christ."

Yasui Tetsu

Although Yasui grew up in a feudal clan family, after graduating from Tokyo Christian High School, she went to England in 1890 to study education and home economics. She became a Christian while there and met Nitobe Inazō, who opened her eyes to the great need for Christian education among women in Japan. After returning to Japan, Yasui became the first academic dean of Tokyo Women's Christian College, where Nitobe served as the first president. She later succeeded him as president of the school, and her entire life was devoted to education and Christian ministry.

JAPANESE CHRISTIAN WOMEN TODAY AND PROSPECTS FOR THE FUTURE

Almost a hundred years have passed since the early days when pioneers such as Nitobe, Tsuda, Kawai, and Yasui struggled to establish a sense of jiritsu for Japanese women. The Christian church in Japan is still struggling, as it constitutes no more than 1% of the population. In spite of the many obstacles and difficulties, we believe that God is still calling women to be His servants.

It is encouraging to remember that the "Great Commission" (Matthew 28:18-20) was not given to an already perfect church in a perfect world. To the contrary, the first century Jerusalem Christians were in an environment of fear and failure. Judea was a place of religious bigotry and self-sufficiency. Samaria was a place of hatred and tension. Yet the early Christians were to be witnesses in precisely these places. According to Acts1:8, we today are to be witnesses simultaneously in Jerusalem, Judea, Samaria–and Japan. Such witness is to begin right where we are, in our present situation, and is to spread out from there. Therefore, no matter how difficult the current situation, women in Japan are to be God's servants and witnesses right where they are.

The status of women in the Japanese church

As noted earlier, given the great demands upon their time at work, it is very difficult for Japanese men to become actively involved in the life of the church. Consequently, roughly two-thirds of the Christians in Japan today are women. Furthermore, many women attend church alone, unaccompanied by their husbands or children, and thus they are torn between conflicting desires for greater involvement at church and the pressures and obligations of the home.

Women nevertheless are making great contributions to the work of the church in Japan. Without their dedicated service, such common activities as preparing "fellowship meals" after church (a common practice in many

Japanese churches), preparing flower arrangements, visitation of the sick, evangelism, music ministry, etc., would be impossible and the Japanese church could not service. Frequently women function in positions of leadership as well, serving as officers in the church, although there are relatively few women actually engaged in pastoral or teaching roles within evangelical churches.

The need for true independence in the church

Due to the dominant social values and expectations, as exemplified in the ie system (the carefully defined web of social relationships), Japanese women have great difficulty in realizing a sense of independent identity, even within the church. Japanese women need the same kind of firm resolve found in the famous words of Martin Luther, "Here I stand. I can do no other." Luther's confidence and resolve came from the security of his own personal relationship with his Lord, the one and only Creator, and was no simply grounded in himself or in the prevailing views of the crowd. Similarly, Japanese Christian women must find their identity in their relationship to their Creator, and must not simply bring into the church the influence of groupism or horizontal relationships. As Christian women our first obligation is to honor our relationship with our Lord. When our security and true independence as persons before our Lord is established, we can follow with independence in partnership with others.

A proper sense of spiritual independence on the part of believers will help avoid the weaknesses of some churches, which are excessively organized and tightly controlled by one or more individuals–sometimes the pastor. When believers do not establish a proper sense of their own identity and independence, then pastors tend to rule with an authoritarian hand. However, when the two-thirds of Christians who are women become genuine coworkers with the pastors, working smoothly as two

wheels on a cart, then the Japanese church will grow and develop.

The need for men to understand and support women in evangelism and ministry

It is impossible for women to develop and exercise their gifts in evangelism and ministry apart from the understanding and cooperation of men. This is especially urgent in Asia where societies are strongly influenced by the model of the authoritarian patriarch.

Significantly, despite the low social position of women in the Mediterranean world of the first century, the apostle Paul recognized their high standing when he declared, "There is neither Jew nor Greek, there is neither slave nor free, there is neither male or female; for you are all one in Christ Jesus" (Galatians 3:28). Grounded in this high biblical view of women, Paul could appreciate Priscilla as his fellow worker, and we could even say that it was Paul's support that helped Priscilla in her mission work in the Mediterranean world. Furthermore, we could mention Luke also as a man who appreciated the biblical view of women, as evidenced in his mentioning Tabitha (Dorcas) as a significant early disciple (Acts 9:36f). In Japan today, as in other Asian countries, we need more Christian leaders with perspectives like those of Paul and Luke.

The need for appreciating the biblical view of family relationships

Given the contemporary stresses and the breakdown of the family unit, there is need today for understanding and adhering to biblical teaching on the family. The husband should be the head of the family, although not in the sense of an authoritarian patriarch as found in the earlier Roman world and as is found in many Asian societies today. The woman is to be a full partner with her husband, while recognizing the husband as head, but

we must emphasize that the Bible does not support the idea that the man is superior and the woman inferior.

As a Japanese woman who grew up in a feudalistic society that discriminated heavily against women, I am well aware of the many misunderstandings to which women have been subjected. Certainly we must work to correct such misunderstandings and discrimination. However, we must also recognize that in our current emphasis upon women's liberation from repression and inequality there is the danger of obscuring or minimizing the biblical teaching on the relationship between the husband and the wife. In a non-Christian country such as Japan, it is important that genuine independence for women be grounded in a truly Christian feminism. This is a special concern of mine, and I have written several books dealing with these themes, including The Christian View of Jiritsu and True Partnership: Home, Church, and the World.

The question of the proper relationship between husband and wife is especially relevant in Japan, where the traditional sense of ie is still strong. After my husband went to be with the Lord, leaving behind three children aged sixteen, fourteen and ten, I decided to make a "papa corner" for the children in a central room of our house. This was to be a memorial to their father. Although physically absent, their father was "present" in memory. These day many children have their fathers physically present with them, but they do not enjoy their father's emotional or spiritual presence. When I prepared this "papa corner" for the children I believed that I was following God's creation order for family relationships. Consequently, the Lord has led our family in overcoming many obstacles so that it has grown into a Christian home. With less than one percent Christian in Japan, the significance of the biblical family relationships takes on special meaning.

The need for training Christian women as leaders

NOTES

1 Reports of Tok Women's Research Center, "Nihon josei no jiritsu no kansure kenkyū" Study of the Japanese Women's Jiritsu], (Tokyo: The Bureau of Living A, 1992), p. 9.

2 Inaga isakazu, "A Philosophical Analysis of Traditional Japanese Culture", *Ph sophia reformata* vol. 57 (1992), p. 47.

3 ono Kiyomi, *Jiritsu no joseigaku* [Women's Independence], (Tokyo: Gakuyoshobo, 1983), pp. 163-205.

4 Inagaki Hisakazu, *op. cit*, p. 43.

5 Reports of Tokyo Women's Research Center, op. cit., p. 104.

6 Nitobe Inazō, "The Japanese Nation", in Nitobe zenshū [The Complete Works of Nitobe Inazō], (Tokyo: Kyo Bun Kwan, 1969) vol. 13, p. 9.

7 Sapporo bunko [Sapporo Series], ed. Sapporo Board of Education,(Sapporo: Hokkaido Newspaper Company., 1985) vol. 18, p. 132.

8 *Ibid.*, p. 130.

9 Nitobe Inazō, "Fujin ni susumete" [Recommending Women], in *Nitobe Zenshū* [The Complete Works of Nitobe Inazō] (Tokyo: Kyō Bun Kwan, 1969) vol. 11, p. 158.

10 Nitobe Inazō, "Hirakara beki josei no shinro" [Women's Career Which Should Be Opened], in *Nitobe Zenshū* vol. 11, p. 194.

11 Minato Akiko, "Feminizum to shingaku no setten-beikokuryū kaihoron to nihonryū jiritsuron ni miru" [Women's Liberation in America and Women's Jiritsu in Japan: a Study in the Contrast from a Theological Perspective], *Ronshū* vol. 22 (Tokyo: Tokyo Christian College, 1992), pp. 25-33.

Ⅷ Expectations Concerning the Laity in Contemporary Japan

Akiko Minato

As we approach the year A.D. 2000, Japan marks only 140 years since Protestant Christianity was introduced into the course of its history. By the time the first Protestant missionaries came to Nagasaki and Yokohama in 1859, Western European Christianity had already passed through the Early Church, Middle Ages and Reformation periods of its history and had been instrumental in the freedom and human rights victories accomplished through political revolutions in England, North America and France. Commodore Matthew C. Perry of the United States Navy arrived in Uraga in 1853, ending two hundred years of national isolation; a trade treaty between the two countries was concluded the following year, in 1854. So the introduction of Protestantism into Japan coincides with the beginning of the country's contemporary development. This period clearly made a great impact on Japan's subsequent history.

In this article I would like to direct my attention to Protestant Christianity's mission in Japan as it was advanced mainly by lay Christians.

THE LAITY IN EARLY JAPANESE PROTESTANTISM AND A PERSONAL VISION

In the first stage of Japanese Protestantism, Christians in ministry included not only pastors but also doctors, educators and many women with educational backgrounds in theology. Missionaries James Curtis Hepburn (1815-1911) and James Hamilton Ballagh (1832-1920) were

doctors who supported themselves through their medical practices and yet lived as the salt of the earth and ambassadors of the gospel. Through my analysis of the history of Japanese Protestantism and my personal experience as a member of a Christian family, I have been made aware of how important the laity were in the forwarding of Christian mission in this heathen country of Japan.

My father was a Christian layman and I grew up as a fifth-generation Christian. The first Christian in my family lineage was Hiroko Kojima of Nagano Prefecture, who was widowed when she was 45 years old. At the time she lost her son to cholera, his doctor, James H. Ballagh, shared the gospel with her. She was baptized by him in 1881 at *Kaigan* Church of the *Nihon Kirisuto Kōkai* (Japan Christian Public Church), which had been founded in 1872. The next year, in 1882, she entered Pierson's Kaisei Bible School for Women, then became a “Bible woman” (minister). She conducted evangelistic work with Louise Henrietta Pierson (1832-1899).

The second-and third-generation Christians in my family worked as lawyers and the fourth-generation Christian was a doctor. They all opened their homes for mission use because they had a deep interest in evangelism. With this family background it is natural that I learned in daily life to recognize the Creator and Triune God, to support both physically and spiritually pastors and others involved in Christian ministry and to feel the need for biblical education. It became clear to me that especially for the heathen country of Japan, ministers and laypeople must work together to forward the Church's mission. This conviction led to an analysis of the expectations of the laity in Japanese churches as one of my lifelong research projects.

I was privileged to be the recipient of a Fulbright Scholarship in 1956, which enabled me to study at Wheaton Graduate School of Theology in Illinois. Just at that time “Mobilization Ministry” was a topic of discussion due to the influence of the Buffalo Meeting in 1952 and the Evanston

Meeting in 1954. There was a call for a new type of laity, with an emphasis on biblically educated lay theologians who would be able to express their faith while devoting themselves to their work in the secular world. I gained great insight from a book published in 1958 entitled A Theology of the Laity, written by Henrick Kraemer. Returning to Japan following my theological education, God led me to be a lay theological educator rather that a woman pastor. It has been 35 years now since I began teaching university-level courses within a department of theology on the History of Christianity and the Theology of Women.

From the standpoint of the history of Christianity and from my experience as a fifth-generation Christian who had served several churches in Japan, I would like to evaluate the laity of churches in Japan, including the position of laywomen in the church. I then want to reflect on an image of the laity for the twenty-first century.

EVALUATION OF THE LAITY IN JAPAN

Priesthood Responsibility and Weak Self-awareness

One fault of Japanese churches is that the purpose of worship services is generally for people to express their religious faithfulness. The church also tends to be a place to satisfy one's inner needs. Believers seek to fulfill their responsibility in relationships with others in the group rather than by taking their individual responsibility as priests. Why is this?

I think that Japanese people are strongly influenced by their group-oriented culture. According to Ruth Benedict, Japan is a “culture of shame.” People defer to one another because it is shameful not to do as others are doing. Mori Arimasa states: “Basically there exists only the second person in the Japanese language, so that it lacks the spirit of the first person which enables one to act according to one's own consciousness.” People of

Western Europe are surprised, I have heard, when they learn that Japanese people have such a weak spirit of the first person as expressed in the phrase, "I think." Japanese culture develops characteristics of deference, group adaptability and dominance of the majority. During a conversation between Gregory Clerk, president of Tama University, and journalist Colene Bure, a serious question was asked: "Is it all right for the Japanese people to continue as living fossils with a group-oriented mind?" The discussion was closed with the reminder that "child (*ko*, 子) rearing" is actually" individual (*ko*, 個) rearing."

Why does Japanese culture create a group-oriented structure? Considering the nature of oriental society, Max Weber, author of *Religious Sociology*, states: "Because of the absence of faith in a transcendent and personal God, people are not conscious of their accountability before the Absolute God, therefore they control themselves by direct contact with each other."

With this structure of consciousness, it is very difficult for Japanese Christians to understand the priesthood responsibility of each layperson. Peter suggests that through life with our High Priest, Jesus Christ, each layperson is a member of the priesthood in Christ (I Peter 2:5, 9). Let us remember that the duties that were limited only to the priesthood in Old Testament times have been given to each and every believer.

Covenantal Responsibility and the Lack of Selfawareness

In Japan the responsibility of an individual in an organization is understood not as a vertical relationship but as a horizontal relationship with others. Regarding this point, church historian Ishihara Ken says that "in Western European society, they have achieved a victory of covenant structure through their long history. By contrast in Japan, the church is simply perceived as a place for worship, and there lacks the awareness of

structure with the order of laws."

It is said that by nature the Japanese people lack the sense of a covenant relationship with God, as well as of accountability for an organization called the church. Thus as time passes, many Christians lose the emotional uplift of their initial faith in Christ and gradually stop attending church. This is one of the dishonorable traits of Japanese churches.

For Japanese churches to grow stronger, each believer must be educated and develop an assurance of faith; there is also need for a strategic long-term plan for a division of labor and the appointment of believers to various tasks. Dietrich Bonhoeffer warned in his book In the *Life of Fellowship*: "A community which allows anyone with no duty will perish because of it." Even believers sick in bed can fulfill the priesthood duty of praying for the world and for the church.

Correct Evaluation of the Laity's Mission

In the *Epistles to Diognetus*, said to be authored by and unknown Christian, it is written that "Christians who live strongly in persecutions are the power to move history." My father taught me that the powerful testimony of an individual touches the souls of others.

My father, who in 1921 came alone from Okinawa to enter high school, believed in Christ when he heard a lecture by a Christian. This person was a former naval captain, Hatano Sadao, the brother of Dr. Seiichi Hatano. In his lecture Hatano talked about his experience as a Sunday school superintendent. Because he would not participate in the required worship at Shinto shrines, Buddhists took him in and he was criticized in a national newspaper. He was eventually punished and discharged from the navy. My father and three other high school students were deeply touched by his faith and decided to visit his home. He welcomed them warmly, then opened the New Testament and read the Book of Acts, saying, "The Book

of Acts is the acts of the Holy Spirit." He shared his experience in the navy and they had fellowship, then prayed and talked together at great length, in tears, about the work of the living Christ. My father later described this encounter by recalling, "We were absorbed with him as with the sound of heavy rain. That was such a precious moment for me to experience the work of the Holy Spirit and of the living God."

During World War II I was a Sunday school student and fifth-generation Christian. Because I refused to worship and clap my hands each morning before the Shinto alter that was set in front of my public school classroom, I was forced to stand at the back of the room during classes. My father encouraged me, saying that I would understand someday. Because of this experience, the subject of Christians and the State became another of my lifelong interests. Although an individual believer may be weak, the refusal to yield to persecution becomes a powerful force that moves history.

The Degree of Independence of Japanese Laity

I believe that both men and women should be independent. What does it mean to be independent? This subject is so broad that it would take a whole thesis to discuss it, so I will only touch on its main essence. Independence is not the superficial financial or social ability to support oneself but rather the unshakable assurance under any circumstance that enables one to declare, "Here I stand." Personality is a Christian-based concept that includes one's self-assurance in relationship to the Absolute God. This concept would not emerge in the horizontal relationship of a group-oriented structure.

Missionaries came at the start of contemporary Japan's development during the early Meiji era, introducing education for character-formation with an emphasis on women. Inazo Nitobe, who appears on the 5000 yen bill, and his wife Mary concentrated their energies on education for

character-formation based on the Bible. Nitobe stated: "What the Japanese people lack most is personality. And where there is no personality, there is no responsibility." Is this not true in regard to the issue of Japan's failure to admit its wartime responsibility and today's serious bullying problem?

Tadao Yanibara summarized the issue in *Among Those I Respect*: "What Dr. Nitobe describes as the so-called top-down or vertical relationship means the fellowship between the soul of an individual and God, and the relationship with your neighbor or horizontal relationship shows the social relationship among individuals."

When cultural upbringing causes people to feel uncomfortable unless they are acting in the same way as others around them, I think it will be impossible for them to fulfill their priesthood responsibility in church or in society unless they develop a sense of independence based on the concept of a covenant with God, including an assured vertical (top-down) relationship. More laity are needed who can fulfill their priesthood responsibility as the salt of the earth in Japan's society. How can we become such assured believers? One way is to learn from the early church's laity.

LAYPEOPLE IN THE EARLY CHURCH

Ministers and Laity as Part of the Ecclesia

Generally the term "laity" is used to distinguish believers from pastors and elders. In Japan the term *hirashinto* (common layperson) is comparable to hirashain (common clerk), as opposed to an executive in a company. Additionally, the original term for church is ecclesia, which means a group of servants whom God has called. However "church" is written in Chinese characters as *Kyōkai* (教 会), meaning "a place to teach," thus giving the impression that the pastor is the teacher and that laypeople are those who are taught.

All Christians are God's people, the laos, "the servants of God" or "the chosen people of God." However, the historical development of ecclesiology under Cyprianus and the doctrine of apostolic succession gave higher authority to pastors. The connection of the ministry with the sacraments created a further distinction between pastors and the common laity, a term that came to mean "untrained" and "those who follow orders completely." The word "laity" in English originated from the term laos and developed its current meaning and usage.

Laypeople as Part of the Koinonia in Christ

To the prejudiced ancient world, Paul proclaimed boldly that "there is neither Jew nor Greek, there is neither slave nor free, there is neither male nor female because you are all one in Christ Jesus" (Gal. 3:28). He emphasized the transcendence of nationality, social class and gender as well as the importance of being individuals, united in Christ. This means that atonement through the blood of Christ gives us the privilege of becoming people within whom the blood of Christ flows. This is why I think that "becoming one person in Christ" is a more faithful translation than "united one in Christ."

Are we Christians who live in the twentieth century transcending nationality and skin color as an individual person in Christ? I believe it is fair to state that one side effect of the group-oriented mind mentioned earlier is an inability to understand others that manifests itself in criticism of others.

While I was studying abroad 40 years ago, I had a black Christian friend named Judy who used the twenty-four colors in my set of crayons to learn some Japanese. "Red is *aka*; white is shiro." Then she came to beige, which in Japanese is called hadairo, meaning "skin color." She looked up at me and repeated. "Skin color?" My head began to pound. I had never

felt so embarrassed. It has been 40 years since then and most Japanese people think nothing of the skin-color crayons that are still available. We have a long way to go and need to be more considerate. Let us look at the profound meaning of the message of Paul.

The Laity as People of Testimony; Martyrdom and Ministry; Diakonia

Scripture seems to indicate that both men and women in the early church actively testified and were leaders in ministries as laity, lay ministers and lay educators. In his book A Theology of the Laity Hendrick Kraemer concludes that many of Paul's fellow workers were devoted laity. Women as well as men were "ministers" (Acts 18:26, 21:9, Rom. 16). He also states that "what the New Testament is dealing with is not office as regulation, but mainly vocation as function." Yasuo Sakakibara in his book Theory of Women on the Church Board points out, as does Kraemer, that in New Testament times many believers with spiritual gifts (charisma) were also actively involved as lay ministers, prophets, teachers and other ministers.

In churches in Japan, there has been an increase in the number of lay witnesses to the Christian faith. They serve not only as believers but also as lay leaders, ministers and theological educators in churches as well as in society. I want to clarify that I am not suggesting that laypeople can replace pastors. I believe that church order should be followed and that pastors are called by God (Eph. 4:11). Laypeople, therefore, should not mistakenly think that there is no difference between the duties of pastors and the responsibilities of the laity. Christianity can only make significant advances when pastors and laypeople work together as two front wheels of a vehicle, as they did during the time of the early church.

We cannot ignore the work of lay ministers who were called as co-workers during the period Paul was involved in his tent-making ministry

in New Testament times. Those called co-workers were Urbannus (Rom. 16:9); Timothy (Rom. 16:21); Apollos (I Cor. 3:9); Titus (II Cor. 8:23); Epaphroditus (Phil. 2:25); Aristarchus, Mark, Justus (Col. 4:10-11); Philemon (Phi. 1); Demas, Luke (Phi. 24); Euodia, Synthche (Phi. 4:2-3); Priscilla and Aquila (Rom. 16:3).

I especially want to highlight the fact that women as well as men were called co-workers. While they were in Corinth, Priscilla and Aquila studied theology with Paul for a year and a half (Acts 18). This couple started a house church immediately after moving to Ephesus (I Cor. 16:19), then later in Rome started yet another house church (Rom. 16:5). For some reason the theologian Apollos came to Ephesus from far away Alexandria, the center of Hellenistic culture where theological debates took place and where the Septuagint was completed (Acts 18:24-26). Even at this time, "they took him aside and explained accurately the way of God" rather than teaching him in public. In order to preach the way of God, an appropriate education is required. I would imagine that both Priscilla and Aquila studied well.

Although Paul lived in a world of male domination over women, in his letters he wrote Priscilla, the wife's name, first. He showed by this special attention how he valued her faith. Only in his letter to the church in Corinth at the time of upheaval in social matters did Paul mention Aquila, the husband's name, first (I Cor. 16:19). Neither Priscilla nor Aquila were pastors but they devoted themselves to evangelism through preaching the gospel. They ministered as cross-cultural, lay missionaries in the Greek world of Corinth, the Asian world of Ephesus and the Latin world of Rome.

In the time of Paul, women were recognized as women disciples (Tabitha, in Acts 9:36), women prophets and women leaders, called women stewards. What especially touches me is Paul's recommendation of Phoebe to the church in Rome: "I ask you to receive her in the Lord in a way worthy

of the saints and to give her any help she may need from you, for she has been a great help to many people, including me" (Rom. 16:2). In the ancient world where the status of women was not acknowledged, how challenged the Christians in Rome must have felt regarding Priscilla (since Paul encouraged her just as he would have a man), and how strengthened Phoebe must have been by such a wonderful recommendation from Paul.

Two-thirds of the members of Japanese churches are women. I hope that more women will receive training in theology, the Bible and the history of Christianity so that they can become living testimonies to the gospel and be properly recognized. Moreover I believe it would be beneficial if more men, like Paul, supported and encouraged the work of women. The women who make up two-thirds of the Christian population in Japan are just common laypeople. I believe that mission in the twenty-first century will be blessed and make great advances if lay leaders who function as co-workers, as they did in the early church, are understood and given appropriate responsibility in the church today.

THE IMAGE OF LAITY NEEDED BY JAPANESE CHURCHES

"Here I Stand"

A person with an attitude of perseverance will face many difficulties in Japan's group-oriented society, especially as it is so easy to defer to powerful figures. However, we are taught that "the fear of the Lord is the beginning of wisdom" (Prov. 1:7), so each Christian needs to grow as an independent layperson in the Lord through acknowledgment of the Absolute One who reigns above.

The term "character-formation" commonly used in education originated as a Christian concept. As mentioned earlier, Nitobe Inazo describes it as the recovered vertical relationship with God and a new creation of

personality. “Personality” is the expression he uses to explain a “recovered fellowship with God.” For the people in Western Europe, where the basic understanding of an individual is grounded in a relationship with the Absolute God, it is very difficult to understand the Japanese concept of personality, which lacks a sense of the Absolute. I feel that Japanese Christians are responsible for demonstrating to the world their individual personalities and identities as well as for placing themselves in relationship with the Absolute God.

Nitobe devoted his life to introducing this theory of personality and to establishing it deeply in Japan. His wife Mary was a faithful Christian from the United States. Both of them were instruments of God used as lay educators and as the salt of the earth in Japan as well as in other countries.

Two Parallel Wheels: Pastors and Laity

During the development of contemporary Japan, pastors had professional careers instead of working only in churches. James Ballagh, who led to Christ the first Christian in my family lineage, Hiroko Kojima, was a doctor. Increasing the number of believers who are trained spiritually as well as theologically will enable the laity to become a driving force in mission in Japan.

In A *Theology of the Laity* Hendrick Kraemer clearly states that whether one is called to be a pastor or to serve as a layperson, one is to be a devoted minister. I think that mission will advance only when pastors and lay ministers function as co-workers together.

While I was teaching at a well-known university, I accepted an invitation to take a position at a small evangelical school. I was first involved in the establishment of a junior college, which later developed into a four-year university. Dealing with the Ministry of Education was a very difficult task. As a result of a long debate that lasted several years, the

school finally received full accreditation from the government as a four-year, interdenominational and evangelical university with two divisions, Theological Studies and International Christian Studies, within a single Department of Theology. The vision of training lay Christians became a reality, at least in terms of a structure with the educational philosophy of training students in a single Department of Theology that offers theological education for future pastors and ministers as well as for those who will live in society as the salt of the earth.

I believe that the major issue we will have to face in the future is how laypeople with a theological education will maintain their identity in Japanese society, where pastors and ministers are the only Christians considered to be in full-time Christian service. When the laity as such increase in numbers and serve as ministers with a parallel-wheel function, Japanese churches will grow rapidly.

It was 37 years ago that I sought God's guidance when deciding whether to become a woman pastor or a theological educator. God led me to choose the latter. I have been challenged greatly as a woman in the last 30 years, and I have learned a great deal as a theological educator. I continue to pray for more laywomen whose work will glorify God.

A Theory of the Laity Based on Biblical Partnership

Biblical partnership is described as the relationship between Christ and the Church (ecclesia). When men and women serve each other in homes, churches and society the way Christ serves the Father and the Church serves Christ, their partnership is empowered.

Women in Japan are in a very uncertain position. A comparison of words used to describe men and women reveals several pairs of corresponding terms: *onna*(女)or *josei* (女性)[woman] and *otoko* (男) or *dansei*(男性)[man]; *tsuma* (妻) [wife] and *ott*(夫)[husband]; *shukujo* (淑

女)[lady] and *shinshi* (紳士)[gentleman]. However, there is no equivalent term for men that corresponds to the word *fujin*(婦人), nor is there a suitable English translation for it. When I traced the historical background of the term fujin, I learned that the word *fu*(婦) was created when the household system was established in Japan. The Chinese character fu means a woman holding a broomstick.

In the Greek New Testament, all the terms for *onna, fujin* and *tsuma* are the same word, so the task of translation into Japanese has to be done very carefully. For example, what does it mean in I Corinthians 14:34 that "women (*tsuma, fujin, onna*) are to remain silent in the church"? The *Kōgo* (口語 1955) and *Shinkyōdō* (新共同 1987) translations use the term *fujin*. The initial version of the *Shinkai* (新改 1965) translation used the word onna, then changed it to *tsuma*. I feel that the translation of tsuma (wife) best clarifies the meaning in Japanese culture. How difficult it is to touch the hearts of people with biblical truth, especially in this passage referring to women!

Original Theory of the Laity in Japanese Culture

It is necessary not only to learn from the famous scholars of Western European countries but also, as Japanese, to produce our own original theory of the laity. The former chairperson of the World Evangelical Fellowship, Dr. Bruce Nicolls, once stated in a lecture that "it is also important to change the culture of Japan," which greatly impressed me. I would like to suggest that we must be the laity who bear the responsibility for establishing a Japanese Protestant culture, all the while being eager to build the church.

(1998 年 9 月　Japan Christian Review vol. 64 pp. 66 ～ 73)

REFERENCES (SELECTED JAPANESE WORKS)

Bonhoeffer, Dietrich. *Gemeinsames Leben.*
Trans. Zenemon Morino *Tomo ni ikiru seikatsu.* Tokyo: Shinkyō press, 1980.

Braun, Neil. *Laity Mobilized.* Trans. Takashi Yamada *Shinto no dōin.* Tokyo: Work of Life Press, 1974.

Ishihara, Ken. *Nihon kirisutokyōshi(History of Japanese Christianity).* Tokyo: Iwanami Press, 1978.

Kraemer, Hendrik. *A Theology of the Laity.* Trans. Nobuo Kabayashi *Shinto no shingaku.* Tokyo: Shinkyō Press, 1960.

Matsumi, Mutsuo. *Shinto to bokushi no kyōkaizukuri* (*Church Formation by Laity and Pastors).* Tokyo: Word of Life Press, 1986.

Minato, Akiko. *Josei-no hontō-no hitoridachi (Women's True Identity).* Tokyo:Word of Life Press, 1984.

——. "Kirisutokyōshi kara mita nihon dendō no mondai" ("Problems of Evangelism in Japan Viewed from the Standpoint of Christian History"), *Fukuin Shingaku,* 1981.

——. "Kyōkaishi no leaders to joseitachi" ("Women who Helped Leaders in Church History,") *Ronshū* vols. XII-XIII, 1980-1981.

——. *Partnership: katei, kyōkai, shakai (Partnership: Home, Church, Society).* Tokyo: Word of Life Press, 1992.

——. "Women's Jiritsu and Christian Feminism in Japan," *The Japan Christian Review.* vol. 58, 1992 (English).

Nakamura, Toshio. *Shinto to bokushi to (Laity and Pastor).* Tokyo: Kyōbunkwan, 1987.

Sakakibara, Yasuo. *Josei yakuin ron (Women Church Leaders).* Seikei Jusanjo Press, 1990.

Yanaihara, Tadao. *Yo no sonkei suru jinbutsu (Among Those I Respect).* Tokyo: Iwanami Press, 1982.

Ⅶ The Mission of Women's Education Today

Akiko Minato

Despite a growing tendency among women's universities to abandon the single-gender model, an analysis of the important role played by institutions for women's education in Japanese education history suggests that the all-female university has a crucial mission even in today's society.

The presidents of five women's universities in Japan (including Ochanomizu University, Nara Women's University, Tsuda College, Japan Women's University, and Tokyo Woman's Christian University) recently came together with officials from the Ministry of Education in a consortium for the support of women's education in Afghanistan. On that occasion I was surprised to learn that all five presidents were graduates of their respective universities, a fact which seemed to indicate a new historical development. As I thought of the enormous amount of knowledge and information that had once to be imported to create these traditional women's universities and bring them to the forefront of women's education in the Meiji and Taisho periods, I felt a keen sense of the extraordinary importance of our role today as contributors to the development of women's education not just in Asia but in any number of "developing countries."

The furtherance of women's education may well be the most vital foundation of the future advance of both state and society. Japan today is called to reevaluate and examine what we do in women's education in light of contemporary issues, in search of new breakthroughs and more meaningful content. At the same time we must give unselfishly of our energy and long years of experience to those nations with whom we enjoy friendly relations.

The Place of Women's Educational Institutions in Japanese Education History

Perhaps the most significant chapter of the history of education in Japan is that in which the Meiji government, recognizing the importance of education for the construction of a modern state and society, worked to make elementary education available to all Japanese nationals. The government also had a keen awareness of the importance of women's education. In 1872 it founded the Tokyo Women's School in the Kanda area of Tokyo and sent the still eight-year-old Umeko Tsuda to study in the United States. And yet this enthusiasm shown by the early Meiji government for women's education bore rather barren fruit as women attended school in far fewer numbers than men. In 1876 only 21% of girls entered school, leaving many institutions with no choice but to close their doors.

But even given these circumstances the Ministry of Education saw fit to open normal colleges to train women teachers. In 1875 it founded the Tokyo Women's Normal School (later Ochanomizu University), and in 1908 the Nara Women's Higher Normal School (later Nara Women's University). These unstinting efforts contributed greatly to the maintenance of high standards in women's education in Japan. It is worthy of note that public women's education in Japan developed along the trajectory of teachers' education.

Statistics on public and private education from 1874 show 3,125 male students and only 28 female students in the 32 middle schools opened at the time. But the number of female students had increased dramatically by 1876 to 1,112 and in 1879 to 2,747. This shows the important contribution to women's education made by private schools in the early Meiji period.

Private Christian women's colleges played an especially ground-

breaking role. The long history of Christianity has always and everywhere been closely tied to education. But the missionaries who came to Japan in the early Meiji period were surprised and encouraged by the Japanese enthusiasm for education and embarked on ambitious educational activities. These Protestant women's educational institutions were founded on the basis of a modern respect for women's personhood and came as a breath of fresh air after so many years of subordination to men.

1870 saw the opening of what would eventually become the Ferris Seminary, which was followed by many other important Christian girls' schools. The Kyoritsu Women's School Opened in 1871, Aoyama Gakuin Women's Junior College in 1874, Kobe Girls' School in 1875, Doshisha Women's College in 1876, St. Margaret's (Rikkyo) Women's college in 1877, Baika Girls' School in 1878, Kwassui Women's School in 1879, and Toyo Eiwa Girls' School in 1884. These girls' schools began adding more advanced programs from the end of the 1870s to offer a liberal arts formation and education modeled on that developed in late nineteenth-century America.

From around the turn of the twentieth century many more liberal Christian-based and liberal arts-oriented women's colleges opened their doors, leading to a sudden increase in the quality of women's education in Japan and contributing greatly to women's independence. Umeko Tsuda founded her Women's English School (later renamed Tsuda College) in 1900, the Japan Women's University was founded by Jinzo Naruse in 1901, and Tokyo Woman's Christian University opened in 1918 with Inazo Nitobe as its first president and Tetsu Yasui as its first superintendent. All of this had an enormous impact on women's education in Japan.

The Original Raison d'ê tre of Private Women's Universities

Most of the many women's educational institutions founded in such rapid succession since the Meiji period had a progressive view of women as their founding philosophy. As I have already suggested the overwhelming preponderance in the number of boys enrolling in school over girls was reflective of fewer educational opportunities for women in what was still a fiercely misogynist social context. But even in such a context the mission schools were able to promote education for women on the basis of the Christian notion that men and women are equal in the eyes of God. Even amid the nationalist tide of the 1890s and the consequent intensification of the "good wife and wise mother" ideology, progressive women continued to argue the personhood and human rights of women.

In 1916 a special educational commission was held to debate the impact of women's education on their decision to have children. In the following year Inazo Nitobe published his "A Recommendation to Women"in which he wrote, "In the end, the ideology of 'good wife and wise mother' forces human beings into a single mould. As long as women are human beings as well they must be educated and cultivated in accordance with that humanity. And yet Japanese education sees women only as appendages of men, as wives, mothers, or daughters, but not as individuals who can stand on their own. Japanese education is thus not fit for humans. If a woman is allowed to develop her personality as a human being first it goes without saying that she will make a good wife and a wise mother." Whether they are men or women, "what Japanese lack most is the concept of personality, and without personality there can be no responsibility." Already here in the words of the first president of Tokyo Woman's Christian University we see the spirit upon which this institution was founded: the irreducible importance of the personality of every individual.

The Mission of Women's Universities in the 21st Century

I mentioned earlier that all five of the women's university presidents attending the conference on Afghanistan were graduates of their respective institutions. In the case of Ochanomizu and Nara Women's University this is the first time this has happened in their hundred years of history, and the first in eighty years at Tokyo Woman's Christian. I have a very strong sense not only that we must not squander the legacy of our predecessors since the Meiji period, but also that we must continue to work for the sake of those who will follow.

The Meiji period saw the introduction of universal education. In the immediate postwar we saw education reforms resulting in the current 6-3-3-4 system of primary to higher education. And now we are in the midst of a third wave of educational reform. As is particularly evident from the trend away from single-gender education at the university level, women's education is coming to be reevaluated on a fundamental level. The new "Basic Law for a Gender-Equal Society" (Law No. 78 of 1999) and the shift towards a more "gender-free" value system are bringing about a swift transformation in social norms. We have come to the point where we have to ask some basic questions as to how are we to envision higher education for women in the future and how we are to characterize its mission in concrete terms.

The ideology of "good wife and wise mother" has long been a pillar of Japanese nationalism and modern state formation. This ideology has stressed the differences between men and women, extolled chastity and obedience as feminine virtues, and fostered an educational system that taught submission and obedience to fathers, husbands, and the family. The ideal woman would walk one step behind her husband and stay out of sight, quietly and virtuously supporting her men from behind the scenes. This ideology of "good wife and wise mother" according to the prewar Civil Code is alive and well in only slightly different forms in the women of today.

I graduate from Tokyo Woman's Christian University half a century ago. After returning from study abroad at the age of 28 I began a forty-year teaching career while raising three children. I retired in 2001 and started a second life in my current position. Based on all that I have experienced in a long career that spans the prewar, the war, and the postwar period, I do not believe that the next half-century will be dramatically less male-centric than this one. The only way to reform a society like this is to educate people to trust themselves as human beings so as to be able to carry out their responsibilities as such. We need women who are able to envision a new era for Japan and the world, to act with cool judgment and resolve without forgetting kindness and acceptance of others. Women's universities are in the best position to train such women. And this is the responsibility that I gladly undertake.

And yet despite my high hopes it seems that more and more women have begun to lose that self-confidence in recent years. The psychologist Keiko Kashiwagi has identified lack of self-esteem as one of the major obstacles to personal development among Japanese women today. Kashiwagi's data suggest that women are more likely than men to suffer from feelings of inadequacy even when they are objectively competent. Such attitudes might seem charmingly modest but in the end they lead women to abandon their social responsibilities.

I believe that attending a women's university makes it possible to learn a great many things. Most importantly, being in such an environment makes it more likely that students will be able to come to understand and trust in themselves. Dr. Nitobe taught us that it is more important "to do" than "to know," and more important "to be" than "to do." We have no need to compare ourselves with men. Nor must we compare ourselves with other women. A women's university makes it possible first of all for women to be confident being themselves. Second, it provides an environment that helps women determine their life goals and hone the skills necessary to

become leaders in their fields. Women may have studied side by side with men at university but once they graduate and start work or marry they may be confronted with a difficult reality. The university is a place to find one's own mission with vision and passion. In an all-female environment, women can find the peace of mind to seek out their own mission, to devote themselves wholly to scholarship and other activities and thus build a strong foundation for their entire lives. Studying at a women's university, it is safe to say, can change a woman's life. And thirdly, a women's university provides opportunities for students to encounter women who can serve as role models. Not only do we have more female faculty and administrators than co-educational universities, but student have the chance to meet alumnae who can show them the way to follow their dreams.

Today, just as the seed of women's education sowed in *Meiji* is bearing the fruit of a century, we must not be swept up in the trend of the times toward abandoning the single-gender model. Rather we must give serious thought to the mission of the women's university in the context of Japanese culture. I have a new sense of optimism and history-making now that public and private women's universities are embarking on this common project at such a crucial juncture.

(translation by Keith Vincent)

This article originally appeared in Universities & Students 452, June, 2002.
（2004 ～ 2005 年東京女子大学『女性学研究所年報　No. 15』16 ～ 19 頁）

英文論文——女性と社会

初出し出典リスト

第一部　ローマ帝国とキリスト教

Ⅰ　古代ローマ本来の宗教意識と初代教会が受けた迫害との相関
（一九七五年十月　『福音主義神学　第6号』一八～三九頁）

Ⅱ　帝政ローマにおける外来宗教としてのミトラ教とキリスト教
（一九七三年二月　東京キリスト教短期大学『論集　第五号』二一～三三頁）

Ⅲ　国家権力に対するキリスト者の取るべき態度に関する聖書の教えと実践
（一九七六年二月　東京キリスト教短期大学『論集　第八号』一八～三〇頁）

Ⅳ　ローマ帝国における「皇帝礼拝」と「皇帝崇拝」――皇帝の神格化をめぐって
（一九九一年三月　東京基督教大学紀要『キリストと世界　創刊号』六一～七五頁）

Ⅴ　ローマにおける自由人と奴隷の実態
――コリント人への第一の手紙 七章二十一節とピレモンへの手紙の歴史的背景として――
（一九七九年十一月　『福音主義神学10号　十周年記念論文集』一〇八～一二八頁）

Ⅵ　ピレモンへの手紙と解放奴隷の実態
（一九七九年四月　東京キリスト教短期大学『論集　第十一号』三七～四八頁）

Ⅶ　国際的伝道者パウロの現代的意義
（一九九〇年七月　東京キリスト教短期大学『論集　第二十一号』一～八頁）

第二部 「キリト教人格論と日本の教育

I 「新渡戸稲造の人格論・Personality」の今日的意義
（二〇〇九年一月　東京女子大学比較文化研究所紀要第70巻　四九～六三頁）

II 新渡戸稲造における「私と公と公共」
（二〇〇六年二月『公共哲学16　宗教から考える公共性』東京大学出版会　一八一～二〇八頁）

III グローバル時代を生かす「公共の精神」と「リベラル・アーツ教育」
（二〇一三年『地球システム・倫理学会会報No.８』二〇～二五頁）

IV 国際化時代における神学教育の課題
（一九八七年五月　東京基督教短期大学『論集　第十九号』一～八頁）

V 東京女子大学の90年の歴史とこれから――キリスト教を基盤とした本学のリベラル・アーツ
――東京女子大学創立90周年記念講演――
（二〇〇八年九月　東京女子大学紀要『論集　第59巻1号』二二一～二二九頁）

VI 日本キリスト教女子教育を支えた男たち――新渡戸稲造と砂本貞吉――
（二〇一五年三月『新渡戸・南原と現代の教養』新渡戸・南原賞委員会　三三～五〇頁）

VII 日本キリスト教学校の将来像――課題とビジョン――
（二〇〇六年八月『学校伝道研究会紀要　キャンパス ミニストリー　第17号』三三～四一頁）

第三部　女性と社会

I 教会史上の指導者と女性の働き（I）――プリスカとルターの妻カタリーナ・フォン・ボラ

（一九八〇年三月　東京キリスト教短期大学『論集　第十二号』二六～四〇頁）

II　教会史上の指導者と女性の働き（II）――ジョン・ウエスレーの母スザンナ―

（一九八一年三月　東京キリスト教短期大学『論集　第十三号』七五～八八頁）

III　女性教職の歴史神学的考察

（二〇〇一年十二月『福音主義神学　第32号』五～三一頁）

IV　女性解放の歴史に対する現代キリスト者の対応と責任

（一九八五年三月　東京基督教短期大学『論集　第十七号』一四～二四頁）

V　フェミニズムと神学の接点――米国流解放論と日本流自立論に見る――

（一九九二年三月　東京基督教短期大学『論集　第二十二号』二五～三三頁）

VI　「キリスト教女子人格教育」の現代的使命～共生社会と地域活性化の実現をめざして

（二〇一六年二月『広島女学院大学　論集第63集』一～一一頁）

VII　The Mission of Women's Education Today

（二〇〇四～二〇〇五年東京女子大学『女性学研究所年報　No. 15』一六～一九頁）

VIII　Expectation Concerning the Laity in Contemporary Japan

（一九九八年九月　Japan Christian Review vol.64 pp. 66 ～ 73）

IX　"Women's Jiritsu" and Christian Feminism in Japan

（一九九三年四月　Japan Christian Review vol.59 pp. 7 ～ 17）

湊　晶子（みなと・あきこ）

1932 年生まれ。

東京女子大学文学部社会科学科卒業。フルブライト奨学生としてホイートン大学大学院（神学修士）。ＮＨＫ教育テレビ英語会話中級講師、ハーバード大学客員研究員、東京基督教大学及び東京女子大学教授を歴任後、東京女子大学学長（2002 ～ 2010 年）。東京基督教大学名誉教授。現在広島女学院院長・学長、ワールド・ビジョン・ジャパン及び国際開発救援財団理事。

2005 年「第２回新渡戸・南原賞」受賞、2008 年ホイートン大学より「名誉卒業生功労賞・名誉博士号」授与、2010 年「瑞宝中綬章」受章、2016 年「ペスタロッチー教育賞」受賞。

主な著書:『キリスト者と国家』（聖書図書刊行会）、『女性のほんとうのひとり立ち』（いのちのことば社）、『新渡戸稲造と妻メリー ── 教育者・平和主義者として』（キリスト新聞社）『女性を生きる』（角川書店）、『国際社会で活躍した日本人』共著（弘文堂）、『公共哲学 ── 宗教から考える公共性』共著（東京大学出版会）、『聖書は何と語っているでしょう──「生きること」「死ぬこと」そうして「永遠に生きること」』（ヨベル）など。

初代教会と現代

2018 年 10 月 30 日 初版発行

著　者 ── 湊　晶子

発行者 ── 安田正人

発行所 ── 株式会社ヨベル　YOBEL, Inc.
〒 113-0033 東京都文京区本郷 4-1-1　菊花ビル 5F
TEL03-3818-4851　FAX03-3818-4858
e-mail : info@yobel. co. jp

印　刷 ── 中央精版印刷株式会社

配給元─日本キリスト教書販売株式会社（日キ販）
〒 162 - 0814　東京都新宿区新小川町 9 -1
振替 00130-3-60976　Tel 03-3260-5670

ISBN978-4-907486-65-5 C0016